全国高等院校物流专业精品规划系列教材

# 物流信息管理

梁 雯 主编
秦 浩 叶春森 吴海辉 副主编

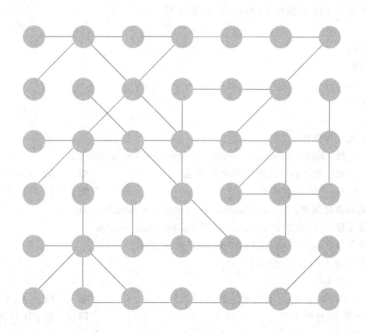

清华大学出版社
北京

## 内 容 简 介

物流信息管理是一门吸收和运用管理学、物流科学、信息技术科学等有关成果，研究物流管理活动中信息技术应用的基本规律和一般方法的科学，具有内容丰富、理论性与实践性并重、与时俱进的特点。全书分为十二章，主要内容包括物流信息管理概述，物流信息战略，物流信息资源管理，物流信息识别与处理技术，空间信息技术，企业物流信息管理，物流信息系统开发与设计，物流信息系统实施与运行管理，物流信息管理系统分析，物流信息标准化，物流信息管理相关法律、法规，物流信息管理新兴技术。本书配有物流视频、扩展阅读等学习资源，读者可以使用移动终端扫描二维码学习。

本书可作为高等院校物流类专业、相关工商类、管理类专业本科生及研究生的专业课教材，也可作为大中型企业培训教材和所有对物流信息管理感兴趣的读者阅读。

本书封面贴有清华大学出版社防伪标签，无标签者不得销售。
版权所有，侵权必究。举报：010-62782989，beiqinquan@tup.tsinghua.edu.cn。

**图书在版编目(CIP)数据**

物流信息管理/梁雯主编. —北京：清华大学出版社，2019 (2023.8重印)
全国高等院校物流专业精品规划系列教材
ISBN 978-7-302-53176-0

Ⅰ. ①物… Ⅱ. ①梁… Ⅲ. ①物流—信息管理—高等学校—教材 Ⅳ. ①F253.9

中国版本图书馆 CIP 数据核字(2019)第 112004 号

责任编辑：左卫霞
封面设计：常雪影
责任校对：刘 静
责任印制：丛怀宇

出版发行：清华大学出版社
网　　址：http://www.tup.com.cn, http://www.wqbook.com
地　　址：北京清华大学学研大厦 A 座　　　　邮　编：100084
社 总 机：010-83470000　　　　　　　　　　　邮　购：010-62786544
投稿与读者服务：010-62776969, c-service@tup.tsinghua.edu.cn
质量反馈：010-62772015, zhiliang@tup.tsinghua.edu.cn
课件下载：http://www.tup.com.cn, 010-83470410

印 装 者：三河市龙大印装有限公司
经　　销：全国新华书店
开　　本：185mm×260mm　　印　张：22.5　　字　数：545 千字
版　　次：2019 年 12 月第 1 版　　　　　　　印　次：2023 年 8 月第 4 次印刷
定　　价：59.00 元

产品编号：074318-01

# 前　言

从国务院 2009 年 3 月公布的《物流业调整和振兴规划》把提高物流信息化水平作为振兴物流业的主要任务之一，表明了物流核心竞争力的提高依赖于物流信息化，到 2014 年 10 月公布的《物流业发展中长期规划（2014—2020 年）》主要任务（二）提出，进一步加强物流信息化建设，到 2019 年 2 月 26 日发改经贸〔2019〕352 号《关于推动物流高质量发展 促进形成强大国内市场的意见》中二（四）提出，建立资源共享的物流公共信息平台，世界各国以及区域经济组织都非常重视信息化对物流水平以及物流对于本国经济的发展、国民生活素质和军事实力的影响。面对全球经济新格局的建立和调整，物流信息化管理、一体化和专业化的第三方物流的发展，已成为目前世界各国和大型跨国集团公司关注、探讨和实践的热点。由于各种条件的限制，信息化正日益成为制约我国物流业发展的瓶颈，如何提高我国物流信息化管理水平将是所有物流界人士面对的一个重要课题。鉴于国外的经验及我国当前流通领域的诸多情况，为适应时代发展、顺应市场需要、贯彻落实《国家中长期教育改革和发展规划纲要（2010—2020 年）》和中共中央、国务院印发的《中国教育现代化 2035》精神，不断提高高等教育本科教学质量和人才培养质量，"物流信息管理"课程与教材建设也必须与时俱进，不断研究和探讨。

物流信息管理是一个跨学科的综合性管理项目，是一门吸收和运用物流管理科学、信息技术科学有关成果，研究物流管理活动中信息技术应用的基本规律和一般方法的科学，它的发展与物流学、管理学、通信学、运输学、计算机学等学科的发展有着密切的关系，同时与社会的发展、物流管理实践经验的积累也有着密切的关系，因此物流信息管理具有内容丰富、理论性与实践性并重、与时俱进的特点。因此在对学生的培养上，不仅要强调该学科的基本概念、基本理论、基本原则、基本方法，还应重视培养学生运用所学知识初步认识问题、分析问题和解决物流管理问题的能力。

本教材根据我国物流信息管理实际和作者长期从事物流教学的经验体会，在编写过程中，密切关注我国物流信息管理发展，注意与物流其他课程内容的衔接，彰显高等院校创新型应用人才培养的特点，以理论为基础，注重实际应用，结合物流管理与信息技术，从信息管理视角来阐释物流信息与物流信息管理工作的理论、方法、技术，培养学生发现问题、分析问题和解决问题的能力。

本教材的特色是力求在编写内容方面有所突破与创新，纳入了物流信息标准化、物流信息管理相关法律、法规内容，充分展示最新、最前沿的知识和未来的发展趋势和资料，力求通俗、简练，力求理论与实践相结合、传统方法和现代方法相结合、成熟性方法和探索性方法相结合。知识体系实用有效，着重强化学生专业知识理论水平，着重讲解应用型人才培养所需的内容和关键点，理论讲解注重简单实用，不做过多的推导与介绍，结合导入案例和案例分析,让学生学以致用,注重拓展学生的知识面,让学生能在学习到必要知识的同时也对其他相关知识有所了解,强调锻炼学生的思维能力以及运用知识解决问题的能力,以提高学生终身学习能力。

本教材第一章物流信息管理概述主要强化信息、信息管理、物流信息、物流信息管理等基本概念,通过对信息技术体系结构、物流信息化建设过程中阶段性理论、实施主体、体系框架、集成策略等的阐述,以使读者对物流信息管理的学习有一个整体、全面的把握。

第二章物流信息战略是对物流信息管理的系统的思考与设计,其目的是规范物流信息管理过程并提供信息资源管理方法。在介绍物流信息战略内涵、特征的基础上,介绍物流信息战略需求,从信息战略和战略信息两个思辨的角度分析物流信息战略和物流战略信息,提出物流信息的总体战略和信息建设核心任务,从物流信息战略执行的视角分析物流信息技术的采纳和信息化绩效评价。

第三章物流信息资源管理是连接信息战略和信息管理的重要环节。信息资源管理中要遵守系统、语言学、逻辑学、知识分类原理、供应链共享等原则构建物流信息系统。在介绍常见的信息组织方法的基础上,以模糊集合法、层次分析法为重点研究信息组织在组织定量信息和定性信息中的适应性和一致性。同时结合当前的信息组织新技术,从软件和模型两个角度介绍信息组织技术进展,特别是从物流管理的角度阐述了物流信息资源管理的过程。同时,本章内容兼顾典型方法和领域方法,能为本科生和研究生等不同层次的需求服务。

第四章物流信息识别与处理技术主要介绍条码识别技术、射频识别技术及应用以及通信、EDI技术,是现代物流区别传统物流的根本标志,也是物流技术中发展最快的领域。现代物流业的发展有赖于信息技术的提升,信息技术对现代物流业的发展有着巨大的推动作用。物流信息识别与处理技术的发展使物流管理过程变得更加简单顺畅。

第五章空间信息技术主要包括卫星定位系统、地理信息系统和遥感等的理论与技术,同时结合计算机技术和通信技术,进行空间数据的采集、量测、分析、存储、管理、显示、传播和应用等。空间信息技术广泛运用于物流业的各个领域,对物流发展起到了很大的推动作用。

第六章企业物流信息管理是对企业生产流通等过程中的物流信息进行科学有效的管理。介绍信息技术在企业中的应用领域、应用概况以及物流企业信息化等内容,分析企业在信息技术应用中的经验教训;介绍了企业信息的构成与特点、信息管理的内容与条件、企业信息管理组织机构等。

第七章物流信息系统开发与设计主要介绍物流信息系统的开发方法、物流信息系统规划的主要内容以及物流系统分析与设计。

第八章物流信息系统实施与运行管理主要介绍系统实施的过程、物流信息系统的运行管理以及如何评价物流信息系统。

第九章物流信息管理系统分析主要介绍第三方物流信息系统、制造企业物流信息系统、流通企业物流信息系统、国际货运代理信息系统四种各具特色又具有代表性的物流信息系统。

第十章物流信息标准化既是对物流信息的规范化管理,又是对物流信息标准的体系化架构。在介绍物流信息标准化概念和体系的基础上,重点从标准化内容和意义、标准化体系两个层面介绍物流信息基础、信息服务、信息技术和信息管理四个方面的标准化知识与相关典型标准文件。

第十一章物流信息管理相关法律、法规主要介绍我国物流信息管理活动的法律、法规，其主要包括物流信息网络政策法规、知识产权法律制度和商业秘密保护法律制度三个方面。

第十二章物流信息管理新兴技术主要介绍物流信息管理新技术，包括物联网技术、移动互联网技术、云计算与大数据技术、区块链技术、增强现实与虚拟现实技术、人工智能技术等内容，着重阐述这些新兴技术在物流信息管理中的具体应用及其对物流信息化的推进作用。

本教材由安徽大学梁雯担任主编，负责组织编写工作。第一章、第四章、第五章由梁雯编写，第二章、第三章、第十章、第十一章由叶春森编写，第七章至第九章由秦浩编写，第六章由吴海辉编写，第十二章由吴海辉、秦浩、叶春森、梁雯编写。安徽大学林腾飞、柴亚丽、孙红同学在本教材编写过程中进行了资料收集、整理工作，本教材的编写出版获得了清华大学出版社的大力支持与帮助，在此表示诚挚的谢意。

本教材在写作过程中参考了大量国内外最新研究和实践成果，各位编者已尽可能在参考文献中列出，在此谨向各位专家、学者们致以诚挚的感谢。由于各方面原因，如果有疏漏之处，编者表示万分歉意。

本教材系安徽省2017年度高等学校省级质量工程"物流信息管理"规划教材项目、安徽省2013年精品资源共享课"物流信息管理"、安徽省2014年"物流管理卓越人才培养计划项目"。

现代物流正处于不断发展、进步之中，物流信息管理理论与方法也在与时俱进、不断充实与完善之中，加之内容广泛、知识面宽、时间紧迫、编者水平有限，在本书的编写过程中难免会有许多不足之处，恳请广大读者给予批评指正，多提宝贵意见和建议，以便不断修正，从而使其不断完善。

编者

2019年7月

# 目　录

## 第一章　物流信息管理概述 …………………………………………………… 1
- 第一节　数据与信息 ……………………………………………………… 3
- 第二节　信息技术与信息管理 ………………………………………… 10
- 第三节　物流信息与物流信息管理 …………………………………… 17
- 第四节　物流信息化建设 ……………………………………………… 28
- 本章小结 …………………………………………………………………… 40
- 思考题 ……………………………………………………………………… 40
- 案例分析 …………………………………………………………………… 40

## 第二章　物流信息战略 ………………………………………………………… 43
- 第一节　物流信息战略概述 …………………………………………… 45
- 第二节　物流信息需求分析 …………………………………………… 51
- 第三节　物流信息战略框架 …………………………………………… 55
- 第四节　物流信息战略执行 …………………………………………… 63
- 本章小结 …………………………………………………………………… 66
- 思考题 ……………………………………………………………………… 66
- 案例分析 …………………………………………………………………… 66

## 第三章　物流信息资源管理 …………………………………………………… 68
- 第一节　物流信息资源概述 …………………………………………… 70
- 第二节　物流信息资源管理方法 ……………………………………… 72
- 第三节　物流信息资源开发 …………………………………………… 91
- 第四节　物流业务信息资源管理 ……………………………………… 94
- 本章小结 …………………………………………………………………… 97
- 思考题 ……………………………………………………………………… 98
- 案例分析 …………………………………………………………………… 98

## 第四章  物流信息识别与处理技术 … 99
### 第一节  条码识别技术 … 101
### 第二节  射频识别技术及应用 … 118
### 第三节  信息传输与交换技术 … 127
本章小结 … 139
思考题 … 139
案例分析 … 139

## 第五章  空间信息技术 … 142
### 第一节  全球定位系统 … 144
### 第二节  地理信息系统 … 154
### 第三节  空间技术在物流中的应用 … 159
本章小结 … 164
思考题 … 164
案例分析 … 164

## 第六章  企业物流信息管理 … 167
### 第一节  企业信息技术应用概况 … 169
### 第二节  企业信息管理概述 … 175
### 第三节  企业物流信息与物流信息管理 … 182
本章小结 … 206
思考题 … 206
案例分析 … 206

## 第七章  物流信息系统开发与设计 … 208
### 第一节  物流信息系统开发方法 … 210
### 第二节  物流信息系统规划 … 215
### 第三节  物流信息系统分析 … 221
### 第四节  物流信息系统设计 … 225
本章小结 … 232
思考题 … 232
案例分析 … 233

## 第八章  物流信息系统实施与运行管理 … 234
### 第一节  物流信息系统的实施与运行 … 235

  第二节 物流信息系统运行的组织与管理 ·················· 237
  本章小结 ························· 243
  思考题 ·························· 244
  案例分析 ························· 244

## 第九章 物流信息管理系统分析 ················ 245
  第一节 第三方物流信息管理系统分析 ················ 247
  第二节 制造企业物流信息管理系统分析 ················ 252
  第三节 流通企业物流信息管理系统分析 ················ 261
  第四节 国际货运代理信息管理系统分析 ················ 265
  本章小结 ························· 271
  思考题 ·························· 271
  案例分析 ························· 271

## 第十章 物流信息标准化 ···················· 273
  第一节 物流信息标准化概述 ···················· 275
  第二节 物流信息标准化体系 ···················· 277
  第三节 物流信息基础标准 ····················· 281
  第四节 物流信息技术标准 ····················· 284
  第五节 物流信息管理标准 ····················· 285
  第六节 物流信息服务标准 ····················· 288
  本章小结 ························· 289
  思考题 ·························· 289
  案例分析 ························· 290

## 第十一章 物流信息管理相关法律、法规 ············ 291
  第一节 信息法律关系 ······················ 292
  第二节 物流信息管理法律、法规 ················· 295
  本章小结 ························· 298
  思考题 ·························· 299
  案例分析 ························· 299

## 第十二章 物流信息管理新兴技术 ··············· 300
  第一节 物联网技术 ······················· 302
  第二节 移动互联网技术 ····················· 310

第三节　云计算与大数据技术 …………………………………………… 320
第四节　区块链技术 ……………………………………………………… 330
第五节　增强现实与虚拟现实技术 ……………………………………… 336
第六节　人工智能技术 …………………………………………………… 341
第七节　量子通信 ………………………………………………………… 345
本章小结 …………………………………………………………………… 347
思考题 ……………………………………………………………………… 348
案例分析 …………………………………………………………………… 348

**参考文献** …………………………………………………………………… **350**

# 物流信息管理概述

**章节知识框架**

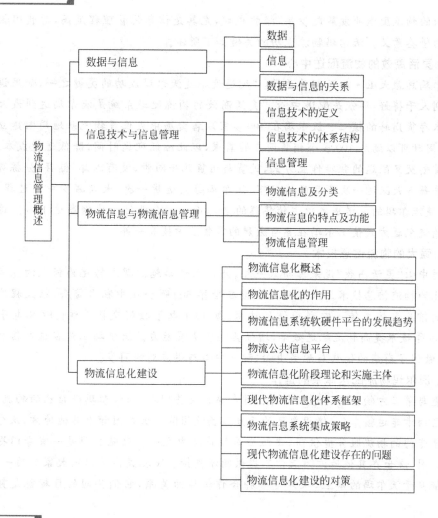

**学习导航**

通过本章的学习,了解数据、信息的基本概念及其相互关系,理解信息技术与信息管理的关系;掌握物流信息、物流信息管理的概念、内涵、基本内容;了解物流信息化建设过程中软硬件平台发展趋势、物流信息化阶段理论、实施主体、体系框架等有关理论与实践,对物流信息管理有一个总体认识。

### 教学建议

通过本章学习,对物流信息管理有个较全面的认识,建议实时掌握国家关于物流信息管理的相关战略和措施。

### 导入案例

#### 沃尔玛物流成功的三大要素:配送中心+信息技术+配送体系

美国的物流配送业发展起步早,经验成熟,尤其是信息化管理程度高,对我国物流发展有很大的借鉴意义。沃尔玛物流成功的关键如下所述。

一、灵活高效的物流配送中心

沃尔玛总裁大卫·格拉斯曾总结:"配送设施是沃尔玛成功的关键之一,如果说我们有什么比别人干得好,那就是配送中心。"灵活高效的物流配送系统是沃尔玛达到最大销售量和低成本存货周转的核心。沃尔玛在100多家零售卖场中央位置物流基地周围建立一个配送中心,同时可以满足100多个销售网点的需求,以此缩短配送时间,降低送货成本。同时,沃尔玛首创交叉配送的独特作业方式,进货与出货几乎同步,没有入库、储存、分拣环节。在竞争对手每5天配送一次商品的情况下,沃尔玛每天送货一次,大大减少中间过程,降低管理成本,使沃尔玛的配送成本仅占销售额的2%,而一般企业这个比例高达10%。这种灵活高效的物流配送方式使沃尔玛在竞争激烈的零售业中技高一筹。

二、强大的物流信息技术

配送中心"灵活高效"说来容易做来难,是什么使卓越的理念转化为强大的竞争力?就是现代化的物流信息技术。沃尔玛能长期在世界500强企业中独占鳌头,很大程度归因于其强大的信息系统支持。它利用信息技术[如 EDI(电子数据交换系统)、EOS(电子订货系统)]、POS 等技术提高物流配送效率,增强其经营决策能力。沃尔玛正是在这些信息技术的支撑下,做到了商店的销售与配送中心,配送中心与供应商的同步。

三、沃尔玛物流配送体系的运作

注重与第三方物流公司形成合作伙伴关系。在美国本土,沃尔玛做自己的物流和配送,拥有自己的卡车运输车队,使用自己的后勤和物流团队。但在国际上其他地方,沃尔玛就只能求助于专门的物流服务提供商,飞驰公司就是其中之一。飞驰公司是一家专门提供物流服务的公司,在世界其他地方为沃尔玛提供物流支持。飞驰成为沃尔玛大家庭的一员,并百分之百献身于沃尔玛的事业,双方是一种合作伙伴的关系,它们共同的目标就是努力做到最好。

1. 挑战"无缝点对点"物流系统,为顾客提供快速服务

在物流方面,沃尔玛尽可能降低成本。为了做到这一点,沃尔玛对自己提出了一些挑战。其中的一个挑战就是要建立一个"无缝点对点"的物流系统,能够为商店和顾客提供最

迅速服务。这种"无缝"的意思是指使整个供应链达到一种非常顺畅的连通。

**2. 自动补发货系统**

沃尔玛之所以能够取得成功，还有一个很重要的原因是沃尔玛有一个自动补发货系统。每一个商店都有这样的系统，包括在中国的商店。它使沃尔玛在任何一个时间点都可以知道：目前某个商店中有多少货物，有多少货物正在运输过程中，有多少是在配送中心等。同时补发货系统也使沃尔玛可以了解某种货物上周卖了多少，去年卖了多少，而且可以预测将来的销售情况。

**3. 零售链接系统**

沃尔玛还有一个非常有效的零售链接系统，可以使供货商们直接进入沃尔玛系统。任何一个供货商都可以通过这个零售链接系统了解他们的产品卖得怎么样，昨天、今天、上一周、上个月和去年卖得怎么样，可以知道这种商品卖了多少，而且可以在24 小时内更新。供货商们可以在沃尔玛公司每一个店中及时了解到有关情况。

美国 UPS 现代物流作业系统

思考题：
1. 沃尔玛公司在发展过程中应用了哪些信息技术？
2. 信息化在沃尔玛的发展过程中起到了什么作用？

随着社会信息化程度的日益提高，人类正在迈向信息社会。在信息社会中，信息、信息资源和信息管理已越来越受到人们的重视。信息是信息社会的主要资源，信息管理是信息社会中重要的社会实践活动。物流信息管理作为一个动态发展的概念，其内涵和外延随着物流实践的深化和物流管理的发展而不断发展。本章将阐述有关物流信息管理的一系列基本概念和内涵，包括数据、信息的概念、特征，信息管理和信息化的发展历程和内容，以便读者对信息和信息管理以及信息化问题有一个基本了解，对物流信息管理有一个总体上的认识。

## 第一节　数据与信息

数据与信息之间有着密切的相关性，本节阐述数据、信息的相关概念及相互关系。

### 一、数据

#### （一）数据的定义

数据是科学实验、检验、统计等所获得的和用于科学研究、技术设计、查证、决策等的数值。

数据的概念包括两个方面：其一，数据内容是事物特性的反映或描述；其二，数据本身是符号的集合。记录和描述事物的特性必须借助一定的符号，这些符号就是数据形式。例如，中文日期形式是"2019 年 2 月 13 日"，而英文日期形式用"02/13/2019"来表示。

数据强调"符号"和"记录"。"符号"不仅指数字、字母、文字和其他特殊字符，而且还包括图形、图像、声音等多媒体数据；"符号"就是数据形式。"记录"也不仅指印在纸上的记录，而且还包括记录在磁介质、光介质、半导体存储器上的记录，甚至包括生物记录。现代数据记录一般利用计算机输入技术完成。

物流数据是指不能直接满足物流作业系统某一环节的需要，但又与之密切相关，只有经过一系列的信息处理之后才能满足需要的物流情报；而那些能够直接应用或者经过简单处理后就能在某一作业环节发挥作用的物流数据，则称为物流信息。

因此，数据是对客观事物的符号表示，是描述客观事物的数字、字符以及所有能输入计算机中并能为计算机所接受的符号集。例如，型号为BCD-572WDENU1的海尔冰箱，其中"BCD-572WDENU1""海尔"就是数据，反映了一台特定的冰箱。我们在理解数据的内涵时，一定要注意数据是一种可鉴别的符号。

### （二）数据的分类

数据形式可以归纳为静态和动态两种：静态的数据形式包括文字、图形、色彩、符号等；动态的数据形式有动画、视频、声音等。我们把计算机可以处理的数据类型分成数值型和非数值型两种。数值型包括整型数、实型数；非数值型包括字符、图形、日期、声音、图像、逻辑、备注等，如图1-1所示。

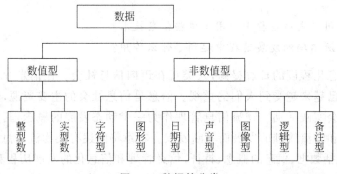

图1-1 数据的分类

### （三）数据的特征

在计算机中，数据的三个基本特征是数据名、类型和长度。数据名表示某数据；类型表示数据的类型，如整型数、日期型等，每一个数据只能属于一类；数据长度以字节为单位，表示需要占用的存储空间，对于实型数，还要定义其精度。例如，品牌"格力"是字符型，其长度为四个字节。数据的主要特点如下。

#### 1. 变异性

数据的变异性包括以下两方面的含义：一方面是指一组数据的多数取值是不相同的。因为数据是用来描述事物的量化特征的，世界上不同的事物大都具有不同的特征，因此，其数量表现也是不同的。另一方面是指在不同的时间、地点测量同一事物的数量特征也可能得出不同的结果，特别是在对人的精神属性的测量方面，例如，不同的时间测试同样的课程，学生的得分可能不一样。

#### 2. 规律性

虽然数据具有变异性，初看起来一组数据往往是杂乱无章的，但统计学的研究表明，一组大样本的数据其实是具有一定的规律的。寻找这种规律就是研究目的之一。正因为数据具有变异性,对数据进行研究才有必要,如果都是相同的数据,也就没有研究的必要了;也正因为数据具有规律性,对其进行研究才有可能。

### (四) 物流基础数据

#### 1. 物流基础数据的定义

物流基础数据是指物流各种活动内容的知识、资料、图像、数据、文件的总称。物流基础数据是物流规划、物流方案设计与实施的前提,只有依靠准确的第一手基础物流数据,物流参与方才能做出正确的决策。采用何种物流编码方式与数据采集技术在很大程度上决定了物流数据采集的质量。

#### 2. 物流基础数据的特点

(1) 类型繁多,来源复杂

物流全过程的各个环节都会产生类型繁多的物流信息,不仅本系统内部各个环节有不同种类的信息,而且由于物流系统与其他系统(如生产系统、销售系统、消费系统等)密切相关,各种物流信息的来源、发生处理地点和扩散范围各不相同,使物流信息的采集、分类、统计、分析难度加大。

(2) 信息量大

现代物流具有多品种小批量生产和多额度小数量配送、库存和运输的特点,使物流信息量大增,传统的信息处理技术已不能满足发展的需要。

(3) 更新速度快

在现代物流活动中,物流信息动态性特别强,信息价值的衰减速度很快,由此产生的大量新信息不断更新原有的数据库,因此现代物流信息处理更加强调物流信息采集的及时性和信息加工处理的快速性。

#### 3. 物流基础数据采集的主要方法

物流基础数据采集技术涉及物流客体编码和数据采集两个环节。目前主要的物流基础数据采集技术有以下几种。

(1) 手工输入

手工输入法是利用人工输入物流单证的传统方法。材质采用传统的纸面形式,此法最大的优点是灵活,最大的缺点是速度慢、错误率高、可靠性差。

(2) 条码

条码技术涉及编码与识读两个环节。编码是用条表示 1,空表示 0 的方式将既定信息直接转变成计算机语言;识读是通过条空反射率的不同,将光信号转换电信号,实现信息还原。这种方法可以实现数据的自动化识别,最大的优点是快捷,错误率低,可靠性高,性价比高。但易受到污损,必须光学可视识读,适应性差。

(3) 磁卡

磁卡是一种磁记录介质卡片。它由高强度、耐高温的塑料或纸质涂覆塑料制成。磁卡上的磁条是一层薄薄的定向排列的铁性氧化粒子组成的材料,用树脂黏合在一起,并粘在非磁性基片上。磁卡数据可读写,但是随着磁卡应用的不断扩大,磁卡技术特别是其安全技术已难以满足越来越多的对安全性要求较高的应用需求。同时,磁卡因本身结构简单、磁条暴露在外、存储容量小、缺乏内部安全保密措施,容易被非法破译。

(4) 射频

射频识别(radio frequency identification,RFID)技术是一种非接触自动识别技术。射频识别系统由信息载体、信息获取装置组成。典型的射频识别系统包括射频标签和读写器。射频标签是装载识别信息的载体,射频读写器是获取信息的装置。射频标签与射频读写器之间利用感应、无线电波或微波能量进行非接触双向通信,实现数据交换,从而达到识别目的。

(5) EPC 系统

EPC(electronic product code)系统是在全球统一标识系统(EAN·UCC 系统)的基础上利用互联网、射频识别、无线数据通信等技术,赋予每个实体对象一个全球唯一的数字代码,通过寻址、信息查询机制而形成的一个覆盖世界上万事万物的实物互联网络系统。EPC 系统为每一个单品提供全世界唯一的代码,借助射频识别技术和互联网技术,将 RFID 从传统闭环应用的非物流领域引入物流等开放性物品流通领域,提供了一个有效的解决方案。

**4. 物流基础数据采集存在的问题**

(1) 物流客体在物流信息系统中的逻辑位置或状态表达存在二义性,无法根除

自然语言天然地具有二义性,极易引发歧义,不能作为计算机语言,于是人们借助代码的形式表示物流客体在计算机中的逻辑位置或属性状态。但在企业物流实践中,不同行业不同企业的各类物流信息系统处于分散开发的状态,各企业在编制代码时也没有可参考的公共标准,不同物流信息系统对同一物流客体的代码也不同。物流客体的逻辑位置或属性状态一旦不能被精准、唯一地表达出来,就无法准确界定物流客体所承载的物流基础信息,更谈不上物流信息的共享与交换。二义性不仅在单个企业的物流信息系统中存在,在多个物流信息系统中也存在。

(2) 基础物流信息采集手段落后,尚未实现自动化

国内企业基础物流信息采集技术实现手段差异很大。手工输入、条码、磁卡、射频等都有不同程度的应用。其中,条码在一些跨国物流公司使用居多,应用水平和效果也较高,如 UPS 联邦快递、DHL 等,国内企业则以封闭系统应用为主,如公交乘车卡、门禁系统、危险品管理等,对物流客体的编码也各不相同,差异很大。总体上,国内不少企业绝大多数的物流单证仍然采用手工输入方式,严重依赖纸面,没有实现电子化和自动化。即使采用了电子化的部分信息,也主要靠人工录入。

(3) 物流基础数据标准不统一,准确性差

物流信息系统自行开发导致的不良结果之一就是没有对处于基础位置的数据环境建设给予足够的重视,忽视数据的组织管理技术,致使物流信息数据标准化严重滞后于物流建设本身,造成系统数据结构混乱,致使垃圾数据在物流供应链中泛滥。物流信息化过程中,数据不准确、数据质量不高往往是信息化不能达到预期目标的基础性原因。

(4) 在物流中常用的各种数据格式和物品编码不统一

各地、各行业甚至各企业自成体系,难以在信息系统中共享。这些问题直接影响物流信息化的基础。由于物流客体编码、物流数据格式、物流数据采集技术不统一而导致物流数据采集困难、数据准确性差且不能共享和交换这一现象在物流行业普遍存在。即便采用同一种自动识别技术,例如条码,也会因为码制不统一或者系统底层物品编码标准不统一、数据

传输方式不统一,从而导致数据采集与共享难以进行。所有这些,严重阻碍着不同层次的物流信息交换和数据共享。

**5. 针对物流基础数据采集问题的建议**

(1) 充分发挥政府部门在解决物流基础数据采集所面临问题中的作用

坚持政府部门的组织和引导作用。物流基础数据的标准化是中国物流现代化进程中的关键,关系到整个物流体系能否顺利发展的全局性问题,涉及多个领域,甚至是多个国家,需要政府发挥应有的作用。

(2) 开展物流基础数据标准化的试点工作

以实现物流基础数据标准化为工作重心,在大型连锁超市、医药公司、汽车零配件等多个领域展开物流基础数据标准化试点工作。目的是用"点"带"面",利用这些试点的示范效应以及扩散效应推动整个物流基础数据的标准化进程。

(3) 充分发挥各类物流行业协会的作用

物流行业协会是物流企业利益的代表,为此,它们对物流基础数据的需求更为迫切。可以让有实力、有需求、有技术的物流行业协会承担部分物流基础数据的管理职能。

(4) 充分调动企业积极性

物流基础数据的直接使用者就是企业,企业应当对物流基础数据采集标准化的重要性有更深层次的认识,这关乎一个企业的生存与发展。鼓励物流企业参与到物流基础数据采集标准化的进程中,让有条件、有积极性的企业参与物流国家标准的起草工作,充分发挥物流基础数据在物流信息化中的作用。

## 二、信息

### (一) 信息的定义

世界上关于信息的定义有多种说法,对于不同的学科而言,由于其研究的内容不同,对信息有不同的定义。

英文信息 information 一词有情报、资料、消息、报道、知识等含义。所以长期以来,人们就把信息看作消息的同义语,简单地把信息定义为能够带来新内容、新知识的消息。但是,后来人们发现信息的含义要比消息、情报的含义广泛得多,不仅消息、情报是信息,指令、代码、符号语言、文字等一切含有内容的信号都是信息。

从决策的角度出发,赫伯特·西蒙的定义强调信息的效用和价值,认为信息是影响人们对于决策方案的期待或评价的外界刺激。

从控制的要求而论,信息论之父香农提出,信息是用以消除随机不确定性的东西,认为信息是使不确定因素减少的有用知识。

在诸多信息定义中,控制论奠基人维纳于 1948 年提出的定义很重要:信息就是信息,既不是物质,也不是能量。其重要性就在于它指出构成系统有三个要素,即物质、能量和信息,三个要素相互联系、缺一不可。

在管理信息系统中,信息被定义为一种已经被加工为特定形式的数据,是对客观数据的反映。这种数据形式对于接受者来说是有意义的,而且对当前或将来的行动或决策具有明显的实际价值。

总之，信息是关于现实世界各种事物可通信的知识，信息是有意义的数据，是人脑经过加工形成的知识，例如：13亿是一个数据，如果解释为中国的人口数，13亿中国人就是信息。如果记忆到大脑，就形成了知识。信息的可通信是指它的交流传播能力。信息是具体的，并且可以被人(物、仪器等)所感知、提取、识别，可以被传递、存储、变换、处理、显示、检索和利用。

### (二) 信息的要素

一般认为，信息由语义、差异、传递和载体四个要素构成。

#### 1. 语义

任何信息自产生的一刹那起，就含有一定的意义。人们对信息的基本要求是能够为人类破译并理解，能用语言表达，信息也就有了语义。信息只有有了语义，才具有使用价值。

#### 2. 差异

信息只有表现出差异，才能被称为信息。信息表现的差异主要包括有或无、多与少、强与弱、时空差异。科学发展表明，越是表现细微差异的信息，越有使用价值。

#### 3. 传递

一个事物的特征只有经过表现与传递，为其他事物所感知才能称其为信息。通信就是信息的传递过程，这一过程可以描述为信息由信源→编码→信道→译码→信宿的传递，而噪声与干扰的存在，往往会影响通信的最佳状况，甚至造成通信障碍。

#### 4. 载体

信息是事物特征的表现，而这些特征又是靠物质介质和物质载体来表现的。信息由物质客体生成，并被物质介质表现与传送；在表现与传送过程中，始终都有物质载体承载着信息。信息一刻也离不开承载它的物质，这种承载信息的物质称为信息载体。

### (三) 信息的特征

信息具有以下特征。

#### 1. 真实性

信息反映了客观世界存在的事物，因此是真实可信的。换句话说，信息包括真实的数据，真实是信息的中心价值。不真实的信息不仅不能起到作用，价值反而为负。

#### 2. 层次性

信息是有层次的，一般分为战略级、策略级和执行级。不同等级的信息在来源、寿命、使用频率等方面均有不同的表现。

#### 3. 不对称性

由于各种原因的限制(如专业知识、市场需求、制作技术等)，在市场中交易双方所掌握的信息是极不相等的，不同企业掌握信息的程度各有不同，这就形成了信息的不对称性。

#### 4. 时滞性

信息滞后于数据，信息滞后时间包括信息间隔时间和加工时间。信息间隔时间是指获取同一信息的必要间隔时间,信息加工时间是指数据加工获取某信息所需要的加工时间。使用信息技术的基本目标就是要缩短信息的加工时间。

**5．可存储性**

信息可以通过符号表现,而符号可以依附在一定的载体之上,以便更有效地保存与传递。人们可通过多种方式将信息存储在一定载体上。例如,信息可以通过记忆存储在人脑中,可以通过印刷方式存储在纸张上,也可以通过摄像、录音等方式存储在光盘上等。

**6．可传输性**

信息可以从一个地方传输到其他若干个地方。利用信息技术,信息以比特的形式存储,可以更快、更便利地在世界范围内传输。

**7．共享性**

共享性是信息区别于物质的重要特征。物质、能源都遵循能量守恒定律,唯独"信息"资源可以共享。一个信息源能够提供多个信息给接收者,并且接收者接收后能够重复使用,由接收者继续传输称为信息的共享性。

**8．扩散性**

由于信息具有可传输性,因此,信息可以通过各种介质向外扩散。信息的扩散具有正负两种效应。正效应是利于知识的扩散,节省人力、资金等资源的消耗。负效应造成信息贬值,不利于信息保密。

**9．知识性**

各种信息按照一定的规则组合在一起,表达某些方面的应用,就形成了知识。人们正是通过信息来认识事物、区别事物和改造世界的。

**10．其他**

信息还具有增值性、有效性、可传递性、可干扰性、可加工性、可共享性等特征。

## 三、数据与信息的关系

信息和数据是信息系统学科中最基本的术语,两者既有联系,又有区别。信息需要用数据来表示,对数据进行加工处理又可以得到新的数据,数据经过解释往往可以得到新的信息。它们之间的关系可以用图1-2表示。

图1-2 数据与信息的关系

通常,在企业信息系统中,数据和信息这两个名词可通用、互换。但实际上,数据和信息是有差别的,而且必须正确加以区分。

### (一) 信息是加工后的数据

信息是经过选择、分析、综合后的数据,它使用户更清楚地了解正在发生什么事。如果说数据是原材料,信息就是加工后得到的产品,是数据的含义。因此对使用者来说,数据是一些难懂的符号,而信息则是易懂且有意义的符号。

### (二) 用户不同,数据和信息的划分不同

数据和信息的相对性表现在一些数据对某些人是信息,而对另外一些人则可能是数据。例如,在物流企业物品管理中,领料单对仓库保管员来说是信息,因为他从领料单上知道,要发什么材料、发多少、发给谁;而对物流主管人员来说,领料单只是数据,因为从一张领料单中,他无法知道本月某种材料消耗了多少,他并不能掌握企业本月的材料入库、消耗以及库存情况。

### (三) 信息不随载体改变

信息不随承载它的物理设备形式的改变而变化。但是,数据随着载体的不同,其表现形式也可以不同。例如,张三身高 1.2m 和张三身高 120cm 属于同一信息,但是其数据表现形式却不相同。

### (四) 信息是观念上的

由于信息是加工了的数据,它揭示数据内在的含义,是观念上的。因此,采用什么模型(即公式)、多长时间来加工数据以获得信息,是受人对客观事物变化规律的认识制约,由人确定的。

### (五) 数据是信息的载体,信息是数据的目的和归宿

信息需要通过数据表现出来,它可以是文字、图像、手势、表情、话语等,人们需要通过一些载体向别人传递信息。同时,人们收集大量数据也是为了把它们加工成信息,供有需要的人使用,否则收集数据就毫无意义。

### (六) 信息是数据的价值体现

很多数据本身是没有什么价值的,唯有将它加工成信息,才能充分体现数据的价值。例如 2kg,这个数据本身是没有意义的,但如果是 2kg 钻石,那么就很值钱了。

### (七) 数据和信息可以互相转化

数据经过加工会变成信息,信息随着时间变化可能又会变为数据。就像明天的天气预报对我们来说是信息,我们可以根据它采取一些预防措施,但是昨天的天气预报对今天就没有意义了,信息就会变成数据。

## 第二节 信息技术与信息管理

### 一、信息技术的定义

信息技术是进行高效信息管理的重要基础和支持。信息技术(information technology,IT)因人们对其使用的目的、范围、层次不同而有不同的表述。目前,比较有代表性的定义主

要有以下几种。

① 信息技术是借助于以微电子学为基础的计算机技术和通信技术的结合而形成的手段,对声音、图像、文字、数字和各种传感信号信息进行获取、加工、处理、存储、传播和使用的能动技术。

② 信息技术是指在计算机和通信技术支持下用以获取、加工、存储、变换、显示和传输文字、数值、图像以及声音信息,包括提供设备和提供信息服务两大方面的方法与设备的总称。

③ 信息技术是人类在生产斗争和科学实验中认识自然和改造自然所积累起来的获取信息、传递信息、存储信息、处理信息以及使信息标准化的经验、知识、技能并体现这些经验、知识、技能的劳动资料有目的结合的过程。

④ 信息技术是在信息加工和处理过程中使用的科学、技术与工程的训练方法和管理技巧,以及方法和技巧的应用。

⑤ 信息技术是管理、开发和利用信息资源的有关方法、手段与操作程序的总称。

⑥ 信息技术是能够延长或扩展人的信息能力的技术。

一种技术,特别是功能性技术总是在某种程度上直接或间接地延长或扩展了人的某种器官的某种功能。这是技术的本质,也是一种技术能够出现、存在和发展的主要基础。因此,综合信息技术的本质和功能,可以认为:信息技术是指能够扩展人的信息器官功能,完成信息的获取、传递、处理、利用等功能的一种技术。

## 二、信息技术的体系结构

信息技术的体系结构由四个层次组成,即基础技术层、支撑技术层、主体技术层和应用技术层。若把信息技术的整个体系比喻为一棵大树,那么基础技术层便是大树扎根的土壤,支撑技术层便是大树的根系,主体技术层是大树的躯干,应用技术层则是大树的枝叶。

### (一) 基础技术层

信息技术的基础技术主要是指新材料技术和新能量技术(包括新能源技术、新的能量转换和控制技术等)。一切信息技术都要利用某种或某些支撑技术手段来实现,而一切支撑技术都依赖于某种或某些材料和能量技术。新材料和新能量技术的开发和应用又会进一步促进新的支撑技术的发现和利用。

信息技术性能水平的进步,归根结底来源于材料和能量技术的进步。例如,电子信息技术由真空管时代向晶体管、集成电路、超大规模集成电路时代的迈进,归根结底是由于锗、硅半导体材料、金属氧化物半导体材料、砷化镓材料等的开发和利用;而激光信息技术的出现与发展则依赖于各种激光材料的开发和激光能量的利用。因此,开发新材料、掌握新的能量技术是发展和改善信息技术的最基本的途径。

### (二) 支撑技术层

信息技术的支撑技术主要是指机械技术、电子技术、微电子技术、激光技术和生物技术等。无论是信息的获取、传递、处理,还是信息的利用,都要通过机械的、电子的、微电子的、激光的或生物的技术手段来具体实现。这是因为机械的物理参量、电信号的基本参量、光信号的基本参量以及生物的电参量的变化都可以较方便地用来表现和描述信息,并且便于进行人工控制和处理。

用机械技术手段实现的信息技术称为机械信息技术,如手摇计算机;用电子或微电子技术手段实现的信息技术称为电子信息技术,如电信、电子计算机;用激光技术手段实现的信息技术称为激光信息技术,如激光光导纤维通信、激光控制、激光遥感、激光计算机;用生物技术手段实现的信息技术称为生物信息技术,如生物传感器、生物计算机。

### (三) 主体技术层

信息技术的主体技术是感测技术、通信技术、计算机技术和控制技术。感测技术是人的感觉器官功能的延长,即完成信息获取功能。通信技术是人的传导神经网络功能的延长,即完成信息传递功能。计算机技术是人的思维器官功能的延长,即完成信息处理功能。控制技术是人的效用器官功能的延长,即完成信息利用功能。信息技术的功能系统也是一个有机的整体,完成扩展人的智力功能的任务,如图1-3所示。信息技术的功能和人的信息器官的功能是一致的,只是功能的水平或性能各有所长。

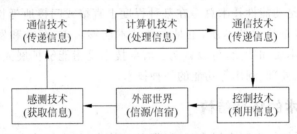

图 1-3 信息技术及其功能系统

### (四) 应用技术层

信息技术的应用技术是针对种种实用目的、由主体技术繁衍出来的形形色色的具体技术群类。随着信息基础技术、支撑技术和主体技术的迅速发展,信息技术迅速渗透到人类生活的各个领域,对人们生产、工作、学习、生活等各方面都产生深刻的影响。这些领域包括工业、农业、国防、交通运输、科学研究、文化教育、商业贸易、医疗卫生、体育运动、文学艺术、行政管理、社会服务、家庭劳作等。这些丰富多彩的实际应用,表现了信息技术的强大生命力和渗透力,以及它与人类社会各个领域的密切而牢固的联系。表1-1列举了一些应用技术中具有代表性的例子。

表 1-1 信息技术的应用技术举例

| 领　　域 | 应用技术举例 |
| --- | --- |
| 工业 | 资源勘测遥感技术,生产过程自动控制技术,计算机辅助制造技术 |
| 农业 | 气象预报系统,作物监测遥感系统,自动灌溉网络 |
| 国防 | 指挥、控制、通信、情报系统,战略防御系统,空间情报系统 |
| 科学技术 | 情报自动检索系统,机器自动翻译系统,智能推理系统 |
| 交通运输 | 交通控制系统,远程会议网络,远程调度网络 |
| 商业贸易 | 电子数据交换,决策支持系统,自动销售、记账系统 |
| 文化教育 | 远程自动化视听教学网络,智能娱乐技术,计算机辅助教学 |
| 医疗卫生 | 医疗专家系统,自动护理系统,远程医疗会诊系统 |

续表

| 领　　域 | 应用技术举例 |
|---|---|
| 社会服务 | 电子银行系统,自动订座订票系统,家务操作系统 |
| 组织管理 | 管理信息系统,智能决策系统,办公自动化系统 |

### (五) 四个层次间的关系

通常我们把信息技术的主体技术和应用技术称为实用信息技术,而支撑技术和基础技术一般不称为信息技术,只有在某些必要的场合,才把它们称为广义的信息技术。因为主体技术和应用技术要直接考虑人的信息器官功能的延长和扩展问题,而支撑技术和基础技术则不需要。

**1. 层次划分是相对的**

信息技术的体系结构中不同层次的划分并不是绝对的。例如,主体技术层与应用技术层之间就不存在截然的界限,因为主体技术本身往往也是应用技术,如一台计算机系统或一个通信系统既是主体技术又是应用技术。又如,当某种支撑技术考虑了人的信息器官功能扩展问题时,它也可以被认为是主体技术。

**2. 主体技术层是关键**

信息技术的发展关键在于主体技术的发展。主体技术集中体现了信息技术的功能水平,只有主体技术水平提高了,才有可能为社会各领域提供高水平的应用技术,才能有效地扩展和延长人的信息器官的功能,从而促进社会进步。

**3. 各层次技术是一个有机的整体**

主体技术的发展依赖于其他各层次技术的发展:一方面,应用技术的发展能够促进信息技术在各个方面的实际应用,激发社会对信息技术的需求,从而为主体技术的进一步发展提供动力。另一方面,支撑技术和基础技术的发展能够为主体技术的发展创造必要的物质和技术条件,最终能够向社会提供更好的实用信息技术系统。因此,四个层次之间的关系是相辅相成、互相促进、互相依赖的,整个体系结构是一个有机整体,不能孤立地看待其中任何一个层次,否则会造成处理问题的片面性。

## 三、信息管理

### (一) 信息管理的定义

信息是普遍存在的,信息管理不仅是信息工作的一部分,也是现代管理工作的重要组成部分,信息管理的定义分为狭义和广义两种。

狭义信息管理是指对信息的收集、整理、存储、传播和利用,也就是信息从分散到集中、从无序到有序、从存储到传播、从传播到利用的过程。狭义信息管理实际上是对信息本身的管理。

广义信息管理不仅对信息进行管理,而且对个人、组织或社会所涉及信息活动的各种要素(如信息、人员、技术、组织等)进行管理控制,实现各种资源的合理配置,满足社会对信息需求的过程。

随着信息技术的发展,社会经济模式发生了转换,信息已经成为重要的资源,信息管理作为一种与信息有关的社会实践活动,不仅局限于狭义的信息处理,而且涉及了与信息活动有关的各类要素,所以广义信息管理的定义更加恰当。

### (二) 信息在管理中的地位和作用

信息是管理的基础与纽带,是使各项管理职能得以充分发挥的前提。这是因为信息活动贯穿管理的全过程,管理就是通过信息协调系统的内部资源、外部环境和系统目标,从而实现系统功能。信息在管理中的地位和作用表现在以下五个方面。

**1. 信息是管理系统的基本构成要素,并促使各要素形成有机联系**

信息是构成管理系统的基本要素之一,正是由于有了信息活动的存在,管理活动才得以进行。同时,由于信息反映了组织内部的权责结构、资源状况和外部环境状态,使管理者能够据此做出正确的决策,所以,信息也是管理系统各要素形成有机联系的媒介。可以说,没有信息,就不会有管理系统的存在,也就不会有组织的存在,管理活动也就失去了存在的基础。

**2. 信息是管理过程的媒介,使管理活动得以顺利进行**

在管理过程中,信息发挥着极为重要的作用。各种管理活动都表现为信息的输入、变换、输出和反馈。所以,管理的过程也就是信息的输入、变换、输出和反馈的过程。这表明管理过程是以信息为媒介,唯有信息的介入,管理活动才得以顺利进行。

**3. 信息是组织中各部门、各层次、各环节协调的纽带**

组织中的各个部门、层次与环节是相对独立的,有自己的目标、结构和行动方式。但是,组织需要实现整体的目标,管理系统的存在也是为了达到这个目的。为此,组织的各个部门、层次与环节需要协调行动,以消除各自所具有的独立性影响,这除了需要有一个中枢(管理者)以外,还需要有纽带能够将其联系在一起,使其能够相互沟通。信息就充当了这样的角色,成为组织各个部门、层次与环节协调的纽带。

**4. 信息是决策者正确决策的基础**

决策者所拥有的各种信息以及对信息的消化和吸收是其做出决策的依据,决策者只有及时掌握全面、充分而有效的信息,才能高瞻远瞩,做出正确的决策。所以信息是决策者做出正确决策的基础。

**5. 信息的开发和利用是提高社会资源利用率的重要途径**

社会资源是有限的,需要得到最合理、最有效的利用,提高其利用效率。对于企业而言,表现为经济效益与社会效益的提高。在现代社会中,由于竞争极为激烈,信息尤其显现出了它的重要性,及时、充分、有效的信息能够提高速度、提高效益,增加社会财富。从一定意义上讲,现代社会中的信息资源是相对于物质和能量更为重要的资源。

### (三) 信息管理的目标

任何管理若没有明确的管理目标,就不可能达到期望的管理效果,对于信息管理也是一样的。信息管理的目标不仅是信息管理活动的预期结果,而且是指导信息管理活动的行动纲领,因此要先确定信息管理的目标。

信息管理的目标一般可分为总目标和分目标两方面。总目标是信息管理要达到的最终目的和最根本的行动纲领;分目标是信息管理系统中子系统独立、具体的目标,为保证总目标的实现服务,并受到总目标制约。

信息管理的总目标可以概括为:在有领导、有组织的统一规划和管理下,协调一致、有条不紊地开发信息资源,使各类信息以更高的效率和更低的成本充分发挥其作用。

为了实现上述总目标,信息管理在以下三个方面也有相应的分目标。

① 在管理方面,依照客观经济规律,建立全面、科学、合理的信息管理机制,完善信息开发利用的保障体系。

② 在收集开发方面,根据社会发展的需要来合理组织、规划信息的开发,把相关的潜在信息及时、高效地转化为可用的信息资源。

③ 在整理利用方面,按照社会化、专业化和产业化的原则合理组织信息资源,使信息资源能得到充分有效的利用。

### (四) 信息管理的层次与任务

信息管理的基本任务就是将信息资源与信息用户联系起来,科学地管理信息资源,最大限度地满足用户的信息需求。

从信息管理的层次来看,可以将信息管理分成宏观、中观与微观三个层次。每个层次所面向的对象和所包含的任务都不一样。

#### 1. 宏观层次的信息管理

宏观层次的信息管理是从整个社会系统角度来看,主要是指对一个国家和地区信息产业的管理。宏观层次上的信息管理主要包括以下任务。

① 制定信息的开发战略、方针和政策,使信息的开发在国家统一的指导和管理下进行,降低信息开发成本,满足国民经济和社会发展的总体需要。

② 制定与信息管理相关的法规,建立信息管理的监督和保障体系,使信息管理有法可依,使开发出来的信息能得到充分、及时、有效的利用。

③ 综合运用经济、法律和行政手段协调各部门、各地区和各企业之间的关系,使信息资源的开发利用机构在平等互利的基础上最大限度地实现资源共享。

④ 加强国家信息基础设施和信息管理网络的建设,使信息的开发利用建立在较高的起点和良好的社会基础上。

#### 2. 中观层次的信息管理

中观层次的信息管理一般由各地区、各行业的信息管理部门通过制定地区或行业政策法规来组织、协调本地区或行业内的信息管理活动。它是介于宏观和微观之间的一种管理层次,具有承上启下的功能。中观层次的信息管理主要任务是在本地区、本行业范围内组织、协调信息的开发利用活动。

#### 3. 微观层次的信息管理

微观层次的信息管理是最基层的信息管理,一般由各级政府部门、企业和其他组织机构实施,主要是为了认清组织内各级各类人员对信息的真正需求,合理组织、协调信息的开发利用。微观层次的信息管理主要包括以下任务。

① 制定信息规划。明确企业需要什么样的信息以及收集信息的范围和目的。
② 收集信息。多渠道、多途径、广泛地收集分布在各类信息源和信息载体中的信息。
③ 处理信息。按照信息内容或形式上的联系，分门别类地将信息组成有机整体。
④ 分析信息。从大量的信息中提炼有用的信息，并加以综合。
⑤ 利用信息。全方位为用户提供信息服务，满足用户特定的信息需求。

## (五) 信息管理的性质

信息管理具有社会性、专业性和服务性。社会性是指信息管理活动是人类社会一种特有的活动，并且涉及社会的多个领域，同时也受各种社会因素（诸如政治、经济、科技、文化等）的影响。专业性是指在信息管理过程中，不但需要专门的信息技术，还需要丰富的科学文化知识和其他相关学科的知识，在进行信息分析时，还需要相应的科学研究方法。所以，从事信息管理工作要掌握专门的理论、方法和技术。服务性是指信息管理对信息进行收集、整理和分析，最终目的是将形成的信息产品提供给信息用户使用，最大限度地满足用户的信息需求。所以，信息管理是为各项管理工作、科学研究、文化教育和人们日常生活服务的，具有很强的服务性。

总之，信息管理涉及信息活动的各个要素，是对信息、信息生产、信息技术、信息机构、信息设施、信息投资、信息系统等进行合理组织和控制，以便实现信息及有关资源的有效配置和合理开发利用。物流信息管理是信息管理思想、手段和方法在物流活动领域的具体应用。一般包括物流信息的采集、加工处理、存储、分析和传递利用等环节。

## (六) 有效信息管理的途径

为了保证对数据和信息实行有效的管理，必须实现信息管理标准化。信息管理标准化是提高信息管理水平，建立计算机信息管理系统的前提条件。一般而言，它包含以下内容。

### 1. 原始数据收集制度化

必须以责任制的形式，对各类原始数据收集的对象、范围、时间、数量、周期、精度等做出明确的规定，责任到岗。

### 2. 信息载体规范化

按照有利于及时准确、便捷传递和加工利用的原则，选择合适的信息载体，并按照规范要求统一设计和使用。

### 3. 信息加工程序化

对各类信息，应该根据其属性、来源、作用等的不同，分别规定其加工要求、加工方法和加工步骤，以保证信息能够及时得到加工利用，避免加工过程中的信息失真现象。

### 4. 信息传递工艺化

根据信息的作用和使用者的不同，明确规定不同信息正向传递与反馈的级别、路线、时间，即按照工艺化要求设计信息流程，把信息传递时间过长、错误传递、无效传递减至最低限度。

**5. 信息分类代码化**

结合信息管理特点,按照国家和行业信息管理标准,选择科学的分类体系和编码方法,对信息进行统一分类和编码,这是快速、准确存储和检索信息的基础。

## 第三节 物流信息与物流信息管理

### 一、物流信息及分类

#### (一) 物流信息概念

国家标准《物流术语》(GB/T 18354—2006)定义:物流信息(logistics information)是"物流活动中各个环节生成的信息,一般随着从生产到消费的物流活动的产生而产生,与物流过程中的运输、储存、装卸、包装等各种职能有机结合在一起,是整个物流活动顺利进行所不可缺少的"。

物流信息是指物流活动中产生及使用的必要信息,物流活动中,物流信息流动于各个环节中,并起着神经系统的作用。

物流信息包含的内容可以从狭义和广义两方面来考察:从狭义范围来看,物流信息是指与物流活动(如运输、保管、包装、装卸、流通加工等)有关的信息。在物流活动的管理与决策中,如运输工具的选择,运输路线的确定,每次运送批量的确定,在途货物的跟踪,仓库的有效利用,最佳库存数量的确定,订单管理,如何提高顾客服务水平等,都需要详细和准确的物流信息,因为物流信息对运输管理、库存管理、订单管理、仓库作业管理等物流流动具有支持保障的功能。

从广义范围来看,物流信息不仅是指与物流活动有关的信息,而且包括与其他流通活动有关的信息,如商品交易信息和市场信息等。商品交易信息是指与买卖双方的交易过程有关的信息,如销售和购买信息,订货和接收订货信息,发出货款和收到货款信息等。市场信息是指与市场活动有关的信息,如消费者的需求信息、竞争业者或竞争性商品的信息、销售促进活动信息、交通通信等基础设施信息等。在现代经营管理活动中,物流信息与商品交易信息、市场信息相互交叉、融合有着密切的联系。如零售商根据对消费者需求的预测以及库存状况制订订货计划,向批发商或直接向生产商发出订货信息。批发商在接到零售商的订货信息后,在确认现有库存水平能满足订单要求的基础上,向物流部门发出发货配货信息。如果发现现有库存不能满足订单要求,则马上组织生产,再按订单上的数量和时间要求向物流部门发出发货配送信息。由于物流信息与商品交易信息和市场信息相互交融,密切联系,所以广义物流信息还包含与其他流通活动有关的信息。广义物流信息不仅能起到连接整合生产厂家、经过批发商和零售商最后到消费者的整个供应链的作用,而且在应用现代信息技术(如 EDI、EOS、POS、互联网、电子商务等)的基础上能实现整个供应链活动的效率化,利用物流信息可以对供应链各个企业的计划、协调、顾客服务和控制活动进行有效的管理。

#### (二) 物流信息分类

物流中的信息流是指信息供给方与需求方进行信息交换和交流而产生的信息流动,它表示品种、数量、时间、空间等各种需求信息在同一个物流系统的不同物流环节中所处的具体位置。物流信息有不同的分类方法。

**1. 按信息的加工程度不同分类**

按照信息的加工程度不同,物流信息可以分为原始信息和加工信息两类。

(1) 原始信息

原始信息是指未加工的信息,是信息工作的基础,也是最有权威性和凭证性的信息。原始信息是加工信息的可靠保证。如果人们只重视加工信息而放弃原始信息,遇到争议、疑问时,无法用原始信息进行核对,加工信息就变得没有意义了。

(2) 加工信息

加工信息是对原始信息进行各种方式、各个层次加工处理后的信息,是原始信息的提炼、简化、综合。对原始信息进行加工可大大缩小信息量,并将信息梳理成规律性的东西,便于使用。对于原始信息进行加工需要各种加工手段,如分类、汇编、精选、归档、制表等。

**2. 按物流信息功能分类**

按照物流信息功能,物流信息分为计划信息、控制及作业信息、统计信息和支持信息等。

(1) 计划信息

计划信息是指尚未实现但已当作目标确认的一类信息,如物流量计划、仓库吞吐量计划、车皮计划、与物流活动有关的国民经济计划、工农业产品生产计划等。这种信息具有相对稳定性和更新速度慢等特点。掌握了计划信息,可对物流活动本身进行战略思考,这对物流活动有着非常重要的战略意义。

(2) 控制及作业信息

控制及作业信息是指在物流活动过程中发生的信息,如库存种类、库存量、在运量、运输工具状况、物价、运费、投资在建情况、港口船舶的贸易货物到发情况等。这种信息具有动态性强、更新速度快和时效性强等特点。掌握了控制及作业信息,可以控制和调整正在发生的物流活动和指导下一次即将发生的物流活动,以实现对过程的控制和对业务活动的微调。

(3) 统计信息

统计信息是指物流活动结束后,对整个物流活动的一种总结性、归纳性的信息,如上一年度、月度发生的物流量、物流种类、运输方式、运输工具使用量、仓储量、装卸量以及与物流有关的工农业产品产量、内外贸易量等。这种信息具有固定不变和较强的资料性等特点。掌握了统计信息,可以正确掌握过去的物流活动及规律,以指导物流战略发展和计划制订。

(4) 支持信息

支持信息是指对物流计划、业务、操作有影响的或有关文化、科技、产品、法律、教育等方面的信息,如物流技术革新、物流人才需求等信息。这种信息不仅对物流战略发展具有价值,而且对控制、操作物流业务也能起到指导和启发作用。

**3. 按物流信息的来源分类**

按照物流信息的来源,物流信息分为物流系统内信息和物流系统外信息两个方面。

(1) 物流系统内信息

物流系统内信息是指伴随着物流活动而发生的信息,包括交通运输信息、仓储信息、装卸搬运信息、包装信息、流通加工信息和配送信息。例如,交通运输信息包括铁路、公路、水运、航空、管道等各种运输基础设施的建设进度、网络疏密、利用状况、畅通程度、收费标准、质量等级、营运能力、管理水平以及火车、卡车、轮船、飞机等各种运输工具相互转换的难易度、物流节点的作业效率等。物流是一个系统工程,强调系统的整合性和协调性。所以,运输、保管、装卸搬运及包装等各个环节的协调运转,除管理因素外,信息传递的及时性和顺畅程度也有着重要影响。各个物流环节信息的整合和系统化筛选是十分重要的。每个环节的信息都不能间断,否则物流系统的整体优势就会受到影响,甚至失去物流本身存在的意义。

(2) 物流系统外信息

物流系统外信息是指在物流活动以外发生的,但提供给物流活动使用的信息,包括商流信息、资金流信息、生产信息、消费信息以及国内外政治、经济、文化等信息。例如,零售商根据对消费者需求的预测以及库存状况制订订货计划,向批发商或直接向生产厂家发出订货信息。批发商在接到零售商的订货信息后,在确认现有库存水平能满足订单要求的基础上,向物流部门发出配送信息。如果发现现有的库存水平不能满足订单的要求,则马上向生产厂家发出订单。生产厂家在接到订单之后,如果发现其现有库存不能满足订单要求,则马上组织生产,按订单上的数量和时间要求向物流部门发出货物配送信息。

**4. 按物流环节分类**

按照物流环节,物流信息分为运输信息、仓储信息、配送信息、装卸搬运信息、包装信息、加工信息等。

(1) 运输信息

运输信息是产生于货物运输环节的物流信息,这是物流信息的主要信息之一,包括陆地货物运输信息、水路货物运输信息、航空货物运输信息、管道货物运输信息、快递货物运输信息及各种货物代理运输信息。

(2) 仓储信息

仓储信息是产生于仓储环节的物流信息,是重要的物流信息,包括各种仓库、货场的货物储存信息和代储信息。

(3) 配送信息

配送信息是产生于货物配送环节的物流信息,包括货物配送方式、配送时间、配送线路、配送货物的种类和数量等。

(4) 装卸搬运信息

装卸搬运信息是产生于货场和装卸搬运环节的物流信息,包括各种港口、码头、站场、车站、仓库、货场的货物装卸、运送、拣选、分类、堆垛、入库、出库等信息。

(5) 包装信息

包装信息产生于物品包装环节的物流信息,包括各种仓库、货物的包装、改包装及包装物生产的信息。

(6) 加工信息

加工信息是产生于流通加工环节的物流信息,包括为商业配送进行的计量、组装、分类、保鲜、贴商标及商务快送、宅急送等信息。

**5. 按管理层次分类**

按照管理层次,物流信息分为操作型管理信息、知识型管理信息、战术型管理信息和战略型管理信息。

(1) 操作型管理信息

操作型管理信息是产生于物流作业层,反映和控制企业的日常生产和经营工作的信息。它是管理信息中的最底层,是信息源。例如,订货处理、计划管理、运输管理、库存管理、设备管理等信息。这类信息通常具有量大、发生频率高等特点。

(2) 知识型管理信息

知识型管理信息是知识管理部门相关人员对企业自己的知识进行收集、分类、存储和查询,并进行知识分析所得的信息。例如,专家决策知识、物流企业相关业务、工人的技术和经验形成的知识信息等。这类信息一般隐藏在企业内部,需要挖掘和提炼。知识型管理信息贯穿企业的各个部门、各个层次。

(3) 战术型管理信息

战术型管理信息是部门负责人做局部和中期决策时所涉及的信息。它一般包括合同管理、客户关系管理、质量管理、计划管理、市场商情等管理信息。这类信息一般来自本单位所属各部门。

(4) 战略型管理信息

战略型管理信息是企业高层决策者制定企业年度经营目标、企业战略决策所需要的信息。它通常包括综合报表管理、供应链管理、企业战略管理、市场动态、国家有关政策法规等信息。这类信息一部分来自企业内部,多为报表类型;另一部分来自企业外部,且数据量较少、不确定性程度较高、内容较抽象。

**6. 按作用层次分类**

按照作用层次,物流信息可分为基础信息、作业信息、协调控制信息和决策支持信息。

(1) 基础信息。基础信息是物流活动的基础,是最初的信息源,如物品基本信息、货位基本信息等。

(2) 作业信息。作业信息是物流作业过程中发生的信息,信息的波动性大,具有动态性,如库存信息、到货信息等。

(3) 协调控制信息。协调控制信息主要是指物流活动的调度信息和计划信息。

(4) 决策支持信息。决策支持信息是指能对物流计划、决策、战略具有影响或有关的统计信息或有关的宏观信息,如科技、产品、法律等方面的信息。

## 二、物流信息的特点及功能

### (一) 物流信息的特点

**1. 信息量大、分布广**

在供应链的各个环节都会产生物流信息,这对企业的物流管理信息系统提出了更高的要求。多品种、小批量、多批次和个性化服务等特征的现代物流活动,使库存、运输、分拣、包装、加工、配送等物流信息大量产生,且分布在制造厂、仓库、物流中心、配送中心、运输路线、商店、中间商、用户等处。为了使物流信息适应企业开放性、社会性的发展要求,必须对大量的物流信息进行有效管理。

### 2. 动态性强、实时性高、时效性强

由于各种作业活动频繁发生，市场状况及用户需求变化多端，物流信息会在瞬间发生变化，因而物流信息的价值衰减速度很快。为能适应企业物流高效运行的及时性，这就要求系统对信息的及时性管理有较高的处理能力。

### 3. 信息种类多、来源多样化

物流信息不仅包括企业内部的各种管理和作业信息（如生产信息与库存信息等），而且包括企业间的物流信息和与物流活动有关的现代物流技术基础设施、法律、规定、条例等多方面的信息。这就使物流信息的分类、统计、研究及筛选等工作的难度增加。

### 4. 信息标准化程度高

信息的产生、加工、传播和应用在时间、空间上不一致，方式也不同。物流企业与其他企业和部门间需要进行大量的信息交流。为了有效地控制物流系统中的各种信息，实现不同系统间信息的高效交换与共享，需要建立统一完善的数据采集系统，必须采纳国际或国家对信息的标准化要求，采用统一的物品编码。

### 5. 资源共享性

共享性即物流信息与物流各功能环节要资源共享，保持密切联系。因为物流、商流和生产是密不可分的，如原材料采购与生产计划的相关性、运输配送情况与企业库存水平的相关性、销售计划与商品库存结构的相关性等，所以，用来体现物流状况的物流信息是与物流各功能环节紧密相连的，即具有资源共享性。

### 6. 密切相关性

因为物流本身与生产流、商流有着密切的关系，如原材料采购与生产计划的相关性，运输配送情况与企业库存水平的相关性，销售计划与商品库存结构的相关性，所以作为体现物流活动的物流信息在物流各功能环节间存在着密切的联系。

总之，不同类别的物流信息还有一些不同的特点。例如，物流系统产生的信息，由于需要向社会提供，因而收集信息力求全面、完整。而收集的其他系统信息，则要根据物流要求予以选择。

## (二) 物流信息的功能

### 1. 交易功能

交易功能是指记录完成交易过程中的各种必要操作，是用于启动和记录个别物流活动的最基本层次。交易活动包括记录订货内容、安排存货任务、作业程序选择、装船、定价、开发票以及消费者查询等。例如，当收到消费者订单时，就开始第一笔交易。按订单安排存货，记录订货内容意味着开始第二笔交易。随后产生的第三笔交易是指导材料管理人员选择作业程序。第四笔交易是指挥搬运、装货，以及按订单交货。最后一笔交易是打印和传送付款发票。在整个过程中，当消费者需要并且必须获得订货状况信息时，通过一系列信息系统交易，就完成了消费者订货功能的循环。

### 2. 控制功能

控制功能能提供企业物流服务水平和资源利用的管理，通过合理的指标体系来评价和

鉴别各种方案。该功能强调信息的控制力度,要求把精力集中在功能衡量和报告上。功能衡量对于提供有关服务水平和资源利用等的管理反馈是必要的。因此,管理控制以可估价的、策略上的、中期的焦点问题为特征,它涉及评价过去的功能和鉴别各种可选方案。普通功能的衡量包括金融、顾客服务、生产率以及质量指标等。作为一个例子,特殊功能的衡量包括每磅的运输和仓储成本(成本衡量)、存货周转(资产衡量)、供应比率(顾客服务衡量)、每工时生产量(生产率衡量)以及顾客的感受(质量衡量)等。

某些管理控制的衡量方法(如成本)有非常明确的定义,而另一些衡量方法(如顾客服务)则缺乏明确的定义。例如,顾客服务可以从内部(从企业的角度)或从外部(从顾客的角度)来衡量。内部衡量相对比较容易跟踪,而外部衡量却难以获得,因为它们要求的是建立在对每一个顾客监督的基础上的。

### 3. 决策功能

大量的物流信息能使管理人员全面掌握情况,协调进行物流活动的评估、比较、成本收益分析,从而做出有效的物流决策。典型分析包括车辆日常工作和计划、存货管理、设施选址,以及有关作业比较和安排的成本—收益分析。与控制功能相同的是,决策分析也以策略上的和可估计的焦点问题为特征。与控制功能不同的是,决策分析的主要精力集中在评估未来策略上的可选方案,并且它需要相对松散的结构和灵活性,以便作范围更广的选择。

### 4. 战略功能

战略功能主要表现在物流信息的支持上。有效利用物流信息,有助于开发和确立物流战略。制订战略计划精力集中在信息支持上,以期开发和提炼物流战略。这类决策往往是决策分析层次的延伸,但通常更加抽象、松散,并且注重于长期。决策中包括通过战略联盟使协作成为可能、厂商的能力和市场机会的开发和提炼,以及顾客对改进所做的反应。制定战略,必须把较低层次的数据融入范围很广的交易计划中,以及融入有助于评估各种战略的概率和损益的决策模型中。

由于物流信息与运输、仓储等各个环节均有密切关系,具有各种重要功能,在物流信息系统中起着举足轻重的作用,因此,加强物流信息系统的研究和利用,可使物流成为一个有机的整体,而不是各自孤立的活动。只有在物流的各项活动中及时收集和传输有关信息,并通过信息的传递,把运输、存储、加工、配送等业务活动联系起来,才能使物流标准化、定量化,提高物流整体作业水平。

## 三、物流信息管理

### (一) 物流信息管理的定义

物流信息管理(logistics information management,LIM)是指通过对与物流相关信息的加工处理来达到对物流、资金流的有效控制和管理,并为企业提供信息分析和决策支持的人机管理系统。这个人机管理系统是以人为主体的系统,它对企业的各种数据和信息进行收集、传递、加工、保存,并将有用的信息传递给使用者,以辅助企业的全面管理。

物流信息管理是运用计划、组织、指挥、协调、控制等基本职能对物流信息收集、检索、研究、报道、交流和提供服务的过程,并有效地运用人力、物力和财力等基本要素,以期达到物流管理的总体目标的活动。

对于物流信息管理而言,除了包括收集、处理等物流活动的信息传送,还包括对物流过程的各种决策活动(如采购计划、销售计划、选择供应商、顾客分析等)提供决策支持,并充分利用计算机的强大功能汇总和分析物流数据,进而做出更好的决策,增强对企业的内部开发与外部利用,提高生产效率,增强企业竞争优势。

### (二)物流信息管理的特点

随着社会经济的发展和科技的进步,物流信息管理通过对与物流活动相关信息的收集、处理、分析来达到对物流活动的有效管理和控制,并为企业提供各种物流信息分析和决策支持。物流信息管理具有以下四个特点。

#### 1. 强调信息管理的系统化

物流是一个大范围内的活动,物流信息源点多、分布广、信息量大、动态性强、信息价值衰减速度快,所以物流信息管理要求能够迅速进行物流信息的收集、加工处理。物流信息管理系统可以利用计算机的强大功能汇总和分析物流数据,并对各种信息进行加工、处理,从而提高物流活动的效率和质量;而网络化的物流信息管理系统可以实现企业各部门、各企业间的数据共享,从而提高物流活动的整体效率。因此,物流信息管理强调建立以数据获取、分析为中心的物流信息管理系统,从庞大的物流数据中挖掘潜在的信息价值,以提高企业的物流运作效率。

#### 2. 强调信息管理各基本环节的整合和协调

物流信息管理的基本环节包括物流信息的获取、传输、储存、处理与分析,在管理过程中强调物流信息管理各基本环节的整合和协调。对于仓储、运输、配送、货运代理、通关、包装等物流活动,可以提高物流信息传递的及时性和顺畅程度,提高物流活动效率。物流信息管理各基本环节的信息处理一旦间断,则会影响物流活动的整体连贯性和高效性。

#### 3. 强调信息管理过程的专业性和灵活性

物流信息管理是专门收集、处理、储存和利用物流全过程的相关信息,为物流管理和物流业务活动提供信息服务的专业管理活动,物流信息管理过程涉及仓储、运输、配送、货运代理等物流环节,涉及的信息对象包括货物信息、作业人员信息、所使用的设施设备信息、操作技术和方法信息、物流的时间和空间信息等。物流信息管理的规模、内容、模式和范围,应根据物流管理的需要,可以有不同的侧重面和活动内容,以提高物流信息管理的针对性和灵活性。

#### 4. 强调建立有效的信息管理机制

物流信息管理强调信息的有效管理,即强调信息的准确性、有效性、及时性、集成性、共享性。在物流信息的收集和整理中,要避免信息的缺损、失真和失效,强化物流信息活动过程组织和控制,建立有效的管理机制。同时通过制定企业内部、企业之间的物流信息交流和共享机制来加强物流信息的传递及交流,以便提高企业自身的信息积累,并进行相应的优势转化。

### (三)物流信息管理的作用

现代物流与传统物流的主要区别在于,现代物流应用现代电子信息技术及装备对传统的、各自分离的物流基本功能,如包装、装卸搬运、运输、储存保管、流通加工、配送和物流信息处理等业务实现有机组合,协调运行以形成一个完整的系统来管理,从而使各个系统发挥各自的特定功能,最终实现物流系统的总体目标。现代物流强调过程的信息沟通,物流的效率依赖于信息沟通的效率。商流、物流和信息流在物流管理信息系统的支持下实现互动,从而提供准确和及时的物流服务。物流信息系统可以同时完成对物流的确认、跟踪和控制,它不仅使企业自身的决策快、反应快、灵活机动、对市场的应变能力强,而且增强了和客户的联系沟通,能最大限度地反映客户的需要,为客户创造更多的价值。因而易锁定原有客户,吸引潜在客户,从而大大增强企业的竞争优势。具体地说,物流信息系统的引进和完善为物流企业有效地解决了单点管理和网络业务之间的矛盾、成本和客户服务质量之间的矛盾、有限的静态资源和动态市场之间的矛盾、现在和未来预测之间的矛盾。它通过直接切入物流企业的业务流程来实现对物流企业各生产要素的合理组合与高效利用,降低经营成本,并直接产生明显的经营效益。它有效地把各种零散数据变为商业智慧,赋予了物流企业新型的生产要素——信息,大大提高了物流企业的业务预测和管理能力,实现了物流企业内部一体化和外部供应链的统一管理,有效地帮助物流企业提高服务质量,提升企业的整体效益。

### (四) 物流信息管理的目标

物流信息管理的主要目标是减少物流完成周期的不确定性,因此存货可得性(物流企业库存能力保证满足顾客的需求)、递送及时性(物流过程中物品流动的实际时间与要求时间之间的符合程度)和交付一致性(包括质量一致性和服务一致性)是外部企业对物流企业的要求,而经济性、可靠性、可维护性、柔性(又称灵活性)、可扩展性、安全性等是评价物流系统的内部指标。从物流企业管理的要求和发展来看,物流企业对物流信息管理的需求主要体现在以下几个方面。

① 改善物流企业内部业务流程和信息交流方式,满足业务部门对信息处理和信息共享的需求,使物流企业信息更有效地发挥效力。

② 提高办公自动化水平和工作效率,降低管理成本,提高市场竞争能力。

③ 通过对货物的跟踪与监控,物流企业的管理者可以及时掌握业务进展情况及经营业务数据,增强对业务的控制,为决策提供数据支持。

④ 为客户提供实时的货物跟踪,提供个性化服务,提高服务水平。

⑤ 按照现代化管理思想和理念要求,为企业提供可靠的信息处理支持环境。

### (五) 物流信息管理高效化

高效率的物流信息管理是物流信息管理工作的目标,也是贯穿于物流信息管理全过程的工作目标。要实现物流信息管理高效化,必须达到以下几个方面的要求。

**1. 及时**

及时收集和处理物流信息是确保信息有效的前提。及时包含两层含义:一是原始数据采集要及时;二是对物流信息的加工、存储、传递、检索、输出和利用要快捷。

**2. 准确**

真实、准确的物流信息是正确决策的前提,这有赖于严格的制度,以及科学的物流信息处理方法。

### 3. 适用

物流信息的价值贵在适用，有目的、有计划地收集原始数据是保证物流信息适用性的关键。

### 4. 经济

在物流信息管理过程中，必须对物流信息的效用以及成本有清醒的认识，及时排除那些不符合经济性原则的工作。

#### (六) 物流信息管理现代化

物流信息管理现代化是物流信息管理高效化的保证，其基本要求如下。

① 有一支熟知信息科学的人才队伍，他们应该由企业内外的专职信息员和兼职信息员组成，并应遍及企业内部的各个岗位和企业外部的相关领域。

② 有一套适应物流信息管理需求的信息管理机构、信息传递网络及健全的信息管理机制。

③ 广泛采用先进的信息处理工具和方法。

④ 建立计算机信息管理系统，形成一个现代化的集数据采集、加工、存储、检索、输出于一体的数据处理中心和配套的传输网络。

#### (七) 物流信息管理系统结构

一个经济实用的物流信息管理系统必须层次结构分明，因为不同层次上的部门和人员需要不同类型的信息。一个完善的物流信息管理系统，主要有四个层次，自下向上分为操作层(作业层)、知识层、战术层(管理层)和战略层(决策层)。

按照物流企业管理职能，操作层又分为运输管理、仓储管理、配送管理、货代管理、报关管理、采购管理等。物流信息管理系统层次与业务管理职能关系结构见图1-4。

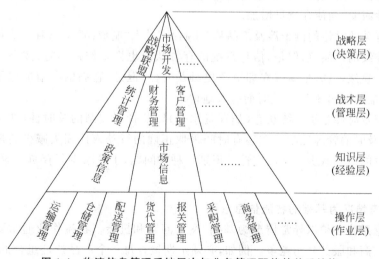

图1-4 物流信息管理系统层次与业务管理职能的关系结构

最基层各职能岗位的作业信息中有关费用、业务量等信息通过系统传递到上一层(管理层)的输入端，如订单、价格等信息作为财务管理输入，库存量、运输量、交易量等信息作为统计管理输入，有关客户的信息作为客户管理输入，中层管理者根据运行信息，协调、管理、监测和考评各岗位的工作，并控制服务质量。财务管理、统计管理数据与知识层的各种政策、市场信息通过系统作为决策层输入，通过专家系统、决策模型等处理后，支持决策者分析、制订物流战略计划和实施方案，如车辆安排、库存水平、网络设施选址与配置等。

物流信息系统必须结合以下六条原理来满足管理信息的需要，并充分支持企业制订计划和运作。

### 1. 可得性

物流信息系统必须具有容易而始终如一的可得性，所需信息包括订货和存货状况。迅速的可得性对于对消费者做出反应以及改进管理决策是有必要的。因为顾客需要及时地获得存取订货和订货状态方面的信息，所以这一点是至关重要的。可得性的另一个方面是存取所需的信息，例如订货信息的能力，无论是管理上的、消费者的、还是产品订货位置方面的信息。物流作业分散化的性质，要求对信息具有存储能力，并且能从国内的任何地方得到更新。这样，信息的可得性就能减少作业上和制订计划上的不确定性。

### 2. 精确性

物流信息必须精确地反映当前状况和定期活动，以衡量顾客订货和存货水平。精确性可以解释为物流信息系统的报告与实物计数或实际状况相比所达到的程度。例如，平稳的物流作业要求实际的存货与物流信息系统报告的存货相吻合。当实际存货水平和系统之间存在较低的一致性时，就有必要采取缓冲存货或安全存货的方式来适应这种不确定性。正如信息可得性那样，增加信息的精确性，也就减少了不确定性，并减少了存货需要量。

### 3. 及时性

及时性系指一种活动发生时与该活动在信息系统内可见时之间的耽搁。例如，在某些情况下，系统要花费几个小时或几天才能将一种新订货看作实际需求，因该订货并不始终直接进入现行的需求量数据库。结果，在认识实际需求量时就出现了耽搁，这种耽搁会使计划制订的有效性减弱，而使存货量增加。

另一个有关及时性的例子涉及产品从"在制品"进入"制成品"状态时存货量的更新。尽管实际存在连续的产品流，但是，信息系统的存货状况也许是按每小时、按每工班或按每天进行更新的。显然，适时更新或立即更新更具及时性，但是，它们也会增加记账工作量。编制条形码、扫描和 EDI 有助于及时而有效地记录。

信息系统及时性是指系统状态（如存货水平）以及管理控制的及时性（如每天或每周的功能记录）。及时的管理控制是在还有时间采取正确的行动或使损失减少到最低限度时提供信息。及时的信息减少了不确定性并识别了种种问题，于是减少了存货需要量，增加了决策的精确性。

### 4. 以异常情况为基础的物流信息系统

物流信息系统必须以异常情况为基础，突出问题和机会。物流作业通常要与大量的顾客、产品、供应商和服务公司竞争。例如，必须定期检查每一个产品选址组合的存货状况，以便制订补充订货计划。另一个重复性活动是对非常突出的补充订货状况进行检查。在这两种情况中，典型的检查需要检查大量的产品或补充订货。通常，这种检查过程需要问两个问题：第一个问题涉及是否应该对产品或补充订货采取任何行动。如果第一个问题的答案是肯定的,那么,第二个问题就涉及应采取哪一种行动。许多物流信息系统要求手工完成检查,尽管这类检查正越来越趋向自动化。仍然使用手工处理的依据是有许多决策在结构上是松散的,并且需要经过用户的参与做出判断。

另一个例子是,物流信息系统应该突出的异常情况包括大批量的订货或无存货的产品、延迟的装箱和较低的作业生产率。概括地说,具有目前工艺水平的物流信息系统应该具有强烈的异常性导向,应该利用系统去识别需要引起管理部门注意的决策。

### 5. 灵活性

物流信息系统必须具有灵活性,以满足系统用户和顾客两方面的需求。信息系统必须具有提供迎合特定顾客需要的数据的能力。例如,有些顾客也许想将订货发票跨越地理或部门界限进行汇总。特别是,零售商 A 也许想要每一个店单独的发票,而零售商 B 却只需要所有商店的总发票,一个灵活的物流信息系统必须有能力适应这两类要求。从内部来讲,信息系统要有更新能力,在满足未来企业需要的同时不削弱在金融投资以及规划时间上的能力。

### 6. 适当形式化

物流报告和显示屏应该具有适当的形式,这意味着用正确的结构和顺序包含正确的信息。例如,物流信息系统往往包含一个配送中心存货状态显示屏,每一个显示屏列出一个产品和配送中心。这种形式要求一个顾客服务代表在试图给存货定位以满足某个特定顾客的订货时,检查每一个配送中心的存货状况。换句话说,如果有五个配送中心,就需要检查和比较这五个计算机显示屏。适当的形式会提供单独一个显示屏,包括所有五个配送中心的存货状况。这种组合显示屏使顾客更容易识别产品的最佳来源。

有一个适当形式的例子是,显示屏或报告含有并有效地向决策者提供所有相关的信息。显示屏将过去信息和未来信息结合起来包含现有库存、最低库存、需求预测,以及在一个配送中心单独一个品目的计划入库数。这种结合了库存流量和存货水平的图形界面显示,当计划的现有库存有可能下跌到最低库存水平时,有助于计划人员把注意力集中在按每周制订存货计划和订货计划上。

## (八) 物流信息管理系统的发展趋势

物流信息系统的发展始终要以物流业务本身为出发点,了解目前物流业务的需求,充分分析物流信息管理系统的发展趋势,运用先进的技术对物流信息系统进行规划、分析、设计、实现、测试、使用以及维护。

### 1. 物流信息系统建设的主要目标

依据物流业务的实际需求,物流信息系统建设的总体目标是:运用信息技术,实施产业结构的调整,实现交通产业、仓储产业等的升级。主要目标是:通过不断的完善物流信息系统,收集各种物流信息,并对数据进行分析、处理、运用,对各种情况做出快速反应,实现物流业务目标。

### 2. 信息管理向知识管理发展

随着信息技术的发展,信息与信息、信息与活动、信息与人、信息与组织很多都被联系在一起。信息通过数据挖掘转换成知识,共同使用、管理知识。集体智慧以及创新能力的作用得到进一步加强,进一步促进物流的发展。

### 3. 企业流程重组向企业转型发展

企业流程重组是将信息视为中心,对流程进行再设计、排列以及重组。企业转型则会涉及组织结构调整、企业文化建设等多个方面,从部门内部的流程再造,到跨部门的流程再造,它最终要实现的是企业从有形方面到无形方面的信息化,不断地减少成本,开辟新的领域,创造新的价值,这将是企业未来发展的大方向,会成为未来信息管理发展的重点。

### 4. MRP(物料需求计划)向价值链管理的发展

企业物流的运营方式随着经济一体化而不断发生变化,从将产品结构的物料需求作为中心的 MRP 到与企业生产经营活动有关的所有资源视为中心的 MRPⅡ,再到将企业内外部资源进行整合的 ERP(企业资源计划),再到 SCM(供应链管理)、CRM(客户关系管理),可以看出,企业关注的重心从物流转向信息流再转向价值流,也从原来对企业内部信息的管理转为对企业间合作的相关信息管理,价值链管理成为信息管理的核心内容。

### 5. DSS(决策支持系统)向面向虚拟组织的人机智能化决策系统发展

决策支持的环境是信息应用的一种高级形式。随着多媒体数据库和可视听、可视化技术、面向对象方法、人工智能等技术的出现,虚拟组织正成为未来物流企业的组织、管理方式等,导致传统的 DSS 到 GDSS(群决策支持系统)、到 DDSS(分布决策支持系统)、到 IDSS(智能决策支持系统)等,再到面向虚拟组织的人机智能化决策系统的发展,为新环境下的物流信息管理提供强有力的支持。

## 第四节　物流信息化建设

在信息社会的今天,物流作为一个古老而崭新的服务型产业,其在价值增值过程中一直起着关键性的作用。现代物流的最大特征就是,无论是企业物流,还是第三方物流,其流程都是建立在与现代化的信息通信手段、设施及其管理模式相互作用、相互影响基础之上的。物流信息化建设不是最终目的,而是在信息社会的背景下,如何对传统物流产业整合、优化与升级。随着经济的高速发展和科技的飞速进步,企业之间的竞争日益激烈,不仅传统的利润源泉(物质资源和人力资源)给企业带来的竞争优势将变得更为短暂,而且也不再那么明显,即使是作为"第三利润源"的物流服务,如果没有合理的信息流作为支撑,依旧继续沿用粗放式的发展模式,其对于价值增值的贡献程度也是无法满足人们需求的。以信息化为主要特征的现代物流才可以为企业带来进一步的竞争优势,尤其是在供给相对过剩的当今社会,企业更要把有限的资源集中在能为它们带来巨额利润的关键顾客身上,而这些顾客往往优先考虑的就是供应商的物流服务能力。因此,以顾客需求为导向的物流发展战略,必然要求对"第三利润源"的开发采用信息化的模式、手段与方法,更好地实现价值增值的过程。

《商贸物流发展"十三五"规划》中指出,发展的主要任务包括加强商贸物流信息化建设。要深入实施"互联网+"高效物流活动,构建多层次物流信息服务平台,发展经营范围广、辐射能力强的综合信息平台、公共数据平台和信息交易平台。推广应用物联网、云计算、大数据、人工智能、机器人、无线射频识别等先进技术,促进从上游供应商到下游销售商的全流程信息共享,提高供应链精益化管理水平。鼓励有条件的地区开展政府物流信息共享平台建设,将交通运输、海关、税务、工商等部门可公开的电子政务信息进行整合后向社会公开,实现便民利企,顺应流通全渠道变革和平台经济发展趋势,探索发展与生产制造、商贸物流、信贷金融等产业协调联动的智慧物流生态体系。

## 一、物流信息化概述

### (一) 现代物流与物流信息化

物流行业不仅是国家十大产业振兴规划之一,也是信息化及物联网应用的重要领域。信息化和综合化的物流管理、物流监控不仅能为企业带来物流效率提升、物流成本控制等效益,也从整体上提高了企业及相关领域的信息化水平,从而达到带动整个产业发展的目的。

现代物流是社会经济发展的必然产物和物流发展的必然阶段。物流信息化是经济全球化和现代社会信息化的必然要求。提高物流信息化水平是当前调整和振兴我国物流业的主要任务之一。

现代物流有两个最基本的先决条件——实体网络和信息网络,现代物流是物流、商流、信息流三流合一,是电子商务的产物。现代物流到目前为止还没有一个完善、公认的定义,《物流术语》对此也没有涉及。但根据其本质特征,起码应由三个要素构成。

① 现代物流理念——供应链管理理论。
② 传统物流的实体运作——物流过程的各环节。
③ IT 平台支持——物流信息运行平台。

现代物流可简单归纳为:在供应链管理理念指导下,在信息技术支持下的实体物流活动。

伴随着物流的发展,物流信息化的重要性也越来越凸显。物流信息化是现代物流的灵魂,是现代物流发展的必然要求和基石。

### (二) 物流信息化的概念内涵

物流信息化是指物流企业运用现代信息技术对物流过程中产生的全部或部分信息进行收集、分类、传递、汇总、识别、跟踪、查询等一系列处理活动,以达到对物流、商流和资金流的管理和控制,从而达到合理配置物流资源、降低成本、提高效益目的的管理活动。

物流信息化包括物流设备的信息化和物流管理的信息化两类:物流设备的信息化是指条形码、RFID、GPS、GIS 等现代信息技术和自动化设备在物流业中的应用;物流管理的信息化是指物流管理信息系统、物流决策支持系统等信息系统在物流中的应用。一般来说,物流设备的信息化是物流信息化的初步应用,物流管理的信息化是物流信息化的主体与标志。

物流信息化表现为物流信息的标准化、信息收集的自动化、信息加工的电子化和计算机化、信息传递的网络化和实时化、信息存储的数字化,以及由此带来的物流业务管理的自动化和物流决策的智能化。信息时代的到来引起了物流活动运作与管理上的改变,物流与信息流结合得越来越紧密。物流运作中的大部分物流活动都需要物流信息的传递与处理;通过信息技术的监测与控制,信息和信息流才可以渗透到每一个物流活动中。

## 二、物流信息化的作用

### (一) 对物流的控制和协调

物流和信息流是流通的组成部分,二者密切联系,过去二者合二为一,现代物流信息化使二者逐渐分离。在现代物流中,物流主要是信息沟通的过程,物流的效率依赖于信息沟通的效率,信息流不仅反映物流过程,还起到控制、协调物流资源、物品、资金流动速度的作用,物流企业可以通过信息沟通为客户提供信息服务,而准确、及时的信息和畅通的信息流从根本上保证了物流的高质量和高效率。

### (二) 缩短物流流程

缩短物流流程是指物流周转时间和存货的减少。一般来说,物流备货时间较长,大于顾客的订单周期,要克服备货的时间差就要保有存货。存货量可以通过经济订货批量公式来预测,但误差会导致存货的不足或过量。为缩短流程,要尽可能减少存货,同时使物流备货时间与订单周期相一致。物流信息化不但可以提高物流活动的速度,减少物流备货时间,还可以提高物流信息的传播速度,延长订单周期。

缩短物流流程的直接结果是提高物流系统的快速反应能力。各种物流信息技术都极大地提高了物流业务的处理速度,物流管理信息系统的中枢神经作用可以提高物流系统对外界的反应速度。

### (三) 实现物流系统化管理

现代物流实现系统化主要是通过整合各种物流活动和物流资源来实现系统化管理。传统物流的信息管理手段落后,信息传递速度慢、准确性差,而且缺乏共享性,使各功能之间的衔接不协调或相互脱节。信息化建设将各个物流子系统通过信息共享联系在一起,进行有机整合,以保证物流过程的通畅顺利。

在物流信息化对物流活动的整合方面,现代物流利用信息系统进行优化分析,制订运输、存储和配送方案,利用信息系统的计划和调度功能管理和实施物流方案,通过策划与操作,使每个物流节点上的物品,都按照区域、属性在不同的方向得到集成,按照客户的要求,准时送到相应的物流节点,实现经济效益最大化,并提高物流服务水平。

物流信息化对物流资源的整合分为以下两个方面:对物流信息资源的整合,主要是对各物流功能环节的信息共享和处理,使整个物流系统内的信息资源都能在信息系统中完整、全面地反映出来,并且通过优化处理实时生成物流各环节或功能所需要的信息,实现系统内信息资源优化配置。信息化改变了以往主要通过物流设施的投资来提高物流管理水平的单一方式,而是通过信息技术把不同种类、位置、企业、国家和地区的物流资源整合到一块,从而提高资源整体的利用率。

**1. 协调供应链各环节的运行**

供应链物流系统是由许多不同的组织构成的,系统中每一部分的决策都会影响整个物流系统的运作。物流管理信息系统把这些组织联系成为合作者,提高物流的透明度,使供应链物流上的各节点成员能实现信息实时共享,从而增强了协调供应链各环节运行和取得最佳流动的能力。

供应链的基础是建立互利机制，但需要一定的技术方案来保证，物流管理信息系统就充当了互利机制的手段。由于物流过程的透明度不断提高，供应链的所有参与者都能根据充分的信息进行合理的分工，并从供应链系统整合和综合总成本控制最优的角度出发进行适当的决策与管理。

#### 2．优化物流绩效

物流管理信息系统在物流中更重要的作用体现在，运用信息系统可以设计并实施新的物流解决方案，降低物流成本，提高物流质量和服务水平，从而大幅度优化物流绩效。通过物流信息化可以最大限度地优化物流网络和物流流程，减少一切不必要的环节和过程，有效控制供应链总库存水平，显著降低各项物流费用和企业资金占用，从而大大降低物流总成本。物流信息化在一定程度上还解决了行业间信息互通、企业间信息沟通及企业与客户间交流的问题，实现了对客户的个性化服务，从根本上提高了物流服务水平。

#### 3．促进物流变革

信息化将改变现有社会经济的消费系统和生产系统，从而改变人类的社会经济秩序。物流是国民经济的服务型系统，社会经济秩序的变革必将导致现有的物流系统结构、秩序也随之变革。物流信息化既是应对这种变革的动力，也是这种变革的实质内容。传统物流企业或部门以信息化为契机，把信息系统实施与业务流程改造、物流网络重组、管理体制改革紧密结合起来，从而实现组织形式、管理方式、运作流程上的变革，转变为适应信息时代市场经济运行模式的现代物流企业。

### 三、物流信息系统软硬件平台的发展趋势

物流信息系统软硬件平台的建设是物流信息化的基础。以此为前提，从系统实施的时间维度来考虑，在社会各方的积极参与下，有步骤地实现物流服务基础设施平台、基本服务平台和增值服务平台的信息化。

物流信息化必然涉及供应链中的多个企业，而且要求这些企业之间在统一规范的业务执行标准下进行协同运作，这就决定了物流信息化的真正实现必然要有物流信息化所必需的软硬件平台作为支撑。这里所说的平台是跨行业、跨企业主体共同使用的基础设施，它既包括软件平台，也包括硬件平台。具体到物流信息化上，就是使供应链上的企业在一个共同的应用系统上建设商务协同的信息技术基础设施。物流信息化的一个根本标志就是其应用平台的信息化集成建设。英国的安德鲁·伯杰和澳大利亚的约翰·加托纳总结了当今物流信息系统软硬件平台的发展现状，并且指出美国一直主导着物流信息系统的软硬件平台的发展，而且经过激烈的市场竞争之后，各个应用领域也基本上形成了各自的格局。

#### （一）物流信息系统硬件平台发展概况

物流信息系统目前主要有三大硬件平台：①Oracle 与 Sun 领导的基于 UNIX/Java 的解决方案；②微软的 NT 和 Windows 2000 解决方案；③IBM 的定制化解决方案。

一般的软件开发商都会将其产品的开发建立在某一个硬件平台之上，但是具体的选择标准则会因为其对硬件平台的要求以及行业的发展趋势不同而不同。相比之下，Sun 和

IBM 的解决方案更多用于对交易处理安全性和可靠性方面要求比较高的系统；而更多涉及设计和技术的行业或企业则一般会选用微软的硬件平台作为解决方案。

选择硬件和基础技术平台应该考虑成本、可扩展性和便于使用行业内的解决方案等因素。选择硬件平台时，不要同时采用多个解决方案，最终采用的平台要具有适度的前瞻性，因为这相对于软件平台来讲，是一笔固定投资，考虑到产品更新换代的速度以及可扩展性问题，平台的搭建可以适度超前。如果系统的可扩展性较差，一旦系统面临升级时，企业将不得不再投入一笔资金，这样企业的成本必然提高，其结果是将这部分成本转嫁给消费者，或者企业自身将承担起这部分费用，这两种选择都不利于企业自身的发展。面对不同地区的众多客户，可以通过设立多个网络终端，并采用数据共享的方式，实现企业信息的实时可视，降低企业的生产成本，提高企业的整体作业效率。总之，物流信息系统硬件平台的选择是建立在对费用、可扩展性、易用性和可靠性进行权衡的基础之上的。

### （二）物流信息系统软件平台发展概况

目前的物流信息系统软件平台发展概况主要分为以下几点。

#### 1. 物流信息系统软件平台一览

物流信息系统软件平台的重点应用领域的产品构成格局已经基本确定，并且开始出现集成的物流信息系统综合软件平台，如表 1-2 所示。

表 1-2　主流物流软件平台一览表

| 应 用 领 域 | 主流软件平台 |
| --- | --- |
| 电子采购 | Ariba<br>Oracle<br>Commerce One |
| 客户关系管理 | Siebel<br>Vantive<br>Oracle |
| 综合集成平台 | Oracle<br>IBM，i2 Technologies，Ariba<br>ASP，Oracle，Commerce One |

随着各种应用软件包和基础信息平台（例如 UNIX 和 Windows）标准化的快速推进，物流信息系统软件平台的发展速度越来越快，特别是在电子采购、客户关系管理等几个重点应用领域。目前，这些重点的应用领域都已经基本形成三四个主流的软件平台。这些主流软件平台一般会在应用软件市场上占有 70％左右的市场份额。大部分的软件开发商都将他们的集成和连通工作集中于市场上领先的软件上面。同时，主要的系统集成商也要在领先的软件包之间建立接口和适配器，这就逐渐形成了物流信息系统软件综合集成平台。物流信息系统软件综合平台的集成，对于物流软件开发企业相当重要。因为，他们要么考虑与这些主流集成软件包相兼容，要么考虑在不同软件包之间建立关联接口，这样就会节省出大量的时间。

#### 2. 物流信息系统软件平台的兼容性越来越强

目前，大部分物流信息系统软件平台的开发都力图能够与 UNIX，Windows NT 及

Windows 2000 这些主流的技术基础结构平台相兼容,同时还会设计出与 ERP 及其他软件包相连的接口。

### 3. 物流信息系统软件平台的可扩展性不断增强

要想成为行业内的佼佼者,软件开发企业不仅要根据自己建立的商务模式和技术架构,进行本企业的软件开发与集成,而且必须积极寻求合作,以利用技术领先者的专长和同类最优的解决方案。例如,SUN 公司的 iForce 计划,可以为从初创到成熟的各类企业提供产品、服务、解决方案、路线图,以及成功的计划、实施软件开发战略所需的伙伴关系,它向用户提供一个架构,以帮助用户组织创建复杂的软件开发流程,与此同时又在每一步上开发 SUN 公司的专门技术。为定制出同类中最优的应用软件,他们的解决方案具备了确定性、可扩展性和简单性特点,并遵从公开的标准,把通过验证的软件、硬件、网络、金融和咨询服务融合成单一的、可管理的关系。

### 4. 软件包和数据库仍然是企业信息技术基础结构的基石

一个企业最好只应用一个 ERP 系统,这样,企业才能够在互联的商务世界中更为有效地运作。由于种种原因,大多数企业会同时采用多个软件包或多个 ERP 系统,这对系统的复杂性管理是不利的。对于数据采集的手段和质量要求,会随着企业间的连通性和合作性的增强而提高。因为在供应链管理背景下,一个企业的信息正确与否,往往会影响到整个供应链的稳定性。因此,功能强大而稳定的数据库系统在整个供应链的管理流程上有着举足轻重的作用。

### 5. 物流软件的开发一般采用"销售时间差"的模式

IT 产品的更新速度如此之快,以至于如今软件市场的规则已经成为如果不能在产品开发初期保证一定的销售额,那么就意味着企业产品销售的失败。为了满足关键顾客群的个性化物流需求,现在软件企业通常采用的办法是:首先向客户介绍自己软件所能实现的种种功能;然后客户根据自己的实际需要,选择适合自己的功能组合,之后软件企业再根据订单要求开发产品,生产产品,最后再出售产品。这就是所谓的"销售时间差"销售模式。

## 四、物流公共信息平台

随着硬件平台和软件平台的不断发展,特别是物流信息系统软件平台的集成和三大硬件平台解决方案的形成,物流信息系统呈现出集成化发展趋势。信息系统软硬件平台在物流领域的进一步集成化发展主要表现为各国、各区域物流公共信息平台的建立、发展与完善。通过对各个区域内物流相关信息采集,为生产、销售及物流企业等信息系统提供基础物流信息,满足企业信息系统对物流公用信息的需求,支撑企业信息系统各种功能的实现;同时,通过物流共享信息,支撑政府部门间的行业管理与市场规范化管理方面协同工作机制的建立。

物流公共信息平台最重要的作用就是能整合区域内各种物流信息系统的信息资源,完成各系统之间的数据交换,实现信息共享;可以加强物流企业与上下游企业之间的合作,形成并优化供应链。这有利于提高社会大量闲置物流资源的利用率,起到调整、调配社会物流资源,优化社会供应链、理顺经济链的重要作用。物流信息平台的建设,有利于实现与电子商务 B2B 或 B2C 系统的对接。好的物流信息平台是与电子商务系统高度集成的统一平台。

同时，物流公共信息平台作为政府、行业和企业衔接的公共服务平台，作为我国现代服务业发展的重要组成部分，能够大幅度地提高政府、行业和企业的协作水平，提高企业的数据连接性和供应链可视化，普遍降低现代物流社会总成本，提高我国经济的国际竞争力。

物流公共信息平台的建设，又可以划分为两部分主要内容。首先是在各个区域进行适合区域经济发展、符合区域特色需求的区域物流公共信息平台；其次是在各个区域物流公共信息平台建设基础上，进行区域物流公共信息平台之间的整合，形成更大范围的物流公共信息服务系统，提供更大范围的物流公共信息服务。

物流公共信息平台的建设，主要是连接区域内的政府资源（海关、税务、商检等各政府部门）、公共服务设施（区域内银行、保险、通信等基础设施）以及物流基础服务设施（区域内机场、港口和码头、铁路以及各种运输系统等），它主要为区域内物流企业（货代、运输、仓储和第三方物流企业，以及生产制造企业、流通销售企业等）提供公共的、社会性物流基础信息服务。

区域物流公共信息平台的进一步发展，将产生物流公共信息平台之间的互联互通，促使更大范围的物流公共信息服务体系的形成，最终形成国家大物流发展格局，如图1-5所示。

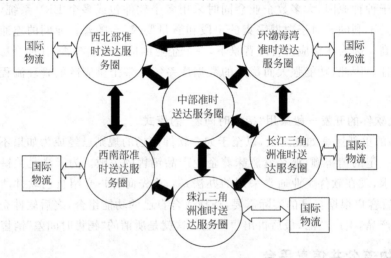

图1-5　国家大物流发展目标

建设我国功能完善、网络化和系统化的区域物流公共信息平台网络，能够大幅度降低各地区内生产、制造、销售企业以及第三方物流服务商的信息化投入和社会物流总成本，提高物流综合服务能力和总体运营效率，增强地区经济发展的动力和竞争力，有助于我国现代服务业的形成和发展，为我国成为全球制造业中心打下坚实的基础。

### 五、物流信息化阶段理论和实施主体

#### （一）物流信息化阶段理论

物流信息化会沿着物流系统本身的发展轨迹而逐步深入。整个物流业的发展可分为表1-3所示的三个层次。第一个层次是建立物流系统的基础设施，如相关的交通运输基础设施、各种物流作业工具等硬环境基础和行业标准、法规政策等软环境基础。第二个层次是形成物流系统的服务平台，服务平台是在基础设施平台基础上的、根据物流系统本身特点而

形成的功能性子系统,如交通运输、仓储、报关等。传统的物流服务都要有一个标准化的、低成本的、高效的服务平台,为各个产业区提供必要的服务,这属于物流基本服务平台。第三个层次才是真正的物流个性化、定制化服务,是物流增值服务平台,建立在前两个物流基本服务平台基础之上。从本质上讲,第三个层次的物流服务是非标准的、个性化的,适应的是批量定制需求,但由于它的两个基础平台往往是标准化的,寻求的是规模效益,所以这对于现代物流企业来说必须在信息化基础上,采用柔性生产的战略,逐步达到第三个层次的要求。

表 1-3　物流信息化阶段理论

| 发展阶段 | 主要的实施内容 | 实施主体 |
| --- | --- | --- |
| 基础设施平台 | 编码、协议、标准、工具等 | 以政府为实施主体 |
| 基本服务平台 | 运营、开发、服务平台等的信息化 | 政府参与、企业实施 |
| 增值服务平台 | 系统优化以及信息系统智能化建设等 | 以企业为实施主体 |

在物流三层结构的框架下,物流信息化也相应有三个层次要求。对应物流系统的第一个层次,物流的信息化要有一些标准编码、协议以及信息的采集、传输、存储、显示等基础的信息化标准与应用工具。第二个层次是在第一个层次的基础之上,通过必要的整合,使服务平台具备信息化的特征,实现物流基本服务的信息化,使信息化深入所有的物流子系统中,包括运营平台、开发平台、服务平台及在此基础之上的信息运行。信息系统开发平台以及信息服务平台,这些都是服务平台信息化的重要内容。第三个层次才可以实现定制化的增值服务要求。这里面所要求的信息化内容和目标,主要是一些商务职能、知识管理、数据挖掘等,是一些比较高层次的信息加工方面的任务,它所涉及的绝不仅仅是信息技术的简单应用或系统的局部优化,而是整个业务流程在信息通信技术支撑下的重组,这将是一种质的飞跃。

物流信息化的进程绝对不是按部就班的,因为在我国有它的特殊性。我国是工业化和信息化同步实施的。发达国家前期标准化建设阶段已基本完成,而我国必须把标准化的一些基础性建设和上层的这些专业化应用放在一起,所以我国在实际发展过程中,常常出现渐进式发展、协同发展与跨越式发展相互交织的现象。在进行基础设施建设的同时,也致力于开发定制化服务的应用系统与运作模式,这也是我国的后发优势所在,可以用一种跨越式发展的模式来加快发展。由于前期标准化建设不充分,以至于常常受制于基础方面的制约,不得不回过头来加强基础方面一些薄弱环节的建设,用引导和标准化两种手段进行物流信息化建设。

### (二) 物流信息化的实施主体

物流信息化的三个层次需要不同的主体来实施。政府主要提供基础性框架,所以底层肯定由政府牵头或者以政府为主来搭建;服务平台这一层也应该是政府促进,政府推动,企业参与,或以企业投资为主来建设,采用政府与企业合作的方式来实现;第三层,政府没有必要直接参与,它只是创造一个环境,培养一个市场,更多地由企业完成定制化、个性化的服务。政府相关部门或物流行业协会所要解决的是那些基础性的、公用的平台性质的服务功能,以及如何通过标准化的工具来实现,搭建不同层次的平台问题。

## 六、现代物流信息化体系框架

物流信息化的一个重要特征就是信息系统的集成,它并不是意味着人员、产品和设备的简单叠加,当然也不是一次性地就某个应用问题把若干应用系统集成到一起,而是整个系统要达到优化整合的要求,而且整个系统要做到及时地跟上需求的变化,适时地支持系统动态集成。因此,从这个意义上讲,物流信息系统的集成问题就是集成化信息系统的建设问题。从我国物流信息化建设现状和发展趋势看,无论将现有应用系统集成,还是新建物流信息系统,都应该从供应链管理一体化物流的要求出发,深入分析建设集成化物流信息系统的体系结构,从而支持物流信息系统的动态集成。在供应链管理环境下,集成化物流信息系统的体系结构可以用一个三维模型来表示(见图1-6)。

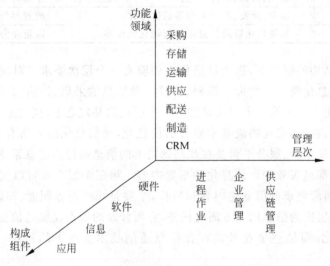

图 1-6 集成化物流系统三维体系结构模型

第一维是从供应链中物流管理层次来划分的,自下而上分别是进程作业层、企业管理层和供应链管理层三个层次。进程作业层的集成主要是自动出入库系统、多式联运作业系统等一些物流子系统自身的集成,从信息的收集到操作的自动化控制都包括在内,如果按照信息化阶段理论来划分,这属于基本服务平台级的信息化;企业管理层次的集成是同时跨越了基本服务平台和增值服务平台两个阶段的信息化;供应链管理层的集成主要是支持企业间信息流管理和共享的系统,因为虽然处于不同管理层次的物流信息系统对信息处理的深度要求不同,但各管理层之间有上下贯通的需要,同时子系统之间的协调,信息的全程可视,都需要从供应链角度来提出解决方案。

第二维是根据物流的功能和所涉及的领域来划分的,例如采购、储存、生产、销售、运输等。这些都是供应链上实现不同的功能和创造价值的不同业务环节,物流贯穿于这些环节中。业务管理层的集成主要是按照物流的业务功能模块划分来集成的,其信息支持系统主要在处理的信息和功能上不同,如仓储管理系统、客户关系管理系统、车辆管理系统等。这些不同业务领域和环节之间有物流信息交换和共享的需要。这一维度的集成同时还包括一些综合性较强的管理信息系统,如 ERP 等。如果按照物流信息化阶段理论来划分,它也同时跨越了基本服务平台和增值服务平台两个阶段的信息化。

第三维是根据信息系统本身所包含的不同内容来划分的,有硬件、软件、信息以及应用的集成四个层次。这些是构成信息系统的基本要素,在现代物流体系框架中处于技术工具的层面,是由路网、信息网、运载工具等硬件和 ITS 等软件共同构成物流运作的平台,而信息则成为应用的最主要的资源,而且是最能体现现代物流本质的因素。物流信息系统应用的效果最终要靠人-机-技术-管理的完美结合,逐步向智能化方向发展,这一维度的集成是基础设施集成级的信息化。

上述模型的三维之间、各块之间的联系是相当复杂的,集成的需求也是多样的,可以以模型构建的集成化物流信息系统体系框架为指导,建设支撑供应链管理的物流信息系统。

## 七、物流信息系统集成策略

我国物流管理和信息化水平参差不齐,不同行业之间、不同地区之间都存在较大的差异性,因此很难找出具有广泛适用性的具体的策略和措施来进行物流信息系统的集成建设。为了能使物流信息系统真正成为供应链管理的强有力工具,一般来讲,以下策略能够发挥一定的促进作用。

### (一) 进行供应链中的物流流程再造

供应链管理是一种将企业核心竞争力集成的全新管理模式,是一种系统工程思想在现代企业管理中的运用。在这种模式下,企业资源的概念不再局限于企业内部,而是在充分利用企业内部资源的同时,更加注重对外部资源的合理利用,增强与外部环境互动的主动性和响应性,最终形成系统与外部环境间的良性互动关系。因此,依照传统的业务流程简单地将孤立、分散的开发通过大量的接口简单连接用计算机模拟出来,这只能算信息基础设施的普及阶段。真正的供应链管理的物流信息系统集成要首先分析供应链上各企业各环节的物流运作管理流程,并在供应链管理理念的指导下,对供应链的各个环节进行整合与再设计,使管理模式更为适合信息系统的集成标准。此外,供应链管理物流一体化过程是建立在信息化基础上的,企业物流过程的重组又靠集成的物流信息系统应用才得以最终实现,因此物流信息系统的集成也是物流过程重组的过程。

### (二) 注重集成化信息系统开发方法论的应用

集成化信息系统开发方法论是关于集成化信息系统建设的模型、语言、方法、工具等技术要素,开发队伍与技术人员素质、业务环境与最终用户素质、投资力度与分布情况、开发领导与组织管理等社会要素,以及由它们相互关联而组成的认知体系,它既带有哲理性又具有实践性。其中,通用的公共方法和程序开发是方法论研究的重点内容,通用的开发方法统一以后,再去考虑系统的具体实施细节。这样有利于实现综合集成操作。从物流系统的发展过程可以看出,其系统层面的集成主要有两个层次:按功能级划分的子系统以及供应链管理级的集成系统。因此,供应链管理环境下集成化的信息系统开发方法论也应包括两大部分:高层部分面向全供应链,解决总体规划、高层设计和流程再造等问题;低层部分主要面向各业务领域,解决应用系统的分析、设计和建造问题。在实际工作中,两个层次的工作既不能混淆,又要紧密衔接。

### (三) 建立公共信息平台

公共信息平台是实现行业信息共享的一种方式，对于供应链上的物流信息共享，也可以采用公共信息平台。供应链中的公共信息平台应该以互联网技术为基础，建立公共的网站来提供信息服务，是共有的、开放的平台。它的功能主要体现在标准化和信息共享上，这些标准实现异构产品或信息的统一形式化描述，甚至还可将供应链中的术语规范，加入供应链的条件、享受的权利、承担的风险和义务、业务操作流程、资金结算、纠纷仲裁和责任追究等问题，以标准化的信息资源固化于网络中。

### (四) 建立适应信息集成的管理模式

集成化物流信息系统建设是一项复杂的社会系统工程，特别是在整个供应链上，公共信息平台由谁建，总体规划由谁做，整个物流一体化由谁设计，集成信息系统建设由谁管理等，必须有一些从宏观上进行有效管理的机制。对供应链上物流信息系统的集成，从管理机制上讲，主要有三种模式可供选择：第一种是由供应链上的核心企业按照企业内部物流一体化的方法，将这种管理延伸到整个供应链物流管理全程，包括对物流信息化建设和物流信息系统集成的管理；第二种是企业将支持整个供应链物流一体化的信息集成外包，利用第三方甚至第四方物流来承担；第三种是建立物流联盟，由供应链上具有共同发展战略、共同利益、不同的互为补充的核心竞争力的不同企业共同参与管理物流一体化和集成化信息系统的建设。从可操作性来讲，前两种要强一些，后面一种从组织和实施上都要复杂一些。此外，还需在供应链伙伴中建立信息共享的信任机制、激励机制、协调机制等，并在集成化信息系统建设上引入项目管理机制和监理制度，使信息系统的集成管理制度逐步健全，管理更为有效。

此外，关于信息系统的集成，已有一些先进的技术支持，如网络平台、数据仓库、中间件、智能代理等，它们对集成化物流信息系统建设的推动作用不可忽视，对供应链管理的物流信息系统集成要在需求的牵引下，充分应用这些先进的技术来实现。

## 八、现代物流信息化建设存在的问题

### (一) 信息化意识薄弱

目前，传统仓储和运输企业是大部分物流企业的前身，因此，大部分物流企业的运作方式和管理模式与传统做法并没有太大的区别，对物流信息化建设并没有引起足够的重视。除此之外，物流信息化建设由于与现有的物流操作方式有所区别与冲突，必然会带来企业经营管理的不确定性，从而引起企业领导与员工的不配合，甚至反感。

### (二) 物流信息化发展战略不科学

政府对物流信息化发展虽然有明确的规划与指示，但由于我国物流企业起步晚，物流信息化建设比较落后，大部分物流企业没有详细的物流信息化发展规划，有些企业有规划，但也处于探索阶段，缺乏有效的指导与合理的方法。

### (三) 物流信息化管理不协调

首先，长期以来实现的非集中行政体制带来了物流信息化管理的很多问题，如多头的监督管理导致的物流效率不高等；其次，由于物流涉及多个环节，是系统工程，如果不使用信息技术，必然会导致铁路、公路、航空等不同运输领域的业务信息封闭堵塞，各个环节脱节；最后，目前企业之间、部门之间、地区之间的业务系统与信息分离，资源不能共享，系统性和互补性比较差，物流信息化管理缺乏竞争力等。

### (四) 物流信息技术的运用率低

EDI 技术运用范围有限。作为一种新型的信息技术，在提升整个物流流程信息管理水平、协调发展各个物流环节方面是一种有效的商业信息管理方式。然而，我国 EDI 技术使用不多，使用范围也极其有限，仅在从事进出口的企业与海关和商品检查等管理部门之间使用。

### (五) 物流信息化技术人才匮乏

物流人才是全国 12 种紧缺人才之一。学校、各种培训机构对物流人才的培养，无法跟上当今物流快速发展的步伐，导致物流人才缺乏。这种人才的匮乏必然导致物流运作的低效率，增加不必要的物流成本，给企业物流管理带来压力。

### (六) 物流信息化建设筹资困难

物流信息化建设是一项巨大的系统工程，需要大量的资金才能得以实现。然而，自筹资金、贷款资金、国家预算内资金、债券以及外资等企业的主要资金来源显然无法满足资金筹集的需要，严重影响物流信息化建设的进程。

## 九、物流信息化建设的对策

### (一) 转变观念，提高物流信息化意识

改变企业领导者以及员工的信息化观念对于物流信息化建设来说是至关重要的。可以通过有针对性的宣传以及引导，突出信息化建设对于物流的重要性。将理论与实践联系在一起，共同促进物流业的发展。

### (二) 加强物流信息技术的运用

大力发展物流信息技术对于现代物流的发展来说至关重要。物流信息技术的运用强调了物流园区生产组织与业务管理过程的智能化以及信息化，能够促进整个物流业的发展。

### (三) 加强对物流信息技术人才的培养

物流信息化建设涉及很多方面，需要投入大量的人力、物力、财力。物流信息化建设是对企业的信息处理、管理机制、工作方式以及人们的思想、观念等方面的创新与变革，需要领导重视，员工的配合，不断提高员工的综合素质，提高企业的核心竞争能力。此外，物流信息

化建设更应该将人才培养作为核心,建立人才储备。要不断强化物流工作人员的在职培训和教育,广泛吸取物流方面的专业人才。通过企业与高校的合作培育更多的物流技术人才,让学生有更多的机会到物流企业实习,提高他们的实践操作能力。

## 本 章 小 结

本章阐述了数据、信息、信息技术、信息管理、物流信息、物流信息管理等相关概念;介绍了信息技术体系结构、物流信息管理系统结构、物流信息系统软硬件平台的发展趋势、物流公共信息平台、物流信息化阶段理论和实施主体、现代物流信息化体系框架、物流信息系统集成策略等知识内容,旨在使读者对物流信息管理有一个总体的认识和了解。

## 思 考 题

1. 说明数据与信息的区别与关系。
2. 信息的主要特征是什么?
3. 说明信息技术体系结构。
4. 什么是物流信息?物流信息的特点是什么?有哪些功能?如何分类?
5. 物流信息对物流信息管理的作用体现在哪些方面?
6. 物流信息管理的基本内容包括哪些?可以从哪些方面来理解?
7. 物流信息管理的特点有哪些?作用体现在哪些方面?
8. 物流信息在物流管理中的地位和作用是什么?
9. 物流信息化的发展经历了哪些历程?说明现代物流信息化体系框架。
10. 我国物流信息化存在什么样的问题?解决这些问题需要什么样的条件和方法?

## 案 例 分 析

### 联想物流信息化建设

在中国 IT 业,联想是当之无愧的龙头企业。自 1996 年以来,联想电脑一直位居国内市场销量第一。IT 行业特点及联想的快速发展,促使联想加强与完善信息系统化建设,以信息流带动物流。高效的物流系统不仅为联想带来实际效益,更成为同行企业学习效仿的典范。

#### 一、高效率的供应链管理

提起联想物流的整体架构,联想集团高级副总裁乔松借助联想供应链管理(SCM)系统框图做了详细介绍。联想的客户,包括代理商、分销商、专卖店、大客户及散户,通过电子商务网站下订单,联想将订单交由综合计划系统处理。该系统首先把整机拆散成零件,计算出完成此订单所需的零件总数,然后再到 ERP 系统中去查找数据,看使用库存零件能否生产出客户需要的产品。如果能,综合计划系统就向制造系统下单生产,并把交货日期反馈给客户;如果找不到生产所需要的全部原材料,综合计划系统就会生成采购订单,通过采购协同网站向联想供应商要货。采购协同网站根据供应商反馈回来的送货时间,算出交货时间(可能会比希望交货时间有所延长),并将该时间通过综合计划系统反馈到电子商务网站。供应商按订单备好货后直接将货送到工厂,此前综合计划系统会向工厂发出通知——哪个供应商将在什么时间送来什么货。工厂接货后,按订单生产出产品,交由运输供应商完成运输配送任务。运输供应商也由网站与联想电子商务网站连通,给哪个客户发了什么货、装在哪辆车上、何时出发、何时送达等信息,客户都可以在电子商务网站上查到。客户接到货后,这笔订单业务才算完成。从上述介绍中可以了解到,在原材料采购、生产制造、产品配送的整个物流过程中,信息流贯穿始终,带动物流运作,物流的每个环节都在信息系统的掌控之下。信息流与物流紧密结合是联想物流系统的最大特点,也是物流系统高效运作的前提条件。

经多年努力,联想企业信息化建设不断完善,用信息技术手段实现了全面企业管理。

### 二、信息流带动下的物流系统

借助联想的 ERP 系统与高效率的供应链管理系统,利用自动化仓储设备、柔性自动化生产线等设施,联想在采购、生产、成品配送等环节实现了物流与信息流实时互动与无缝对接。供应商按联想综合计划系统提出的要货计划备好货后,送到联想生产厂自动化立体库,立体库自动收货、入库、上架。

联想集团北京生产厂生产线管理控制室的控制系统对联想电脑生产线的流程进行控制,并根据生产情况及时向供货商或生产厂的自动化立体库发布物料需求计划。

联想集团北京生产厂自动化立体库物料出货区,自动化立体库控制系统与联想电脑生产线系统集成并共享信息,当自动化立体库接收到生产计划要货指令后,即发布出货分拣作业指令,立体库按照要求进行分拣出货作业。

### 三、联想电脑生产流水线,电脑零部件

按照物料需求计划从立体库或储存区供应给生产线,生产线按计划运转。根据生产线装配工人组装电脑的情况,监测、控制上方电脑显示屏的"拉动看板",及时将组装信息及物料需求信息反馈到企业生产控制系统中。上述流程说明,联想集团通过高效率的信息管理系统与自动化的仓储设施,实现了在信息流带动下的高效率的物流作业。

### 四、快速反应与柔性生产

现在,按订单生产的拉动型模式已为许多企业所采用。联想的所有代理商的订单都是通过网络传递到联想。只有接到订单后,联想才会上线生产,在23天内生产出产品,交给代理商。与其他企业不同的是,联想在向拉动型模式转化的过程中,并没有百分之百采用拉动型,而是对之加以改造,形成"快速反应库存模式"下的拉动型生产。

通过常年对市场的观察,联想清楚地知道每个型号产品的出货量,据此,联想对最好卖的产品留出12天的库存,谓之常备库存。如果订单正好指向常备库存产品,就无须让用户等一个生产周期,可以直接交货,大大缩短了交货日期;如果常备库存与客户所订货不吻合,再安排上线生产。在每天生产任务结束时,计算第二天产量,都要先将常备库存补齐。

联想的快速反应库存模式成功与否,关键在于库存预测是否准确。通过常年经验积累,摸索出一套行之有效的预测方法,使联想的预测与实际需求往往非常接近;而且每当出现偏差,联想都要及时进行经验总结,避免同样的问题重复出现。

联想已实现了大规模生产千篇一律的标准化产品向生产客户定制产品的转变。在柔性化生产线上,产品配置可以随用户需要进行调整,按客户定制配装。

### 五、协同工作,实现共赢

在供应链中,各个供应商就像安装在大链条上运作的每个小齿轮,只要其中一个齿轮脱节,就会影响整个供应链的工作效率。一条富于竞争力的供应链要求组成供应链的各个成员都具有较强的竞争力。基于此管理思想,联想致力于与供应商协同工作,达到双赢。

联想参照国际企业的做法对供应商提出要求,并使之不断系统化、科学化。联想已从过去只关心自己的库存、材料和成品的自我控制,转向现在的供应链控制、协同工作,关心上下游,如代理商的库存与销售情况、供应商的库存变化等,提前准确地预测市场的波动。

联想采购物流主要有三种供货方式。

① JIT 方式。联想不设库存,要求供应商在联想生产厂附近(一般距离厂区 20 分钟车程)设立备货仓库,联想发订单,供应商当天就能送货上门。

② 联想自己负责进货。例如,原材料供货到联想设在香港的仓库,联想再负责报关、运送到生产厂,随着优惠政策的减少,这种方式所占比例越来越小。

③ 通过第三方物流。供应商委托专业物流公司运货到联想。

### 六、追求客户满意度

现代企业已从追求销量转为追求客户满意度。只有最大限度地满足客户需求,企业才会获得长足发展。联想电脑的销售系统正是在这一指导思想下运作的。销售一直是联想的强项,这与联想渠道建设的成功密不可分。随着业务在全国范围不断扩展,联想的销售网也越"织"越密。目前,联想除北京总部外,在国内设有深圳、上海、广东惠阳分部,在武汉、成都、西安、沈阳设有外埠平台,在国外设有欧洲、美洲、亚太等海外平台。分布在全国各地的 3000 个销售点、500 多个维修站,是联想业务发展的基础。

为了及时准确地向所有网点供货,联想倾心研究最适合本公司特点的配送体系。联想在北京、上海、广东惠阳建设了大型生产基地,使其分别覆盖国内北、中、南三大区域市场。每家生产厂同时也是辐射周边省份的配送中心,另外在距离工厂远且销量大的中心城市如南京、西安等地再建配送中心,使配送能力布局更为合理。

联想并没有自己的物流公司,大量的运输配送业务交给社会第三方来完成。公司成立运输部,专门负责对运输公司进行筛选、考核、管理。经过多年发展,联想拥有了自己的配送系统,并使之成本最低、效率最高,满足了向星罗棋布在全国几千个销售网点快速供货的需求。联想最早在国内实施 CRM 系统,借助 CRM 系统,联想对客户信息进行积累和分析,了解客户需求和使用习惯,从而更有效地为客户创造价值,提高客户满意度。

**案例讨论:**

从联想的信息化建设过程中你获得哪些启示?

# 第二章

# 物流信息战略

**章节知识框架**

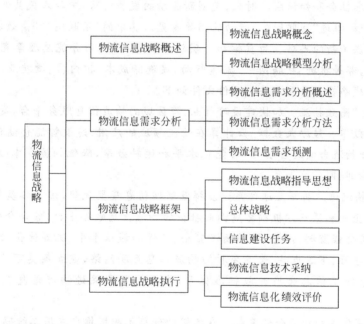

**学习导航**

　　物流信息战略主要包括物流战略信息需求、物流信息战略框架与执行三部分。物流信息战略是物流信息管理的战略性和全生命周期的指导性纲领，也是物流信息管理目标制定和绩效提升的过程。

　　通过本章的学习，了解物流战略、信息战略、战略管理等基本概念，理解物流信息战略的定义和特征，信息战略的制定、执行和评价过程；掌握物流信息战略的分析方法，认识信息需求预测过程与技术；了解物流信息战略指导思想和框架，能在框架下进行重点任务的识别、准备和实施；掌握物流信息技术采纳模型和信息化绩效评价模型。

### 教学建议

本章适宜以讲授方法为主,重点讲授内容包括追赶型、跨越型信息战略,信息地图和QFD等需求分析方法,信息绩效评价指标体系等。

物流信息建设任务可结合具体相关时代性鲜明的案例展开,提高学生的参与度,加强信息化教学。

物流信息技术采纳理论针对的是学有余力的学生和感兴趣的同学,教学过程可适当调整学时,也可不讲解,或以小组作业的形式进行自主探索性学习。

### 导入案例

基于"互联网+"的物流信息战略

为迎接信息社会和知识经济时代,走创新驱动的发展道路,中华人民共和国国务院颁布《国务院关于积极推进"互联网+"行动的指导意见》,其中的"互联网+"高效物流,为构建物流信息战略提供了新的思路。为贯彻和落实这一指导意见,国务院总理李克强主持召开国务院常务会议,部署推进"互联网+"流通行动,促进降成本、扩内需、增就业,这也为进一步执行物流信息战略提供重要方法。两份文件如下。

"互联网+"高效物流。加快建设跨行业、跨区域的物流信息服务平台,提高物流供需信息对接和使用效率。鼓励大数据、云计算在物流领域的应用,建设智能仓储体系,优化物流运作流程,提升物流仓储的自动化、智能化水平和运转效率,降低物流成本(发展改革委、商务部、交通运输部、网信办等负责)。

(1) 构建物流信息共享互通体系。发挥互联网信息集聚优势,聚合各类物流信息资源,鼓励骨干物流企业和第三方机构搭建面向社会的物流信息服务平台,整合仓储、运输和配送信息,开展物流全程监测、预警,提高物流安全、环保和诚信水平,统筹优化社会物流资源配置。构建互通省际、下达市县、兼顾乡村的物流信息互联网络,建立各类可开放数据的对接机制,加快完善物流信息交换开放标准体系,在更广范围促进物流信息充分共享与互联互通。

(2) 建设深度感知智能仓储系统。在各级仓储单元积极推广应用二维码、无线射频识别等物联网感知技术和大数据技术,实现仓储设施与货物的实时跟踪、网络化管理以及库存信息的高度共享,提高货物调度效率。鼓励应用智能化物流装备提升仓储、运输、分拣、包装等作业效率,提高各类复杂订单的出货处理能力,缓解货物囤积停滞瓶颈制约,提升仓储运管水平和效率。

(3) 完善智能物流配送调配体系。加快推进货运车联网与物流园区、仓储设施、配送网点等信息互联,促进人员、货源、车源等信息高效匹配,有效降低货车空驶率,提高配送效率。鼓励发展社区自提柜、冷链储藏柜、代收服务点等新型社区化配送模式,结合构建物流信息互联网络,加快推进县到村的物流配送网络和村级配送网点建设,解决物流配送"最后一公里"问题。

"互联网+"流通。会议指出,实施"互联网+"流通行动,是推动流通革命,促进大众创业、万众创新,发展新经济的重要举措,有利于降本增效,拉动消费和就业。为此,一要突破信息基础设施和冷链运输滞后等"硬瓶颈",打造智慧物流体系,发展物联网。尤其要加大农村宽带建设投入,带动工业品下乡、农产品进城,为农产品销售提供便利,既促进农民增收,又丰富城市供应,使市场价格合理稳定。二要破除营商环境"软制约"。建设商务公共服务云平台,开展允许无车企业从事货运和商户选择执行商业平均电价或峰谷分时电价的试点。加强事中事后监管,严厉打击侵权假冒行为,营造诚信经营、公平竞争的环境。三要促进线上线下融合发展,加快分享经济成长。推动传统商业网络化、智能化、信息化改造,支持企业依托互联网优化资源配置、开拓市场,引导降低实体店铺租金。

"互联网十"物流:换道超车智慧物流

思考题:

针对上述政策文件,请分析其国家层面的物流信息战略的内涵、需求、执行和评价过程。

# 第一节 物流信息战略概述

## 一、物流信息战略概念

### (一) 物流信息战略发展

物流信息战略是物流战略和信息战略的重要组成部分。具体来说,物流信息战略是指在企业战略、产业战略和国家战略等理论框架下,进行信息通信技术在物流系统中的采纳和使用的整体性、全方位的认知、布局、设计、谋划和定位等活动。

在战略理论的发展历程中,物流信息战略也随着战略理论重点的转移与变迁出现了多样化的战略观点和流派。在阿尔弗雷德·D.钱德勒的环境-战略-结构理论体系下,物流信息战略是指适应企业全球化和跨组织的环境,进行基于信息通信技术的沟通与共享的管理策略,以促进组织在将来的发展中形成网络化、分布式的结构和规模。在竞争战略理论中,信息通信技术通过改变价值链的职能结构和运营机制,降低搜索、互联和共建成本,创造信息推荐和知识发现,提升差异化和专业聚焦的竞争能力。在动态资源观战略中,信息通信技术不再仅仅是一种独立的技术服务资源,也不再仅仅是一个资源共享和交易的平台,更多的是人造资源的集成与创新的加速器和倍增器。综上所述,可得表2-1。

表2-1 物流信息战略的理论内涵

| 战略理论 | 物流信息战略 | 信息通信技术在物流中的作用 |
| --- | --- | --- |
| 规模战略 | 集中式、分析者 | 物流信息共享、设施与能力互联、过程可视化 |
| 竞争战略 | 复杂体、转变型 | 物流知识挖掘、供需匹配与推送、服务智能化 |
| 动态战略 | 分布式、战略网络 | 物流资源网络、人造资源、物流能力与体验网络化 |

在战略执行层面,信息系统战略、信息平台战略和信息技术战略与上面的三个阶段形成呼应。从EDI的互联互通开始,全程可溯的供应链物流体系是规模战略的必然需求。常见的物流信息系统有运输管理系统、采购管理系统、仓储管理系统等,这些系统的集成构成供

应链系统的核心功能。面向市场竞争,供需信息是物流信息的重要组成部分,构建物流信息平台是物流产业竞争能力构建的重要基础资源。物流超市、物流智能分拣中心、物流园区交易平台都是这一阶段的重要战略内容。

### (二) 物流信息战略特征

**1. 先进性**

物流信息战略以信息科学为基础,具有面向科学性、系统性和前瞻性的先进性属性。无论是在战略理论视角下,还是在信息技术战略视角下,物流信息战略都具有先进性。其一,战略的全局性和系统性需要战略具有先进性,始终代表了发展的方向和技术的前沿。先进性是不断优化的结果,也是全面协调的结果。其二,信息技术是这个时代先进技术的代表。信息是物流系统的核心资源,是整个系统运营的基础。在信息技术战略视域下,物流信息战略的信息技术战略就是要构建以人为中心,建立人与物品的相关、互联和交易与交换系统。

先进性在整个物流信息战略体系中处于核心地位。没有先进性,物流信息战略就没有指导性和战略价值;没有先进性,物流信息战略不能支持物流业务的增长,适应新物流业务的需求;没有先进性,物流信息战略就变成一种工具,只是效率的加速器,不能支持物流业态创新。物流信息战略的先进性体现在物流与时代性的结合,以时代的经济特征相吻合,以需求为驱动而聚集相关资源。先进性要求用先进的思想与技术去占领物流利润制高点,为物流的社会效益发挥创造便捷的渠道。

**2. 复杂性**

物流信息战略是一个复杂系统,包括支持战略信息的物流能力、面向物流战略的发展路径及基于信息技术战略的物流资源3个方面。对于一个国家、产业和企业而言,战略信息是构建合作的信息,是创新战略的技术基础和动力所在。国家需要全面建设物流基础设施,提升国家物流能力,产业要基于竞争实施战略发展,优化产业结构,企业要利用信息技术提升快速响应需求。这些要素的集成过程是物流的战略信息、物流战略的信息,信息战略与战略管理信息的交叉与融合过程。因此,物流信息战略是一个技术战略,也是一个业务战略,更是一个管理战略。

在复杂性科学理论下,物流信息战略是物流自组织的基础,信息的自我更新与复制、网络聚集与自律具有超强关系和复杂体系。特别是在散乱差的物流产业背景下,物流信息战略的复杂性更加突出。无论是交通信息,还是仓储信息,在需求高峰都会涌现无序的物流景象,其后从无序到有序的协同并不需要过多的人为干扰。

综上所述,可以看出需求的自我调节和动荡使物流信息战略具有复杂性。

**3. 创新性**

信息是创新的先导,物流信息战略是物流创新的不竭动力。物流创新是一类复杂的创新活动,可以通过破坏生产过程、重组生产和流通而形成新的价值和利益;也可以通过与外部资源合作,形成开放式创新。

物流的许多活动具有生产性,像流通加工、仓储等活动,这些活动的战略信息直接作用于物流业态的创新。在开放式创新中,人人快递就是典型的基于物流信息技术战略的业态创新。京东的众包是人人快递理念的重要实践者,这些都需要物流企业的信息技术战略。

在众包过程中，信息战略旨在建立人、物、地理之间的对应关系，让物流的"7R"理论有了新的实践模式。

同时，物流信息战略的创新性是物流系统创新的基础保障。与效率改进相比，信息驱动的创新具有连续性和可持续性。物流信息战略创新是实现物流战略的重要平台和资源。横观物流系统，战略的创新性是先进性的结果，是复杂性的升华。基于先进性的创新才能持久，才能引领时代需求。复杂性作为创新的背景，让物流信息战略的创新过程具有科学性和完整性。

### （三）物流信息战略价值

#### 1. 物流信息战略加速物流战略体系完善

物流战略是指为寻求物流的可持续发展，就物流体系的发展目标以及达成目标的途径与手段而制定的长远性、全局性的规划与谋略。在战略内容层面，物流信息战略是物流战略的分支之一，物流信息的战略管理有助于物流战略在不同环境下的适应与复制。在体系关系方面，物流信息战略通过作用于物流战略管理而推进物流战略的服务性转型和供应链战略演化。

在物流战略的设计、战略实施、战略评价与控制等环节，物流信息战略提供了调节物流资源、服务规模和组织结构的平台和资源。物流的供需信息是战略设计的依据，物流业务信息驱动战略实施，物流服务满意度信息直接构成战略评价的结果和绩效提升的方法。物流信息战略是连接物流职能战略与物流运营战略的桥梁，为两者的协同发展提供技术保障。

#### 2. 物流信息战略创造物流服务价值

物流信息战略能提高物流基础设施的使用效率，促进使用方式的改变与优化，提升物流服务客户满意度。这些改变能进一步扩大物流服务所创造的利润，使物流产业的生产性服务更加突出，出现轻资产、重技术的发展。其中，基于信息技术的服务价值相对于商品和制造的使用价值而言，更多的是来自人的反馈、参与、帮助、合作等交互，是基于技术激活要素潜能并满足人的需求的能力，也是技术特征与资源功效的耦合过程，是使用中的价值，是顾客的获得感产生的价值。当前，传统的价值系统正逐步被人力资源服务、服务关系、服务质量、服务创新、服务外包、服务信息共享、知识服务和服务绩效八大模块取代。伴随着信息技术的快速发展，信息的媒介性和工具性使服务价值的源泉很快地吸纳了信息共享、计划传达、协同规划与预测等内容，信息驱动服务过程，形成使用中的节能、减少浪费等绿色价值，减少了维修、交付、更新等运营成本，增强了设施、设备、技术对动态环境和需求的适应能力。

服务价值主张以商品和相关实物为使用价值载体，基于信息技术能力通过对客户、供应商、社会、环境的交互和集成，实现交易和使用过程中的价值融合和创新。服务价值逻辑体现的是价值共创，是服务系统运行的基本规则。服务逻辑主导的服务价值以信息对成本、定价的影响为基础，通过信息网络与物质功能的绑定、嵌入和协同，驱动组织以合作为主流的竞争优势。

#### 3. 物流信息战略拓展了物流服务价值关系构建的价值框架

物流信息战略是一个复合概念，综合了物流战略、信息战略和企业战略的核心理念，促进了物流基本活动管理的信息化与物流信息之间的融合。物流信息的战略是物流信息的规划、系统、技术和管理，物流的信息战略是物流战略的信息管理，物流业务和功能的信息战略；前者是物流信息自身的技术与应用，是物流信息指引物流产业发展的过程，后者是物流业务与基本活动的信息化理念，是利用信息技术改造物流环节和活动的效率。

在物流信息战略框架下，新秩序、新形式和新能力构成物流服务价值系统，该价值系统的要素被泛化，物质和非物质构成的价值成分直接影响并推动成本和定价机制，满意、忠诚、参与设计、支持生产、跟踪交付、绿色使用、拼凑新服务成为新的成分。在这样的系统中，要素间的关系多重化和复杂化，价值发现规则更加依赖信息和数据的描述和整合，价值设计、创造作为顶层规则与服务系统和模式密切相关，服务资源和能力部署负责价值的转移，网络服务保障价值创新的利润获取便捷、高效。

信息战略所搭建的关系价值系统是与一个组织内正规信息的供给和需求有关的含蓄或明确的目标、远见、准则和计划的一个合成体，它受管理约束，计划长期支持企业的目标，并使企业适应其环境。信息战略与企业战略密切关联，并针对企业的信息需求开展各种各样的信息活动。这种关系详见图 2-1。

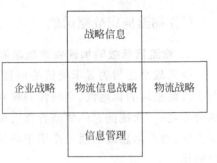

图 2-1　物流信息战略的关系

## 二、物流信息战略模型分析

### （一）基于 SWOT 的物流信息战略分析

SWOT(strengths weaknesses opportunities threats)分析法又称态势分析法，是竞争性战略模型分析常用的方法之一。最早是由美国旧金山大学的管理学教授在 20 世纪 80 年代初提出来的。具体来说，它是将与研究对象密切相关的各种主要内部优势因素(strengths)、劣势因素(weaknesses)、机会因素(opportunities)和威胁因素(threats)，通过调查罗列出来，并依照一定的次序按二维矩阵形式排列起来，然后运用系统分析的思想，把各种因素相互匹配起来加以分析，从中得出一系列相应的结论。它作为一个特定的管理过程，给相关部门管理提供了战略性发展方向，指导了资源配置的优先顺序、强化了组织对环境的适应能力、提供了控制和评估的基础，深受用户喜爱。

SWOT 分析法具有简单易用等特点，从定性的角度将可选的区域分为两个维度：一个维度是外界的环境态势；另一个维度是内部的能力准备。在外部环境态势下，进一步分为威胁和机会两个阶段，即在对外界的动态性、竞争性、规模性的综合评估下，外部环境对自身是威胁或机会。一般来说，生命周期短、动态性就强，更多的是威胁；反之是机会。成本高、差异化强，竞争激烈，对自身也是威胁，反之就是机会。在内部的准备上，技术先进、基础资源丰富就是自身处于优势中，反之就是劣势。两个维度的交叉定位，组成四个区域，分别是保守型区、谨慎型区、进攻型区和分析型区，具体见图 2-2。

从图 2-2 可以看出，主要问题是定性评估缺少灵活度。随着应用的发展，基于定量方法的 SWOT 也发展起来。相对于定性而言，定量把上述平面完全看成对点的坐标。这样用点代替上述区域，形成更精确的定位，然后再聚类，形成动态区域，如图 2-3 所示。

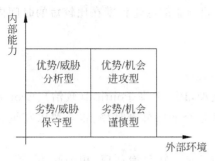

图 2-2　SWOT 分析图

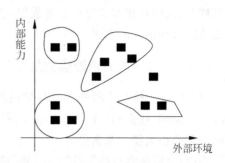

图 2-3　定量 SWOT 示意图

图 2-3 中的相关定量处理方法,例如模糊数学法、蒙特·卡罗方法等方法在第三章中将有介绍。基于上述模型,结合我国物流信息战略管理现状,可将物流信息战略定位为追赶型战略和跨越型战略。

**1. 追赶型战略**

这种战略的出发点是,物流信息发展战略的定位是与国情密不可分的,在制定企业信息化战略的过程中,要抓住信息化机遇,使企业信息化本身走一条科学发展道路,为国民经济社会更快、更好地发展服务。为此,首先要认识物流企业信息化现状和基础条件,分析国际国内技术、产业、应用的趋势,总结企业信息化发展过程中的经验和教训,分析各个方面的需求。在此基础上,提出信息化发展战略目标和实现路径、保障措施。总的来说,我国企业信息化发展战略的定位一直是追赶型战略。尽管我国企业信息化发展取得了一些进展,但和发达国家的企业信息化水平差距并没有缩小,整体水平仅属于发展中国家的中等或中等偏上位置。同时,由于国际上信息技术进步的速度很快,而我国由于基础设施建设不完善,近年来一直处于跟踪位置。因此,继续跟踪国际企业信息化的进程,寻找机会,才是我国物流企业信息化的可行之路。

**2. 跨越型战略**

跨越型战略来源于后发优势理论。后发优势理论指出,后起国家由于可以直接吸引先进国家的技术,其技术成本要比最初开发的国家低得多,在同样的物流资金、资源、技术成本的条件下,还具有劳动力成本低的优势。只要在国家的保护和扶持下达到规模经济阶段,就可能发展起新的优势产业,在其传统的资本或技术密集的分工领域内实现赶超。根据这个理论,世界上许多发展中国家为取得经济的快速发展和社会的不断进步,都在制定并实施以后发优势为特征的赶超型经济发展战略。新的历史机遇和物流产业蓬勃发展时期,我们可以把工业化与信息化结合起来,以信息化带动工业化,发挥后发优势,实现生产力跨越式发展。面对世界信息化的迅猛浪潮这样一次新的不可多得的发展机遇,我们可以凭借自己的后发优势实现跨越式发展,相对于工业化而言,提前进入信息化时代,并利用信息化来推动和改造工业化,甚至形成工业化与信息化相结合的新模式。对于企业信息化而言,可以根据国际上企业信息化发展趋势,采用先进的信息技术与装备,采用适应信息时代企业运行特点的管理方式和模式,跳过发达国家企业曾经走过的某些发展阶段,在较短时间内赶上或超过发达国家。在基础设施建设上跃过某些过渡性技术。发挥后发优势,实施赶超战略,要求我们不能重走发达国家物流在 19 世纪到 20 世纪的管理进程,而应一开始就在加强人员培训的基础上,以信息化模式谋求企业发展,使我国的企业物流信息化程度在比较短的时间内接近发达国家和地区的水平。

## (二)基于PEST的物流信息战略分析

PEST是一种企业所处宏观环境的战略分析模型,PEST即Political(政治)、Economic(经济)、Social(社会)和Technological(科技)。这些是企业的外部环境,也是要求高级管理层所具备的相关能力及素养。

当前,物流信息战略面临"中国梦"和"一带一路"的大好政治环境,相关政治、经济、社会、技术环境概述如下。

### 1. 政治环境

自党的十八大以来,"中国梦"和"一带一路"的蓝图更加清晰,科学发展、高科技布局、产业的服务化转型等可持续战略已拉开序幕。在全球化格局和信息互联时代,中央高规格成立中央网络安全和信息化领导小组;在电子政务方面,"让信息多跑路,让百姓少跑路"的总体愿景已成型。这一切的努力和奋斗都在彰显信息技术在政治生活中的重要地位和作用。

在具体的政策方面,国家和相关部门围绕互联网、云计算和大数据,出台了一系列的发展指导意见和管理规定。例如,《国务院关于促进云计算创新发展培育信息产业新业态的意见》《互联网用户账号名称管理规定》《关于积极推进"互联网+"行动的指导意见》《国务院办公厅关于运用大数据加强对市场主体服务和监管的若干意见》《关于促进大数据发展的行动纲要》等文件相继发布。这些政策的背后,一些部门和地方对相关问题提前做好大量的试点,积累了相应的经验。其中,广东省、上海市和贵阳市等省(自治区、直辖市)围绕大数据服务创新和物流产业的融合,推行物流政务服务创新,社会公共物流服务治理体系和效率日渐改善。

这些政策文件是融入世界的需要,在对象、内容和目标等方面做出了全面的阐述。特别是近期国务院举办的3D打印讲座,是在网络时代政府提升执政能力的需要,也是改善社会公共服务治理困境的需要。大数据是政府的重要资源,掌握了数据的存储、挖掘和使用等技术,就等于占有了获得民意的重要渠道。

### 2. 经济环境

基于云计算和大数据的信息产业经济具有知识性、创造性、数字化、虚拟化和平台型等特点,通过信息活动驱动资源的高增值性和可持续性发展。云计算和大数据改变了信息市场的成本与价格形成过程,推动了产品和服务的平台化发展与服务化转型。

云计算的pay as you go和pay as you use是对信息市场传统成本和价格的颠覆,它以更细的资源粒度响应需求、使用、回收过程,通过对共享资源的虚拟化管理,实现信息服务和产品的精益管理。云计算和大数据的应用以规模化为基础,效率和技术的进步自然创造价值,但由精准营销和定制化供给所带来的价值也不容小觑。而且,随着市场的发展,后者所创造的价值将越来越吸引人。两者相互促进,为信息产品和服务的持续性低价和高品格质量的均衡奠定产业环境。

以大数据中心为基础,云计算和大数据环境下的信息产品和服务呈现服务化转型。依托云网络,硬件、平台和服务得到全面分离。这种模式奠定了传统制造的外包、贴牌等运营战略的基础。以数据中心为主要生产线和服务平台,通过互联网营销驱动交付硬件的存储、平台的计算、软件的服务等需求和使用。因此,云计算和大数据驱动信息产品向信息服务转化,从产品创新向商业模式创新转化。

3. 社会环境

近年来,第三次工业革命已悄然展开,它以数字化制造、分布式通信、互联网、新材料和空间技术的广泛应用为主要标志,它与信息技术、新材料技术、新能源技术和生物技术等诸多领域的科技革命交相辉映。在这次革命浪潮中,云计算和大数据成为核心驱动力。两者的融合发展,加速了社交网络和关系的演化进程,产生了基于社交网络的商业模式和价值创造机制。

互联网是当前重要的社交媒介之一,虚拟化的社交关系推动社会结构的演化。在网络环境下,人的交际圈结构与作用是相关的,小世界网和结构洞有助于通过社交存储知识并形成合作关系。在信息社会中,信任体系和契约精神一样重要,都是推动社会和谐和商业顺畅的重要基础。在这样的社会环境下,社会化商业出现,人人都是老板,坚持公益和责任的商业更容易通过网络得到扩张。在网络这个虚拟世界里,人人平等和信任都更加容易实现。

4. 技术环境

云计算和大数据是当前高科技群的重要引领力量和基础平台,正改变着技术创新模型,改变着人、社会和环境之间的资源共享方式和内容。

云计算和大数据的采纳和应用过程也是新兴信息技术创新在政治、社会及经济领域中的扩散过程,引发了信息通信技术革命。在核心数据和计算平台基础以外,3D打印、Web 2.0、物联网、机器人等技术已形成外围支撑技术网络和伴生技术群。它们以移动互联网为主要渠道,通过整合超大需求流和超大资源池,实现技术的连续性学习。以开放的持续性服务破坏原有的封闭式产品版本,形成一个基于互联网的产品生态系统,通过综合网格技术、服务架构、集群计算等技术模式,形成计算平台,并实现集成创新。

云计算和大数据改变了信息服务、产品的测量标准及交易规则,带动了以服务水平协议和虚拟化共享为基本模式的测量及交易机制。云计算和大数据服务的测量技术与技术标准是技术创新及管理的重要战略。以虚拟机为测量工具,按照服务协议交付虚拟机资源是云计算和大数据环境下信息服务的新规则。

综上,云计算和大数据的应用将驱动政治合作,服务、知识和智慧成为经济的重要因素,社会关系向虚拟化和商业化发展,标准化和专有化是物流信息组织技术战略的重要内容。

## 第二节　物流信息需求分析

物流信息需求分析是对物流信息价值认知、收集范围、功能和应用过程的说明。物流信息需求是物流活动过程与商流、信息流融为一体的黏合剂。在物流信息需求分析中,要遵循物流信息的分布特征、采集过程来制定物流信息预测规划,为物流信息战略的制定和执行提供决策依据。

## 一、物流信息需求分析概述

### （一）物流信息需求分析相关概念

需求分析是一个非常广泛的概念，起源于软件工程，用于描述目的、范围、定义和功能时所要做的所有工作。定义物流信息需求的目的与功能是指对要解决的问题进行详细的分析，弄清楚问题的要求，包括需要的原信息、信息处理流程和得到的结果。需求分析是信息战略管理的一个关键过程，包括潜在需求和实际需求，是以信息利用和开发为核心的信息管理。物流信息需求分析，在时间维度上，强调动态性和实时性，因为物流大多是一个动态过程，无论是仓储，还是运输，其信息是时刻更新的，特别是供应链环境下，库存数量和位置等信息是瞬息万变的。越大的物流系统，其信息的时间属性越重要。同时，从信息链的角度看，物流信息需求分析是物流信息战略的起点，对整个战略的全局性和先进性具有重要影响。从系统论的角度来看，需求分析是系统分析的重要环节，两者的关系可以用图2-4来表示。

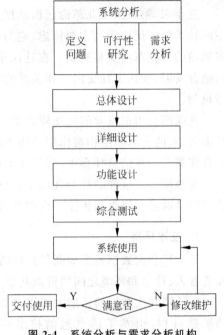

图2-4 系统分析与需求分析机构

物流信息需求分析是物流信息管理的系统设计过程，为物流信息管理制定目标，服务于企业的物流服务战略，界定物流信息与相关流程的关系及范围，描述物流信息的功能与作用等，为物流信息管理提供选择方法、操作技术和评价机制。从物流信息的产生来源看，物流信息主要有两个维度：一个是时间维度；另一个是空间维度。从物流活动来看，物流信息包括采购、运输、包装、仓储、装卸、流通加工、客户关系和供应链合作等活动的信息。综合来看，物流信息需求分析就是分析物流活动中的时间信息和空间信息。物流信息需求分析的结构为信息采集、共享、传输、处理与应用过程中的目标、范围和方法提供思路或解决方案。

### （二）物流信息需求分析特征

在实际物流活动中，由于物流信息的专业性和动态性，物流信息的范围与规模、结构与功能分析具有系统复杂性。从这一点来看，物流信息需求可以分为两类：一类是物流有效信息需求；另一类是物流总信息需求。有效信息需求是信息熵变化的需求，总信息需求是信息的绝对量。在进行物流信息需求分析的过程中，可以根据管理目标，综合考虑物流信息需求。

物流信息需求分析具有决策性、方向性、策略性特征。这三个特征在物流信息管理过程中具有举足轻重的地位。决策性是指物流信息需求分析具有选择和协同功能，通过选择优化物流信息管理流程,实现物流信息资源的协同整合。方向性是指需求分析的长期性和指导性,是今后物流信息管理的目标。策略性是指物流信息需求分析为物流活动中的时间和空间信息处理及应用提供方法与技术方案。

### (三) 物流信息需求分析步骤与内容

从信息建模的角度来看,需求分析阶段的工作包括问题识别、分析与综合、标准制定和信息需求分析评审四个部分。物流信息的需求分析,以物流流程和运作模式为问题的背景,优化业务和综合物流功能,在供应链范围内共享和开发信息。

由于物流活动中信息共享与传播中存在例如牛鞭效应等现象,在物流需求分析中,就要对这些现象加以描述和定义,通过实践分析物流客户、物流市场和物流服务等主体的信息管理中存在的信息不完全及信息不对称的问题。这一过程称为问题识别,就是从物流系统角度来理解信息需求,确定对方的综合要求,并提出这些需求的实现条件,以及需求应该达到的标准和受到的资源限制。这些需求包括功能需求(做什么)、性能需求(要达到什么指标)、活动环境(如采购、存储与库存控制等)、可靠性需求(不发生故障的概率)、全保密需求、资源使用需求(信息应用办法,信息添加、删除和废止条件等)。

分析与综合是逐步细化物流信息系统各元素间的联系与逻辑模型。从信息演化的角度来看,信息的分析与综合包括吸附、合并、取代、衍生、融合、协调、演化、协同等模式,根据信息组织过程,物流信息的分析与综合框架如图 2-5 所示。

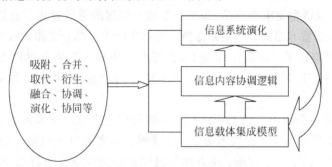

图 2-5　物流信息的分析与综合框架

标准制定(即编制文档)描述需求的性质与范围,通过采用物流信息预测、测量和评价等技术,对物流中的采购、包装、运输和存储环境、条件规格等信息进行集成与聚集。例如,在包装中,对包装材料硬度、缓冲性能、环境污染等指标进行描述与融合。需求分析阶段的成果是需求规格说明书,这一过程向下一阶段提交输入信息。

信息需求分析评审是对目的、范围、功能的正确性、完整性和清晰性,以及其他需求给予评价。评审通过才可进行下一阶段的工作,否则重新进行需求分析。

## 二、物流信息需求分析方法

### (一) 物流信息需求采集方法

根据物流信息分布规律和社会调查步骤,本书认为物流信息需求采集可以借鉴社会调查方法的一些成果。物流需求信息采集具体步骤如下:①调查组织机构情况,包括了解该物流组织的部门组成情况，各部门的职能等，为分析信息流程做准备。②调查各部门的业务活动情况，包括了解各个部门物流服务输入和使用什么数据，如何加工处理这些数据，输出什么信息，输出到什么部门，输出结果的格式是什么，例如仓单的格式，订单的流转过程。③协助用户明确对新系统的各种要求，包括信息要求、处理要求、完全性与完整性要求。④确定新系统的边界，确定哪些功能由计算机完成或将来准备让计算机完成，哪些活动由人工完成。由计算机完成的功能就是新系统应该实现的功能。

常用的调查方法有六种：①现场跟班作业，通过亲身参加物流活动来了解业务活动的情况。这种方法可以比较准确地理解需求内容与信息，获得第一手信息，但比较耗费时间。②开调查会，通过座谈来了解物流活动情况及用户需求。座谈时，参加者之间可以相互启发，获得经验信息。③请专人介绍。④询问。对某些调查中的问题，可以找专人询问。⑤按照目的和范围，设计调查表请用户填写，如果调查表设计得合理，这种方法会很有效，也很易于为用户接受，但信息的可靠性要经过检验才可使用。⑥查阅记录，即查阅与原系统有关的数据记录，包括原始单据、账簿、报表等，例如运输上的单证，仓储中的合同等。

访谈与信息采集

### （二）物流信息需求的质量功能展开

质量功能展开（quality function deployment，QFD）是把顾客、信息、市场的要求转化为分析设计要求、过程特性、技术要求、生产与服务要求的多层次演绎分析方法。QFD 以市场需求信息为导向，以顾客要求为产品、服务开发唯一依据的指导思想。其质量分解为七个方面：①用户要求；②技术措施；③关系矩阵；④竞争能力评估；⑤用户要求权重；⑥最佳技术参数；⑦技术措施权重。在具体环境下，也可在表中加入专家意见以及关于组织技术规范、销售等，用以观察这些因素对信息分析竞争能力的影响，还可以针对某些改进措施做定量研究。

在物流信息需求分析中实施 QFD 分析，一般按照三个核心步骤展开：①物流信息需求关键特征识别；②特征实现关键技术分析；③关键技术实施过程风险分析。QFD 具有强大的功效，具体表现在以下四个方面：①有助于组织正确把握顾客的需求，其质量与功能的简单逻辑矩阵有助于确定顾客的需求特征；②QFD 有助于优选方案，缩短信息分析周期，提高目的性和效率；③QFD 有利于打破组织机构中部门间的信息、功能障碍；④QFD 容易激发员工们的工作热情，营造需求调研的良好环境。具体结构见图 2-6。

同时，也要注意 QFD 使用中的风险。QFD 源于西方企业，一方面，其直接实施可能会出现"水土不服"，与物流组织的环境和文化产生冲突。另一方面，物流信息的准确性和多变性也影响 QFD 实施的成功率。

### 三、物流信息需求预测

物流信息需求预测是信息需求分析的输出结果，从预测性质来看，包括定性预测和定量预测。定性的信息需求预测方法有流程图法、头脑风暴法、情境分析法和德尔菲法等。

#### （一）流程图法

流程图是流经一个系统的信息流、观点流或部件流的图形代表。在物流信息预测中，流

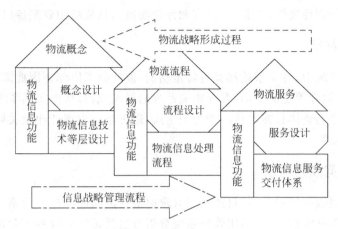

图 2-6　物流信息战略需求分析 QFD 图

程图主要用来说明某一过程。这种过程既可以是生产线上的工艺流程,也可以是完成一项任务必需的信息需求与管理过程。

流程图法是信息需求预测的一种非常有效的结构化的方法。借助于流程图这种方法帮助人员去分析和了解物流信息的具体环节及要素。通过对流程的分析,可以发现和识别物流信息可能发生在物流活动的哪个环节或哪个地方。

### (二) 德尔菲法

德尔菲法(Delphi Method)是在 20 世纪 40 年代由 O. 赫尔姆和 N. 达尔克首创,经过 T. J. 戈尔登和兰德公司进一步发展而成的。德尔菲这一名称起源于古希腊有关太阳神阿波罗的神话。传说中阿波罗具有预见未来的能力。因此,这种预测方法被命名为德尔菲法。1946 年,兰德公司首次用这种方法进行预测,后来该方法被迅速广泛采用。

德尔菲法是为了克服专家会议法的缺点而产生的一种专家预测方法。在预测过程中,专家彼此互不相识、互不往来,这就克服了在专家会议法中经常发生的专家们不能充分发表意见、权威人物的意见左右其他人的意见等弊病。各位专家能真正充分地发表自己的预测意见。

德尔菲法依据系统的程序,采用匿名发表意见的方式,即专家之间不得互相讨论,不发生横向联系,只能与调查人员发生关系,通过多轮次调查专家对问卷所提问题的看法,经过反复征询、归纳、修改,最后汇总成专家基本一致的看法,作为预测的结果。这种方法具有广泛的代表性,较为可靠。

情景分析法和头脑风暴法

## 第三节　物流信息战略框架

### 一、物流信息战略指导思想

物流信息系统是多种不同功能要素的集合。各要素相互联系、相互作用、形成众多的功能模块和各级子系统,使整个系统呈现多层次结构,体现出固有的系统特征。物流信息战略分析是物流系统纲领性文件，在制定、执行和评价物流信息战略中要坚持以下原则和思想。

### （一）整体性战略

在物流信息系统中，各子系统都具有特定功能，彼此分工协作。因此需要综合考虑物流需求及诸如运输、储存等物流活动，发挥物流系统的最大效益，从而实现系统的整体目标。

物流信息战略的整体目标以核心能力为主线，通过整合物流产业及关联产业信息，实现物流信息的最大效用。

### （二）以特定问题为对象

系统分析有很强的针对性，其目的在于寻求解决特定问题的最佳策略。在物流系统中，许多问题都含有不确定的因素，运用物流系统分析方法就是针对这些不确定的情况，研究解决问题的各种方案的可能性，以求得最佳方案。

物流信息中的特定问题包括信息生命周期性、不完全性和不对称性。这些物流信息特征直接要求物流信息战略要有风险规划。

### （三）凭借经验判断

对未来可能出现的情况进行预测是物流信息战略制定过程的输入信息。但是，由于应用现实资料的相关性和不确定性，准确预测未来状况非常困难，而且即使得到准确的预测结果，又可能随着时间推移发生变化。因此，在有限理性范围内，经验是物流信息战略的宝贵资源，在制定信息战略中，需要借鉴相关规划的成功经验与专家论断进行判断和选优。

### （四）专业性战略

由于大量的社会化分工，不断地细分了教育、工业、商业活动，为某一特定人群的工作名称和工作内容的规划、设计、研究，促进了新职业的专业化理念传播。物流信息管理是专门收集、整理、储存和利用物流全过程的相关信息，为物流管理提供信息服务。现代物流发展历程表明，它是在传统物流的基础上，引入计算机、信息联网技术，对物流信息进行科学管理，从而使物流手段和方式多样化，物流速度加快，准确率提高，破碎率降低，库存减少，成本降低，传统的物流功能有所延伸并扩大。在经济全球竞争中，物流的专业化针对企业全年的业务洽谈，包括库存量、时间安排、质量保证、信息咨询、年度结算等，契约方都会为企业筹划、管理、提供优良服务。特别是随着消费需求不断向着多样化、个性化等方向发展，小批量、多批次的物流配送成为适应市场需求的重要运作模式。

在物流信息战略中，要以物流的专业化和专业化的物流为背景，进行物流信息技术、物流信息化定位和物流信息服务等业务的协调与优化。

### （五）物流服务战略

物流服务主要包括物流信息服务和知识服务：信息服务是信息管理的出发点和归宿，是用不同的方式向用户提供所需信息的一项活动。信息服务活动通过研究用户、组织用户、组织服务，将有价值的信息传递给用户，最终帮助用户解决问题。从这一意义上看，信息服务实际上是传播信息、交流信息，实现信息增值的一项活动。在信息服务的基础上，要挖掘信息的关联,形成知识,更好地服务于物流活动。

在物流信息管理实践中,虽然物流知识服务与物流信息服务之间存在必然的联系,但两者在具体目的、性质等方面也存在一定差别,如表 2-2 所示。

表 2-2 物流知识服务与信息服务模式比较

| 区　　别 | 知 识 服 务 | 信 息 服 务 |
| --- | --- | --- |
| 服务目的 | 提供解决问题的知识产品,支持用户科学决策水平和竞争优势的提升 | 满足于具体信息、数据、文献的提供,不注重内容对用户的帮助 |
| 服务性质 | 从知识内容、问题解决的需求出发,以融入智力分析,提供集成的解决方案为标志 | 以具体需求为出发点,以信息的采集存储、组织序化、检索提供为标志 |
| 价值取向和增值能力 | 着眼于智力投入的增值和解决问题的效果。提供以知识单元为单位的知识增值服务 | 着眼于提供的信息量是否等价于用户所需。按文献单元,提供程式化的服务 |
| 管理机制 | 服务效果取决于问题的解决,要激发个体、团队的智慧,尤其强调激励与协调保障体系的建设 | 针对明确的文献需求,依赖检索工具获取,侧重于信息资源管理平台的完善 |
| 服务内容和方式 | 基于分布式资源,主要为用户提供主动、有效、集成的再加工、个性化服务 | 以信息选择、获取、组织、存储为主,利用固有资源提供被动应答式服务 |
| 服务资源及存在方式 | 服务资源为数据、信息和知识,显性知识依附于载体、符号、编码、系统,隐性知识依附于人 | 服务资源为数据和信息,依托于载体、符号、编码、系统而存在和传播 |
| 处理基点和加工特点 | 以问题为知识单元进行分析,除需要信息组织、检索、分析等工具的支持外,还需要知识挖掘、知识库、知识地图、本体等技术方法。对处理对象的内容分析、提取融入了智力因素,不改变原材料的形式 | 加工处理的资源对象是以书刊文献等为基点,主要需要信息组织、检索、分析等工具的支持。一般只改变处理对象的形式特征,而不改变内容特征 |

## 二、总体战略

物流是企业的第三利润源,物流信息战略是物流战略的有机组成部分,是关于物流信息功能的目标及其实现的总体谋划,是企业信息功能的大政方针和战略体系。与物流信息战略容易产生混淆和歧义的概念是物流战略信息管理。物流战略信息管理是关于企业信息战略的管理,是企业信息功能要实现的任务、目标及实现这些任务和目标的方法、策略、措施的总称。两者在综合性、系统性、决策性上具有共同内涵,但战略信息更突出战略的全局性、长远性和创新性。

根据信息科学的相关原理和物流战略的发展趋势,本书认为物流信息战略的总体目标是物流产业的信息化、物流企业信息化和信息化物流与相关产业的网络信息资源集成。这一体系可以从物流信息战略环境、物流技术创新与服务创新、物流人才信息意识与能力、物流行业信息化标准等角度来探究物流信息的总体战略。

近年来,我国物流企业信息化已经成为企业竞争力的重要部分,在经营中发挥着重要作用。但作为近年来发展最快的领域,物流信息化发展很不平衡。在信息化实践中,有些企业对信息化进行了大量投资,建设了较为完善的基础设施和应用系统,更多的企业则由于投入不足、人才匮乏等原因,在信息化道路上刚刚起步;在信息化的认识方面,有些企业通过多年的实践探索,认识到信息化对企业参与现代全球经济体系的意义,更多的企业对信息化的认识还相当模糊;从区域上来说,东南沿海发达地区和内陆地区也存在着数字鸿沟,区域信息化资源分布不平衡;从国家信息化的总体战略而言,也存在着不同的观点。这些因素造成我国物流企业信息化战略的复杂性,而发展战略确定了企业信息化的目标、方向和道路,对于我国企业信息化的发展进程有着重要的影响,要根据我国物流企业信息化的具体现状和国际经济一体化的需要,根据信息化发展的规律综合考虑。

纵观我国企业信息化现状和物流企业信息化之路,发现我国企业信息化中互联网商务,宽带入户,互联网的用户,信息化投入等增长相当快。但是,我国在面临难得的发展机遇的同时,也面临着很多的挑战。

(1) 物流信息自主创新能力不足,尽管我国在软件和服务业发展的速度相当于硬件速度的两倍,有较好的发展趋势,但大多处于为国外厂商从事应用和技术服务的层次,而目前我国软件企业规模和产品还很难与国外厂商竞争。所以对我国的企业信息化来说,最大的挑战是如何尽快提高自己的创新能力,提高我国自主知识产权的拥有量。特别是新形势下的应急物流信息技术、物联网与电子商务技术领域缺少竞争性创新能力。

(2) IT 服务业发展不充分,目前,我国 IT 行业软件和服务在整个 IT 支出中所占的比例为 1/3,而在欧洲国家和美国,软件和服务业的 IT 支出比例是 2/3。而对于企业信息化这种复杂的长远目标的工作,目前的软件服务业规模和水平都难以达到参与国际竞争的层次,从而也限制了我国企业信息化的水平。流通行业的有限增长限制了物流信息服务的需求。

(3) 物流企业信息化能力不高,随着国际经济分工的发展,我国制造中心地位的形成,越来越多的中国企业会迈入世界,加入全球化的进程中。在这种情况下,企业信息化的目标不仅是提高工作效率,而且是如何适应全球化的 IT 制造环境。全球化制造环境要求物流具有高效、快捷的物流信息网络和信息能力。而我国企业无论从员工的知识结构和信息化水平,都与这一要求相差甚远。

(4) 物流信息化环境亟待改善,物流企业信息化要求全球化的视野,而不是单个物流企业内部的信息化,因此对安全、法规、基础设施等都有更高的要求,这也是加快我国物流企业信息化进程的基础。

采用上述理论分析当前物流信息现状,从系统论的角度来看,物流信息战略要素和逻辑关系如图 2-7 所示。

图 2-7 表示物流信息化人才战略是总体战略的基础。物流信息化人才包括物流信息产业人才与物流信息化应用人才。物流信息产业人才主要是指第一信息部门就业的信息化人才,包括信息技术产业人才(电子信息产业人才含制造业和软件业人才,信息技术服务业人才含通信运营业人才和计算机技术服务业人才)和信息服务业人才(包括信息专业人才、信息咨询服务业人才,以及介于信息服务业与信息技术产业之间的互联网服务业人才)。物流信息化应用人才主要是指第二信息部门就业的信息化人才,包括第二信息部门专业信息技术人才(如传统行业运输信息调度人员)、信息技术应用人才(拥有信息化素质的普通员工)与信息管理人才(如物流 CIO)。

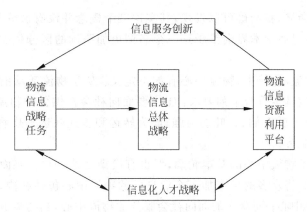

图 2-7　物流信息战略要素和逻辑关系

## 三、信息建设任务

物流系统中重要的信息集结环节或节点是物流信息平台、物流园区及供应链合作联盟等。物流信息战略的执行要以物流信息共享平台、物流园区及供应链合作联盟的信息建设项目为重要内容。

### (一) 物流园区战略信息规划

伴随着物流概念的不断更新和发展,作为物流实施过程中最重要的物质基础——物流场所的含义也随之发生了改变,先后出现储存仓库、配送中心、物流中心、物流园区和物流基地等概念。我国的物流园区发展较晚,较早的有深圳市推出的平湖物流园区,规划用地 14.6 平方千米,成立了管委会并向社会推荐。其后,全国各地政府积极规划并建立物流中心,形成了一股园区热。《第二次全国物流园区(基地)调查报告》显示,2008 年上半年,我国共有物流园区 475 个。其中已经运营的物流园区 122 个,占 25.7%;在建物流园区 219 个,占 46.1%;规划中的物流园区 134 个,占 28.2%。

物流中心(园区、基地)作为物流业发展到一定阶段的必然产物,在欧美、日本等发达国家和地区的发展已经日趋成熟。资料显示,日本最早开始重视物流中心建设,是最早提出物流中心规划和信息管理的国家。根据文献综述可以发现,发达国家对于物流中心的研究,定量研究较为多见,主要集中于物流中心的选址和规模、物流中心配送路线的优化选择、物流网络的设计和优化等方面。相对而言,定性研究较少,但研究已经非常成熟,多集中于物流园区的功能设计、物流园区的发展战略以及政府行为等方面。物流园区的功能定位主要是指物流园区的定义和建设物流园区的作用。物流园区的发展为全球经济的发展带来了繁荣。但是,目前国际上对于物流园区的概念并没有统一的定义,国外文献中通常将物流园区定义为"物流中心""配送中心"或"物流节点"。

物流中心作为重要的流通基础设施和分销渠道的节点,人们从营销的角度进行了很多研究,因此物流中心很早被看作一种重要的物流网络要素而得以重视。在我国,学术界一般将物流中心翻译成"logistics center"。而在欧美国家,则将物流中心翻译成"distribution center",也就是我国所谓的配送中心。尽管目前有物流中心、物流园区和物流基地三个概念,但是在现实中,大家很难把这三个概念区分开来,仅看各省市对于物流中心、物流园区与物流基地的建设和命名,我们也可以发现,其实这三个概念并没有区分的价值,也许随着物流业的成熟和发展,以后学术界会给予这三个名词更加明确的区分依据,但就目前来看,还没有明确的依据。

在国家标准《物流术语》中,物流中心有如下定义:从事物流活动的具有完善的信息网络的场所或组织。应基本符合下列要求:①主要面向社会提供公共物流服务;②物流功能健全;③辐射范围大;④存储、吞吐能力强,能为转运和多式联运提供物流支持;⑤对下游配送中心提供物流服务。

这虽然勾画出了物流中心的基本轮廓,但也有模糊之处,如"主要面向社会提供公共物流服务"一条,便不能将众多的生产加工企业自备的物流中心包括在内,如海尔集团的物流中心、日本王子物流中心;而众多的面向社会服务的物流中心,其物流业务恰恰由多家物流中心共同管理,如日本东京平和岛物流基地、德国不来梅物流中心。

物流中心是随着社会生产的发展和社会分工的细化而产生的,这主要基于以下条件:①降低物流成本的迫切要求;②商品流通量急剧增加;③运输方式和运输工具的巨大变革;④科学技术的推动;⑤大量新的贸易形式的推荐;⑥完善城市功能的需要。

物流园区可以有多种分类方式。按功能分类,可以分为货运型、生产型、商贸型、综合型;按依托的资源分类,可以分为港口型、空港型、内陆型;按服务区域分类,可以分为国际物流园、区域物流园、专业物流园等。本书将依据中华人民共和国国家标准《物流园区分类与基本要求》中给出的物流园区类型进行分析,具体分为货运服务型物流园区、生产服务型物流园区、商贸服务型物流园区、综合服务型物流园区。其中货运服务型物流园区又包括空港物流园区、陆港物流园区和港口物流园区。由中国物资与采购联合会组织的全国物流园区调查表明,综合服务型物流园区数量最多,占75%;然后依次是货运服务型物流园区,占18%;生产服务型物流园区,占3%;商贸服务型物流园区,占2%;其他选项占2%。

物流园区的功能布局是物流园区战略信息中重要的一步,依据详细准确的需求分析,物流线路、距离和物流强度是基本信息,不同的产品类型在存储、装卸等物流作用方面的要求是作业信息。在物流园区战略中,战略信息要素是基于SLP的规划过程。

但是通过前期资料发现,许多物流园区均依托大型枢纽建设,其布局与所依托的枢纽关系密切,基于节约运输成本的考虑,倡导物流园区和枢纽之间无缝衔接。例如,空港物流园区与货机坪无缝衔接,典型代表是天津空港国际物流园区布局形态;还有将铁路引入园区内部,以上海洋山深水港物流园区为代表。因此,在进行物流园区功能布局时,除了考虑功能区之间的综合关系,还要考虑周边设施建设及其道路规划,但本书只讨论基于功能区域间综合关系的布局设计问题。

根据SLP思想,引入图形构建法,提出物流园功能区布局的规划程序,如图2-8所示。

(1) 功能区划分和规模确定。首先判定物流园类型,根据设施类型选择功能区划分方案,然后利用系统的方法确定各功能区的面积,为物流园的功能区布局打下基础。

(2) 综合关系分析及量化。分析各功能区之间的物流关系和非物流关系,对综合关系进行量化。本书采取标准化概念,简化综合关系密切程度。

(3) 确定区域布局平面图。根据各功能区之间的密切度,利用图形构建法求解;结合功能区空间需求面积,布置各功能区。

(4) 布局方案修正。根据实际地况,加上人工干预,结合流程动线分析及其他布置要

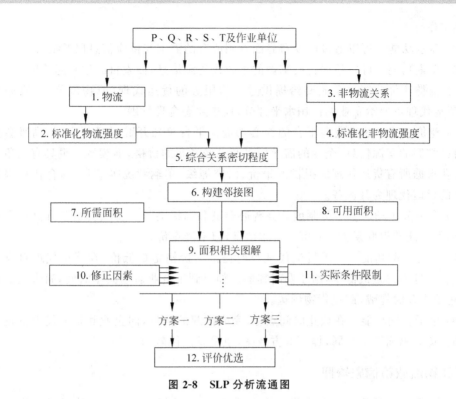

图 2-8 SLP 分析流通图

求,对方案进行适度调整。

### (二) 物流信息共享平台

从信息转移和共享的角度来看,凡是能够支持或者进行物流服务供需信息的交互或交换的网站,均可以看成物流信息平台。例如,一个物流公司为方便公司与其用户的联系而设计了一个信息交换系统,使用户和公司可以保持充分、便捷的联系,那么这个系统就具备了物流信息平台的基本性质和功能。同时,一个专业的物流信息服务网站就是一个典型的物流信息平台,例如中国物通网(http://www.chinawutong.com/)。常见的平台还有 http://www.56888.net/ 和 http://www.56885.net/。

根据不同的分类标准,物流信息平台有不同的分类结果。以服务区域而言,可以分为地方性的物流信息平台和全国性的物流信息平台。例如,安徽物流信息网很明显属于地方性的物流信息平台,中国物通网用户遍布全国各地,是知名的全国性物流信息平台。以网站运营方的性质分,可以分为主体自身运营的物流信息平台和第三方物流信息平台,其中主体自身运营的物流信息平台往往以提高主体的工作效率为目标,而第三方物流信息平台则专业为物流供需方提供信息服务,其运营方一般不涉及物流服务的具体运作。按照信息的内容,可以把信息平台分为报关、贸易、运输和仓储等平台。无论是什么物流信息平台,它们的性质和功能是相似的。下面以运输信息平台为例,阐述运输信息平台战略信息规划。

常见的运输信息平台包括以下八个基本功能模块。

(1) 发布功能。发布企业的需求信息、合理的报价、截止时间。发布的信息可以定期修改、升级、删除,并且每次发布信息,系统会自动调用已注册用户信息到发布平台,省去重复录入的工作。

(2) 显示功能。可以通过已发布界面看到所有的需求与供应信息以及报价。

(3) 搜索功能。可以根据自己掌握的车源或货源信息,搜索目的地和起始地。

(4) 信誉评价功能。企业要给提供过托运服务的货运代理(或物流公司)服务水平评分,而货运代理也要给企业的信用水平评分,促进业态合理发展。

(5) 竞价功能。这是我们平台的核心功能。平台单独开辟了竞价空间,高级会员可以根据自己掌握的车源信息、企业的需求信息及已经发布的价格,继续发布更具有竞争力的价格。企业根据所有货运代理所提供的报价、信誉等级、车辆状况等信息,综合各种因素选择最合适的货运代理为其服务。

(6) 会员分类功能。会员制度分为普通会员和高级会员。普通会员享有浏览发布的全部信息,但不能获得联系方式;可以发布信息,但不能竞价。

(7) 及时提醒功能。如果货运代理当前提供的价格是最低价,在货运代理自身界面予以显示。一旦不再是最低价,给予及时提醒。如果到了企业运输截止时间,尚未完成信息搭配的,也给予及时提醒,避免货物延运。

(8) 电子合同功能。在截止时间点上,完成搭配的信息,向企业和货运代理各发一份电子合同。免去书面手工合同,提高双方效率,也具备法律效力。

### (三) 物流政策信息管理

物流信息法规是物流信息规范化管理的基础,通过行政法规和经济手段来推行物流信息的标准化和法规的应用对物流信息管理具有积极意义。一般来说,物流信息政策是指组织为实现大物流的高效运行与健康发展而制定的通用政策,以及对大物流活动的干预行为。物流政策具有公共物品的属性,完善的物流政策体系既可以减少或降低物流的外部不经济,如交通拥挤、交通事故、噪声、空气污染等,也可起到扶持与促进物流事业的发展,加速物流基础设施建设和完善,从而提高微观物流效率等作用。

中国的物流政策主要有以下两种形式:一是法律、法规;二是行政政策。法律法规是指由立法机关制定的用于规范、管理物流活动的各种法律和条例,具有强制性,如《中华人民共和国铁路法》《中华人民共和国公路法》《中华人民共和国民用航空法》《中华人民共和国港口法》《中华人民共和国国际海运条例》《中华人民共和国海关法》等。行政政策是指由行政机构制定的用于规范、管理物流活动的规定、措施、意见、通知、规划等,具有较强的时效性和针对性,如《关于促进中国现代物流业发展的意见》《深圳市现代物流发展规划》《物流业调整和振兴规划》等。

随着社会经济的发展,相关部门出台了大量的物流政策。在刺激经济发展的过程和体系中,"物流"被列为新型服务业。其后,多个国家部门合作协同,例如,2001年,国家经济贸易委员会、铁道部、交通部、信息产业部、对外贸易经济合作部、中国民用航空总局6个部门联合发布了《关于加快我国现代物流发展的若干意见》。再如,2004年,经国务院批准,国家发展和改革委员会、商务部、公安部、铁道部、交通部、海关总署、税务总局、民航总局、工商总局9个部门联合发布了《关于促进我国现代物流业发展的意见》。在具体的物流业务方面,无车承运人、现代供应链应用创新、跨境电子商务物流协同发展等一系列政策相继出台。这些政策为物流信息共享提供了基本的保障。不同企业为执行上述相关政策,必须加强政策的信息管理,以丰富政策的解读,方便执行,并在本企业内的业务中科学并高效地落地。

从宏观上看,中国现行的物流政策,特别是法律类政策应该说是比较全面的,从而基本上可以维护目前中国物流领域的基本经济秩序,但由于经济的快速发展,物流政策与法规还存在缺乏市场经济特别是国际化视野、专门而系统的法律类政策、缺乏法律效力等问题。

## 第四节　物流信息战略执行

物流信息战略的执行重在技术、管理与业务的融合,这依赖于物流信息技术的采纳和使用过程。在战略执行的意图和过程中,采纳是认知和再认知的连续升华过程,集成和创新是采纳的纵向延伸。物流信息技术带来物流业效率、效益和创新能力的提升,也进一步促成物流产业和国家物流的全面信息化发展。

### 一、物流信息技术采纳

面对全球经济一体化、资源竞争激烈化、环境承受现状极限化等问题,企业需要更多的计算资源和能力来支持其运营管理和战略决策过程。物流信息技术是物流信息战略执行的第一步,也是极其重要的一步。从技术采纳视角来看,技术与管理的融合是采纳的重要目标。信息技术作为一种独特的技术,符合一般技术采纳的过程,也遵循创新扩散的部分领域规律。

物流信息技术采纳是指组织或消费个体对物流信息平台、物流信息服务和云物流的认知、接受和集成的行为过程。在资源有限情况下,约束行为影响这一采纳过程,这个过程反映了权衡信息技术和其他内容对物流的共享。在价值感知方面,物流信息技术对物流的作用是直接的,优化了内部流程,方便了客户沟通,这促进了供应链集成。

物流信息技术的采纳模型可表示为图2-9。图2-9给出物流信息技术采纳是一个连续、反馈和超循环系统。采购的动机、行为和制度安排以需求为基础,直接影响绩效评价。绩效评价的结果影响采纳的制度安排和优化。

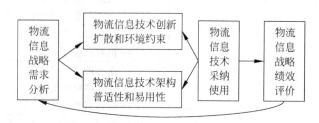

图 2-9　物流信息技术采纳模型

### 二、物流信息化绩效评价

评价物流信息化实施能力的出发点和依据是:界定物流企业信息化建设的现状,确定信息化建设的阶段,信息化需求的紧迫程度;指出企业的信息化发展目标和方向,发现实施信息化过程中存在的问题,找出差距,诊断企业信息化发展的瓶颈问题;指出企业需要信息化的项目及其应具有的功能;提供分析企业信息化效益的前提和背景;使企业能够总结经验和教训,并结合新的现实,根据所面临的新环境和新业务而及时做出调整;帮助企业合理配置信息化建设资源,使有限的投资发挥最佳效果。

### (一) 物流信息化实施能力评价指标体系

物流信息化实施能力评价指标体系的设计,以中国企业信息化基本指标、信息化效能指标这些成熟的指标体系为参考,结合对企业信息化实施能力要素的分析,设置物流信息化认识度及战略措施、物流信息化基础建设、物流信息化应用、物流信息化规划与实施、人力资源、适宜度6个一级指标,在一级指标下设置24个二级指标,物流信息化实施能力评价指标体系见表2-3。

表2-3 物流信息化实施能力评价指标体系

| 一级指标 | 二级指标 |
| --- | --- |
| 物流信息化认识度及战略措施 | (1) 领导及各层员工对信息化的认识情况 |
| | (2) 信息化组织模式与管理制度 |
| 物流信息化基础建设 | (3) 信息化投入总额占固定资产投资比重 |
| | (4) 每百人计算机拥有量 |
| | (5) 网络性能水平 |
| | (6) 计算机联网率 |
| 物流信息化应用 | (7) 信息采集的信息化手段覆盖率 |
| | (8) 办公自动化系统应用程度 |
| | (9) 决策信息化水平 |
| | (10) 产品开发信息化水平 |
| | (11) 产品生产信息化 |
| | (12) 企业门户网站建设水平 |
| | (13) 电子商务应用水平 |
| | (14) 管理信息化的应用水平 |
| 物流信息化规划与实施 | (15) 项目规划水平 |
| | (16) 信息化的基础管理水平 |
| | (17) 企业与服务体系的合作水平 |
| 人力资源 | (18) 人员资源指数 |
| | (19) 信息化技能普及率 |
| | (20) 学习的电子化水平 |
| 适宜度 | (21) 企业战略适宜度 |
| | (22) 物流战略适宜度 |
| | (23) 物流文化的适宜度 |
| | (24) 物流组织的适宜度 |

### (二) 物流信息化实施能力评价指标释义

对物流信息化的实施能力分析是建立在一定信息基础之上的,从内容分析到指标要素再到分析模型的建立,是联系和沟通被分析客体(企业信息化)和分析主体(专家、计算机系统)的重要渠道。研究表明,对企业信息化实施能力分析必须给出各指标要素的明确含义。

实践表明,这一环节的工作极为重要。对各指标的具体释义见表2-4。

表 2-4 物流信息化实施能力评价指标释义

| 评价指标 | 指标释义 | 指标内容构成 |
| --- | --- | --- |
| 企业信息化的战略地位 | 反映信息化的重视度 | 信息化是否列入企业的战略;企业领导层、中层干部及企业其他员工对信息化的认识情况 |
| 企业信息化组织模式与管理制度 | 反映企业信息化战略的落实情况 | 信息化领导小组的建立及运行情况;首席信息官(CIO)的设立及执行情况;信息化职能部门的设立及执行情况;信息化外部技术力量的组织情况,企业信息化管理制度的建立及运行情况等 |
| 信息化投入总额占固定资产投资比重 | 反映企业对信息化的投入力度 | 反映信息化基础设施状况,如软件、硬件、网络、信息化人力资源、通信设备等投入 |
| 每百人计算机拥有量 | 反映信息化基础设施状况 | 大、中、小型机;服务器;工作站;PC |
| 网络性能水平 | 反映信息化基础设施状况 | 企业网络的出口带宽 |
| 计算机联网率 | 反映信息化协同应用的条件 | 接入企业内部网的计算机的比例 |
| 信息采集的信息化手段覆盖率 | 反映企业有效获取外部信息的能力 | 采集政策法规、市场、销售、技术、管理、人力资源信息时,信息化手段的应用状况 |
| 办公自动化系统应用程度 | 反映企业在网络应用基础上办公自动化状况 | 是否实现了日常安排、发文管理、回忆管理、消息发布、业务讨论、电子邮件、信息流程的跟踪与监控等 |
| 决策信息化水平 | 信息技术对重大决策的支持水平 | 是否有数据分析处理系统、方案优选系统、人工智能专家系统等 |
| 物流产品开发信息化水平 | 反映产品开发或设计采用信息化水平 | 产品开发采取的信息技术种类分布、针对性等 |
| 产品生产信息化 | 反映企业产品生产过程中采用信息化水平 | 产品开发生产的信息技术种类,如MES/FMC/CQA等 |
| 物流平台建设 | 反映企业资源整合水平 | 服务对象覆盖的范围;可提供的服务内容 |
| 电子商务应用水平 | 反映企业经营信息化水平 | 网上采购率;网上销售率 |
| 管理信息化的应用水平 | 信息资源的管理与应用状况 | 管理信息化应用覆盖率及数据整合水平 |
| 项目规划水平 | 反映企业是否进行了信息化建设的总体规划水平 | 企业信息化总体规划的质量,与企业战略的结合度等 |
| 信息化的基础管理水平 | 反映企业的基础数据规范化程度,标准化体系建立的水平 | 基础数据的规范、标准化以及标准化框架的建立等 |
| 企业与服务体系的合作水平 | 反映企业与信息化服务体系的合作水平 | 与服务体系的合作程度,得到的支持程度等 |
| 人员资源指数 | 实现信息化的总体人力资源条件 | 大专学历以上的员工占员工总数的比例 |
| 信息化技能普及率 | 反映人力资源的信息化应用能力 | 掌握专业IT应用技术的员工的比例;非专业IT人员的信息化培训覆盖率 |
| 学习的电子化 | 反映企业的学习能力和文化的转变 | 学习的员工覆盖率;电子化学习的学习领域 |
| 战略适宜度 | 信息化战略与企业战略之间配合 | 主营业务相关度等 |

续表

| 评价指标 | 指标释义 | 指标内容构成 |
| --- | --- | --- |
| 技术战略适宜度 | 信息化技术战略与技术环境的协调 | 战略性合作伙伴的信息技术战略等 |
| 文化的适宜度 | 企业文化对企业信息化支持程度 | 求实精神、团队精神、学习型组织等 |
| 组织的适宜度 | 反映企业结构的合理性和企业行为的网络化状况的合理性 | 反映企业结构的合理性和企业行为的网络化状况的合理性 |

## 本章小结

物流信息战略是物流信息管理的系统思考与设计,其目的是规范物流信息管理过程和提供信息资源管理方法。本章在介绍物流信息战略内涵、特征的基础上,首先介绍了物流信息战略需求,重点梳理了基于社会调查的数据资源收集方法和信息、知识地图的信息资源组织方法;其次从信息战略和战略信息两个思辨的角度分析了物流信息战略和物流战略信息,提出物流信息的总体战略和信息建设核心任务;最后从物流信息战略执行的视角分析物流信息技术的采纳和信息化绩效评价。

## 思 考 题

1. 简述物流信息战略的发展过程与内容。
2. 比较物流信息需求分析方法的应用背景、条件、结果。
3. 如何制定物流信息战略?
4. 比较物流信息战略和物流战略信息的内涵。
5. 简述物流信息战略的主要任务。
6. 物流信息资源的特征是什么?
7. 如何开展物流信息资源服务?
8. 简述物流信息采纳的影响因素。
9. 如何开展物流信息化评价?

## 案 例 分 析

### 政府采购信息战略执行

某市政府采购信息网建设已有十年之久,依托财政部信息网络中心的技术力量和硬件设施,搭建了以信息发布功能为主的政府采购网,网站面向社会服务于政府采购当事人,并作为该市指定的唯一政府采购信息公告网络发布媒体。

随着《政府采购法》和实施条例等相关法律法规相继出台以及采购规模和采购范围的不断扩大,市政府采购网已不能满足实际工作需要。国务院办公厅在《关于进一步加强政府采购管理工作的意见》中指出："加强政府采购信息化建设，是深化政府采购制度改革的重要内容，也是实现政府采购科学化、精细化管理的手段。各地区要积极推进政府采购信息化建设。"因此，政府采购信息化建设成为深化政府采购制度改革的重要内容和实现政府采购科学化、精细化管理的重要手段。政府采购信息化可以有效地解除地域和时间造成的物理障碍，使信息能够更透明、更有效地流动。电子化管理能进一步规范政府采购各方当事人的行为，最大限度地避免人为因素的干扰，大大提高政府采购的工作效率，节约政府采购的行政成本；能进一步优化信息发布方式，使供应商获取采购信息更方便快捷，扩大竞争；能进一步提升政府采购监督效率，使监管部门依托信息化手段，对我市所有政府采购项目进行全流程实时监控，打造更加公开、公平、公正、诚信的政府采购市场环境。

基于这些背景，采购的需求与目标分析如下。

在政府采购中，以实现政府采购各环节管理规范、信息通畅、运行功能完善、全流程监控和网络安全可靠为目标，覆盖市区两级政府采购监督管理部门、采购人、采购代理机构、政府采购评审专家、政府采购监督员、供应商以及社会公众等在内的各政府采购参与主体，建设统一、权威的交互式政府采购信息管理平台，实现政府采购各方当事人的在线办公及全市政府采购数据和信息资源共享。平台提供涵盖政府采购预算管理、计划管理、进口产品审核管理、政府采购方式审批管理、信息公告管理、政府采购项目管理、评审专家管理、监督员管理、政府采购合同管理、代理机构资格认定管理、诚信管理、供应商投诉信访管理、监督检查管理、培训管理、供应商管理等政府采购管理业务全流程的电子化管理。

根据上述需求和目标，本采购信息战略的主要任务包括：预算信息管理、采购计划管理、采购进出口产品审核管理、采购方式审评管理、信息公告管理、项目信息跟踪、评审专家信息管理、监督员管理、合同管理、认定和诚信等信息资源管理等。

细分上述任务，其信息标准要求可从四个方面概括。①功能性需求，包括网络环境、基于金财工程应用的内网平台、语音自动告知及反馈、数据导出、数据存储及打印、数据交换和系统集成。系统应结合"财政身份认证与授权管理系统"进行开发设计，并实现基于财政门户系统的单点登录，以及展示和操作界面。②非功能性需求，包括技术精度、性能、吞吐量、资源管理平台的可扩展性与移植性、易用性、可管理性、安全性和标准化。③在技术上，包括运行环境、客户端、信息平台构建、实施文档、验收标准和质量可靠性保障等。④在信息、知识产权上，合作共享版权等权利和义务，也可根据相关知识产权交易规则完成产权确认。

在云计算环境下，该政府采购网逐步转向云平台上，这种迁移有效应对了业务的快速增长和物流信息技术战略。利用先进的信息技术，获取技术创新红利和技术溢出效应，实现政府采购及其物流系统的全面升级。

**案例讨论：**

结合案例回顾政府采购网络实现电子招投标、简化流程、提升竞争力的过程。

# 第三章

# 物流信息资源管理

**章节知识框架**

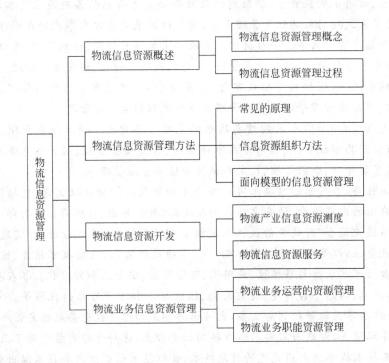

**学习导航**

物流信息资源管理是指采用数理方法和常见模型进行信息资源开发与管理。通过本章的学习,掌握物流信息资源管理过程,了解物流信息服务能力测度方法,构建物流产业信息资源开发与利用框架。

**教学建议**

在学时允许的情况下,建议 Hoover 系数、物流成本信息测度、模糊集、粗糙集等方法和内容作为拓展教学内容讲授,并结合相关思考题巩固。

> **导入案例**

**YYT立足物流信息资源管理,发展全球供应链**

针对物流信息化的分散性和烟囱性困境,YYT积极开展物流信息资源管理方法和平台的研发活动,经过多年发展和积累,布局物流信息资源开发平台,倡导物流生态圈商业模式,发展了典型的全球供应链物流信息资源管理体系和相关标准。

YYT为全球采购商、零售商、品牌商、中国以及世界各地的产品提供商提供从原材料采购、VMI、产品整合定制及交易到产品分拨、销售等全程供应链服务,帮助合作伙伴打造全球供应链。

**一、以物流平台推动物流信息资源的集中化管理**

根据中国流通行业信息分布的特点,YYT将主流的商业网店的物流平台作为抓手,在全国各省建立从工厂到省、市平台,再到终端商店或者消费者的B2B/B2C一站式物流信息资源网络。

作为中国第一家上市的供应链股份有限公司,YYT致力于以物流信息资源管理基础技术与服务,建立供应链服务平台,研发互联网为共享技术,联合供应链各环节参与者,构建一个跨界融合、共融共生的供应链商业生态圈。

**二、在新流通和新零售背景下管理物流信息资源**

YYT力推的"新流通引领新零售"。这个蓝图的载体是连锁加盟平台,该平台是YYT打造的集连锁加盟、商品采购、营销、增值服务于一身的新零售综合服务平台。

YYT希望通过自己的供应链渠道优势,为全国数百万实体连锁店全面赋能,打造30万家新连锁加盟店,将中国的零售业带到像沃尔玛和7-11那样的高度。

中国零售物流信息资源的管理现状是"散、乱、穷、小",只有整合相关平台,才能走集中化管理,才能适应新流通和新零售的业务需求。为此,YYT专注于供应链,在全国300多个主要城市,每个城市找1~2家经验丰富的零售商,让他们以强加盟的形式与YYT形成战略合作,对他们输出供应链,帮助他们做大做强,形成统一的零售品牌。

利用供应链+互联网平台,将线下门店连接起来,将怡亚通的优势资源赋能给线下门店,帮助它们转型升级,变成智慧商店、未来商店。在此基础上,构建的商业生态平台,整合了采购、物流、渠道、营销、供应链金融等系列资源,未来将开放给品牌商、零售商和消费者共享,为零售商赋能。

通过信息资源的管理,实现了物流管理的扁平化、共享化和社区化。扁平化是指品牌、终端商店、消费者之间互联互通;社区化是指所有商店都可以利用YYT线上线下平台做自己的"双十一""618";共享化是YYT搭建一个平台,给上下游共享,打造一个共享经济。商店可以共享商品,品牌可以共享营销,消费者共享体验。

思考题:

结合上述材料,分析YYT是如何通过信息资源管理体系进行全球供应链整合的?

YYT怡亚通

## 第一节 物流信息资源概述

### 一、物流信息资源管理概念

从资源的角度来看,信息资源管理具有智能性、不均衡性、无穷尽性、可共享性、稀缺性、有用性。信息载体的统一要求信息资源管理要具备智能性功能,海量信息的统一性工作耗费巨大人力、财力和物力,且不满足效率和效益要求,智能化是信息资源管理的基本要求,也是信息资源管理不断创新的动力。在物流信息资源管理中对地理信息的智能化管理比较成熟,如 GIS 系统,它是将计算机、地理数据以及系统管理人员组织成对任一形式的地理信息进行高效获取、存储、传输、更新、操作、查询、分析及显示的集成,为高效智能地集成地理知识到运输中奠定基础。

物流信息资源管理是物流信息管理发展的阶段性成果,随着管理技术和信息资源自身边界的泛化,物流信息资源管理将迎来新的管理阶段——物流知识管理。物流业本身也有其专属的知识,如配运知识、仓管知识、窗体处理知识、物流中心规划知识、物流经营知识等。因此,物流知识管理就是将物流知识视为企业资产,透过管理程序并以信息科技作为工具,进行收集、分类、储存、应用的一系列足以产生经营效益的活动。物流知识管理属于知识管理范畴,它是知识管理的一个分支,对于物流知识管理的研究与知识管理研究有相类似之处。物流知识管理的实施策略应包括以下六个方面。

#### (一) 提高物流知识管理在企业内的认知度

要在企业内推行物流知识管理,首先必须让企业成员知道物流知识管理是什么,对企业来讲有什么影响,如何实施。因此,有必要在企业内部对员工进行相关培训,从概念到特点以及流程,让他们在头脑里先有一个明确的感性认识,并真正愿意从心理上去接受它,主动参与进来。

#### (二) 建立物流知识库并对物流知识进行编码

物流知识库的作用是对现有知识进行识别、分类、加工和提炼,形成系统不断发展的知识资产。对物流知识进行编码就是将知识加以分类整理、进行格式化描述、实行规范化管理的过程。企业通过编制物流管理手册、工作流程、工作指南、标准化作业等文件,对显性知识进行编码。现代物流已基本完成了对显性知识的编码,但存在于员工头脑中的隐性知识大多没有实现格式化,因此,物流知识编码化管理的重点是将隐性知识转化为可以交流和共享的显性知识,并进行有效整合,使零散、无序的员工隐性知识有序化、组织化,最终实现编码化,逐渐形成企业的核心知识。

#### (三) 加快物流信息化进程

信息管理是知识管理的基础,物流信息化的关键在于物流信息数据库管理、物流信息传输网络化和标准化、物流业务处理电子化、企业物流知识的编码、企业高层管理人员查询各地库存和经营资料并做出与实际相符的决策都体现了这一点。

### (四) 建立实现内外部知识交流共享的网络

知识管理的核心是知识创新，主要是指在企业内外部知识的传播共享过程中，实现对知识的提升。在企业中实现有效的物流知识管理，应首先利用信息技术建立起一个内部网络，把常用的专业物流知识，以及掌握这些知识的成员和专家的情况保存在数据库中，使员工能方便地获取和共享。内部网络还应该具备一些功能模块，方便成员间使用电子邮件、举行视频会议等。知识经济时代的来临使企业间的联系更加紧密，企业通过物流知识管理平台，可以加强与外部的知识交流，充分吸取和利用有益的外部知识，提高自身的创新能力。

### (五) 重视形成物流知识体系的激励机制

员工是企业知识创新的根本动力，实现有效的物流知识管理，需要他们贡献出自己的工作经验、教训、独特的技能知识，提出合理的建议。对于主动将自己的知识在企业内共享的员工，企业应该给予一定的奖励，既可以是物质方面的，如工资、股权等，也可以是精神方面的，使他们感到自己的努力得到了相应的回报，这样可以有效地保护员工创新的积极性。有了员工主观能动性的充分发挥，企业的知识体系才可能越来越完善。

### (六) 增强知识产权保护的法律意识

知识不同于其他看得见、摸得着的实物资源，它是一种无形资产，正是这种非实体的特性，使知识的被盗取和侵权利用现象非常普遍。知识的共享和传播涉及许多方面，企业和成员要有强烈的法律意识，在内外交流中，有关商业机密的信息要严格保密，避免泄露，造成不必要的知识流失。

## 二、物流信息资源管理过程

物流信息资源的管理过程是一个信息管理过程与物流管理过程融合的过程。在过程论视角下分析物流信息资源管理，有利于建立物流信息资源的动静结合观点，对物流信息资源的整合和分解具有双向基础作用。从信息链和物流供应链的融合角度来看，在不同的框架下，物流信息资源也有不同的环节和结构。

从供应链运营模式来看，宏观上的物流信息资源管理过程包括产品、物料、服务的需求，采购与库存，包装与运输，仓储与配送，加工与销售等环节的信息共享、推送、查询、跟踪、更新、开发、利用等。在微观上，上述环节围绕内外供需两两结合形成局部供应关系。例如，供应商与制造商，客户与零售商，制造商与零售商等。这个环节的信息管理水平直接影响供应链的牛鞭效应。

从信息链的结构来看，物流信息资源管理过程包括信息的产生、采集与获取、信息存储与处理、信息传输与交换、信息驱动与业务整合。在信息链的产生中，可以是时间信息，也可以是空间信息，时空的组合形成信息单元，从基本数据、信息、知识和智慧等层面构成信息资源的管理过程。

## 第二节 物流信息资源管理方法

信息资源管理方法是利用一定的科学规则和方法,通过对信息外在特征和内容特征的表征和序化,实现无序、低价值信息流向有序、高价值信息流的转换,以保证用户对信息的有效获取、开发与利用、信息的有效流通和组合的方法。其中,信息的外在特征是指信息的物质载体所直接反映的特征;而信息的内在特征是指信息所包含和承载的具体内容。系统科学、信息科学、管理学、经济学、法学等自然科学和人文精神的成果给信息组织提供了必要的原则和方法体系。在进行信息组织的过程中,需要遵循一些原则和规范。

### 一、常见的原理

#### (一) 系统学原理

**1. 基本概念**

一般来说,要素是构成事物必不可少的因素。例如,物流的功能要素中必须包括运输、仓储等,物流的基础要素包括基础设施、物流信息和物流法规等。这些因素的联合方式和方法影响要素的演化。

在具体的系统中,要素是有层次的,一种要素相对它所在的系统是要素,相对于组成它的要素则是系统。同时,同一要素在不同系统中其性质、地位和作用有所不同。当要素与所在环境差异过大,便会自行脱离或被清除。

系统一般是指由一群存在关联的要素,根据显性或者隐性规律,能完成要素不能单独完成的工作群体,通常分为自然系统与人工系统两大类。自然系统和人工系统的形成过程是一个漫长的演化过程。信息组织是一个系统化的演化过程,其最终目的是将无序的零散的信息层次化、结构化,形成一种有序的体系或系统,因此,系统科学是信息组织的重要理论基础,对信息组织有极为重要的指导意义。

**2. 整体性原理**

许多学者在研究系统性质时发现要素结构决定系统功能。系统功能具有整体性,整体性表现为大量要素在既定的机构中形成的复杂系统。

系统的整体性主要表现在两个方面:一是微观要素的复杂作用过程与结构影响系统的整体表象;二是系统的表象和内在的结构具有相互联系和影响的机理。整体性是系统最基本的特性。

整体性溯源

**3. 涌现原理**

从牛津字典可知,"涌现"一词译自英文 emergence,早期中文译名曾有"突现""突变""突发"等多种,现已大致统一为涌现(或称突现、自涌)。涌现是一种从低层次到高层次的突变式过渡。霍兰说:"涌现现象是以相互作用为中心的,它比单个行为的简单累加要复杂得多。"涌现性表明,一旦把系统整体分解成为它的组成部分,这些特性就不复存在了。系统功能之所以往往表现为"整体大于部分之和",就是因为系统涌现了新质的

中国经济奇迹
涌现性

缘故,其中"大于部分"就是涌现的表现结果。同时,涌现是一种非常普遍的自然现象。

在信息组织系统中,如果将大量的、分散的、杂乱的信息组织成一个系统,建立起内在的关联,那么信息系统的整体功能将大于各个信息单元的功能之总和。这是系统的整体性和涌现性的体现。对于零散信息而言,信息系统将能充分发挥信息资源的价值和作用。不仅如此,在信息组织活动中,分类体系的展开、主题词族的绘制、信息的分析等都体现着系统的思想。基于这一原理,信息组织的目标是要建立一个有效的方便检索的信息系统。

### (二) 语言学原理

在社会交流活动中,信息和语言有着千丝万缕的联系。语言在信息组织中占有重要地位和作用,具体表现在六个方面。第一,具有语义性或准语义性的信息是信息组织的对象和基础。第二,信息描述和揭示中需要运用大量的语言工具。第三,语言的匹配和关联为信息查验和利用提供工具支持。第四,信息存储主要是利用信息的外在特征和内容特征进行信息的空间性组织。第五,信息分析要利用语言来信息描述和揭示成果。第六,计算机语言是现代信息组织的技术手段。

根据语言学原理,信息组织要从语法、语义和语用三个层次进行构建。在立体化信息组织过程中,要实现语音和字形的相互转化,语法、语义和语用三者之间的融合与匹配。在信息组织过程中,借鉴语言学语法研究成果、语言形成规律可以知道信息关联挖掘过程。

### (三) 逻辑学原理

逻辑(logic)是人类抽象思维的结果,是人通过概念、判断、推理、论证来理解和区分客观世界的思维过程,包括思维的规律,客观的规律,处理事情的方式、行为特征三个部分。概念逻辑方法和抽象思维方法是信息组织中两个重要原理。

概念逻辑是定义概念,建立概念关系和应用概念描述对象的行为综合。概念是事物本质属性的概括,其内涵是它所指事物的本质属性的总和。定义概念是寻找概念内核的过程,通过约简信息获得;概念关系一般分为相容和不相容两类;应用概念描述对象就是对概念进行划分和重组。在划分概念时,要遵循相称、互斥和传递的原则。

### (四) 知识分类原理

《现代汉语词典》把知识定义为在改造世界的实践中所获得的认识和经验的总和。《辞海》把知识看成通过实践获得的认知过程和规律。两者的定义都是基于哲学认识论的观点,强调实践是知识的唯一来源。而认知科学认为,知识可被定义为一个抽象概念,是通过经验及对经验自身的深思获得的一系列信息的阐释而有意识地或无意识地建立起来的,这个抽象概念能为其所有者提供某一技巧、精神和/或物理能力。

在历史演化过程中,知识是一个不断变化的概念。有人认为知识包括实事(truth)、信念、观点(perspective)、观念(concept)、判断(judgement)、期望(expectation)、方法论(methodology)和技术诀窍(know-how)。也有人认为知识是思考、行为的洞察力(insight)、经验和程序。在不同的框架下的知识内涵和外延,反映了知识的构建过程和元素演化。这些定义都是力图回答知识的形态、知识的组成元素、知识的主要功能和知识的存储主体。因此,对于知识的概念分支,可概括成表3-1。

表3-1 知识的定义

| 定义的视角 | 定义的要点 | 代表人物(出处) |
|---|---|---|
| 从认识论角度 | 知识是人类在实践中获得的认识和经验总结,强调实践的重要性 | 《现代汉语词典》《辞海》 |
| 从知识的内涵角度 | 知识是事实、信念、经验、观点、判断、方法论、洞察力,是一种动态组合,强调知识的组成要素 | Wiig, Davenport & Prusak《韦氏词典》 |
| 从知识的作用角度 | 知识用于指导人们正确行动和解决问题 | Woolf, Spek & Spijkervet, Myers, Nonaka |

人们最早按知识的可呈现度将知识分为显性知识和隐性知识。隐性与显性知识的分类是知识管理领域中最重要的分类结构,物流知识管理策略也可以据此分为显性知识管理策略和隐性知识管理策略。但后来,不同的分类出现了,有人把知识分为:已认识到的知识和未认识到的知识;理论知识和实践知识;个人知识和组织知识;知道是什么的知识(know-what)、知道为什么的知识(know-why)、知道怎么做的知识(know-how)、知道是谁的知识(know-who)。这些分类的联系和区别可见表3-2。

表3-2 知识不同分类总结

| 分类标准 | 知识类型 | 代表人物 |
|---|---|---|
| 按层次 | know-what, know-how, know-who, know-why | OECD(1996) |
| 按知识主体 | 个人知识,群体知识,组织知识,跨组织知识 | Barton(1995) |
| 按成熟度 | 完全无知,意识到,措施,方法控制,过程能力,过程描述,知道为什么,完全知道 | Bohn(1994) |
| 按可呈现度 | 显性知识,隐性知识 | Polany(1966) |
| 按认知的程度 | 已认识到的所知的知识,未认识到的所知的知识,已认识到的不知的知识,未认识到的不知的知识 | Earl(1998) |
| 按含义和成熟度 | 数据,信息,知识,智慧 | Davenport(1998) |
| 按运行形态 | 实体知识,过程知识 | Allee(1998) |
| 按抽象程度 | 理论知识,实践知识 | Beckman(1997) |
| 按目的和利用 | 描述性的知识,程序性的知识,因果性的知识,情境性知识,关系性知识 | Quinn(1996), Alavi(2001) |

### (五) 供应链共享原理

供应链思想是物流信息组织的背景。自从有了商品交换,供应链(supply chain)就出现了。各个交换实体连接在一起,形成了最原始的供需链。利用计算机网络技术全面规划供应链中的商流、物流、信息流、资金流等,并进行计划、组织、协调与控制是现代供应链管理的核心内容。供应链的目标是,要将顾客所需的正确的产品(right product)能够在正确的时间(right time)、按照正确的数量(right quantity)、正确的质量(right quality)和正确的状态(right status)送到正确的地点(right place),即"6R",并使总成本小。

供应链管理的概念内涵是一个动态的范围,未来的供应链将更强调合作伙伴关系、以顾客为中心、基于信息技术,朝敏捷化、虚拟化、全球化、绿色化方向发展。在这样的背景下,供应链管理将呈现五个基本特征,这五个特征是物流信息组织的具体要求。第一,在信息技术的推动下,供应链管理将更加关注物流企业的参与。信息技术使供应链管理理论成为现实,大大提高了供应链管理的经济效益。过去一谈到物流,好像就是搬运东西。在供应链管理环境下,物流的作用特别重要,因为缩短物流周期比缩短制造周期更关键。第二,"横向一体化"的管理思想。强调每个企业的核心竞争力,这也是当今人们谈论的共同话题。为此,要清楚地辨别本企业的核心业务,然后就狠抓核心资源,以提高核心竞争力。非核心业务都采取外包的方式分散给业务伙伴,和业务伙伴结成战略联盟关系。第三,供应链企业间形成的是一种合作性竞争。合作性竞争可以从两个层面理解:一是过去的竞争对手相互结盟,共同开发新技术,成果共享;二是将过去由本企业生产的非核心零部件外包给供应商,双方合作共同参与竞争。这实际上也是体现出核心竞争力的互补效应。第四,以顾客满意度作为目标的服务化管理。对下游企业来讲,供应链上游企业的功能不是简单地提供物料,而是要用最低的成本提供最好的服务。第五,供应链追求物流、信息流、资金流、工作流和组织流的集成。这几个流在企业日常经营中都会发生,但过去是间歇性或者间断性的,因而影响企业间的协调,最终导致整体竞争力下降。实施供应链思想,可以加快信息传递速度和共享范围,创新商业流通模式,改变竞争情报分析方式,延长信息生命周期,并拓展信息价值空间。

## 二、信息资源组织方法

人们通常把信息资源组织方法分为定性处理方法和定量处理方法。在定性处理方法中,常见的有专家评价法、情境分析法和模糊化等不确定性方法;在定量层面及侧重定量的方法有层次分析法、粗糙集合法等。随着认知和人工智能科学的发展,信息组织的方法还有分类标引、大众分类和多媒体超链接等方法。

### (一) 模糊集合法

在信息组织中,我们所面临的研究对象均有多种属性,例如,"青年人""好"这些概念不能通过经典集合论来表示。因为青年人、年轻人是一个模糊概念,人的生命是一个连续的过程,一个人从少年走向青年是一日一日积累的,一个20岁的人可以是青年人,也可以是中青年人。这样的概念在社会科学中随处可见,例如物流产业影响力、高经济增长、大企业等。针对这一类信息,美国加利福尼亚大学自动控制专家查德(L. A. Zadeh)教授于1965年创立"模糊集合"理论,力图用定量、精确的数学方法去处理模糊性现象。

模糊集合中的元素对集合的从属程度从只能取0或1扩充到$[0,1]$中的任一数值,一个元素$x$和一个集合$A$的关系,不是绝对的"属于"或者"不属于",而是要考虑它属于的程度是多少。

经典集合论中,设$U$是全集(或者称为论域,discourse of universe),$U$上的一个模糊集合$\tilde{A}$由$U$上的一个实值函数表示:

$$\mu_A : U \rightarrow [0,1]$$

对于$x \in U$,$\mu_A(x)$称为$x$对$A$的隶属度,而$\mu_A$称为$\tilde{A}$的隶属函数。为方便起见,$U$上的模糊集的全体记为$F(U)$,$\mu_A(x)$记为$A(x)$。

若 $\mu_A(x)=0$，则认为 $x$ 完全不属于 $\tilde{A}$；若 $\mu_A(x)=1$，则认为 $x$ 完全属于 $A$；若 $0<\mu_A(x)<1$，则 $x$ 在 $\mu_A(x)$ 的程度上属于 $\tilde{A}$。也就是说，在完全属于和不完全属于之间，呈现出中间过渡状态或连续变化状态。表达了模糊概念外延不分明的特征。

例如，对于"年轻"这个模糊概念，以年龄为论域，取 $U=[0,200]$。查德给出隶属函数：

$$\mu_A(x)=\begin{cases}1 & 0\leqslant x\leqslant 25\\ 1-\dfrac{U-25}{175} & 25\leqslant x\leqslant 200\end{cases}$$

对应的图像如图 3-1 所示。

在模糊集中，$\forall \tilde{A},\tilde{B}$

$$u_{\tilde{A}}\cup u_{\tilde{B}}(x)=\max[u_{\tilde{A}}(x),u_{\tilde{B}}(x)]$$

$$u_{\tilde{A}}\cap u_{\tilde{B}}(x)=\min[u_{\tilde{A}}(x),u_{\tilde{B}}(x)]$$

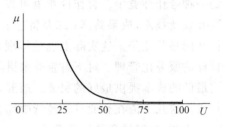

图 3-1　隶属函数图像

在实际应用中，模糊理论可以评价、融合不确定性概念。其应用过程包括五个步骤：①建立因素集 $U$。因素集是以影响评价对象的各种因素为元素组成的一个普通集合，用大写字母 $U$ 表示，即 $U=\{u_1, u_2,\cdots,u_m\}$；②建立权重集 $A$，为了反映各个因素的重要程度，就要对每个因素赋予一个相应的权重。如果因素集中分为主因素和子因素，那么在赋予权重时，应该分级进行；③建立评价集 $V$，$V=\{v_1,v_2,\cdots,v_m\}$ 来表示，其中 $v$ 为可能的评价结果。例如，对 3 个物流副经理的满意度，可设评价集 $V=\{v_1,v_2,v_3,v_4\}=\{$好，较好，一般，较差$\}$；④建立模糊隶属函数；⑤模糊概念融合，按照模糊运算规则，基于矩阵运算来完成。

## （二）层次分析法

层次分析法（analytic hierarchy process，AHP）是 20 世纪 70 年代初美国运筹学家、匹兹堡大学教授萨蒂（T. L. Saaty）提出的一种定量与定性相结合的多准则决策方法。AHP 的基本原理是将一个复杂的评价系统，根据事物内在的逻辑关系，建立一个有序的层次结构，也就是根据问题的性质和要达到的总目标，将问题分解为不同组成因素，并按照因素间的相互影响以及隶属关系按不同层次聚集组合，形成一个多层次的分析结构模型。然后，针对每一层的指标，运用专家的知识经验、信息和价值观对同一层指标进行两两比较对比，再运用数学方法计算各个指标的权重。

AHP 能高效地把经验感知的重要性转成定量数字表征。具体应用过程包括以下六个步骤。

**1. 建立递阶层次结构**

为了运用 AHP 进行系统分析，首先要对问题有明确的认识，弄清问题范围、所包含的因素及其相互关系、解决问题的目的、是否具有 AHP 所描述的特征。

然后将问题中所包含的因素划分为不同层次（见图 3-2）。最高层，表示解决问题的目的，称为目标层；中间层，表示采取某种措施或政策实现预定目标所涉及的中间环节，一般又称为策略层、准则层等；最低层，表示解决问题的措施或方案，称为措施层或方案层。之所以采用递阶层次结构表示层次分析的结构模型,是因为这种结构从上到下顺序地存在支配关系,可以清楚地描述系统各组成部分、要素的关联、隶属关系,以及高层次元素的排序变化对低层次中元素排序的影响,这比采用总体组合的方法处理系统问题要迅速、有效得多。

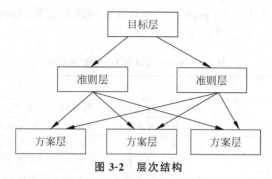

图 3-2  层次结构

以购买汽车选择问题为例,可以构建如图 3-3 所示的层次。

图 3-3  汽车选择问题的层次结构

总目标(第一层)是选择最好的汽车,第二层是影响总目标实现的四个准则(价格、每加仑英里数、舒适性和风格),第三层表示每种备选方案(本田雅阁、土星和雪佛兰)对每一准则的独特贡献。

**2. 构造判断矩阵**

在构建出递阶层次结构之后,分析人员可以根据每个准则对实现总目标做出的贡献,来判断每个准则的相对重要性。具体做法是对每一层次各个元素的相对重要性进行两两比较,并给出判断。这些判断用数值表示出来,写成矩阵形式,即所谓的判断矩阵。

假定上一层次元素 $C_k$ 对下一层元素为 $A_1, A_2, \cdots, A_n$ 有支配关系,可以建立以 $C_k$ 为判断准则的元素 $A_1, A_2, \cdots, A_n$ 间的两两比较判断矩阵。判断矩阵记作 $A$,形式如下:

| $C_k$ | $A_1$ | $\cdots$ | $A_j$ | $\cdots$ | $A_n$ |
|---|---|---|---|---|---|
| $A_1$ | $a_{11}$ | $\cdots$ | $a_{1j}$ | $\cdots$ | $a_{1n}$ |
| $\cdots$ | $\cdots$ | | $\cdots$ | | $\cdots$ |
| $A_i$ | $a_{i1}$ | $\cdots$ | $a_{ij}$ | $\cdots$ | $a_{in}$ |
| $\cdots$ | $\cdots$ | | $\cdots$ | | $\cdots$ |
| $A_n$ | $a_{n1}$ | $\cdots$ | $a_{nj}$ | $\cdots$ | $a_{nn}$ |

矩阵 $A$ 中的元素 $a_{ij}$ 反映针对准则 $C_k$,元素 $A_i$ 相对于 $A_j$ 的重要程度。该矩阵是一个互反矩阵,元素 $a_{ij}$ 满足互反性和一致性。确定矩阵元素 $a_{ij}$ 的数值需要决策者或专家对以

上各指标的重要性进行赋值,即对各个指标的重要性进行两两比较,最后根据比较结果对各个指标进行赋值。

Saaty 采用 1~9 的比例标度对各个元素的相对重要性予以赋值,他将这种标度与其他 26 种标度进行比较后,认为 1~9 标度能较好地将人的思维比较判断进行转换,构成比较恰当的一维评估强度结构。其含义如表 3-3 所示。

表 3-3　Saaty 采用的 1~9 比例标度

| 标度 $b_{ij}$ | 含　义 |
| --- | --- |
| 1 | 表示两个因素相比,具有相同的重要性 |
| 3 | 表示两个因素相比,$i$ 因素比 $j$ 因素稍微重要 |
| 5 | 表示两个因素相比,$i$ 因素比 $j$ 因素明显重要 |
| 7 | 表示两个因素相比,$i$ 因素比 $j$ 因素强烈重要 |
| 9 | 表示两个因素相比,$i$ 因素比 $j$ 因素极端重要 |
| 2,4,6,8 | 上述两相邻判断的中值 |
| 倒数 | $b_{ji}$ 表示 $j$ 元素与 $i$ 元素的比较判断,有 $b_{ji}=1/b_{ij}$ |

采用两两比较的方法与将所有元素都与某一元素比较的方法不仅可以减少比较的次数,更重要的是可以降低个别判断错误对总体排序所造成的影响,避免系统性判断错误。每个比较都应该独立地进行,以便提供尽可能多的信息,降低个别判断失误的影响。心理学的研究表明,在同时进行比较的对象不超过 (7±2) 的情况下,人的判断具有良好的一致性。

对于汽车选购问题,黛安娜·佩恩根据自己的偏好形成五个判断矩阵(见表 3-4~表 3-8),分别是准则层相对于目标层的判断矩阵和三个备选方案各自对于价格、每加仑英里数、舒适性和风格的判断矩阵。

表 3-4　选购问题准则层相对于目标层的判断矩阵

| 元　素 | 价　格 | 每加仑英里数 | 舒适性 | 风　格 |
| --- | --- | --- | --- | --- |
| 价格 | 1 | 3 | 2 | 2 |
| 每加仑英里数 | 1/3 | 1 | 1/4 | 1/4 |
| 舒适性 | 1/2 | 4 | 1 | 1/2 |
| 风格 | 1/2 | 4 | 2 | 1 |

表 3-5　备选方案相对于价格的判断矩阵

| 价　格 | 本田雅阁 | 土星 | 雪佛兰 |
| --- | --- | --- | --- |
| 本田雅阁 | 1 | 1/3 | 1/4 |
| 土星 | 3 | 1 | 1/2 |
| 雪佛兰 | 4 | 2 | 1 |

表 3-6　备选方案相对于每加仑英里数的判断矩阵

| 每加仑英里数 | 本田雅阁 | 土星 | 雪佛兰 |
| --- | --- | --- | --- |
| 本田雅阁 | 1 | 1/4 | 1/8 |
| 土星 | 4 | 1 | 1/3 |
| 雪佛兰 | 6 | 3 | 1 |

表3-7 备选方案相对于舒适性的判断矩阵

| 舒 适 性 | 本田雅阁 | 土星 | 雪佛兰 |
|---|---|---|---|
| 本田雅阁 | 1 | 2 | 8 |
| 土星 | 1/2 | 1 | 6 |
| 雪佛兰 | 1/8 | 1/6 | 1 |

表3-8 汽车选购问题中三个备选方案相对于风格的判断矩阵

| 风 格 | 本田雅阁 | 土星 | 雪佛兰 |
|---|---|---|---|
| 本田雅阁 | 1 | 1/3 | 4 |
| 土星 | 3 | 1 | 7 |
| 雪佛兰 | 1/4 | 1/7 | 1 |

**3. 层次单排序**

所谓层次单排序,即把同一层次相应元素对于上一层次某元素相对重要性的排序权值求出来,其实就是确定相对的优先级。其方法是计算判断矩阵 $A$ 的满足等式 $AW=\lambda_{max}W$ 的最大特征根 $\lambda_{max}$ 和对应的特征向量 $W$,这个特征向量即是单一准则下的排序权值。

计算判断矩阵的最大特征根及其对应的特征向量的方法有很多种,在此只讨论方根法和和积法两种。

(1) 方根法

① 计算判断矩阵 $A$ 各行各个元素的乘积

$$m_i = \prod_{j=1}^{n} a_{ij} \quad (i=1,2,\cdots,n)$$

② 计算 $m_i$ 的 $n$ 次方根

$$\overline{w}_i = \sqrt[n]{m_i}$$

③ 对向量 $\overline{W}=(\overline{w}_1,\overline{w}_2,\cdots,\overline{w}_n)^T$ 进行归一化处理

$$w_i = \frac{\overline{w}_i}{\sum_{j=1}^{n} \overline{w}_j}$$

所得到的向量 $W=(w_1,w_2,\cdots,w_n)^T$ 即为所求权重向量。

④ 计算矩阵的最大特征根值 $\lambda_{max}$

$$\lambda_{max} = \frac{1}{n}\sum_{i=1}^{n}\frac{(AW)_i}{w_i} \tag{3-1}$$

对任意的 $(i=1,2,\cdots,n)$,式中,$(AW)_i$ 为向量 $AW$ 的第 $i$ 个分量。

(2) 和积法

① 将判断矩阵 $A$ 每一列归一化

$$\overline{a}_{ij} = \frac{a_{ij}}{\sum_{k=1}^{n} a_{kj}} \quad i,j=1,2,\cdots,n$$

② 每一列均经归一化后的判断矩阵按行相加

$$\overline{W}_i = \sum_{j=1}^{n} \overline{a}_{ij} \quad i=1,2,\cdots,n$$

③ 对向量 $\overline{W} = (\overline{w}_1, \overline{w}_2, \cdots, \overline{w}_n)^T$ 进行归一化处理

$$w_i = \frac{\overline{w}_i}{\sum_{j=1}^{n} \overline{w}_j}$$

所得到的向量 $W = (w_1, w_2, \cdots, w_n)^T$ 即为所求权重向量。

④ 计算矩阵的最大特征根值 $\lambda_{\max}$

$$\lambda_{\max} = \frac{1}{n} \sum_{i=1}^{n} \frac{(AW)_i}{w_i} \tag{3-2}$$

对任意的 $i=1,2,\cdots,n$,式中,$(AW)_i$ 为向量 $AW$ 的第 $i$ 个分量。

在汽车选购问题中,以判断矩阵为基础,需要进行 5 次层次单排序,分别得到如表 3-9 和表 3-10 所示的结果。

表 3-9　相对于目标层的重要性排序权值

| 价格 | 0.398 |
| --- | --- |
| 每加仑英里数 | 0.085 |
| 舒适性 | 0.218 |
| 风格 | 0.299 |

$\lambda_{\max} = 4.185$

表 3-10　三个备选方案相对于每个准则的重要性排序权值

| 方案 | 价　格 | 每加仑英里数 | 舒　适　性 | 风　格 |
| --- | --- | --- | --- | --- |
| 本田雅阁 | 0.123 | 0.087 | 0.593 | 0.265 |
| 土星 | 0.320 | 0.274 | 0.341 | 0.656 |
| 雪佛兰 | 0.557 | 0.639 | 0.065 | 0.080 |

**4．层次单排序的一致性检验**

一致性(consistency)是就成对比较的过程来说的。例如,如果准则 A 与准则 B 比较,得分是 3,而准则 B 与准则 C 比较,其得分是 2,则完全一致的准则 A 与准则 C 比较的得分将是 6。如果给出的准则 A 与准则 C 比较的得分是 4 或者 5,则存在不一致性。根据数字成对比较,是很难实现完全一致性的。事实上,一定程度的不一致性将存在任何成对比较中。为了处理一致性问题,AHP 需要测定一致性程度,以判断能否接受。

(1) 一致性指数(consistency index,CI)

根据矩阵理论,互反矩阵满足一致性时,它的最大特征根等于矩阵的阶数,即 $\lambda_{\max} = n$。于是有

$$CI = \frac{\lambda_{\max} - n}{n - 1} \tag{3-3}$$

上式用于定义判断矩阵的一致性指标,式中,$n$ 为被比较项目的数量。CI 表示判断矩阵偏离

一致性的程度,越接近于0,矩阵的一致性越好;当CI≤0.1时,认为判断矩阵具有满意的或者可接受的一致性。按照人们认识事物的规律,在构造判断矩阵时,两两比较的因素越少,判断结果的准确性越高,因素越多,准确性越低。也就是说,判断矩阵的维数越多,越容易偏离一致性,CI越大。因此对于不同阶数的判断矩阵,为达到满意一致性的CI临界值应该不同。这就需要对CI临界值根据判断矩阵的不同阶数进行修正。

(2) 平均随机一致性指标(mean random consistency index, RI)

为此,Saaty提出了用平均随机一致性指标RI修正CI的方法。随机一致性指标就是随机构造的同阶判断矩阵的一致性指标,其获得过程如下:对于$n$阶矩阵,随机的从1~9比例标度及其倒数中取得,作为矩阵的上(下)三角元素,主对角线元素均取1,下(上)三角元素取上(下)三角元素的倒数,对该矩阵算得的一致性指标CI就是随机一致性指标。按照上述方法,独立地、随机地构造足够数量的同阶样本矩阵,计算这些随机矩阵的一致性指标CI的平均值,即为平均随机一致性指标,记为RI。它是一个与$n$阶数有关的数值。

Saaty通过样本容量各为500的1~11阶矩阵的实验,所得平均随机一致性指标值RI如表3-11所示。

表3-11 平均随机一致性指标

| $n$ | 1 | 2 | 3 | 4 | 5 | 6 | 7 | 8 | 9 | 10 | 11 |
|---|---|---|---|---|---|---|---|---|---|---|---|
| RI | 0 | 0 | 0.58 | 0.9 | 1.12 | 1.24 | 1.32 | 1.41 | 1.45 | 1.49 | 1.51 |

(3) 一致性比率(consistency ratio, CR)

基于CI和CI的修正RI,提出了在AHP中普遍应用的一致性检验方法:一致性比率CR,它被定义为判断矩阵的一致性指标CI与同阶平均随机一致性指标RI之比。即

$$CR = \frac{CI}{RI}$$

Saaty提出,当CR≤0.1时,可认为判断矩阵具有满意的一致性。CR是比CI更为合理的衡量判断矩阵一致性的指标。但是,CR也存在一定的问题,主要表现在对于低阶矩阵的检验比较容易通过,但对于高阶矩阵则不易通过。这是因为CR临界值的选取存在明显的缺陷。具体来说,首先,临界值0.1的选取是凭经验确定的,缺乏必要的理论依据;其次,用0.1这个统一的临界值标准来检验不同阶数判断矩阵的一致性程度,是不尽合理的。

因此,有些学者研究用统计检验的方法,直接求得各阶矩阵得临界CI值,作为一致性检验的指标。当置信水平为90%时,判断矩阵的一致性指标CI临界值如表3-12所示。

表3-12 CI临界值

| 矩阵阶数 | 3 | 4 | 5 | 6 | 7 | 8 | 9 | 10 | 11 |
|---|---|---|---|---|---|---|---|---|---|
| CI临界值 | 0.04 | 0.092 | 0.122 | 0.142 | 0.161 | 0.169 | 0.178 | 0.185 | 0.194 |

检验时只要将计算得出的CI值与表3-12中的CI临界值作比较,当CI值小于同阶CI临界值时,则判断矩阵通过一致性检验。

下面就对汽车选购问题中的五个层次单排序进行一致性检验,分别为0.068、0.015 8、−0.047 0、0.015 8和0.028 0。

各CR值均小于0.1,因此,各层次单排序均具有良好的一致性。

### 5. 层次总排序

在前面的步骤中,决策者已经根据每个准则对实现总目标做出的贡献,判断了每个准则的相对重要性。并且根据每个标准确定了对于每个备选方案的偏好程度。进一步,应该将每一准则的相对重要性和对备选决策方案的偏好两方面的信息综合起来,来确定所有决策方案的总优先排序。

所以在单一准则下排序的基础上,还需要进行层次总排序。也就是计算同一层次所有元素对于最高层相对重要性的排序权值。这一过程是最高层次到最低层次逐层进行的。

若相对于目标层的准则层为 $B$,下一层为 $C$。假设 $B$ 包含 $m$ 个元素:$B_1, B_2, \cdots, B_m$,其层次总排序权值分别为 $b_1, b_2, \cdots, b_m$(对于第二层次而言,它的层次总排序权值,就是单一准则——总目标下的层次单排序);下一层次 $C$ 包含 $n$ 个元素:$C_1, C_2, \cdots, C_n$,它们对于元素 $B_j$ 的层次排序权值分别为 $C_{1j}, C_{2j}, \cdots, C_{nj}$(当 $C_k$ 与 $B_j$ 无联系时,$C_{kj}=0$),此时 $C$ 层次总排序权值由表 3-13 给出。

表 3-13 层次总排序

| $C$ 层次 | $B_1$ | $B_2$ | $\cdots$ | $B_m$ | $C$ 层次的合成权重 |
| :---: | :---: | :---: | :---: | :---: | :---: |
| | $b_1$ | $b_2$ | $\cdots$ | $b_m$ | |
| $C_1$ | $C_{11}$ | $C_{12}$ | $\cdots$ | $C_{1m}$ | $\sum_{j=1}^{m} b_j c_{1j}$ |
| $C_2$ | $C_{21}$ | $C_{22}$ | $\cdots$ | $C_{2m}$ | $\sum_{j=1}^{m} b_j c_{2j}$ |
| $\cdots$ | $\cdots$ | $\cdots$ | $\cdots$ | $\cdots$ | $\cdots$ |
| $C_n$ | $C_{n1}$ | $C_{n2}$ | $\cdots$ | $C_{nm}$ | $\sum_{j=1}^{m} b_j c_{nj}$ |

其中,$b_j c_{ij}$ 就是元素 $C_i$ 通过 $B$ 层次元素 $B_j$ 对于总目标的权重贡献,$\sum_{j=1}^{m} b_j c_{ij}$ 就是元素 $C_i$ 相对于总目标的合成权重。

在汽车选择的问题中,AHP 将根据黛安娜·佩恩的个人喜好,根据每个准则对于总目标(选择最好的汽车)的实现程度来排列这三种车的优先顺序(表 3-14)。

表 3-14 三种车的优先顺序

| 准则<br>(权重) | 价格 | 每加仑英里数 | 舒适性 | 风格 | 三种车的优先顺序 |
| :---: | :---: | :---: | :---: | :---: | :---: |
| | 0.398 | 0.085 | 0.218 | 0.299 | |
| 本田雅阁 | 0.123 | 0.087 | 0.593 | 0.265 | 3 |
| 土星 | 0.320 | 0.274 | 0.341 | 0.656 | 1 |
| 雪佛兰 | 0.557 | 0.639 | 0.065 | 0.080 | 2 |

这些结果为黛安娜·佩恩决定购买哪辆车提供了基础。只要她相信自己对于各个层次判断矩阵的选择是正确的,AHP 优先级就显示土星是她最喜欢的。

### 6. 层次总排序的一致性检验

对于层次总排序,也需进行一致性检验。这一步骤也是从上到下逐层进行的。如果受

$B_j$ 支配的 $C$ 层次某些元素通过两两比较所构成的判断矩阵的一致性指标为 $CI_j$，相应的平均随机一致性指标为 $RI_j$，则 $C$ 层次总排序一致性比率为

$$CR = \frac{\sum_{j=1}^{m} b_j \times CI_j}{\sum_{j=1}^{m} b_j \times RI_j} \tag{3-4}$$

当 $CR \leqslant 0.1$ 时，认为递阶层次结构在 $C$ 层次水平上的所有判断具有整体满意的一致性，否则需要重新调整判断矩阵的元素取值。

同理展开，最后得到层次总排序的 $CR=0.0141$，显然，层次总排序上的所有判断具有整体满意的一致性。

### (三) 仿真

仿真是建立系统或决策问题的数学或逻辑模型，并以该模型进行试验，以获得对系统行为的认识或帮助解决决策问题的过程。简单地说，仿真就是用模型进行试验并分析其结果。当问题表现出不确定性时，仿真模型方法尤其有用。仿真不仅广泛应用于工程技术、军事指挥、自然科学、经济金融等领域，而且可以有效地解决管理领域的大量问题。例如，当我们用模型来模拟诸如飓风之类的自然灾害的发生时，政府防御机构就能及时设计出一系列实用的营救和疏散措施。商学院的学生经常使用管理游戏来模拟商场上竞争的真实情况。数以千计的企业、政府和服务机构也都运用各种仿真模型来帮助自己做出关于存货控制、维修时间安排、工厂布局、投资和销售预测等方面的决策。

常见的仿真有数字仿真、模型仿真和生物仿真。在仿真的过程中，重要的是基于时间进行事物态势的模拟，例如蒙特·卡罗模拟。简单地说，利用一些原则进行随机的生成或者是更新，通过收敛来组织和描述信息。在物流行业类，许多信息都是基于时间而演化的，利用相应的规则来生成随机数字，对物流信息进行有限的逼近。例如，在物流产业中，物流总费用信息的模拟、物流库存信息的模拟等。

### (四) 社会化标签

针对越来越多的网络信息，标签以关键字的形式对资源进行分类，在个人理解角度对资源进行标注，不但丰富了描述资源的不同维度，而且展现了用户对资源的兴趣点。

社会化标签是一种灵活的、开放式的分类方式，又称为大众分类或分众分类(folksonomy)，是用户无约束地运用自由定义关键字的方式进行协作分类的一种工具。用户可以根据自己的需要自由地选择相应标签对网络资源进行标注，每个标签都是用户对网络资源的一个分类，这样，网络资源很自然地根据不同的标签被组织到不同的分类下，同时相同的标签也聚合了不同用户的相似资源。但是社会化标签不同于传统的目录结构的分类方法，标签之间是一种平行的关系，不考虑网络资源的层次关系。

社会化标签结合了"分类"与"关键字"的特点，对于从海量数据中发现用户潜在兴趣，为用户推荐个性化服务有着很大的价值。研究发现，社会化标签具有以下特点。

(1) 自由性。社会化标签来源于网络用户，用户对网络上项目资源的标注具有完全的自由性和自主性。任何用户都可以对自己感兴趣的资源进行标注，提供一个或是多个标签，

或不标注,仅仅浏览他人的标签。

(2) 共享性。对于任何用户来说,所有的社会化标签都是共享的。每个用户都可以自由地查看或是利用别的用户所标注的标签,同时,自己标注的标签也可以被其他用户查看或使用。

(3) 动态更新。随着用户标注的不断增加,资源标签信息也越来越多,资源的标注信息得到不断的更新和丰富。

如今,标签技术不仅被广泛应用到网络产品上,同时也受到了国内外众多学者的重视。标签技术的应用与研究、基于社会化标签的检索、分类系统和标签推荐等都成为近些年国内外研究讨论的热点问题。

### (五) 粗糙集

任何能由初等集合的并形成的集合称为精确集,否则称为粗糙集。每个粗糙集 $X$ 都可用两个与之相关的精确集近似表示,即 $X$ 的上近似和下近似。下近似由所有包含于 $X$ 的初等集合的并构成,上近似由与 $X$ 的交为非空的初等集合的并构成。换言之,$X$ 的下近似中的元素一定属于 $X$,而上近似中的元素可能属于 $X$。上近似与下近似的差为边界域,粗糙集的边界域为非空,否则为精确集。边界域中的元素根据可用知识没有确定的分类,即它既不能划分到 $X$ 中,也不能划分到 $X$ 的补集中。近似集是粗糙集理论的两个最基本运算。

设 $K=(U,R)$ 为一知识库,$X \subseteq U$ 是 $R$ – 粗糙集,则

$$\underline{R}X = \{x \in U: [x]_R \subseteq X\} = \bigcup_{Y \in U/R \wedge Y \subseteq X} Y$$
$$\overline{R}X = \{x \in U: [x]_R \cap X \neq \varnothing\} = \bigcup_{Y \in U/R \wedge Y \cap X \neq \varnothing} Y \tag{3-5}$$

分别为 $X$ 的 $R$ 下近似和 $R$ 上近似。

$BN_R(X) = \overline{R}X - \underline{R}X$ 称为 $X$ 的 $R$ 边界域,$POS_R(X) = \underline{R}X$ 称为 $X$ 的 $R$ 正域,$Neg_R(X) = U - \overline{R}X$ 称为 $X$ 的 $R$ 负域。

显然,正域内的对象一定属于 $X$,负域内的对象一定不属于 $X$,边界域内的对象可能属于 $X$。图 3-4 描述了粗糙集模型。因此可以看出,下近似中的对象反映了对象属于概念 $X$ 的充分条件,因而形成分类规则;上近似中的对象反映了对象属于概念 $X$ 的必要条件,因而形成特征规则。

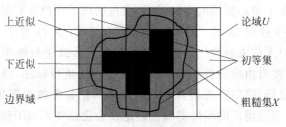

**图 3-4 粗糙集模型图**

设 $X \subseteq U$ 是 $R$ 粗糙集,则

$$\alpha_R(X) = \frac{\text{Card}(\underline{R}X)}{\text{Card}(\overline{R}X)} \quad (X \neq \varnothing) \tag{3-6}$$

式中，$\alpha_R(X)$ 为 $X$ 的 $R$ 精度，$\rho_R(X)=1-\alpha_R(X)$ 称为 $X$ 的 $R$ 粗糙度。对于集合 $X$，精度反映了知识 $R$ 的完全程度，粗糙度反映了知识 $R$ 的不完全程度。

根据可用知识 $R$，论域中的任意对象 $x$ 与概念 $X$ 之间的关系也可用粗糙隶属函数进行定义：

$$\mu_X^R(x)=\frac{\operatorname{Card}(X\cap[x]_R)}{\operatorname{Card}([x]_R)} \tag{3-7}$$

式中，$[x]_R$ 为 $U/R$ 中含 $x$ 的块。

显然，$\mu_X^R(x)\in[0,1]$。隶属函数的值（称为隶属度）是一种条件概率，可以解释为 $x\in X$ 的确定度或 $1-\mu_X^R(x)$ 为 $x\in X$ 的不确定度。

粗糙隶属函数可用来定义集合的近似和边界。

$$\underline{R}(X)=\{x\in U:\mu_X^R(x)=1\}$$
$$\overline{R}(X)=\{x\in U:\mu_X^R(x)>0\}$$
$$BN_R(X)=\{x\in U:0<\mu_X^R(x)<1\}$$

由于粗糙集所依赖的基础是对对象的分类，因此需要分析对于论域 $U$ 的某个分类 $F=\{X_1,X_2,\cdots,X_n\}$ 的数字特征。

设 $K=(U,R)$ 为一知识库，$F=\{X_1,X_2,\cdots,X_n\}$ 是 $U$ 上的一个划分，则

$$\alpha_R(F)=\frac{\sum_{i=1}^n\operatorname{Card}\underline{R}X_i}{\sum_{i=1}^n\operatorname{Card}\overline{R}X_i} \quad \text{和} \quad \gamma_R(F)=\frac{\sum_{i=1}^n\operatorname{Card}\underline{R}X_i}{\operatorname{Card}U} \tag{3-8}$$

式中，$\alpha_R(F)$ 与 $\gamma_R(F)$ 分别为 $F$ 的 $R$ 近似精度和 $R$ 近似质量。

分类的近似精度给出了根据现有知识对对象进行分类时可能正确的决策的百分数，相当于规则的信度。

近似质量给出了能正确分类的百分数，相当于规则的支持度。近似质量是非常重要的特征数字，它反映了知识 $R$ 相对于 $F$ 的分类能力。如果将 $R$ 看作决策表中的条件属性集，$F$ 看成决策属性集，近似质量反映了 $F$ 对 $R$ 的依赖程度。

### （六）协同过滤推荐

协同过滤推荐是应用最为广泛且最成功的个性化推荐方法，也是信息应用层的现代新兴组织体系。与传统推荐方法不同，协同过滤推荐不比较资源与用户模型之间的相似性，而是通过用户对资源的评价来发现用户之间的相似性，把具有相似兴趣的用户分为一个用户群体，当用户对某资源感兴趣时，就把该资源推荐给同在一个群体的其他用户。

协同过滤推荐实质上是现实生活中经常采用的推荐方式，即两个兴趣相近的朋友相互推荐。协同过滤的实现主要分两步：第一步是获得用户兴趣信息；第二步是分析用户之间的相似性，并预测目标用户对某一方面的偏好。协同过滤的算法可以分成基于用户的和基于项目的协同过滤。

基于用户的协同过滤方法是指用相似统计的方法得到具有相似爱好或者兴趣的相邻用户来进行推荐，该方法的具体步骤如下。

（1）收集用户的兴趣信息，通常有"显式"和"隐式"两种方法，"显式评分"通常采用评分或评价的方式。在标签系统中，还可以使用标注的方式，但这种方式也有个明显的缺点，愿意主动评分的用户很少，收集数据比较困难。"隐式评分"是系统根据用户的行为特征（如点击、浏览时间等信息）代替用户完成评价，这种方式不需要用户直接输入评价数据，其中研究较多的方法是 Web 挖掘。

（2）最近邻搜索。基于用户的协同过滤技术的核心是寻找与目标用户有着相同兴趣爱好的邻居用户，一般通过相似度计算来求得。例如，寻找 N 个与目标用户有相似兴趣的用户，把他们对待预测的网络资源 R 的评分作为目标用户对 R 的评分预测。一般会根据不同的需要选择不同的相似度计算方法，目前使用相似度算法有很多，其中最常用的主要有余弦相似性、皮尔森相关系数以及修正的余弦相似性三种。

（3）产生推荐结果。有了最近邻集合，就可以对目标用户的兴趣进行预测，产生推荐结果。依据推荐的不同目的进行不同形式的推荐，较常见的推荐形式有 Top-N 推荐和关联推荐。Top-N 推荐是针对个体用户产生，对每个用户产生不一样的结果，例如，通过对目标用户的最近邻用户感兴趣的网络资源进行统计，出现频率高且不在目标用户已浏览范围内的作为推荐结果推荐给目标用户；关联规则推荐是通过对最近邻用户的记录进行关联规则发现来给出推荐结果。

对于基于用户的协同推荐算法而言，随着用户数量的增多，计算规模变得越来越大，推荐效率也会随之降低。针对该问题，Sarwar 等在 2001 年提出了基于项目的协同过滤推荐算法（item-based collaborative filtering algorithms）。与基于用户的方法类似，基于项目方法需要同样的三个步骤：①得到用户—项目的评分数据。②针对项的最近邻搜索，即对项进行相似度计算。在基于项目的方法中，要对资源 A 和资源 B 进行项相似性计算，通常分为两步：a. 找出同时对资源 A 和资源 B 打过分的组合；b. 对这些组合进行相似度计算，常用的算法包括余弦相似性、皮尔森相关系数、修正的余弦相似性和条件概率等。③产生推荐。相对于基于用户的推荐方法，基于项目的推荐方法最大的改进在于提高了协同过滤方法的扩展性及性能。基于项目的协同过滤不考虑用户间的差别，所以推荐的精度比较差；但是不需要用户的历史资料来进行用户识别，所以用户之间的相似性可以通过计算项之间的相似性来代替，而由于项目具有较好的稳定性，所以工作量最大的相似性计算部分可以离线完成，降低了在线计算量，提高了推荐效率。

协同过滤推荐系统的优点：不依赖于资源的内容，不仅适用于文本领域，也适用于其他领域，如音乐、电影、视频等；有推荐新信息的能力；可以发现内容上完全不相关的信息，用户对推荐信息的内容事先是预料不到的；协同过滤可以发现用户潜在的但自己尚未发现的兴趣偏好；推荐个性化、自动化程度高；能够有效地利用其他相似用户的回馈信息；加快个性化学习的速度。协同过滤推荐系统的缺点：稀疏性问题，当每个用户都只对很少的项目给出评价时，整个用户—项目矩阵变得非常稀疏，这样协同过滤推荐系统得不到足够的用户评分来进行预测，致使用户之间的相似度计算不准确，得到的邻居用户不可靠；冷启动问题包括新资源问题和新用户问题，当一个新的资源加入系统中时，因为该资源没有用户的评价信息，所以无法被推荐给用户，同时如果一个用户没有评价任何资源，跟其他用户的评价项交集太少，他也不能找到最近邻而获得推荐。

基于内容的推荐技术来源于搜索领域的相关成果,主要用于文档的推荐。其主要思想是抽取项目的内容信息,根据项目的内容特征,产生与用户兴趣相似的推荐项目。所谓内容,是指文本和非文本(如图片、音视频等)的特征词。基于内容的推荐过程如下:①抽取项目的内容特征,得到项目的特征词向量;②根据用户的个人信息,获取用户的兴趣偏好;③寻找项目特征与用户兴趣相匹配的项目,产生推荐。

一般用特征词向量来描述项目的内容,其维数是所有项目中特征词的总个数。一个项目的特征词向量的每一维的值是该特征词在项目中出现的次数,然后通过特征词向量计算规范化的 TFIDF(term frequency/inverter document frequency)向量。其中每个 TFIDF 向量都表示一个项目,项目之间的相似度就表示为对应两个 TFIDF 向量距离的倒数,使用余弦相似度等计算方法,计算用户个人档案中的项目的 TFIDF 向量与用户为选择的项目的 TFIDF 向量的相似度,然后按相似度从大到小取前 $N$ 个项目进行推荐。

基于内容的推荐的优点:①不需要其他用户的数据,没有冷开始和稀疏问题;②建模和商品间的相似性计算可以脱机进行,具有很快的推荐响应时间;③通过列出推荐项目的特征可以解释为什么推荐那些项目。

基于内容的推荐系统的缺点:①一般只能用于文本领域,只能对文本内容进行浅层的分析,不能区分资源在层次化结构上体现出的特征差异;②"过度规范"问题,用户只能得到和当前用户兴趣最相似的信息,用户获取的资源被限定在用户以前所阅读或评价的资源范畴内,不能为用户发现新的感兴趣的资源;③仅考虑了当前用户自己的行为,不能显式地得到其他用户的意见。

混合推荐的一个重要原则就是通过混合后避免或弥补各自推荐技术的弱点。目前研究最多的是基于内容的推荐和协同过滤推荐的混合。根据采用的组合思路,将组合思路分成后融合、前融合和中融合三类。①后融合。融合两种或两种以上的推荐方法各自产生的推荐结果。如使用协同过滤方法和基于内容的方法分别得到推荐列表,融合列表的结果决定最后推荐的对象。②中融合。以某一种推荐方法为框架,融合另一种推荐方法。如以基于内容的方法为框架,融合协同过滤的方法,或者以协同过滤的方法为框架,融合基于内容的方法。③前融合。直接融合各种推荐方法。如将基于内容的推荐方法和协同过滤的推荐方法整合到一个统一的框架模型下。

### (七) 决策表技术

决策表是一种表格状的决策分析工具,它可以在条件复杂的情况下,很直观地表达出具体条件、决策规则和应该采取的行动之间的逻辑关系。决策表的优点在于清晰易懂,但是只适合描述条件,描述循环比较困难。

决策表由四个部分组成:左上方是条件说明,列出了所有可能的条件;左下方是动作说明,列出了所有可能采取的动作;右上方是条件组合,是针对各种条件给出的多种条件取值的组合;右下方是动作组合,指出了在某种条件取值的组合情况下所采取的动作。

决策表的划分如图 3-5 所示。

| 条件说明 | 条件组合 |
|---|---|
| 动作说明 | 动作组合 |

图 3-5 决策表的划分

决策表的绘制较为复杂,原因在于条件值的组合状态较多,要考虑周全。要获得最终的决策表,通常需要绘制三张表。首先要定义条件的取值及含义;其次按照所有组合状态绘制出初始决策表;最后将相关列合并成为最终的决策表。在合并时,按照操作中选择用以制订决策方案的不同条件进行判断,首先要找到条件条目的共同点,再分析其不同条件值的组合是否被相关列遍历了。如果遍历,则相关列合并,否则不合并。

由此,我们可以归纳出合并的原则:对于采取相同动作的 N 条规则,如果有某个条件在第 N 列中的取值正好是该条件取值的全部情况,而其他条件的取值都相同,那么这 N 条规则可以合并,说明该条件的取值与所采取的动作无关。

运用决策表来描述决策逻辑,通常包括以下几个步骤。

(1) 分析、确定决策逻辑涉及的条件,列在决策表的左上方。

(2) 分析、确定每个条件的取值情况。

(3) 列出条件的所有组合情况,标在决策表的右上方。

(4) 分析、确定决策逻辑涉及的动作,列在决策表的左下方。

(5) 决定各种条件组合下所采取的行动,画在决策表的右下方。

(6) 应用合并规则,化简决策表。

用决策表来表达一个复杂的问题,其优越之处在于不会遗漏某种可能的情况。决策表能够把在什么条件下、系统应该采取什么动作,表达得十分清楚、准确、一目了然。这是用语言难以准确、清楚地表达的。决策表的另一个优越之处在于这些条件的地位是平等的,不用考虑条件的先后顺序。但是,用决策表描述循环情况就比较困难。

检查发货单决策表如表 3-15 所示。

表 3-15　检查发货单决策表

| | 条件、组合 | 1 | 2 | 3 | 4 |
|---|---|---|---|---|---|
| 条件 | 发货金额大于 10 000 元 | Y | Y | N | N |
| | 欠款超过 3 个月 | Y | N | Y | N |
| 应采取的行动 | 发出批准书 | | √ | √ | √ |
| | 发出发货单 | | √ | | √ |
| | 发出赊账报告 | | | √ | |
| | 不发出批准书 | √ | | | |

注:Y 表示符合该行(左边)条件;N 表示不符合该行条件;√表示采取该行对应的措施。

检查发货单决策表中的第二列表示在发货单金额大于 10 000 元、欠款未超期的条件组合下所采取的动作:发出批准书、发出发货单。

检查发货单决策表列出了两个条件所有可能的四种组合,就是一张完整的决策表,不会有遗漏,但是这张表可以化简。表 3-15 中的第二列和第四列,所采取的动作是一样的,再查看条件取值组合情况,通过分析,可以看到,无论是大额发货单,还是小额发货单,只要客户信誉良好,欠款不超期,都可以采取相同的操作,即发出批准书、发货单。这两条规则可以合并。化简后的检查发货单决策表如表 3-16 所示。

表 3-16　简化后的检查发货单决策表

| | 条件、组合 | 1 | 2 | 3 |
|---|---|---|---|---|
| 条件 | 发货金额大于 10 000 元 | Y | — | N |
| | 欠款超过 3 个月 | Y | N | Y |
| 应采取的行动 | 发出批准书 | | √ | √ |
| | 发出发货单 | | √ | √ |
| | 发出赊账报告 | | | √ |
| | 不发出批准书 | √ | | |

当前，分析软件是组织信息的重要工具，常见的软件有 Excel、SPSS、SAS 等。这些软件分析和组织信息中实现了自动化。

## 三、面向模型的信息资源管理

### （一）信息编码

基于软件的信息资源组织技术

信息编码（information coding）是为了方便信息的存储、检索和使用，在进行信息处理时赋予信息元素以代码的过程，即用不同的代码与各种信息中的基本单位组成部分建立一一对应的关系。信息编码必须标准、系统化，设计合理的编码系统是关系信息管理系统生命力的重要因素。

信息编码具有鉴别、分类、排序、专用等功能。编码是鉴别信息分类对象的唯一标识。当分类对象按一定属性分类时，对每一类别设计一个编码。由于编码所有的符号都具有一定的顺序，因而可以方便地按此顺序进行排序。由于某种需要，当采用一些专用符号代表特定事物或概念时，编码就提供一定的专用含义，如某些分类对象的技术参数、性能指标等。为实现这些功能，信息编码要遵循三个基本原则：第一个原则是在逻辑上既要满足使用者的要求，又要适合于处理的需要；第二个原则是结构易于理解和掌握；第三个原则是要有广泛的适用性，易于扩充。

根据系统设计原理，信息编码一般有以下六个步骤：第一步是确定系统目标。根据系统的总目标确定 PDM 系统的信息内容，对企业与产品相关的数据与信息进行全面调查；分析各类信息的性质、特征；优化和重组信息分类；统一定义信息名称，提供系统设计数据，主要包括物料、设计文件（方案、计算书等）、工艺文件（工艺路线、工艺过程卡片等）、产品图纸、更改单等信息。第二步是信息调查分析。最初是初步调查，初步调查是对企业的基本情况进行调查，包括企业生产计划、生产类型、产品品种、产量、设备、工艺、生产能力、质量、成本、产品的稳定性、产品的发展趋势、库存、销售和服务情况等。接着是现状调查，根据初步调查所确定的信息范围对企业现行的信息分类、编码情况和产品结构数据等进行深入的调查，收集全部应有单据、报表、台账明细表、各类文件等。最后是特征分析，对收集到的信息采用特征表的方法进行特征分析，对需要统一名称的或多名称的事物或概念、数据项和数据元统一定义。第三步是确定清单。初步整理收集来的信息，列出清单或名称表，并尽可能使用文字、数字的代码进行描述。第四步是制定编码规则。每个信息均应有独立的代码，信息代码一般是由分类码和识别码组成的复合码。分类码是表示信息类别的代码，识别码是表示信息特征（如结构形状、材料、工艺等）的代码。第五步是建立编码系统。选用实际应用中已经成熟的编码系统,尽量采用企业已存在的各种不同内容的信息代码(物料代码、产品代码和工装代码等),予以试套、调整和修改以变为本企业的信息编码系统。第六步是验证。编码系统形成后,应对编码系统进行试套验证、修改和补充,以确保编码系统的可靠性及适用性。最后要进行验证和发布。

### (二) 数据仓库与数据挖掘

数据仓库是决策支持系统(DSS)和联机分析应用数据源的结构化数据环境。数据仓库之父 William H. Inmon 在 1991 年出版的 *Building the Data Warehouse* 一书中所提出的定义被广泛接受——数据仓库(data warehouse)是一个面向主题的(subject oriented)、集成的(integrated)、相对稳定的(non-volatile)、反映历史变化(time variant)的数据集合,用于支持管理决策(decision making support)。

根据上述定义,数据仓库具有以下三大特点:第一,效率足够高。数据仓库的分析数据一般分为日、周、月、季、年等,可以看出,日为周期的数据要求的效率最高,要求 24 小时甚至 12 小时内,客户能看到昨天的数据分析。由于有的企业每日的数据量很大,设计不好的数据仓库经常会出问题,延迟 1~3 天才能给出数据,显然不行。第二,数据质量高。数据仓库所提供的各种信息,肯定需要准确的数据,但由于数据仓库流程通常分为多个步骤,包括数据清洗、装载、查询、展现等,复杂的架构会有更多层次,那么,由于数据源有脏数据或者代码不严谨,都可能导致数据失真,客户看到错误的信息就可能导致分析出错误的决策,造成损失,而不是效益。第三,扩展性好。之所以有的大型数据仓库系统架构设计复杂,是因为考虑到了未来 3~5 年的扩展性,这样未来不用太快花钱去重建数据仓库系统,就能很稳定地运行。主要体现在数据建模的合理性,数据仓库方案中多出一些中间层,使海量数据流有足够的缓冲,不至于数据量大很多,就运行不起来。

基于上述描述,数据仓库技术可以将企业多年积累的数据唤醒,不仅为企业管理好这些海量数据,而且挖掘数据潜在的价值,从而成为通信企业运营维护系统的亮点之一。正因为如此,广义地说,基于数据仓库的决策支持系统由数据仓库技术、联机分析处理技术和数据挖掘技术三个部件组成,其中数据仓库技术是系统的核心。

数据仓库技术伴生的还有数据挖掘技术,它就是从大量的、不完全的、有噪声的、模糊的、随机的实际应用数据中,提取隐含在其中的、人们事先不知道的但又是潜在有用的信息和知识的过程。与数据挖掘相近的同义词有数据融合、数据分析和决策支持等。这个定义包括几层含义:数据源必须是真实的、大量的、含噪声的;发现的是用户感兴趣的知识;发现的知识要可接受、可理解、可运用;并不要求发现放之四海皆准的知识,仅支持特定的发现问题。数据挖掘是一门交叉学科,它把人们对数据的应用从低层次的简单查询,提升到从数据中挖掘知识,提供决策支持。在这种需求牵引下,汇聚了不同领域的研究者,尤其是数据库技术、人工智能技术、数理统计、可视化技术、并行计算等方面的学者和工程技术人员,投身到数据挖掘这一新兴的研究领域,形成新的技术热点。

数据挖掘的基本原则和关联规则。关联规则的主要任务是计算频繁集,其中第一步可以划分成两小步,计算候选集和计算频繁集;第二步是根据第一步中的频繁集,生成关联规则。在迭代计算频繁集要满足其支持度大于或等于 Min_suoport,生成规则也要大于或等于 Min_conf。

在关联规则中，Apriori算法是典型的算法。该算法的基本思想是算法需要对数据集进行多步处理。第一步是简单统计所有含一个元素项目集出现的频率，并找出那些不小于最小支持度的项目集，即一维最大项目集；从第二步开始循环处理，直到再没有最大项目集生成。循环过程：第 $k$ 步中，根据第 $k-1$ 步生成的 $k-1$ 维最大项目集产生 $k$ 维候选项目集，然后对数据库进行搜索，得到候选项目集的项集支持度，与最小支持度比较，从而找到 $k$ 维最大项目集。

除此以外，从哲学高度建立形式化的信息组织模型还有本体论。

本体

## 第三节 物流信息资源开发

### 一、物流产业信息资源测度

产业集聚度的测量方法是产业聚集研究的重要一环，是对产业聚集能力的描述，区域经济学家一直很关注产业聚集度的测量方法。自20世纪30年代以来，随着产业聚集理论的发展，有关测量产业聚集度的方法取得了不断地发展和完善。为了对我国物流业聚集度进行较为全面而准确的度量，本节将主要介绍 Hoover 系数和空间基尼系数。

(一) Hoover 系数

Hoover 系数最早由 Hoover 在1936年提出，是表示某行业在各区域间的聚集程度最常用的指标之一。Hoover 系数具体计算方法如下。

首先，计算区位商(Location Quotient, LQ)：

$$LQ_{ij} = \frac{\dfrac{\text{Output}_{ij}}{\text{Output}_i}}{\dfrac{\text{Output}_j}{\text{Output}}} \tag{3-9}$$

式中，$LQ_{ij}$ 为区域 $j$ 在行业 $i$ 上的区位商；$\text{Output}_{ij}$ 为行业 $i$ 在区域 $j$ 的产值；$\text{Output}_i$ 为全国范围行业 $i$ 的产出；$\text{Output}_j$ 为区域 $j$ 所有行业的总产值；Output 为全国所有行业的总产值。

如果 $LQ_{ij}$ 大于1，说明行业 $i$ 在区域 $j$ 的集中程度较高；如果 $LQ_{ij}$ 小于或等于1，则相反。接着，我们对行业 $i$ 在所有区域 $j=1,2,\cdots,r$ 的区位商进行降序排列，得到 $r$ 个区域的序列组合。我们计算行业 $i$ 在各区域产值的累计百分比 $\left(\dfrac{\text{Output}_{ij}}{\text{Output}_i}\right)$ 并绘制在 $y$ 坐标轴上，计算所有行业在各区域产值的累计百分比 $\left(\dfrac{\text{Output}_j}{\text{Output}}\right)$ 并绘制在 $x$ 坐标轴上，由此构建行业 $i$ 的区域聚集曲线。如果行业 $i$ 在区域间均匀分布，那么该行业在各区域的区位商都为1，同时该行业的区域聚集曲线成为从原点出发的45°射线。相反，行业 $i$ 在各区域比例相差越大，则该行业的区域聚集曲线也就越凹。行业 Hoover 系数定义为由45°直线和行业的区域聚集曲线所围成的区域面积与曲线所在三角形面积的比值，取值范围是[0,1]，取值越大表示行业 $i$ 的区域聚集程度越高。

根据 Hoover 系数的区位商法，北京交通大学的杨春河、张文杰、邱潇潇(2006年)提出就业集中度和区位商来测算物流集聚的系数。根据集群的特点可以选取两种方法来度量物流产业活动的空间联系:一是可以通过区域物流产业与外部区域的输入输出差异关系来反映,即 $LQ_1=(e_i/e)/(E_i/E)$,为物流区域集聚系数。式中,$e_i$ 为地区 $i$ 的物流产值;$e$ 为地区的国内生产总值;$E_i$ 为全国的物流产值;$E$ 为全国的国内总产值。二是可以通过衡量物流产业就业比例差额的绝对值来度量地区的物流产业集聚程度,即 $LQ_i=(e_i/e)/(E_i/E)$,为物流区域集聚系数。式中,$e_i$ 为地区 $i$ 的物流产业职工人数;$e$ 为地区所有产业职工人数;$E_i$ 为全国的物流产业职工人数;$E$ 为全国所有产业职工人数。当区位商大于 1 时,表明该区域物流产业部门的区域发展水平比全国平均水平高;当区位商小于或等于 1 时,则表明该区域物流产业的区域发展水平低于或等于全国平均水平。

Hoover 系数作为物流产业的聚集系数和资源测度方法具有以下优点。

(1) 出口导向型来度量物流产业聚集的同时,根据区域物流的共生性,区域物流服务主要是为区域自身的运行发展提供保障,从而外向型较差,同时缺乏区域的输出数据。

(2) $LQ_{ij}$ 不能识别区域新兴的物流产业集群。例如,某些区域的物流产业的雇员小于全国平均水平,但具有很强的增长潜力。所以,$LQ_{ij}$ 系数存在的前提是区域物流产业雇员具有同质化和具有相同的水平。若某一产业在某一地区有较高的生产率,那么它的单位产品所需雇员就小于全国平均水平。这种情况下,$LQ_{ij}$ 系数将会低估此区域的产业聚集程度;反之,若某一地区的劳动生产率较低,则 $LQ_{ij}$ 系数就会高估该产业的集群程度。总之,原先的 $LQ_{ij}$ 只是单纯地考察区域物流产值在区域 GDP 中的比例与全国的比较,没有重视区域对外服务功能还受到区域劳动生产率水平的影响。

所以,对 Hoover 系数进行了修正,将得到 $LQ_{ij}$ 系数乘以区域物流劳动生产率指数[(区域物流产业产值/区域就业人数)/(全国物流产业总产值/全国就业总人数)]对其进行订正。修正所得到的 $LQ_{ij}$ 系数越大,则物流产业部门的产品和劳务输出比重越大,从而区域物流产业的对外区域服务功能越强。

### (二) 空间基尼系数

洛伦兹(Lorenz)在研究居民收入分配时,设计出了解释社会分配平均程度的洛伦兹曲线。基尼(Gini)依据洛伦兹曲线,提出了计算收入分配公平程度的度量指标——基尼系数。克鲁格曼(Krugman)利用洛伦兹曲线和基尼系数的设计原理和方法,创造了空间基尼系数,并用该系数来测定区域产业聚集度水平。空间基尼系数的计算公式为:

$$Gini_i^{\prime} = \sum_{j=1}^{r}(x_j - s_{ij})^2 \tag{3-10}$$

式中,$Gini_i^{\prime}$ 为产业 $i$ 的空间基尼系数;$x_j$ 为区域 $j$ 所有行业总产值占全国所有行业总产值的比例;$s_{ij}$ 为产业 $i$ 在区域 $j$ 的产值占该产业全国总产值的比例。当 $Gini_i^{\prime}=0$ 时,产业 $i$ 在空间的分布是完全平衡的。相反,若 $Gini_i^{\prime}$ 的值越高,则产业聚集度越大,理论上产业在地理上越高。使用这种方法可以将基尼系数转化成直观的图形,这是空间基尼系数较传统的系数优点所在。

### (三) Hoover 系数与空间基尼系数的比较与联系

（1）Hoover 系数测量的是各个行业在各个地区的产业聚集度，而在本书中，修正过后的 Hoover 系数则是测量各个省区物流行业的聚集度；而根据公式，空间基尼系数则是测算某个行业在整个国家内的聚集程度，用此来测算物流行业在我国的聚集程度，进而分析我国物流业聚集程度的发展趋势，即一个测量部分，一个测量整体。

（2）从空间基尼系数的公式可以联想到方差的计算公式，二者有着一定的联系。用 Hoover 系数得出的各个省区的 $LQ_{ij}$ 来计算出其方差，在某种程度上与空间基尼系数有着正相关的关系，即二者具有很好的一致性。

## 二、物流信息资源服务

信息资源服务是通过研究用户需求、组织用户、组织服务，将有价值的信息传递给用户，最终帮助用户高效地解决问题。从本质上说，信息服务是传播信息、交流信息、应用信息，实现信息增值的一项信息创新活动。

在信息资源服务过程中，把分散的信息通过收集、评价、选择、组织、存储，使之有序化处理后与用户信息需求相匹配，以便向他们提供有价值的信息。信息服务广泛存在于科教、经济、政法、文化、市场、金融、投资、证券、旅游、娱乐、影视、生活等方面。但在任何领域，服务的方式主要有如下四种。①信息检索服务。根据用户的需求或提问从各类不同的数据库或信息系统中，迅速、准确地查出与用户需求相符合的，一切有价值的资料和数据。②信息报道与发布服务。信息机构对收集到的大量资料和信息进行整理、加工、评价、研究和选择之后，及时报道出去，满足用户的信息需求。③信息咨询服务。帮助用户解决信息问题的一种专门咨询活动。④网络信息服务。是指在网络环境下信息机构和行业利用计算机、通信和网络等现代技术从事信息采集、处理、存储、传递和提供利用等一切活动。

在物流活动中，根据物流服务发生的时间顺序，物流信息服务过程分成服务交易前、交易中和交易后三个阶段。每一阶段既有独立的服务内容，也是相互联系，构成一个整体，提高物流服务过程效率和质量。这一过程的具体内容见表 3-17。

表 3-17 物流信息服务过程分解

| 交易时段 | 比较项目 | 具体内容 |
| --- | --- | --- |
| 交易前 | 服务信息环境 | • 制定和宣传信息服务政策<br>• 完善信息服务组织功能<br>• 提供增加价值的管理服务<br>• 提供技术培训 |
| 交易中 | 信息服务质量 | • 订货周期和订货信息<br>• 订货方便性和产品替代性<br>• 设定的库存水平等 |
| 交易后 | 信息服务创新 | • 备件的可得性<br>• 售后维修及维护<br>• 处理索赔、投诉和退货等 |

## 第四节　物流业务信息资源管理

### 一、物流业务运营的资源管理

从物流系统的构成要素来看,运营所需要的物质基础要素包括物质设施、物流装备、物流工具、信息技术等。在物流设施设备方面的信息资源是重要的物流资源。例如,运输的基础设施资源包括公路资源、铁路资源、航空资源,水运资源等。包装基础设施包括包装材料、包装工艺、包装设计资源等。配送设施资源包括分拣资源、客户位置线路资源、车辆承载资源等。

从供应链信息管理过程来看,物流业务运营的资源管理模式主要有采购—仓储—库存的信息资源管理和运输—装卸—配送的信息资源管理。采购—仓储—库存的信息资源管理是基于仓储能力来研究采购和库存的关系。这类问题一般由传统的非仓储能力限制性的问题拓展而来,重在研究仓储能力如何影响采购过程和库存成本,通过模型运算,可以实现在总成本最小下的布局与优化。下面举一简单例子。

对于一般的经济型订货模式来说,常常会遇到总体存货数量超出现有运营能力的水平,这种结构是企业所不愿意看到的。这样就需要找出一种方法来降低存货水平,直至存货水平降到可以接受的范围之内。其中一种方法就是投入更多的资金,扩大仓储能力。在这种情况下,存货持有成本就分成两个部分,原来的存货成本与额外成本。这样,每个产品单位时间内的总持有成本就变成了 $HC+AC \cdot S_i$,其中,$S_i$ 所代表的是每个单位的产品 $i$ 所占有的存储空间。当把变化了的成本代入经济型订货批量公式,可以得到

$$Q_i = \sqrt{(2RC_i \cdot D_i)/(HC_i + AC \cdot S_i)}$$

例如,某公司正在为三种产品的存储空间不足而犯愁。这三种产品基本信息如表 3-18 所示。

表 3-18　产品仓储基本信息

| 产品种类 | 单位成本/元 | 需求量 | 单位产品所占空间/m³ |
| --- | --- | --- | --- |
| 1 | 100 | 500 | 1 |
| 2 | 200 | 400 | 2 |
| 3 | 300 | 200 | 3 |

假设上述产品的再订货成本恒定不变,为 1 000 元,存货持有成本为每年存货价值的 20%。如果该公司决定把平均的存储空间 300m³ 分配给这三种产品,请问:最佳的订购策略应该是什么?存储空间的不足将会对存储成本的提高产生什么样的影响?

**解**:首先计算出再订货数量,研判存储空间是否出现不足。

产品 1　　$Q_{01} = \sqrt{(2RC \cdot D_1)/HC_1} = \sqrt{(2 \times 1\,000 \times 500)/20} = 223.6$

　　　　　平均的存储空间 $v_{01} = S_1 \cdot Q_{01}/2 = 111.8(m^3)$

同理得到　　　　$Q_{02} = 141.4$,　$v_{02} = 141.4(m^3)$

　　　　　　　　$Q_{03} = 81.6$,　$v_{03} = 122.4(m^3)$

综上所述,总空间为 375.6m³。因此,必须降低存储水平。为此,设定存储空间的额外成本 $AC$ 为任意值,例如 1。于是

$$Q_1=\sqrt{(2\times RC\times D_1)/(HC_1+AC\times S_1)}=218.2, \quad v_1=S_1\times Q_1/2=109.1(\mathrm{m}^3)$$

$$Q_2=\sqrt{(2\times RC\times D_2)/(HC_2+AC\times S_2)}=138.0, \quad v_2=138.0(\mathrm{m}^3)$$

$$Q_3=\sqrt{(2\times RC\times D_3)/(HC_3+AC\times S_3)}=79.7, \quad v_3=119.6(\mathrm{m}^3)$$

在这种情况下,总的存储空间仍为 $366.7\mathrm{m}^3$,故而还要上调 $AC$ 值,根据此思路得到表 3-19。

表 3-19 额外值与存储空间关系

| $AC$ | 产品 1 | 产品 2 | 产品 3 | 总的存储空间/$\mathrm{m}^3$ |
|---|---|---|---|---|
| 0 | 223.6 | 141.4 | 81.6 | 375.6 |
| 1 | 218.2 | 138.0 | 79.7 | 366.7 |
| 5 | 200.6 | 126.5 | 73.0 | 336.0 |
| 10 | 182.6 | 115.5 | 66.7 | 306.8 |
| 11 | 179.6 | 113.5 | 65.6 | 301.8 |
| 12 | 176.8 | 111.8 | 64.5 | 297.0 |
| 13 | 174.0 | 110.1 | 63.6 | 292.5 |

确定 $AC=12$,由此,可以比较有无约束下总成本的变化。

产品 1,经济型订货总成本为 4 472 元,调整后的订货为 4 596 元;同理,产品 2 和产品 3 的值分别为 5 656 元与 5 814 元,4 896 元与 5 036 元。经济型订货的总成本为 15 024 元,调整后为 15 446 元,上升幅度接近 3%。

## 二、物流业务职能资源管理

### (一) 物流成本信息资源

物流成本是指物流活动中所消耗的物化劳动和活劳动的货币表现,即产品在包装、运输、储存、装卸搬运、流通加工、物流信息、物流管理等过程中所耗费的人力、物力和财力的总和以及与存货有关的资金占用成本、物品损耗成本、保险和税收成本。其中,与存货有关的资金占用成本包括负债融资所发生的利息支出(即显性成本)和占用自有资金所产生的机会成本(即隐性成本)两部分内容。从这个定义就可以看出物流成本是物流的重要信息资源。从管理决策的角度来看,物流成本的信息资源管理决策流程如图 3-6 所示。

从物流成本的性态来看,企业物流总成本由委托物流成本和内部物流成本构成。其中内部物流成本按支付形态分为材料费、人工费、维护费、一般经费和特别经费。按物流成本产生的范围划分,物流成本由供应物流成本、企业内物流成本、销售物流成本、回收物流成本以及废弃物流成本构成。按成本项目划分,物流成本由物流功能成本和存货相关成本构成。其中物流功能成本包括物流活动过程中所发生的包装成本、运输成本、仓储成本、装卸搬运成本、流通加工成本、物流信息成本和物流管理成本,存货相关成本包括企业在物流活动过程中所发生的与存货有关的资金占用成本、物品损耗成本、保险和税收成本。各种性态的成本在统一管理平台下形成价值,这既是信息管理过程,也是物流信息资源开发和价值创造过程,物流成本信息资源管理价值实现机制见图 3-7。

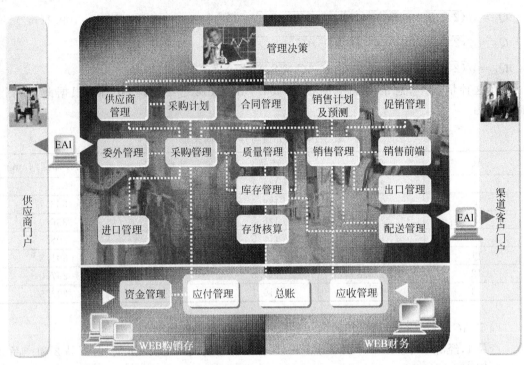

图 3-6　物流成本信息资源管理决策流程

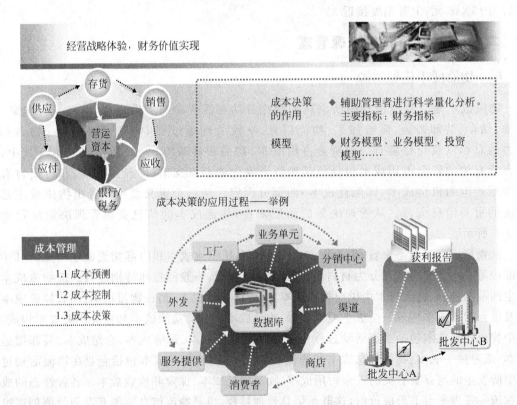

图 3-7　物流成本信息资源管理价值实现

## (二) 物流金融与保险的信息资源管理

物流金融是现代物流的重要分支,是指物流业务的运营过程,通过引入、应用和开发各种金融产品,有效地组织和调剂物流领域中货币资金的运动。常见的资金运动包括发生在物流过程中的各种存款、贷款、投资、信托、租赁、抵押、贴现、保险、有价证券发行与交易,以及金融机构所办理的各类涉及物流业的中间业务等。主流的物流金融模式包括仓单质押、动产质押、保兑仓、开证监管等。这个定义就明确指出物流金融过程是物流信息资源的重要构成部分,是物流的物质信息向金融信息转变的过程。

物流保险是物流和保险的结合,从宏观上来讲,物流保险是指一切与物流活动相关联的保险活动。在物流过程中,物品从供应地向接收地的实体流动过程中对财产、货物运输、机器损坏、车辆及其他运输工具安全、人身安全保证、雇员忠诚保证等一系列活动都需要保险的参与,以实现物流的可预防、可控制和转移。这个定义表明,物流保险是物流金融的基础,全面建立物流过程活动中的金融信息、关系信息的信息资源。

在供应链环境下,物流金融和保险得到全面的融合和发展,一些信用体系得以建立。这为物流的信息资源开发带来新的机遇与挑战。相关整合模式见图 3-8。在供应链平台中,引入金融和政策等要素,可以提高物流业务信息的增加值。

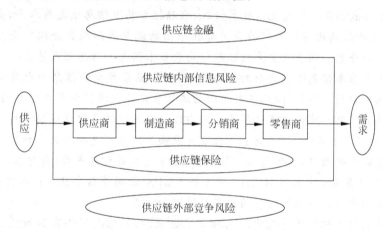

图 3-8 供应链保险与金融的整合

# 本 章 小 结

信息资源管理是链接信息战略和信息管理的重要环节。信息资源管理中,要遵守系统、语言学、逻辑学、知识分类原理、供应链共享等原则,要构建物流信息系统。本章在介绍常见的信息组织方法的基础上,以模糊集合法、层次分析法为重点,研究信息组织在组织定量信息和定性信息中的适应性和一致性。同时结合当前的信息组织新技术,从软件和模型两个角度介绍了信息组织技术进展。

本章内容充分考虑了物流信息资源管理原理和技术的普遍性及针对性,特别是从物流管理的角度阐述了物流信息资源管理的过程。同时,本章内容兼顾典型方法和领域方法,能为本科生和研究生等不同层次的需求服务。

## 思 考 题

1. 简述信息组织原理的区别。
2. 模糊集合法进行信息处理的优点有哪些?
3. 层次分析法在处理定性信息中的特点是什么?
4. 仿真技术在信息组织中的地位和发展趋势如何?
5. 信息组织技术有哪些?
6. 比较基于模型的信息组织技术。
7. 比较物流信息资源管理与物流信息战略。
8. 物流信息资源开发技术有哪些类型?
9. 简述物流成本信息资源管理的流程。

## 案例分析

### 物流信息化调研

为及时了解我国物流信息化的发展情况,准确把握物流信息化发展水平,支撑物流信息化的科学,工业和信息化部信息化推进司委托中国物流与采购联合会组织企业填报物流信息化监测指标调查表。调查表主要内容包括企业基本信息和信息化发展情况。

物流企业的基本信息含有企业的服务区域范围、服务类型和信息平台建设的有无情况等基本半结构化的调查指标,除此还有组织物流信息化建设过程中存在哪些问题、信息化建设的重点和物流信息化建设的建议等开放式内容。在物流信息化建设过程中存在哪些问题的调研中,提供了:①资金;②人才;③行业标准和其他等可选择项目。物流信息化建设的重点是可多选的调研项目,具体包括:①网络建设;②构建信息平台(内部信息处理、OA、增值业务);③软件开发;④采用 RFID/RF/GIS+GPS/条码等信息技术;⑤数据分析;⑥其他。这些设置用来提示和规划信息的内容及填写的格式。

物流企业的信息化发展情况重点包括物流企业、物流信息提供商和物流园区三大类型的组织。物流企业调研重在物流软件的采纳和使用,具体含有客户管理 CRM、企业资源规划 ERP、供应链管理 SCM、采购 PM、仓储 WMS、运输 TMS、车辆追踪系统等。本表中比较综合性的指标是全程透明可视化能力,通过全程可视化监控货运量/货物总量×100%来实现检测。物流软件提供商的核心调查指标是软件的标准化率,测度方式是行业标准应用率和有无行业标准,其中开发软件所采用的标准是国家标准,包括内容和对象是客户管理、企业资源计划、采购、仓储、运输等软件标准。园区物流信息化的核心调研指标是软件应用类型,考查自主研发能力、联合开发能力和物流 IT/IS 的外包网络等。

**案例讨论:**

结合物流信息资源管理理论和方法,分析上述调研表的完整性与系统性。

# 第四章

# 物流信息识别与处理技术

**章节知识框架**

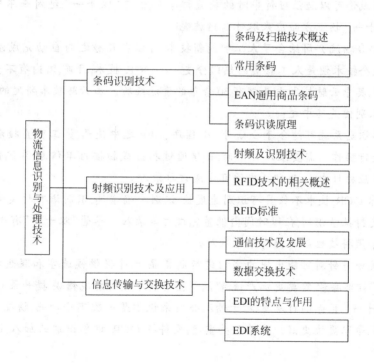

**学习导航**

通过本章的学习,掌握物流信息的采集与获取技术及应用,掌握物流信息的获取途径、特征及类型,了解通信技术基本原理、物流信息传递方式与技术。

**教学建议**

通过本章学习,掌握物流信息采集、处理、传输与交换信息技术,通信技术及应用内容视学习对象和课时选学。

> **导入案例**

## 揭秘"双十一""十亿张订单"背后的录单黑科技

每年"双十一"所产生的物流订单都在刷新世界纪录，2018年的物流订单又创造了新的奇迹，在"双十一"当日23时18分9秒突破十亿元。

巨量订单来袭，录单工作量直线飙升，物流方面将如何应对"双十一"录单挑战？作为物流重要环节，录单效率直接影响物流速度。要想让包裹更快抵达消费者手中，物流公司必须提升录单效率。

而传统录单采用手动录入方式，从姓名、电话号码到详细地址，统统需要快递员手动输入，完成录入后，还需核对信息正确与否。如此一来，快递员录入一个订单就需要耗费好几分钟的时间，效率缓慢又难以保证信息的准确率。

这种方式或许可以勉强应付平时的物流订单量，但在"双十一"，绝对是不够用的。为了从容应对"双十一"，物流方面应采取什么措施呢？

据了解，部分物流公司结合了人工智能新技术，可以在几秒之内自动完成录单，无须人工手动输入。这个技术便是人工智能的热门分支——OCR技术，目前国内有不少企业致力于该技术的研发，其中云脉技术更是拥有30余年的资深经验。由云脉技术研发的OCR技术应用广泛，订单识别便是其中之一。

云脉订单识别系统可结合于公众号、小程序、APP之中使用，员工可直接利用手机、iPad等终端设备进行操作。需要录入订单时，直接通过拍摄或扫描订单信息，系统便会自动将所有信息填入对应栏目中，一两秒之内便可完成订单录入。

据悉，云脉OCR技术不仅具有识别速度快、识别准确率高、识别语言种类多、系统引擎小等特点，还可支持批量识别，在短时间内批量完成订单录入。尽管"双十一"有十亿个包裹、十亿张订单，这个黑科技也能游刃有余地应对。

此外，系统还将针对可能出错的字词进行高亮显示，并提供候选字和联想字以便快速修正。"双十一"订单海量，需要更加严谨，智能纠错有利于及时发现错误，提升录单正确率。

每年"双十一"，巨大的订单量，对于物流公司来说都是一次不小冲击，物流公司需要不断完善各个环节，争取更快更好。录单至关重要，黑科技OCR订单识别的加入，让效率更高，让服务更优。

（资料来源：http://www.chinawuliu.com.cn/zixun/2018/11/14/336309.shtml）

**思考题：**

如何快速、准确地采集数据？你了解、见过或用过的数据采集方式有哪些？

数据自动采集技术是以计算机技术和通信技术发展为基础，集光、机、电、计算机等技术为一体的综合性科学技术，它是信息数据被自动识读、自动实时输入计算机的重要方法和手段。而条码技术和射频技术是物流应用中最常用、最重要的数据自动采集技术，物流数据自动采集技术的应用大大促进了物流过程的自动化、标准化和现代化。

## 第一节  条码识别技术

### 一、条码及扫描技术概述

条码技术是在计算机技术与信息技术基础上发展起来的一门集编码、印刷、识别、数据采集和处理于一身的新兴技术。条码技术的核心内容是利用光电扫描设备识读条码符号，从而实现机器的自动识别，并快速准确地将信息录入计算机进行数据处理，以达到自动化管理之目的。条码技术主要研究符号技术、识别技术、条码应用系统设计等内容。

条码识别技术的出现，不仅在国际范围内为商品提供了一套可靠的代码表示体系，而且为产、供、销等生产及贸易的各个环节提供了通用的"语言"，为实现商业数据的自动采集和电子数据交换（EDJ）奠定了基础。

#### （一）条码的基本概念

所谓条码，是一种利用光电扫描阅读设备识读并实现数据输入计算机的特殊代码。它是由一组规则排列的条空及其对应字符组成的标记，用以表示一定的信息，如图4-1所示。

条码具有简单、信息采集速度快、采集信息量大、可靠性高、设备结构简单、灵活、实用、自由度大等特点。

图4-1  条码

世界上约有225种以上的一维条码，每种一维条码都有自己的一套编码规则，规定每个字符、数字或符号信息是由几个线条（bar）及几个空白（space）组成及排列规则。一般较流行的一维条码有39码、EAN码、UPC码、128码以及专门用于书刊管理的ISBN、ISSN码等。国际上公认的用于物流领域的条码标准主要有三种：通用商品条码、储运单元条码和贸易单元条码。通用商品条码主要用于零售业中，储运单元条码用于仓储与运输环节，贸易单元条码主要用于商品贸易环节。

条码系统是由条码符号设计、制作及扫描阅读等部分组成的自动识别系统。条码符号设计包括编码、条码标识的设计；制作主要包括与印刷有关的条码胶片的生产及印刷；扫描阅读主要是指扫描、识别、译码。

#### （二）条码符号的结构

一个完整的条码组成次序为左侧空白区、起始字符、数据字符、校验字符、终止字符、右侧空白区，如图4-2所示。

图4-2  条码符号的构成

空白区(也称静区)是指条码左右两端外侧与空的反射率相同的限定区域,它能使阅读器进入准备阅读的状态。当两个条码相距较近时,空白区有助于对它们加以区分,空白区的宽度通常应不小于6mm(或10倍模块宽度)。

起始、终止字符是指位于条码开始和结束的若干条与空,标志条码的开始和结束,同时提供了码制识别信息和阅读方向的信息。

数据字符是指位于条码中间的条、空结构,它包含条码所表达的特定信息。构成条码的基本单位是模块,模块是指条码中最窄的条或空,模块的宽度通常以 mm 或 mil(1mil=25.4×$10^{-6}$m,下同)为单位。构成条码的一个条或空称为一个单元,一个单元包含的模块数是由编码方式决定的。在有些码制中,如 EAN 码,所有单元由一个或多个模块组成;而在另一些码制中,如 39 码,所有单元只有两种宽度,即宽单元和窄单元,其中的窄单元即为一个模块。

### (三) 条码技术的特点

条码技术作为一种图形识别技术与其他识别技术相比,具有如下特点。

**1. 简单**

条码符号制作容易,扫描操作简单易行。

**2. 信息采集速度快**

普通计算机的键盘录入速度是 200 字符/分钟,而利用条码扫描录入信息的速度则是键盘录入的 20 倍。

**3. 信息采集量大**

利用条码扫描,一次可以采集几十位字符的信息,而且可以通过选择不同码制的条码增加字符密度,使录入的信息量成倍增加。

**4. 可靠性高**

键盘录入数据,误码率约为 1/300,OCR 的误码率约为 1/104。而采用条码扫描录入方式,误码率仅有 1/106,首读率可达 98% 以上。

**5. 灵活、实用**

条码符号作为一种识别手段可以单独使用,也可以和有关设备组成识别系统实现自动化识别,还可与其他控制设备联合实现整个系统的自动化管理。同时,在没有自动识别设备时,也可实现手工键盘输入。

**6. 自由度大**

识别装置与条码标签相对位置的自由度要比 OCR 大得多。

**7. 设备结构简单、成本低**

条码识别设备的结构简单,操作容易,无须专门训练;与其他自动化识别技术相比较,推广应用条码技术所需费用较低。

### (四) 条码的编码方法

条码的编码方法是指条码中条、空的编码规则以及二进制的逻辑表示设置。众所周知,计算机设备只能识读二进制数据（数据只有"0"和"1"两种逻辑表示），条码符号作为一种计算机信息处理而提供的光电扫描信息图形符号，也应满足计算机二进制的要求。条码的编码方法就是通过设计条码中条与空的排列组合来表示不同的二进制数据。

一般来说，条码的编码方法有模块组合法和宽度调节法两种。

#### 1．模块组合法

模块组合法是指条码符号中条与空是由标准宽度的模块组成。一个标准宽度的条模块表示"1"，而一个标准宽度的空模块表示"0"。商品条码模块的标准宽度是 0.33mm。

#### 2．宽度调节法

宽度调节法是指条码中条与空的宽窄只有两种宽度，即宽单元与窄单元。用宽单元条或空表示二进制的"1"，而窄单元条或空表示二进制的"0"，宽窄单元之比一般控制在 2～3。

### （五）数据信息编码原则

数据是人们用来反映客观事物而记录下来的可鉴别的符号，是客观事物的基本表达。经过处理后的数据就构成了信息。随着计算机多媒体技术的发展，使计算机的数据类型也越来越多，如图像、声音等。

生产化及社会化分工的深入发展，使信息逐渐成为企业管理的重要因素，物流信息化建设过程中所涉及的信息将是多方面的，未经处理加工的信息是杂乱而不可靠的，因而有必要通过一系列的规则、政策、组织与规划对信息进行分析、筛选和过滤，从中提取有用信息，对这些信息进行计算机处理的前提是需要建立这些信息的代码。

信息编码是将事物或概念（编码对象）赋予一定规律性、易于人和计算机识别与处理的符号，其过程是信息分类和标识的过程。科学的分类是根据编码对象的特征或属性，将信息按一定原则进行区分和归类，并排序生成唯一标识，以便管理和使用信息。信息编码使客观存在的事物对象或属性变成便于计算机识别和处理的统一代码。对计算机管理信息系统来说，代码是进行信息分类、校核、合计、检索的"键"，以"键"来识别每一条记录，可节省内存、外存空间，并提高处理速度。所以计算机处理信息，就应先对信息进行编码。此外，编码还可代表一定的逻辑意义。简单地说，编码就是代码的编制过程，这是物流信息管理，特别是自动识别系统的前提。物流信息应科学编码，全局唯一，便于信息管理、共享和交换。只有信息编码化，才能做到信息系统化、标准化和处理的有效化，所以信息统一编码是实施信息化的基础，也是关系到信息化整体效果和成败的关键因素。

对信息进行编码，再由原编码还原成原来的信息（译码），是代码化的两个不可分割的环节，也是一种"映射过程"。在此过程中要保持上述映射的对应关系，则必须遵循以下七大原则。

#### 1．系统性原则

根据系统工程设计原则，对编码对象进行全面的科学分析和研究，将编码对象按一定的规则排序予以系统化，并编制代码表，形成相应的信息代码。再按下列其他原则的要求进行修正，直到满足各原则的要求为止。

#### 2．科学合理性原则

选定编码对象最稳定的本质属性或特征作为分类的基础和依据，同时所选择的代码种类、代码符号、编码体系结构,必须与编码对象、编码目的相适应。

3. 唯一性原则

在一定的代码体系范围内,其一个事物或一个概念的代码必须是唯一的,也就是说,每一代码仅对应于一个编码对象,每一个编码对象只能有一个代码。

4. 可扩展性原则

要有前瞻性地留有足够可增加类目代码空间,通常设立收容类目,以便增加新编码对象或类别,而不至于打乱原有的体系结构,使代码体系有较强的适应性和稳定性,同时有足够的扩展容量。

5. 简明性原则

编码体系的结构力求简单,编码长度尽量简短、明晰。信息应压缩存储,代码要有可读性、可记忆性和可操作性。在具体使用中,这是非常重要的一条原则。

6. 标准化原则

一个行之有效的代码体系,应成为行业内部公认的"共同语言",并能为其他企业引用,以适应信息交换和简化处理过程的需求,提高系统的资源共享性和可靠性。在设计时,要尽量与先前的相关标准、文件格式协调一致。

7. 实用高效性原则

应根据编码对象的自身特点及不同应用部门的需要综合确定编码体系,同时尽可能利用和兼容已有成果,降低由旧代码向新代码转换付出的代价。

上述七条原则中,最重要的是第一条系统性原则,这是前提条件。其实质是:对信息进行代码化前,首先要对其进行科学分类,通常是选取事物或概念最稳定的属性或特征作为分类的基础和依据;再将这些属性或特征按一定顺序予以系统化,并形成一个合理的分类体系;在体系中每一个对象都占有一个位置,而且对象彼此之间的一定关系也要反映出来。

### (六) 条码技术的标准

如果把表示信息的数字化代码再用按特定规则排列的黑白相间的条形符号表示出来,那就是条码。条码的应用范围非常广泛,几乎在所有自动识别领域都可以应用,但是应用最广泛的领域还是商业,条码在电子商务中的应用已经相当普及。

条码技术标准主要包括条码规则、条码设备、条码检测方法和条码应用等方面的内容。中国已经发布了《条码术语》《条码符号印刷质量的检验》《三九条码》《库德巴条码》《通用商品条码》《通用商品条码符号位置》《中国标准书号(ESBN部分)条码》《417条码》等国家条码标准。

### (七) 条码技术在物流中的应用

随着经济的发展,行业之间的竞争日趋激烈。对于物流行业来说,传统的单纯考虑货物配送的方式(从生产者到消费者)已经不能满足市场发展的需要,物流行业还需考虑原材料的采购,另外还需综合考虑整个物流过程中信息的保管与传递各个方面。条码技术是随着计算机与信息技术的发展和运用而诞生,在物流整个过程中,条码技术像一条纽带,可以使各个阶段发生的信息连在一起,跟踪物流整个过程,使企业在激烈的市场竞争中处于有利地位。

(1) 产品材料的管理。通过条码技术对产品材料进行分类管理,一种产品材料为一种条码,通过条码对产品的种类进行划分,并进行管理。物流管理人员对这些整理的数据进行记录与分析,能够形成一定的工作组织模式,使产品材料更加有序化。

(2) 企业生产管理在很大程度上依赖于条码技术。企业产品的生产都是按计划流程顺序进行的,从原材料进场到成品出厂都离不开条码扫描,条码技术可以使企业生产有条不紊,顺利进行,减少各个环节的麻烦。

(3) 仓库管理中要对入、出库的货物进行清点与记录,通过条码技术,使仓库管理人员对入库和出库的产品进行快速准确的清点及记录,提高工作效率,缩短时间。对存储的货物进行标示定位,方便查找和搬运。

(4) 物流配送作为整个物流的重要一环,物流配送成本的高低是决定物流企业是否盈利的主要因素。因此,物流企业都把降低物流配送成本作为提升自己竞争力的重要手段。条码技术的应用不仅可以使商品的入出库以及库存情况及时准确地反映出来,避免因人工管理出现的差错率高、商品货位不清、发错货的现象,条码技术运用在配送上,可以对商品进行控制与协调,便于物流配送的运作与管理。

(5) 我国的货物运输很大程度上依赖于铁路运输与邮政,由于过去技术比较落后,记录方式单一,不仅浪费了顾客的大量时间,而且货物清单很容易被他人篡改,给顾客的财产带来隐患。条码技术的运用可以避免上述问题,是比较可靠的运输管理方式,在货物运输过程中,可以做到全程跟踪,极大地保证了顾客的财产安全。

(6) 物流中有很多单据文件,需要人工记录登记。每个单据中都包括货物信息、收货人信息、货物发件人信息、货物本身的收费明细单据等,这些都需要整理录入,在无形中增加了工作人员的工作量,使工作效率降低。通过条码技术可以进行快速地登记录入,将货物单据上的信息制成条码,然后通过扫描仪就能将数据快速收集,减少了工作程序,增加了单据信息的安全性,提高了工作效率。

## 二、常用条码

### (一) 一维条码

一维条码是指通常所说的传统条码。一维条码自问世以来,很快普及并得到了广泛应用。按照应用的不同,一维条码可分为商品条码和物流条码两种。商品条码包括 EAN 码和 UPC 码。物流条码包括 EAN-128 码、ITF 码、39 码、库德巴码等。由于一维条码的信息容量很小,如商品条码仅能容纳 13 位的阿拉伯数字,更多描述商品的信息只能依赖数据库支持,离开了预先建立的数据库,条码的应用范围就会受到一定的限制。

### (二) 商品条码

商品条码是由国际物品编码协会(EAN)和统一代码委员会(UCC)规定的用于表示商品标志代码的条码,包括 EAN 商品条码(EAN-13 商品条码和 EAN-8 商品条码)和 UPC 商品条码(UPC-A 商品条码和 UPC-E 商品条码),如图 4-3 所示。

图 4-3 商品条码

条码标志商品起源于美国,并形成了一个独立的编码系统(UPC 系统),通用于北美地区。由于国际物品编码协会推出的国际通用编码系统(EAN 系统),在世界范围内得到迅速推广应用,所以 UPC 系统的影响逐渐减小。美国早期的商店扫描系统只能识读 UPC 条码,为适应 EAN 条码的蓬勃发展,北美地区大部分商店的扫描系统更新改造为能同时识读 UPC 条码和 EAN 条码的自动化系统。为适应市场需要,EAN 系统和 UPC 系统最终合并为一个全球统一的标志系统——EAN.UCC 系统。

### (三) 物流条码

**1. 物流条码的特征**

物流条码是指用以标志物流领域中具体实物的一种特殊代码,是整个供应链过程,包括生产厂家、配送业、运输业、消费者等环节的共享信息。通过物流条码数据的采集、反馈,提高整个物流系统的经济效益。

与商品条码相比,物流条码有如下特征。

(1) 储运单元的唯一标志

商品条码通常是单件商品的唯一标志,用于零售业现代化的管理;物流条码是储运单元的唯一标志,通常标示多个或多种类商品的集合,用于物流的现代化管理。

(2) 服务于供应链全过程

商品条码服务于消费环节,商品一经出售到最终用户手里,商品条码就完成了其存在的价值,商品条码在零售业的 POS 系统中起到了单件商品的自动识别、自动寻址、自动结账等作用,是零售业现代化、信息化管理的基础。

物流条码服务于供应链全过程,生产厂家生产出产品,经过包装、运输、仓储、分拣、配送至零售商店,中间经过若干环节,物流条码是这些环节中的唯一标志,因此它涉及面更广,是多种行业共享的通用数据。

(3) 信息多

商品条码是一个无含义的 13 位数字条码;而物流条码是一个可变的、可表示多种含义、多种信息的条码,是货运包装的唯一标志,可表示货物的体积、重量、生产日期、批号等信息,是贸易伙伴根据贸易过程中共同的需求,经过协商统一制定的。

（4）可变性

商品条码是一个国际化、通用化、标准化的商品唯一标志,是零售业的国际化语言;物流条码是随着国际贸易的不断发展,贸易伙伴对各种信息需求的不断增加应运而生的,其应用在不断扩大,内容也在不断丰富。

（5）维护性

物流条码的相关标准是需要经常维护的标准。及时沟通用户需求,传达标准化机构有关条码应用的变更内容,是确保国际贸易中物流现代化、信息化管理的重要保障之一。

物流条码涉及面较广,因此相关标准也较多。它的实施和标准化是基于物流系统的机械化、现代化,包装运输等作业的规范化、标准化。物流条码标准化体系已基本成熟,并日趋完善。

2．物流条码标志内容

物流条码标志的内容主要有项目标志（货运包装箱代码 SSCC-14）、动态项目标志（系列货运包装箱代码 SSCC-18）、日期、数量、参考项目（客户购货订单代码）、位置码、特殊应用（医疗保健业等）及内部使用,具体规定参见相关国家标准。

3．物流条码符号的码制选择

目前现存的条码码制多种多样,但国际上通用的和公认的物流条码码制只有三种,即 ITF-14 条码、UCC/EAN-128 条码及 EAN-13 条码。选用条码时,要根据货物的不同和商品包装的不同,采用不同的条码码制。单个大件商品,如电视机、电冰箱、洗衣机等商品的包装箱往往采用 EAN-13 条码。储运包装箱常常采用 ITF-14 条码或 UCC/EAN-128 应用标志条码,包装箱内可以是单一商品,也可以是不同的商品或多件商品小包装。

### 三、EAN 通用商品条码

EAN 码是按照国际物品编码协会（EAN）统一规定的规则编制的,分为标准版和缩短版。标准版由 13 位数字组成,简称 EAN-13 码,缩短版由 8 位数字组成,简称 EAN-8 码。缩短版主要用于一些较小包装。EAN-13 码是我们日常消费环节中的主要条码,以下重点介绍 EAN-13 码,图 4-4 为某商品的 EAN-13 码。

图 4-4　EAN-13 码

（一）EAN-13 码的结构

EAN/UCC-13 代码由 13 位数字组成。在中国,EAN/UCC-13 代码分三种结构,每种代码结构由三部分组成,具体如表 4-1 所示。

表 4-1　EAN/UCC-13 代码的三种结构

| 结构种类 | 厂商识别代码 | 商品项目代码 | 校验码 |
|---|---|---|---|
| 结构 1 | $X_{13}X_{12}X_{11}X_{10}X_9X_8X_7$ | $X_6X_5X_4X_3X_2$ | $X_1$ |
| 结构 2 | $X_{13}X_{12}X_{11}X_{10}X_9X_8X_7X_6$ | $X_5X_4X_3X_2$ | $X_1$ |
| 结构 3 | $X_{13}X_{12}X_{11}X_{10}X_9X_8X_7X_6X_5$ | $X_4X_3X_2$ | $X_1$ |

EAN-13 码包含了厂商识别代码、商品项目代码和校验码。前缀码是厂商识别代码的一部分,由 2～3 位数字($X_{13}X_{12}$ 或 $X_{13}X_{12}X_{11}$)组成,是用来表示各国或地区级的 EAN 编码组织所在的国家或地区的代码,由国际物品编码协会统一管理和分配。需要指出的是,前缀码并不代表产品的原产地,而只能说明分配和管理有关厂商识别代码的国家(或地区)编码组织。

中国物品编码中心是经国务院批准成立的研究推广条码技术的专门机构,负责统一组织、协调、管理中国条码工作,1991 年 4 月,它代表中国正式加入 EAN。

EAN 分配给中国物品编码中心的前缀码由 3 位数字($X_{13}X_{12}X_{11}$)组成,中国内地的前置码为 690～695,中国台湾的前置码为 471,中国香港的前置码为 489,中国澳门的前置码为 958。当 $X_{13}X_{12}X_{11}$ 为 690、691 时,其代码用结构 1;当 $X_{13}X_{12}X_{11}$ 为 692、693、694 时,其代码用结构 2;当 $X_{13}X_{12}X_{11}$ 为 695 时,其代码用结构 3。今后,EAN 还将根据中国物品编码中心的申请,分配 $X_{13}X_{12}X_{11}$ 三位前缀码。

厂商识别代码由 7～9 位数字组成,由中国物品编码中心负责分配和管理。由于厂商识别代码是由中国物品编码中心统一分配、注册,因此编码中心有责任确保每个厂商识别代码在全球范围内的唯一性。

根据《商品条码管理办法》,具有企业法人营业执照的生产者、销售者可根据自己经营的需要申请注册厂商识别代码。任何厂商不得盗用其他厂商的识别代码,不得共享和转让,更不得伪造代码。

当厂商生产的商品品种很多,超过了"商品项目代码"的编码容量时,允许厂商申请注册一个以上的厂商识别代码。但只有在商品项目代码全部用完时,才可再次申请。

商品项目代码由 3～5 位数字组成,由厂商负责编制。由于厂商识别代码是由中国物品编码中心统一分配、注册,因此,在使用同一厂商识别代码的前提下,厂商必须确保每个商品项目代码的唯一性。厂商在编制商品项目代码时,产品的基本特征不同,其商品项目代码不同。

由 3 位数字组成的商品项目代码共有 1 000 个编码容量(000～999),可标示 1 000 种商品。同理,由 4 位数字组成的商品项目代码可标示 10 000 种商品,由 5 位数字组成的商品项目代码可标示 100 000 种商品。

校验码为 1 位数字,用来校验 $X_{13}$～$X_2$ 的编码正确性。校验码是根据 $X_{13}$～$X_2$ 的数值按一定的数学算法计算而得的。厂商在对商品项目编码时,不必计算校验码的值,该值由制作条码原版胶片或直接打印条码符号的设备自动生成。

校验码的计算步骤如下。

步骤 1:包括校验码在内,从右至左编制代码位置序号(校验码的代码位置序号为 1)。

步骤 2:从代码位置序号 2 开始,所有偶数位的数字代码求和。

步骤 3:将步骤 2 求得的和乘以 3。

步骤 4:从代码位置序号 3 开始,所有奇数位的数字代码求和。

步骤 5:将步骤 3 与步骤 4 的结果相加。

步骤 6:用大于或等于步骤 5 所得结果且为 10 最小整数倍的数减去步骤 5 所得结果,其差即为所求校验码的值。

EAN-13 码从左到右由左侧空白区、起始符、左侧数据符、中间分隔符、右侧数据符、校验符、终止符和右侧空白区构成,如表 4-2 所示。图 4-5 是 EAN-13 条码符号结构图。

表 4-2  EAN-13 码结构

| 项目 | 左侧空白区 | 起始符 | 左侧数据符 | 中间分隔符 | 右侧数据符 | 校验符 | 终止符 | 右侧空白区 |
|---|---|---|---|---|---|---|---|---|
| 模块 | 9 | 3 | 42 | 5 | 35 | 7 | 3 | 9 |
| 13 位 | 1 位前置字符 | | 6 位数字 | | 5 位数字 | 1 位 | | |

图 4-5  EAN-13 条码符号结构

在 13 位数字中,位于左侧空白区的 1 位数字为前置字符,左侧数据有 6 位数字,右侧数据有 5 位,最后 1 位为校验符。图 4-4 中的条码中符号"4"为前置字符,"713546"为左侧数据,"57560"为右侧数据,"9"为校验符。

(1) 左侧空白区。其位于条码符号最左侧与空的反射率相同的区域,其最小宽度为 11 个模块宽。

(2) 起始符。其位于左侧空白区右侧,表示信息开始的特殊符号,由 3 个模块组成。

(3) 左侧数据符。其位于起始符右侧,表示 6 位数字信息的一组条码字符,由 42 个模块组成。

(4) 中间分隔符。其位于左侧数据符右侧,是平分条码字符的特殊符号,由 5 个模块组成。

(5) 右侧数据符。其位于中间分隔符右侧,表示 5 位数字信息的一组条码字符,由 35 个模块组成。

(6) 校验符。其位于右侧数据符右侧,表示校验码的条码字符,由 7 个模块组成。

(7) 终止符。其位于校验符右侧,表示信息结束的特殊符号,由 3 个模块组成。

(8) 右侧空白区。其位于条码符号最右侧与空的反射率相同的区域,其最小宽度为 7 个模块宽。为保护右侧空白区的宽度,可在条码符号右下角加">"符号,如图 4-6 所示。

(9) 供人识别的字符。其位于条码符号下方,与条码字符相对应的供人识别的 13 位数字。供人识别的字符优先选用 OCR-B 字符集,字符顶部和条码底部的最小距离为 0.5 个模块宽。标准版商品条码供人识别字符中的前置码印制在条码符号起始符的左侧。

(二) EAN-13 码的编码规则

EAN-13 码的编码方法为模块组合法。EAN-13 中除前置字符外,每个字符都由 7 个标准模块组成,这 7 个标准模块组成两个条、两个空。EAN-13 码的编码规则规定,起始符和终止符 3 个模块的编码均为 101,中间分隔符 5 个模块的编码为 01010。左侧数据符和右侧

图 4-6　EAN-13 商品条码符号右侧空白区中 ">" 的位置

数据符的编码方式不同,如表 4-3 所示,商品条码字符集示意图如图 4-7 所示,商品条码起始符、终止符、中间分隔符示意图如图 4-8 所示。

表 4-3　商品条码字符集的二进制数表示

| 数字符 | 左侧数据符 | | 右侧数据符 |
|---|---|---|---|
| | A | B | C |
| 0 | 0001101 | 0100111 | 1110010 |
| 1 | 0011001 | 0110011 | 1100110 |
| 2 | 0010011 | 0011011 | 1101100 |
| 3 | 0111101 | 0100001 | 1000010 |
| 4 | 0100011 | 0011101 | 1011100 |
| 5 | 0110001 | 0111001 | 1001110 |
| 6 | 0101111 | 0000101 | 1010000 |
| 7 | 0111011 | 0010001 | 1000100 |
| 8 | 0110111 | 0001001 | 1000100 |
| 9 | 0001011 | 0010111 | 1110100 |

注:表中的"1"和"0"分别表示具有一个模块宽度的"条"和"空"。

从表 4-3 可以看出,每个数字都有 3 种编码方式,左侧数据符的编码方式有 A、B 两种,6 位左侧数据编码方式选 A 还是 B 由前置字符决定,具体对应关系见表 4-4。右侧数据符和校验符的编码均采用表 4-3 所示的方式 C。EAN-13 码的编码规则如表 4-5 所示。

如某商品的条码字符为 6901234567892,该 EAN-13 码的前置字符为 6,左侧数据符为 901234,右侧数据为 56789,校验符为 2。由表 4-4 和表 4-5 可知,左侧 6 位数据的编码方式分别为 A,B,B,B,A,A,右侧数据与校验符的编码方式均为 C。然后根据每位数字的编码方式及表 4-3 可得该 EAN-13 码的二进制表示如下。

起始符:101

左侧数据符:0001011,0100111,0110011,0011011,0111101,0100011

中间分隔符:01010

右侧数据符:1001110,1010000,1000100,1001000,1110100

校验符:1101100

| 数字字符 | A子集(奇) | B子集(偶) | C子集(偶) |
|---|---|---|---|
| 0 | | | |
| 1 | | | |
| 2 | | | |
| 3 | | | |
| 4 | | | |
| 5 | | | |
| 6 | | | |
| 7 | | | |
| 8 | | | |
| 9 | | | |

**图 4-7 商品条码字符集示意图**

注：1. A 子集中条码字符所包含的条的模块的个数为奇数，称为奇排列。

2. B、C 子集中条码字符所包含的条的模块的个数为偶数，称为偶排列。

(a) 起始符、终止符　　　　(b) 中间分隔符

**图 4-8 商品条码起始符、终止符、中间分隔符示意图**

终止符：101

将每位数字的二进制表示根据模块组合法对应成标准模块的条与空即可绘制出该条码的条形码。

**表 4-4　左侧数据符编码选择**

| 前置字符 | 左侧数据符编码规则的选择 | | | | | |
|---|---|---|---|---|---|---|
| 6(中国) | A | B | B | B | A | A |
| 0 | A | A | A | A | A | A |
| 1 | A | A | B | A | B | B |
| 2 | A | A | B | B | A | B |
| 3 | A | A | B | B | B | A |
| 4 | A | B | A | A | B | B |
| 5 | A | B | B | A | A | B |
| 7 | A | B | A | B | A | B |
| 8 | A | B | A | B | B | A |
| 9 | A | B | B | A | B | A |

表 4-5  EAN-13 码编码规则

| 结  构 | 起 始 符 | 左侧数据符 | 中间分隔符 | 右侧数据符 | 校 验 符 | 终 止 符 |
|---|---|---|---|---|---|---|
| 排列 | 101 | 方式 A、方式 B | 01010 | 方式 C | 方式 C | 101 |

### (三) EAN-8 商品条码

EAN-8 商品条码是表示 8 位商品标志代码的条码符号,由左侧空白区、起始符、左侧数据符、中间分隔符、右侧数据符、校验符、终止符、右侧空白区及供人识别的字符组成,如图 4-9 所示。EAN-8 条码的各个组成部分的模块宽如图 4-10 所示。

图 4-9  EAN-8 商品条码符号结构

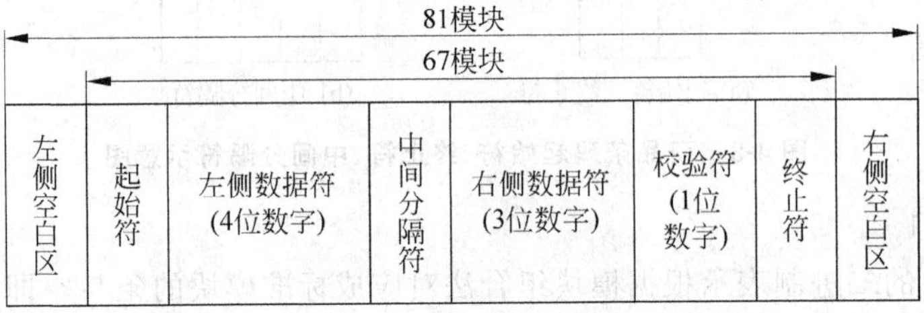

图 4-10  EAN-8 商品条码符号构成示意图

EAN-8 商品条码符号的起始符、中间分隔符、校验符、终止符的结构同 EAN-13 商品条码符号结构一致。

EAN-8 商品条码符号的左侧空白区和右侧空白区的最小宽度均为 7 个模块宽。为了保护左、右侧空白区的宽度,可在条码符号左下角加"<"符号,在条码符号右下角加">"符号,如图 4-11 所示。

在条码字符集上,EAN-8 商品条码和 EAN-13 商品条码基本相同。EAN-8 商品条码的左侧数据符由字符集中的 A 子集表示,右侧数据符由字符集中的 C 子集表示。

### (四) ITF-14 储运单元条码

储运单元条码是专门表示储运单元编码的条码,储运单元是指为便于搬运、仓储、订货、运输等,由消费单元组成的商品包装单元,是一种连续型、定长、具有自校验功能的条码。它

图 4-11　EAN-8 商品条码符号空白区中"＜""＞"的位置

由矩形保护框、左侧空白区、条码字符、右侧空白区组成,当同一商品的包装数量不同或同一包装中由不同商品组合时就必须加上储运标识码以资识别。14 位的交叉二五码(ITF-14)在仓储和物流管理中被广泛采用,ITF 条码如图 4-12 所示。

图 4-12　ITF-14 条码

ITF-14 码具有以下特点。

(1) ITF-14 码由左侧空白区、起始符、数据符、终止符及右侧空白区构成。它的每一个条码数据符由 5 个单元组成,其中 2 个宽单元(用二进制"1"表示),其余 3 个是窄单元(用二进制"0"表示),如图 4-13 所示。

图 4-13　ITF-14 结构与编码

(2) ITF-14 码符号中,条码字符从左到右,奇数位置上的字符用条表示,偶数位置上的字符用空表示。

(3) ITF-14 码的字符集包括数字 0~9。字符集的二进制表示如表 4-6 所示。

表 4-6　ITF 的字符集

| 字　符 | 对应二进制表示 | 字　符 | 对应二进制表示 |
| --- | --- | --- | --- |
| 0 | 00110 | 5 | 10100 |
| 1 | 10001 | 6 | 01100 |
| 2 | 01001 | 7 | 00011 |
| 3 | 11000 | 8 | 10010 |
| 4 | 00101 | 9 | 01010 |

(4) ITF-14 码的编码方式为宽度调节法,条、空的二进制代码的表示方法相同,宽元素为"1"、窄元素为"0"。

(5) ITF-14 码的起始符为"0000",终止符为"100"。

(6) 为了防止扫描产生的误差,ITF-14 码的符号经常采用托架条,即在符号数据条的匹部和底部各加一个横条,其宽度和宽条相一致。

(7) ITF-14 适合于印刷在质量较差的包装材料上(如瓦楞纸箱)。

### (五) EAN-128 贸易单元条码

商品条码与储运条码都属于不携带信息的标识码,在物流配送过程中,如果需要将生产日期、有效日期、运输包装序号、重量、尺寸、体积、送出地址、送达地址等重要信息条码化,以便扫描输入,这时就可应用贸易单元 128 条码(EAN-128)。

贸易单元 128 条码(以下简称 128 码)是一种可变长度的连续型条码,可携带大量信息,所以其应用领域非常广泛,包括制造业的生产流程控制、批发物流业或运输业的仓储管理、车辆调配、货物追踪、医院血液样本的管理、政府对管制药品的控制追踪等,图 4-14 为 EAN-128 码。

图 4-14 EAN-128 码

EAN-128 码制是目前可用的最完整、高密度、可靠、应用灵活的字母数字型一维码制之一。它允许表示可变长度的数据,并且能将若干个信息编码在一个条码符号中。在图 4-14 中,括号内的数字为应用表示符,表示紧随其后的数字表示内容。如(01)表示货运包装箱代码,(15)表示保质期,(10)表示批号。

EAN-128 由应用标志符和数据两部分组成,每个应用标志符由 2~4 位数字组成。条码应用标志的数据长度取决于应用标志符。条码应用标志采用 EAN-128 码表示,并且多个条码应用标志可由一个条码符号表示。EAN-128 条码是由双字符起始符号、数据符、校验符、终止符及左、右侧空白区组成。

EAN-128 应用标志条码是使信息伴随货物流动的全面、系统、通用的重要商业手段。

### (六) 二维条码

#### 1. 二维条码的含义

二维条码是用某种特定的几何图形按一定规律在平面(二维方向上)分布的黑白相间的图形记录数据符号信息的,在代码编制上巧妙地利用构成计算机内部逻辑基础的"0""1"比特流的概念,使用若干个与二进制相对应的几何形体来表示文字数值信息,通过图像输入设备或光电扫描设备自动识读以实现信息自动处理,它具有条码技术的一些共性,每种码制有其特定的字符集;每个字符占有一定的宽度;具有一定的校验功能等。同时还具有对不同行的信息自动识别功能及处理图形旋转变化等特点。

二维条码具有信息容量大、编码范围广、保密防伪性能好、译码可靠性高、纠错能力强等特点。

## 2. 二维条码的类型

二维条码根据构成原理和结构形状的差异,可分为两类:一类是行排式二维条码,如 PDF417、Code 49、Code 16K 等;另一类是矩阵式二维条码,如 QR Code、Data Matrix、Code One、Maxicode 等,如图 4-15 所示。

图 4-15 常见的二维条码

二维条码的研究在技术路线上从两个方面展开,行排式二维条码的编码原理建立在一维条码基础之上,它是按需要堆积成两行或多行的码制。它在编码设计、校验原理、识读方式等方面继承了一维条码的特点,识读设备和条码印制与一维条码的技术兼容。但由于行数的增加,行的鉴别、译码算法与软件不完全相同于一维条码,有代表性的行排式二维条码有 PDF417、Code 49、Code 16K 条码等。

矩阵式二维条码以矩阵的形式组成。在矩阵相应元素位置上,用点(方点、圆点或其他形状的点)的出现表示二进制数"1",点的不出现表示二进制数"0",点的排列组合确定了矩阵式条码所代表的意义。矩阵式条码是建立在计算机图像处理技术、组合编码原理等基础上的一种新型图形符号自动识读处理码制。有代表性的矩阵式二维条码有 QR Code、Data Matrix、Code One 条码等。

## 3. 二维条码的特点

(1) 高密度编码,信息容量大。可容纳多达 1850 个大写字母或 2710 个数字或 1108 个字节,或 500 多个汉字,比普通条码信息容量约高几十倍。

(2) 编码范围广。可以把图片、声音、文字、签字、指纹等以数字化信息进行编码。

(3) 容错能力强,具有纠错功能。二维条码因穿孔、污损等引起局部损坏达 50% 时,仍然可以正确得到识读。

(4) 编译可靠性高。它比普通条码译码错误率 2% 要低得多,误码率不超过千万分之一。

(5) 保密性、防伪性好。与条形码相比,二维条码的保密性更好。通过在二维条码中引入的加密措施,更好地保护译码内容不被他人获得。

## 4. 二维条码的应用

二维条码密度高,信息含量大,保密、防伪性能好,可以将照片、指纹、掌纹、视网膜、声音、签名等可数字化的信息进行编码,有效地解决证件的机读和防伪问题。因此,二维条码是实现证件、卡片、档案、照片、票据等大容量、高可靠性信息自动存储、携带并自动识读的最理想方法,可广泛应用于护照、身份证、行车证、军人证、健康证、保险卡等。

另外，在海关报关单、长途货运单、税务报表、保险登记表上也可以使用二维条码技术来解决数据输入及防止伪造、删改表格。

中国部分地区注册会计师证和汽车销售及售后服务等方面，二维条码也得到了初步应用。除了证件，在工业生产、国防、金融、医药卫生、商业、交通运输等领域，二维条码都得到了广泛应用。

归纳起来，二维条码常用于以下几个方面。

（1）单证。如公文单证、订购单、报关单、商业单证。

（2）证照。如护照、身份证、健康证、驾驶执照、会员证、识别证。

（3）仓储盘点。如物流中心、仓储中心等的货物盘点。

（4）物品追踪。如会议资料、生产零件、客户服务、邮购运送、维修记录、危险物品、后勤补给、生态研究。

（5）资料保密。如商业机密、政治情报、军事机密、私人信函。

#### 5．二维条码与一维条码的比较

二维条码与一维条码都是信息存储、表示的载体，但从应用角度讲，尽管在一些特定场合，人们可以选择其中一种来满足需要。但是它们的应用环境和需求是不同的，一维条码用于对"物品"进行标识，二维条码用于对"物品"进行描述。二维条码与一维条码综合对照如表 4-7 所示。

表 4-7 二维条码与一维条码综合对照

| 条码类型 | 信息密度与信息容量 | 错误校验及纠错能力 | 垂直方向是否携带信息 | 用途 | 对数据库和通信网络的依赖 | 识读设备 |
| --- | --- | --- | --- | --- | --- | --- |
| 一维条码 | 信息密度低，信息容量较小 | 可通过校验字符进行错误校验，没有纠错能力 | 不携带信息 | 对物品的标识 | 多数应用场合依赖数据库及通信网络 | 可用线扫描器识读，如光笔、线阵CCD、激光枪等 |
| 二维条码 | 信息密度高，信息容量大 | 具有错误校验和纠错能力，可根据需求设置不同的纠错级别 | 携带信息 | 对物品的描述 | 可不依赖数据库及通信网络而单独应用 | 对于行排式二维条码，可用线扫描器的多次扫描识读；对于矩阵式二维条码，仅能用图像扫描器识读 |

### 四、条码识读原理

#### （一）条码的光学特征

条码是由宽窄不同、反射率不同的条、空按照一定的编码规则组合起来的一种信息符号。常见的条码是黑条与白空（也叫白条）印制而成的。黑条对光的反射率最低，而白空对光的反射率最高，当光照射到条码上，黑条与白空产生较强的对比度。条码扫描器是利用黑条和白空对光的反射率不同来读取条码数据的。

条码不一定印制成黑色和白色，也可以印制成其他颜色，但两种颜色对光必须有不同的反射率，保证有足够的对比度。

## (二)识读系统的组成

条码是图形化的编码符号,对条码的识读要借助一定的专用设备,将条码中含有的编码信息转换成计算机可识别的数字信息。

条码识读装置是条码识别系统的组成部分。它由扫描、信号整形、译码三部分组成,如图 4-16 所示。

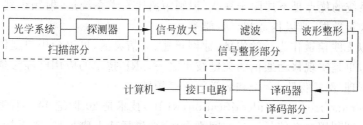

图 4-16 条码识读装置

扫描部分由光学系统和探测器(即光电转换器)组成,它完成对符号的光学扫描,并通过光电探测器,将条码条、空图形的光信号转换成电信号。

信号整形部分由信号放大、滤波和波形整形组成,它的功能是将条码的光电扫描信号处理成为标准电位的矩形波信号,其高低电平的宽度和条码符号的条、空尺寸相对应。

译码部分一般由嵌入式微处理器组成,对条码的矩形波信号进行译码,其结果通过接口电路输出到条码识别系统中的数据终端。

## (三)条码识读原理

条码识读器的基本工作原理为光源发出的光线经过光学系统照射到条码符号上面,反射回来的光经过光学系统成像在光电转换器上,使之产生电信号;信号经过电路放大后产生模拟电压,它与照射到条码符号上被反射回来的光成正比,再经过滤波、波形整形,形成与模拟信号对应的方波信号,经译码器解释为计算机可以直接接收的数字信号。

条码识读涉及光学、电子学、微处理器等多种技术,要正确识读,必须满足以下条件。

(1)建立一个光学系统并产生一个光点,使该光点在人工或自动控制下能沿某一轨迹做直线运动,且通过一个条码符号的左空白区、起始符、数据符、终止符及右空白区。

(2)建立一个反射光接收系统,使它能够接收到光点从条码符号反射回来的光。同时要求接收系统的探测器敏感而尽量与光点经过光学系统成像的尺寸相吻合。如果光点的成像比光敏感面小,则会使光点外那些对探测器敏感的背景光进入探测器,从而影响识读。要求来自条上的光点的反射光弱,而来自空上的光点的反射光强,以便通过反射光的强弱及持续时间长短来测定条(空)宽的大小。

(3)要求光电转换器将接收到的光信号不失真地转换成电信号。

(4)要求电子电路将电信号放大、滤波、整形,并转换成电脉冲信号。

(5)建立某种译码算法,将所获得的电信号进行分析、处理,得到条码所表示的信息。

(6)将所得到的信息转储到指定的地方。

条形码应用

上述的前四项工作内容一般由扫描仪完成,后两项工作内容一般由译码器完成。

## 第二节　射频识别技术及应用

### 一、射频及识别技术

射频技术(radio frequency,RF)的基本原理是电磁理论,利用无线电波对记录媒体进行读/写。射频系统的优点是不局限于视线,识别距离比光学系统远,射频识别卡可具有读/写能力,可携带大量数据、难以伪造和有智能等。

RF 技术以无线信道作为传输媒体,建网迅速,通信灵活,可以为用户提供快捷、方便、实时的网络连接,也是实现移动通信的关键技术之一。RF 技术的应用已经渗透到商业、工业、运输业、物流管理、医疗保险、金融和数学等众多领域。

射频识别(radio frequency identification,RFID)技术是 20 世纪 90 年代开始兴起的一种自动识别技术,即利用射频信号通过空间耦合(交变磁场或电磁场)实现无接触信息传递,并通过所传递的信息达到识别目标的技术。RFID 是利用无线电波进行数据信息读/写的一种自动识别技术或无线电技术在自动识别领域中的应用。

与其他自动识别系统一样,RFID 系统也是由信息载体和信息获取装置组成。其中装载识别信息的载体是电子标签,获取信息的装置称为射频阅读器(称作读/写器等)。电子标签与射频阅读器之间利用感应、无线电波或微波能量进行非接触双向通信,实现数据交换,从而达到识别的目的。

如图 4-17 所示,最常见的 RFID 系统的工作过程是:阅读器通过天线,在一个区域发射能量形成电磁场,电子标签经过这个区域时检测到阅读器的信号后发送储存的数据,阅读器接收电子标签发送的信号,解码并校验数据的准确性,从而达到识别的目的。

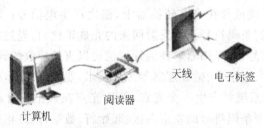

图 4-17　常见的 RFID 系统工作过程

RFID 技术是以无线通信技术和存储器技术为核心,伴随半导体、大规模集成电路技术的发展而逐步形成的,其应用过程涉及无线通信协议、发射功率、占用频率等多方因素。目前尚未形成在开放系统中应用的统一标准,因此 RFID 技术主要应用在一些闭环应用系统中。

### 二、RFID 技术的相关概述

#### (一) RFID 技术的特点

RFID 凭借其自动数据采集、高度数据集成、支持可读/写工作模式等优势,已成为新一代自动识别技术。RFID 技术具有如下特点。

(1) 不需要光源,甚至可以透过外部材料(如包装的箱子或容器等)读取数据。

(2) 信息容量大,RFID 能容纳 $2^{96}$ 个码,即 268 亿个码,能为全球每一粒大米付一个码,可对产品进行详细的描述。

(3) 可重复使用,使用寿命长(最高可以达到 10 年以上),能在恶劣环境下工作。

(4) 能够轻易嵌入或附着在不同形状、类型的产品上。

(5) 穿透性强,读/写距离远(可达数十米远),且能无屏幕阅读。

(6) 可以写入及存取数据,写入时间比打印条码短。

(7) 标签的内容可以动态改变。

(8) 能够同时处理多个标签(200 个以上的标签)。

(9) 标签的数据存取有密码保护,安全性高。

(10) 可以对 RFID 标签所附着的物体进行追踪定位。

## (二) RFID 技术的分类

RFID 按应用频率不同分为低频(LRF)、高频(HRF)、超高频(URF)及微波(MF),相对应的代表性频率分别为低频 135kHz 以下、高频 13.56MHz、超高频 860~960MHz 及微波 2.4~5.8GHz。

RFID 按照能源的供给方式分为无源 RFID、有源 RFID 以及半有源 RFID。无源 RFID 读/写距离近,价格低;有源 RFID 可以提供更远的读/写距离,但是需要电池供电,成本要更高一点,适用于远距离读/写的应用场合。

## (三) RFID 与二维条码的比较

RFID 技术利用无线射频的方式在阅读器和标签间进行非接触双向数据传输,已达到目标识别和数据交换的目的。作为常见的自动识别技术,二维码与 RFID 之间各有各的应用优势,在进行选择时,要对各种情况进行综合考虑,RFID 与二维条码综合对照如表 4-8 所示。

表 4-8  RFID 与二维条码综合对照

| 比较项目 | 二维条码 | RFID |
| --- | --- | --- |
| 信息载体 | 纸或物质表面 | 存储器 |
| 信息量 | 大 | 大 |
| 读/写性 | 读 | 读/写 |
| 读取方式 | 光电转换 | 无线通信 |
| 保密性 | 好 | 好 |
| 智能性 | 无 | 无 |
| 抗环境污染能力 | 较强 | 较强 |
| 抗干扰能力 | 较强 | 一般 |
| 识读距离 | 0~0.5m | 0~2m(超高频) |
| 使用寿命 | 很长 | 长 |
| 基材价格 | 低 | 高 |
| 扫描器价格 | 中 | 高 |
| 优点 | 数据密度高<br>输入速度快<br>设备种类多<br>设备价格适中<br>可非接触式识读 | 可在灰尘、油垢等环境下使用;可非接触识读 |

## 三、RFID 标准

### (一) RFID 标准体系结构

**1. 基本结构**

RFID 标准体系基本结构主要包括 RFID 技术标准、RFID 数据内容标准、RFID 性能标准和 RFID 应用标准。其中,技术标准中的通信协议和数据内容中的编码标准是争论激烈的部分,也正是这两者构成了 RFID 标准的核心。

**2. 技术标准**

RFID 技术标准主要定义了不同频率的空中接口及相关参数,如基本术语、物理参数、通信协议和相关设备等。RFID 中间件是标签和应用程序之间的中介,从应用程序端使用中间件提供的一组应用程序接口(API)与阅读器连接,以读取 RFID 标签数据。RFID 中间件采用程序逻辑及存储再转送功能提供顺序的消息流,它具有数据流设计与管理能力。

**3. 数据内容标准**

RFID 数据内容标准主要涉及数据协议、数据编码规则及语法等,包括编码格式、语法标准、数据符号、数据对象、数据结构和数据安全等。RFID 数据内容标准能够支持多种编码格式,如支持 EPC(电子产品码)和 DOD(美国国防部)等规定的编码格式,以及 EPCglobal 规定的标签数据格式标准等。

**4. 性能标准**

RFID 性能标准主要涉及设备性能及一致性测试方法,尤其是数据结构和数据内容(即数据编码格式及其内存分配)。它主要包括设计工艺、测试规范和试验流程等。

**5. 应用标准**

RFID 应用标准主要涉及特定应用领域或特定环境中 RFID 的构建规则。其中包括 RFID 在物流配送、仓储管理、交通运输、信息管理、动物识别、矿井安全、工业制造和休闲娱乐等领域的应用标准与规范。

由于 WiFi、WiMAX、蓝牙、ZigBee、专用短程通信(dedicated short range communication,DSRC)协议及其他短程无线通信协议正在用于 RFID 系统或融入 RFID 设备中,因此,RFID 标准所包含的范围也在不断扩大,与此相应的实际应用也变得更为复杂。

**常用的 RFID 标准**

**RFID 标准化组织**

### (二) RFID 系统的基本组成

典型的 RFID 系统主要由电子标签(tag)、阅读器(reader)、RFID 中间件和 RFID 应用系统软件四部分组成。一般把中间件和应用系统软件统称为应用系统。

**1. 电子标签**

电子标签也称为智能标签，是指由IC芯片和无线通信天线组成的超微型小标签，其内置的射频天线用于和阅读器进行通信；电子标签是RFID系统真正的数据载体。电子标签一般带有线圈、天线、存储器与控制系统的集成电路，根据其应用场合的不同，表现为不同的应用形态，电子标签有许多不同的分类。

（1）主动式标签、被动式标签和半主动式标签

主动式标签内含有电源，用自身的射频能量主动发射数据给阅读器，工作可靠性高，信号传送距离远。主动式标签还可通过设计电池的不同寿命对标签使用时间或使用次数进行限制。主动式标签用在需要限制数据传输量或者使用数据有限制的地方，如一年内，标签只允许读/写有限次。主动式标签的缺点是标签的使用寿命受到限制，而且随着标签内电池电力的消耗，数据传输距离会越来越短，因而影响系统正常工作。

被动式标签的通信需要从阅读器发射的电磁波中获得能量才能正常工作。被动式标签既有不含电源的标签，也有含电源的标签。含电源的标签，电源只为芯片运行提供能量，这种标签称为半主动标签。被动式标签具有永久使用期，常常用在标签信息需要每天读/写或频繁读/写多次的地方，支持长时间数据传输和永久性的数据存储。被动式标签的缺点主要是数据传输距离比主动式标签短，因为被动式标签依靠外部电磁感应供电，电能比较弱，数据传输距离和信号强度受到限制，需要敏感性比较高的阅读器才能可靠识别。

（2）只读型标签和读/写型标签

在识别过程中，内容只能读出不可写入的标签是只读型标签。只读型标签根据所具有的存储器不同，可分为以下三种。

① 只读标签。只读标签的内容在标签出厂时已被写入，识别时只可读出，不可再改写，其存储器一般由ROM（read-only memory）组成。

② 一次性编程标签。标签的内容可在应用前一次性编程写入，识别过程中标签内容不可改变，其存储器一般由PROM（programmable read-only memory）、PAL（programmable array logic）组成。

③ 可重复编程只读标签。标签内容经擦除后可重新编程写入，识别过程中标签内容不能改写，其存储器一般是由EPROM（erasable programmable read-only memory）或GAL（generic array logic）组成。

读/写型标签既可以被阅读器读出，又可由阅读器写入，具有读/写型存储器，如RAM（random access memory）或EEPROM（electrically erasable programmable read-only memory），也可以同时具有读/写型存储器和只读型存储器。读/写型标签数据可以双向传输。

（3）无源标签和有源标签

电子标签中不含有电池的标签称为无源标签。无源标签工作时一般距阅读器的天线比较近，其使用寿命长。标签中含有电池的标签称为有源标签。有源标签距阅读器的天线较无源标签远，但需定期更换电池。

（4）标志标签与便携式数据文件

标志标签中存储的只是标志号码，用于对特定的标志项目，如人、物、地点等进行标示，而关于被标示项目的特定信息，只能在与识别物相连接的数据库中进行查找。

便携式数据文件是指标签中存储的数据非常大,足可以看作一个数据文件,这种标签一般都是用户可编程的。这种标签中除存储标志外,还存储有大量的被标示项目其他相关信息,如包装说明、工艺过程说明等。在实际应用中,关于被标示项目的所有信息都是存储在标签中的,读标签就可以得到关于被标示项目的所有信息,而不用再连接数据库进行信息读取。

### 2. 阅读器

RFID 阅读器外观如图 4-18 所示,它在 RFID 系统中扮演着重要角色。阅读器主要负责与电子标签双向通信,同时接收来自主机系统的控制指令。阅读器频率决定了 RFID 系统工作的频段,其功率决定了射频识别的有效距离。阅读器根据使用的结构和技术不同,可以是只读或读/写装置,它是 RFID 系统信息控制和处理中心。阅读器一般由射频模块、读/写模块和天线组成。阅读器还能提供相当复杂的信号状态控制、奇偶错误校验与更正功能等。

图 4-18 RFID 阅读器

RFID 阅读器必须通过天线才能发射能量,形成电磁场,并通过电磁场对电子标签进行识别。因此,天线所形成的电磁场范围就是射频系统的可读区域,任意一个 RFID 系统至少应包含一根天线(不管是内置还是外置)以发射和接收射频信号。有些 RFID 系统是由一根天线同时完成发射和接收的,有些 RFID 系统则由一根天线来完成发射而由另一根天线来承担接收,所采用天线的形式及数量应视具体应用而定。

在电感耦合型 RFID 系统中,阅读器天线用于产生磁通量,而磁通是用于向射频电子标签提供能量,并在阅读器和电子标签之间传输信息。

阅读器频率范围不同,天线的类型也不同。一般来说,电感耦合型 RFID 系统一般使用线圈天线,而电磁散射型 RFID 系统采用平板天线。

超高频与微波频段的 RFID 系统中,广泛使用的是平板型天线,它包括全向平板天线、水平平板天线、垂直平板天线等。图 4-19 所示为不同的阅读器天线。

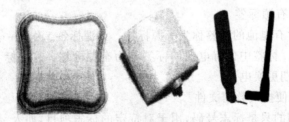

图 4-19 阅读器天线

### 3. RFID 中间件

RFID 中间件扮演电子标签与应用程序之间的中介角色,如图 4-20 所示。应用程序端使用中间件提供的一组通用应用程序接口即能连到 RFID 阅读器,读取电子标签数据。这样,即使存储电子标签信息的数据库软件或后端应用程序增加或改由其他软件取代,或 RFID 阅读器种类增加等情况发生,应用端不需修改也能处理,解决了多对多连接维护的复杂性问题。RFID 中间件功能主要包括阅读器协调控制、数据过滤与处理、数据路由与集成和进程管理。

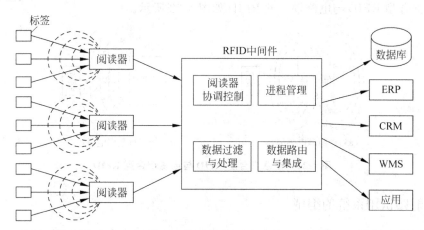

图 4-20 RFID 中间件

### 4. RFID 应用系统软件

RFID 应用系统软件是针对不同行业的特定需求开发的应用软件。它可以有效地控制阅读器对电子标签信息进行读/写,并且对收集到的目标信息进行集中统计与处理。RFID 应用系统软件可以集成到现有的电子商务和电子政务平台中,与 ERP、CRM 及 SCM 等系统结合提高各行业的生产效率。

### (三) RFID 系统的基本工作原理

RFID 系统的基本工作原理如图 4-21 所示,由阅读器通过发射天线发送特定频率的射频信号,当电子标签进入有效工作区域时产生感应,从而被激活,使电子标签将自身编码信息通过内置射频天线发送出去;阅读器接收天线接收到从标签发送来的调制信号,经过天线调解器传送到阅读器信号处理模块,经解调和解码后将有效信息送至后台主机系统进行相关处理;主机系统根据逻辑运算识别该标签的身份,针对不同的设定做出相应的处理和控制,最终发出指令信号控制阅读器完成不同的读/写操作。

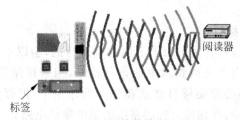

图 4-21 RFID 系统的基本工作原理

电感耦合方式为变压器模型,通过空间高频交变磁场实现耦合,依据的是电磁感应定律,一般适合于中、低频工作的近距离射频识别系统,典型的工作频率有 125kHz、225kHz 和 13.56MHz。电感耦合型 RFID 系统作用距离一般小于 1m,典型的作用距离为 10~20cm。

电磁反向散射耦合方式为雷达原理模型,发射出去的电磁波,碰到目标后反射,同时携带回目标信息,依据的是电磁波的空间传播规律,一般使用于高频、微波工作的远距离 RFID 系统,典型的工作频率有 433MHz、915MHz、2.45GHz 和 5.8GHz,识别作用距离大于 1m,其典型的作用距离为 4~6m。

电感耦合型 RFID 与电磁耦合型 RFID 如图 4-22 所示。

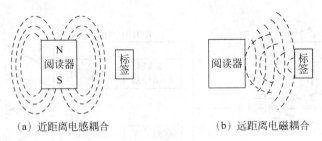

(a) 近距离电感耦合　　　　　(b) 远距离电磁耦合

图 4-22　电感耦合型 RFID 与电磁耦合型 RFID

### (四) 射频识别系统的组成

射频识别系统根据不同的应用目的和应用环境,系统组成会有所不同,但从射频识别系统的工作原理来看,系统一般都由信号发射机、信号接收机、发射接收天线几部分组成,如图 4-23 所示。

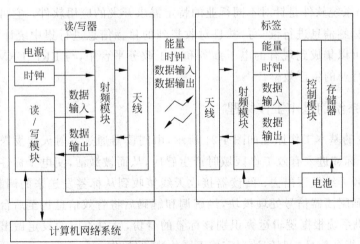

图 4-23　RFID 组成

#### 1. 信号发射机(射频标签)

在射频识别系统中,信号发射机为了不同的应用目的,会以不同的形式存在,典型的形式是标签(tag)。标签相当于条码技术中的条码符号,用来存储需要识别传输的信息。另外,与条码不同的是,标签必须能够自动或在外力的作用下,把存储的信息主动发射出去。标签一般是带有线圈、天线、存储器与控制系统的低电集成电路。

### 2. 信号接收机（读/写器）

在射频识别系统中，信号接收机一般叫作读/写器。根据支持的标签类型不同与完成的功能不同，读/写器的复杂程度显著不同。读/写器基本功能就是提供与标签进行数据传输的途径。另外，读/写器还提供相当复杂的信号状态控制、奇偶错误校验与更正功能等。

### 3. 天线

天线是标签与读/写器之间传递数据的发射、接收装置。在实际应用中，除了系统功率，天线的形状和相对位置也会影响数据的发射和接收，需要专业人员对系统的天线进行设计、安装。

## （五）射频识别系统的工作过程

标签与读/写器之间的数据通信是通过空气介质以无线电波形式进行的。射频识别系统的工作过程主要包括以下几步。

（1）读/写器将设定的数据无线电载波信号经过发射天线向外发射。

（2）当射频识别标签进入发射天线工作区时，射频标签被激活，并将自身信息代码经天线发射出去。

（3）系统的接收天线接收到射频识别标签发出的载波信号，经天线调解器传给读/写器。读/写器对接收到的信号进行解调解码，送后台计算机控制器。

（4）计算机控制器根据逻辑运算判断该射频识别标签的合法性，针对不同的设定做出相应的处理和控制，发出指令信号控制执行机构的动作。

（5）执行机构按计算机的指令动作。

（6）通过计算机通信网络将各个监控点连接起来，构成总控信息平台，根据不同的项目可以设计不同的软件来完成要达到的功能。

## （六）射频识别系统的应用类型

根据射频系统完成的功能不同，可以粗略地把射频系统进行以下分类。

### 1. EAS 系统

EAS（electronic article surveillance）是一种设置在需要控制物品出入的门口 RFID 技术。这种技术的典型应用场合是商店、图书馆、数据中心等地方，当未被授权的人从这些地方非法取走物品时，EAS 系统会发出警告。

在应用 EAS 系统时，首先在物品上贴附 EAS 标签，当物品被正常购买或者合法移出时，在结算处通过一定的装置使 EAS 标签失活，物品就可以取走，物品经过装有 EAS 系统的门口时，EAS 装置能自动检测标签的活动性，发现活动性标签 EAS 系统会发出警告。EAS 技术的应用可以有效防止物品被盗，不管是大件商品，还是很小的物品。

应用 EAS 技术，物品不用锁在玻璃橱柜里，可以让顾客自由地观看、检查商品，这在自选日益流行的时代有着非常重要的现实意义。

### 2. 便携式数据采集系统

便携式数据采集系统是使用带有 RFID 读/写器的手持式数据采集器采集 RFID 标签上的数据。这种系统具有比较大的灵活性，适用于不用安装固定式 RFID 系统的应用环境。

手持式读/写器（数据输入终端）可以在读取数据的同时，通过无线电波数据传输方式实时地向主计算机系统传输数据，也可以暂时将数据存储在读/写器中，成批地向主计算机系统传输数据。

### 3. 物流控制系统

在物流控制系统中，电子标签射频识别技术主要适用的领域有物料跟踪、运载工具和货架识别等要求非接触数据采集和交换的场合，要求频繁改变数据内容的场合尤为适用。RFID读/写器分散布置在给定的区域，并且读/写器直接与数据管理信息系统相连，信号发射机是移动的，一般安装在移动的物体上面。当物体经读/写器时，读/写器会自动扫描标签上的信息，并把数据信息输入数据管理信息系统进行存储、分析、处理，达到控制物流的目的。

如我国香港的车辆自动识别系统——驾易通，采用的主要技术就是射频技术。目前香港已经有8万辆以上汽车装上了电子标签，装有电子标签的车辆通过装有射频扫描器的专用隧道、停车场或高速公路路口时，无须停车缴费，大大提高了行车速度，提高了效率。

### 4. 定位系统

定位系统用于自动化加工系统中的定位以及对车辆、轮船等进行运行定位支持。读/写器放置在移动的车辆、轮船上或者自动化流水线中移动的物料、半成品、成品上，信号发射机嵌入操作环境的地表下面。信号发射机上存储有位置识别信息，阅读器一般通过无线方式或者有线方式连接到主信息管理系统。

### 5. 高速公路自动收费

高速公路上的人工收费由于效率低下而成为交通"瓶颈"，RFID技术应用在高速公路自动收费上，能够充分体现非接触识别的优势，让车辆在高速公路上通过收费站的同时自动完成车辆的识别与收费。据测试，采用这种自动收费方式，车辆通过自动收费卡口车速可保持在40km/h，与停车领卡缴费相比，可节省时间30%～70%。

### 6. 停车智能化管理

在停车智能化管理系统中，RFID技术的使用可以使车辆出入时无须停车，系统自动识别车辆的合法性，完成放行或禁止、记录等管理功能，节约进出场时间，提高工作效率，杜绝管理费的流失。

### 7. 铁路货运编组调度

火车按既定路线运行，速写器安装在铁路沿线，就可得到火车的实时信息及车厢内所装的物品信息。通过读到的数据，能够得到火车的身份，监控火车的完整性，以防止遗漏在铁轨上的车厢发生撞车事故，同时在车站能将车厢重新编组。

### 8. 邮政包裹管理

在邮政领域，如果在邮票和包裹标签中贴上RFID芯片，不仅可以实现分拣过程的全自动化，而且邮件包裹到达某个地方，标签信息就会被自动读入管理系统进行数据的实时更新，顾客就可随时了解所寄收物品的状态。

### 9. 生产物流的自动化及过程控制

用RFID技术在生产流水线上实现自动控制、监视，可提高生产率，改进生产方式，节约成本。如德国宝马汽车公司在装配流水线上应用射频卡；以尽可能大量地生产用户定制的汽车，宝马汽车的生产是基于用户提出的要求式样而生产的，用户可以从上万种内部和外部选项中选定自己所需车的颜色、引擎型号还有轮胎式样等要求，这样一来，汽车装配流水线上就得装配上百种式样的宝马汽车。如果没有一个高度组织的、复杂的控制系统是很难完成这样复杂任务的。宝马公司就在其装配流水线上配有 RFID 系统，使用可重复使用的射频卡，该射频卡上可带有详细的汽车所需的所有要求，在每个工作点处都有读写器，这样可以保证汽车在各个流水线位置处能毫不出错地完成装配任务。

#### 10. RFID 库存跟踪系统

将 RFID 系统用于智能仓库货物管理，RFID 完全有效地解决了仓库里与货物流动有关的信息管理，它不但增加了一天内处理货物的件数，还监控着这些货物的一切信息，射频卡贴在货物所通过的仓库大门边上，读/写器和天线都放在叉车上，每个货物都贴有条码，所有条码信息都被存储在仓库的中心计算机，该货物的有关信息都能在计算机里查到。当货物被装走运往别地时，由另一读/写器识别并告知计算中心它被放在哪个拖车上，这样管理中心可以实时了解到已经生产了多少产品和发送了多少产品，并可自动识别货物，确定货物位置。

#### 11. 集装箱识别系统

将记录有集装箱位置、物品类别、数量等数据的标签安装在集装箱上，借助射频识别技术，就可以确定集装箱在货场内的确切位置，在移动时可以将更新的数据写入射频卡，系统还可以识别允许的集装箱移动，有利于管理和安全。

RFID 技术与应用

## 第三节　信息传输与交换技术

工业、交通及通信的发展，生产社会化促进了经济全球化、跨国公司的涌现，推动了国际贸易的发展。全球贸易额上升带来了各种单证、纸面文件的激增。贸易单证是供应链通畅运行不可缺少的条件。人工处理单证及纸面文件，强度大、效率低、出错率高、费用多，纸面文件成了阻碍贸易发展的一个突出因素。市场竞争的激烈化使生产由大规模批量生产向柔性生产转变，要求小批量多品种生产，以适应瞬息万变的市场行情。组织形态由大型纵向集中式向横向分散式、网络化发展，制造商、供应商、用户之间，跨国公司与各分公司之间要求提高商业文件的传递和处理速度、空间跨度和正确度，追求商业贸易无纸化成为所有贸易伙伴的共同需求。在这种背景下，以计算机网络通信和数据标准化为基础的 EDI 应运而生。20 世纪 60 年代末，美国和欧洲国家几乎同时出现了电子数据交换（EDI）技术并显示出强大的生命力。

物流信息的传输和交换技术是物流信息化的关键技术。近些年来，通信技术、网络技术的飞速发展使信息传输和交互能够可靠、安全、高效地进行，这为物流信息化奠定了基础。对这些技术的原理、应用状况以及发展趋势做一个大概的了解，有利于我们加深对物流信息化内涵的理解，把握物流信息化建设的规律。

## 一、通信技术及发展

### （一）通信的基本概念

通信是在不同地点的双方或多方之间通过传输媒体进行迅速、可靠的信息传递。在古代，人们通过驿站、飞鸽传书、烟火报警等方式进行信息传递。今天，随着科学技术的飞速发展，相继出现了无线电、固定电话、移动电话、互联网甚至可视电话等各种通信方式。通信技术拉近了人与人之间的距离，提高了工作效率，深刻地改变了人类的生活方式和社会面貌。

#### 1. 信号

信号（signal）是数据在传输过程中的电磁波表达形式，分为模拟信号和数字信号。

模拟信号（analog signal）是一种连续变化的电信号，它用电信号模拟原有信息。图 4-24（a）就是声音电压随时间而连续变化的函数曲线，模拟信号的取值可以是无限多个。

数字信号（digital signal）是用离散的、不连续的电信号表示原有信息。一般用"高"和"低"两种电平的脉冲序列组成的编码来反映信息。图 4-24（b）所示为一段数字信号。

数字信号传输时，由于不需要调制解调器，一般比模拟信号传输更经济，而且很少受到噪声干扰的影响。但数字信号比模拟信号容易衰减，因为一个脉冲信号中包含很多高频分量，这些高频分量在传输中衰减很快，因而数字信号只能在有限的距离内传输，需要长距离传输时，可采用中继器，以便有效地克服衰减。

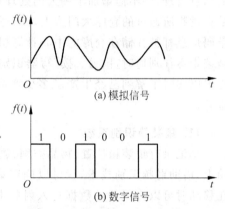

图 4-24　模拟信号和数字信号

#### 2. 通信的定义

通信的目的是传递信息。在电信号出现之前，人们创造了许多种传递信息的方式，如古代烽火台、击鼓、旌旗、航海用的信号灯等。现代社会人们采用电话、文字、电视、遥控等方式来进行信息传递。信息的表达形式有语音、文字、数据和图像等。

通信（communication）是按照一定的协议，在不同地点的双方或多方之间实现迅速、可靠的信息传递。实现通信的方式很多，目前使用最为广泛的是电通信方式，即用"电"来传递信息的通信方法，称为"电信"（telecommunication）。也就是用电信号来携带所需传递的信息，经过各种电信通道进行传输，以达到通信的目的。从广义上来说，光通信也属于电通信，因为光也是一种电磁波。

因此可以这样来定义通信：利用电、光等技术手段，借助电信号或光信号，在不同地点的双方或多方之间实现迅速、可靠的信息传递。

从本质上来讲，通信就是实现信息传递功能的一门科学技术，它要将大量有用的信息高效率、无失真地进行传输，同时还要在传输过程中抑制无用信息和有害信息。因此，通信就是迅速而可靠地传递信息。

## (二)通信系统的基本概念

### 1. 通信系统的一般模型

通信是完成在不同地点的信息传递。因此,实现信息迅速、可靠地传递所需的一切技术设备和传输媒质总的称为通信系统(communication system)。

通信系统可以概括为一个统一的模型,如图4-25所示。它包括以下几部分。

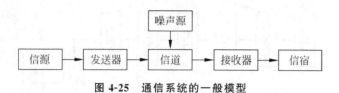

图4-25 通信系统的一般模型

信源:信息的产生地。如通过电话系统进行信息传递时的讲话者。

发送器:将信源发出的信息转换成原始电信号(也称为基带信号),并与信息进行匹配,即将原始电信号变换成适合在信道中传输的信号,如电话系统中电话机就是发送器。

信道:信号传输的通道,可以是有线,也可以是无线,还可以包含某些设备,如电话线。

接收器:将信道中接收到的信号还原出相应的原始电信号,并转换成相应的信息,如电话系统中电话机就是接收器。

信宿:信息传输的目的地。如通过电话系统进行信息传输的听话者。

噪声源:由信息的初始产生环境、构成发送器的电子设备、传输信道以及各种接收设备等产生。为分析方便起见,在模型中把各种噪声集中在一起,用一个噪声源表示,在信道中以叠加的方式引入。

### 2. 通信系统的分类

由于传输信号可分为模拟信号和数字信号,相应的通信系统也分为模拟通信系统和数字通信系统。

(1) 模拟通信系统

模拟通信系统(analog communications system)是通过发送器后送往信道上,传输和处理的是模拟信号系统,图4-26是典型的模拟电话通信系统模型。讲话者发出的信息经过送话器和调制器(即发送器)后,在电话线(即信道)上传输,接收者通过解调器和受话器(即接收器)接收发信者的信息。由于模拟信号频谱较窄,模拟通信系统的信道利用率较高。但由于模拟信号中混入噪声后很难清除,使输出的还原信号容易产生波形失真,因此抗干扰能力较差,且保密性较低。

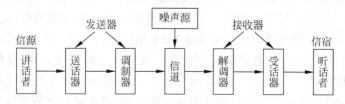

图4-26 模拟电话通信系统模型

(2) 数字通信系统

数字通信系统(digital communications system)是通过发送器后送往信道上,传输和处理的是数字信号系统,图 4-27 是典型的数字电话通信系统模型。

和模拟通信系统相比,数字通信主要优点是抗干扰能力强、可靠性高、保密性好、易于集成化(体积小、自重轻);缺点是占用的频带宽。

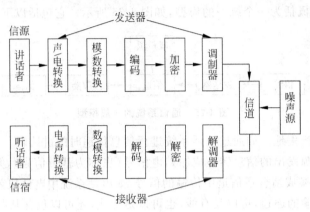

图 4-27　数字电话通信系统模型

(3) 数字通信和模拟通信的比较

模拟通信在历史上曾经占据主导地位,但随着超大规模集成电路工艺的成熟以及计算机技术和数字信号处理技术的发展,数字通信发展迅速,大多数模拟通信系统已被数字通信系统取代。数字通信比模拟通信更具有优势,主要表现在以下几个方面。

① 抗噪声、抗干扰能力强。数字信号在传输中可以消除噪声的积累,所以抗噪声、抗干扰能力强。

数字信号波形的参数是取有限个离散值,例如二进制数字"1""0"信号可以分别用高电平脉冲和零电平脉冲的波形表示。在接收信号时,只需在规定时刻判断信号的有无即可。这种方法就是数字信号的抽样判决方法。把抽样所得数值与某一规定的电平比较,判断信号有无,从而恢复原来的发送波形,消除在传输信道上叠加的噪声。在长途传输信号时,为了弥补传输损耗,在传输线路上设立中继站对信号进行再生放大。用上述方法恢复原来的发送波形,就可以除去前面传输线路加入的噪声。这样,即使中继站再多,也不会有噪声的积累。而模拟系统的中继设备就不能消除这些噪声的累加,最终使接收端收到的信号质量很差。

② 传输信号过程中出现的差错可以控制。由于采用了信道编码,使在传输过程中出现的错误在接收端能被发现并被纠正。信道编码越复杂,检错、纠错能力就越强,也越能保证通信信号的质量。模拟信号当受到噪声干扰时,要保证通信信号的质量,就不那么容易了。数字移动通信的话音质量之所以比模拟系统好,采用编码技术是一个重要原因。

③ 数字信号易于加密,信息传输比较安全。数字信号的特殊形式,使信息加密变得十分容易。例如,把信息比特流按一定的长度分组,用相同长度的一个比特序列(称为密钥)与这些分组进行摩尔加,便完成了信息的加密。在接收端,用相同的密钥与接收到的序列摩尔加,就恢复为原来的信息序列。数字移动通信系统就是采用这方法对信息加密的,密钥长度为 114bit。模拟信号虽然也可以加密,但操作起来要复杂很多。

④ 数字通信设备的产品重复性好，有利于生产以及通信的发展和普及。数字逻辑器件产品的重复性要比模拟器件产品的重复性好，相应地，数字通信设备产品的重复性要比模拟的好。事实上，要在同一批生产的晶体管中找出各种参数完全相同的两个晶体管，是极不容易的事情，但只要求它们在相同的条件下导通或截止（有限状态）就容易得多。这种重复性对环境的影响（温度、老化和机械震动），数字的比模拟的有更强的承受能力。随着超大规模集成电路工艺的成熟，信号处理的许多功能都可以集中在为数不多的芯片上，因而实现大规模生产性能可靠、价格低廉的通信设备是完全可能的。集成电路体积小、重量轻，使通信设备便于携带，有利于通信的普及。

### （三）主要通信方式简介

#### 1．光纤通信

光纤通信是以激光为光源，以光导纤维为传输介质进行的通信。20世纪80年代以来，由于光纤通信损耗低、传输距离长、传输容量大、抗电磁干扰能力强等突出优点，成为电信传输的主要手段，是构成未来信息高速公路骨干网的主要通信方式。

现在的传输网正向着智能化、数字化传输发展。光传送网是通信未来的发展方向，它可以处理高速率的光信号，摆脱电子瓶颈，实现灵活动态的光层联网，透明地支持各种格式的信号以及实现快速网络恢复。数字传输技术正经历着从准同步数字系列、同步数字系列向异步转移模式的发展过程。同步数字系列具有强大的网络运行、管理和维护的功能，是高速大容量传输系统，具有光纤带宽、在光口实现互联、横向兼容等特点。

中国针对未来IP互联网的需求与光网络特点，重点开展以下三个方面的研究工作，并希望能够通过重大项目的联合攻关，掌握其核心技术，推进产业化进程。

① 高速长距离光传输技术。通过研究高速长距离光传输技术，解决未来互联网高速和宽带传输问题。

② 宽带光接入技术。宽带光接入技术是目前研究与应用的热点之一，直接面向业务应用者。通过研究宽带光接入技术，可以解决未来互联网多业务高效接入问题。

③ 节点光交换技术。光交换是一项在节点上以光的形式直接进行交换的先进技术，它突破了光电—电光转换瓶颈，对数据传输透明。

#### 2．卫星通信

卫星通信系统是将通信卫星作为空中中继站，它能够将地球上某一地面站发射来的无线信号转发到另一个地面站，从而实现两个领域或多个领域之间的通信。

卫星通信的特点是通信距离远、容量大、质量高、覆盖面广，具备地面通信无法比拟的优势，从通信到广播、电视，从语音到数据，从低速到高速，从单一信息到多媒体，从固定到移动，卫星通信已经覆盖了几乎所有通信和广播电视领域。

卫星通信主要分同步卫星 GEO 和低、中轨道卫星族 LEO/MEO（low earth orbit/medium earth orbit）两类。同步卫星正在设法加强卫星上转发器的设备和功能，加大发送功率、接收灵敏度，以及进一步加强收发天线的性能，甚至在卫星上装置 ATM 交换机，以与陆地固定通信网相沟通。低、中轨道卫星离地面较近，它们不会像同步卫星那样因传输路程过长而引起过大损耗和过长时延，相应地，与低、中轨道卫星通信的地面终端可以制造得较小和较简单，卫星本身也比同步卫星体积小，较易制造。

卫星通信自身的独特优势，决定了其在实现自身可持续发展的同时，可以有效地支撑社会和经济的可持续发展。

21世纪的卫星通信将向更高频率、更大容量方向发展。卫星间的通信将采用速度快、频带宽、保密性强的激光通信。就地面终端而言，卫星通信地面终端向消费电子产品的方向发展，低成本、多样化、即插即用型的用户设备成为其努力方向，这一方面依靠技术进步和市场规模扩大实现，另一方面靠统一开放的技术标准推动。

### 3. 移动通信

所谓移动通信就是移动体(人、汽车、火车、轮船、飞机，甚至卫星和导弹)之间，或移动体与固定体之间的通信。当前移动通信是指蜂窝公用移动通信、无线寻呼、无绳电话、无线本地环路和专用集群通信。广义地说，它也可包括移动数据通信的内容，即短波移动数据通信网、进行数据通信的蜂窝移动电话网和卫星通信系统。

第一代移动通信系统采用模拟技术，仅能提供话音服务的蜂窝式移动通信系统，话音质量不佳、保密性差、标准太多且不兼容。

第二代移动通信系统使用的数字蜂窝移动通信系统 GSM 及窄带 CDMA，数字信号处理技术是其最基本的技术特征，提供了更高的频谱效率、更先进的漫游。它对移动通信发展的重大贡献是使用 SIM 卡、轻小手机和大量用户的网络支撑能力。使用 SIM 卡作为移动通信用户个人身份和通信记录的载体，为移动通信管理、运营和服务带来极大便利。但由于第二代采用不同的制式，移动通信标准不统一，用户只能在同一制式覆盖的范围内进行漫游，因而无法进行全球漫游，由于第二代数字移动通信系统带宽有限，限制了数据业务的应用，也无法实现高速率的业务，如移动的多媒体业务。

第三代移动通信系统是在第二代移动通信技术基础上进一步演进的以宽带 CDMA 技术为主，并能同时提供话音和数据业务的移动通信系统，是一代能彻底解决第一、第二代移动通信系统主要弊端的先进的移动通信系统，其最基本特征是智能信号处理技术，实现基于话音业务为主的多媒体数据通信，更高的频谱效率、更高的服务质量及低成本。实现全球无线覆盖，真正实现"任何人，在任何地点、任何时间与任何人"都能便利地通信。

第四代移动通信系统是多功能集成的宽带移动通信系统，在业务上、功能上、频带上都与第三代系统不同，可在不同的固定和无线平台及跨越不同频带的网络运行中提供无线服务，比第三代移动通信更接近于个人通信。第四代移动通信技术可把上网速度提高到超过第三代移动技术 50 倍，可实现三维图像高质量传输。

第五代移动通信技术是 4G 之后的延伸，正在研究中。5G 网络正朝着网络多元化、宽带化、综合化、智能化的方向发展。

## 二、数据交换技术

### （一）EDI 的概念

EDI 是英文 electronic data interchange 的略语，中文可译为电子数据交换，它是一种在公司之间传输订单、发票等作业文件的电子化手段。它通过计算机通信网络将贸易、运输、保险、银行和海关等行业信息，用一种国际公认的标准格式，实现各有关部门或公司与企业之间的数据交换及处理，并完成以贸易为中心的全部过程，它是 20 世纪 80 年代发展起来的一种新颖的电子化贸易工具,是计算机、通信和现代管理技术相结合的产物。

联合国国际贸易法律委员会(United Nations Commission on International Trade Law, UNCITRAL)对 EDI 的定义为"EDI 是利用符合标准的结构化的信息从计算机到计算机之间的电子传输"。

国际标准化组织(ISO)将 EDI 描述成"将贸易(商业)或行政事务处理按照一个公认的标准变成结构化的事务处理或信息数据格式,从计算机到计算机的电子传输"。简单地说,电子数据交换是通过电子方式,采用标准化格式,利用计算机网络进行结构化数据的传输和交换。具体而言,EDI 是一套报文通信工具,它利用计算机数据处理与通信功能,将交易双方彼此往来的商业文档(询价单或订货单等)转换成标准格式,并通过通信网络传输给对方,俗称"无纸贸易"。

国际标准化组织电工委员会在 ISO/IEC 14662《信息技术——开放式 EDI 参考模型》国际标准(*Information Technology—Open-EDI Reference Model Standard*)中对 EDI 的定义为"电子数据交换:在两个或两个以上的组织信息系统之间,为实现明确的共同业务目标而在多个自治组织之间,根据开放式的 EDI 标准进行的电子数据交换"。

总结以上定义,可以将 EDI 的概念概括为:EDI 是按照统一规定的一套通用标准格式,将标准的商业信息通过通信网络传输,在贸易伙伴的计算机系统之间进行数据自动交换和处理。EDI 具有以下特点。

(1) EDI 是企业(制造厂、供应商、运输公司等)单位之间传输的商业文件数据。

(2) 传输的文件数据采用共同的标准并具有固定格式,传输过程必须保证数据的完整性、一致性、可靠性。保证贸易伙伴之间数据不间断交换、主数据库中资料与设备不受损坏。

(3) 通过数据通信网络(一般是增值网和专用网)来传输。

(4) 数据通过计算机到计算机的自动传输不需要人工介入操作,由应用程序对它自动响应,实现事务处理与贸易自动化。

应用 EDI 可以使交易双方将交易过程中产生的各种单据以规定的标准格式在双方的计算机系统上进行端对端的数据传送和自动处理,减少了文字工作,并提高了自动化水平,从而使企业实现"无纸贸易",简化业务流程,减少由于人工操作失误带来的损失,能够大大提高工作效率,降低交易成本,加强贸易伙伴之间的合作关系。

### (二) 物流 EDI

EDI 在物流中被广泛应用,称为物流 EDI。所谓物流 EDI,是指货主、承运业主以及其他相关的单位之间,通过 EDI 系统进行物流数据交换,并以此为基础实施物流作业活动的方法。物流 EDI 的参与对象有货主(如生产厂家、贸易商、批发商、零售商等)、承运业主(如独立的物流承运企业等)、实际运送货物的交通运输企业、协助单位(政府有关部门、金融企业等)和其他物流相关单位(如仓库业者、配送中心等)。物流 EDI 的框架结构如图 4-28 所示。

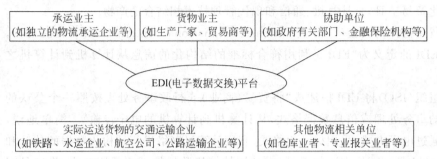

图 4-28　物流 EDI 的框架结构　　　　　　　　　　EDI 介绍

物流 EDI 系统应用实例：由发货业主、物流运输业主和收货业主组成物流模型。这个模型的操作步骤如下。

(1) 发货业主(如生产厂家)在接到订单后制订货物运送计划，并把运送货物的清单及运送时间安排等信息通过 EDI 发送给物流运输业主和收货业主(如零售商)，以便物流运输业主预先制订车辆调度计划，接收货物业主做好接货准备。

(2) 发货业主依据顾客订货的要求和货物运送计划下达发货指令、分拣配货、打印物流条码的货物标签并贴在货物包装箱上，同时把运送货物品种、数量、包装等信息通过 EDI 发送给物流运输业主和收货业主，以便依据指示下达车辆调度指令。

(3) 物流运输业主在向发货业主取运货物时，利用车载扫描仪读取货物标签的物流条码，并与先前收到的货物运输数据进行核对，确认运送货物。

(4) 物流运输业主在物流中心对货物进行整理、集装、列出理货清单并通过 EDI 向收货业主发送发货信息。在货物运送的同时进行货物跟踪管理，并在货物交给收货业主之后，通过 EDI 向发货业主发送完成业务信息和运费信息。

(5) 收货业主在货物到达时，利用扫描仪读取货物标签的物流条码，并与先前收到的货物运输数据进行核对确认，开出收货发票，货物入库。同时通过 EDI 向物流运输业主和发货业主发送收货确认信息。

### 三、EDI 的特点与作用

#### （一）EDI 的实现环境和条件

EDI 的实现需要具备以下四个方面的环境和条件。

**1. 通信网是实现 EDI 的技术基础**

为了传递文件，必须有一个覆盖面广、高效安全的数据通信网作为其技术支撑环境。由于 EDI 传输的是具有标准格式的商业或行政有价文件，因此要求通信网络除具有一般的数据传输和交换功能之外，还必须具有格式校验、确认、跟踪、防篡改、防被窃、电子签名、文件归档等一系列安全保密功能，并且在用户间出现法律纠纷时，能够提供法律证据。

**2. 计算机硬件、专用软件组成的应用系统是实现 EDI 的前提条件**

EDI 用户单位要建立计算机应用系统，而数据处理系统(EDP)的硬件由 PC(或服务器)、调制解调器组成，软件由转换软件、翻译软件、通信软件等组成。由计算机硬件、专用软件组成的应用系统是实现 EDI 的前提条件。

**3．标准化是实现 EDI 的关键**

EDI 是为了实现商业文件、单证的互通和自动处理，这不同于人—机对话方式的交互式处理，而是计算机之间的自动应答和自动处理。因此文件结构、格式、语法规则等方面的标准化是实现 EDI 的关键。

**4．EDI 立法是保障 EDI 顺利运行的社会环境**

EDI 的使用必将引起贸易方式和行政方式的变革，也必将产生一系列的法律问题。例如，电子单证和电子签名的法律效力问题、发生纠纷时的法律证据和仲裁问题等。因此，为了全面推行 EDI，必须制定相关的法律法规，创造良好的社会环境和法律保障。

## (二) EDI 技术的标准

EDI 技术标准主要有 EDI 基础标准(主要包括 EDIFACT 基础标准和开放式 EDI 基础标准)、EDI 代码标准(主要包括管理、贸易、运输、海关、银行、保险和检验等各行业的代码标准)、EDI 报文标准(主要包括海关报文标准、账户报文标准、退休金、卫生、社会保障、统计、通用运输、集装箱运输、危险品、转运以及各种商业报文标准等)、EDI 单证标准(主要包括各式各样的贸易单证标准，如管理、贸易、运输、海关、银行、保险、检验等单证标准)、EDI 网络通信标准(主要包括用于 EDI 的各种通信规程和网络协议)。除以上标准外，还有 EDI 管理标准、EDI 应用标准以及 EDI 安全保密标准等。

## (三) EDI 的特点

(1) EDI 是企业之间传输商业文件数据的一种形式，其使用对象是具有固定格式的业务信息和具有经常性业务联系的单位。

(2) EDI 所传送的资料是一般业务资料，如发票、订单等，而不是指一般性的通知。

(3) EDI 所传输的文件数据采用共同的标准并具有固定格式，如联合国 EDIFACT 标准，这也是与一般电子邮件(E-mail)的区别。

(4) EDI 是由收送双方的计算机系统通过数据通信网络来直接传送、交换资料，尽量避免人工的介入操作。

(5) EDI 与现有的一些通信手段如传真、用户电报、电子邮件(E-mail)等有很大的区别，主要表现在后者需要人工阅读判断处理才能进入计算机系统，需要人工将资料重复输入计算机系统中，浪费人力资源，也容易发生错误。

## (四) EDI 的作用

**1．实现无纸贸易**

采用 EDI 后，原来由人工制作的单据、票证的核计、入账、结算及收发等处理均由计算机来完成。由于数据处理和传送全部依靠计算机和通信网络进行，基本上取消了纸张信息。

**2．提高经营活动效率**

通过建立企业间的数据交换网来实现票据处理、数据加工等事务作业的自动化、省力化、及时化和正确化。同时，实现有关销售信息和库存信息的共享，以及经营活动的效率化。

### 3. 提高数据传输的准确性

由于在数据传输过程中无须人工干预，避免了人为错误，因而提高了信息的准确性。

### 4. 提高企业竞争能力

EDI 作为开展电子贸易的信息化手段，快速提高信息传递速度，有利于快速捕捉市场信息，对客户做出快速响应，提高服务水平，降低贸易成本，提高经济效益，从而增强企业的市场竞争能力。

## 四、EDI 系统

### （一）EDI 系统模型

EDI 包含三个方面的内容，即计算机应用、通信网络和数据标准化。其中计算机应用是 EDI 的条件；通信网络是 EDI 应用的基础；数据标准化是 EDI 的特征。这三方面相互衔接、相互依存，构成 EDI 的基础框架。EDI 系统模型如图 4-29 所示。

图 4-29　EDI 系统模型

计算机应用部分主要包括 EDI 所需的计算机、调制解调器、通信线路等硬件设备及 EDI 软件、相关计算机应用软件。EDI 信息的最终用户是计算机应用软件系统，它自动处理传递来的信息，因而这种传输是机—机、应用—应用的传输，为 EDI 与其他计算机应用系统（如 MIS）的互联提供了方便。

通信网络是实现 EDI 的手段，EDI 通信方式包括点对点、一点对多点、多点对多点、VAN（增值网络）。

标准化是 EDI 最关键部分。EDI 标准主要提供语法规则、数据结构定义、编辑规则和协定、已出版的公开文件。目前国际上流行的 EDI 标准是由联合国欧洲经济委员会（United Nations Economic Commission for Europe，UNECE）制定颁布的《行政、商业和运输用电子数据交换规则》（EDIFACT），以及美国国家标准局特命标准化委员会第十二工作组制定的 ANSI X.12。从内容上看，这两个标准都包括 EDI 标准的三要素，即数据元、数据段和标准报文格式。

### （二）EDI 系统结构

在 EDI 工作过程中，所交换的报文都是结构化的数据，整个过程都是由 EDI 系统完成的。EDI 系统结构如图 4-30 所示。

#### 1. 用户接口模块

业务管理人员可用此模块进行输入、查询、统计、中断、打印等，及时了解市场变化，调整策略。

#### 2. 内部接口模块

这是 EDI 系统和本单位内部其他信息系统及数据库的接口，一份来自外部的 EDI 报

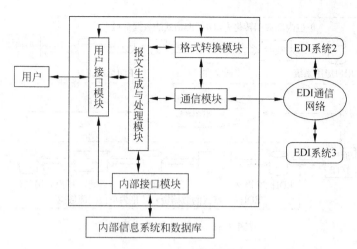

图 4-30　EDI 系统结构

文,经过 EDI 系统处理之后,大部分相关内容都需要经内部接口模块送往其他信息系统,或查询其他信息系统才能给对方 EDI 报文以确认的答复。

3. 报文生成与处理模块

该模块有两个功能:①接受来自用户接口模块和内部接口模块的命令和指示,按照 EDI 标准生成订单、发票等各种 EDI 报文和单证,经格式转换模块处理之后,由通信模块经 EDI 网络发给其他 EDI 用户。②自动处理由其他 EDI 系统发来的报文。在处理过程中要与本单位信息系统相连,获取必要信息并给其他 EDI 系统答复,同时将有关信息送给本单位其他信息系统。

如因特殊情况不能满足对方的要求,经双方 EDI 系统多次交涉后不能妥善解决的,则把这一类事件提交用户接口模块,由人工干预决策。

4. 格式转换模块

所有的单证都必须转换成标准的交换格式,转换过程包括语法上的压缩、嵌套、代码的替换以及必要的 EDI 语法控制字符,在格式转换过程中要进行语法检查,对于语法出错的 EDI 报文,应拒收并通知对方重发。

5. 通信模块

该模块是 EDI 系统与 EDI 通信网络的接口,包括执行呼叫、自动重发、合法性和完整性检查、出错报警、自动应答、通信记录、报文拼装和拆卸等功能。

(三) EDI 系统工作原理

目前通用的 EDI 通信网络,是建立在 MHS 数据通信平台上的信箱系统,其通信机制是信箱间信息的存储和转发。具体实现方法是在数据通信网上加挂大容量信息处理计算机,在计算机上建立信箱系统,通信双方需申请各自的信箱,其通信过程就是把文件传到对方的信箱中。文件交换由计算机自动完成,在发送文件时,用户只需进入自己的信箱系统。EDI 的工作原理见图 4-31。

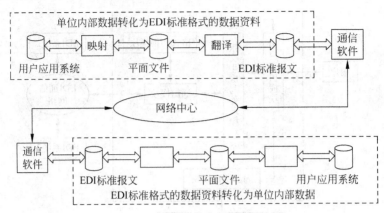

图 4-31　EDI 系统工作原理

**1．平面文件转换及初始化过程**

用户应用系统与平面文件之间的转换过程（即映射）是联结翻译和用户应用系统的中间过程。用户应用系统存储了生成报文所需的数据，该过程的任务就是读取用户数据库中的相关数据，按照不同的报文结构生成平面文件以备翻译。平面文件不必包含用户文件的全部数据，只需包含要翻译的数据。在实际应用中，用户可将翻译系统和应用系统集成起来，在输入数据时，直接生成平面文件，随后再翻译。

**2．翻译过程**

翻译就是根据报文标准、报文类型和版本，将平面文件转换为 EDI 标准报文。而报文标准、报文类型和版本由上述 EDI 系统的贸易伙伴清单确定，或由服务机构提供的目录服务功能确定。实际上，翻译的过程就是翻译程序根据标准的句法规则，用规定分隔符将平面文件中的数据连接起来，生成不间断的 ASCII 码字符串，并根据贸易伙伴清单生成报文头，最后生成报文尾。

**3．通信过程**

翻译过程结束，生成 EDI 交换通信参数文件，一般包含电话拨号、网络地址或其他特殊地址符号，以及表示停顿、回答和反应的动作描述码。通信软件根据这些通信设置拨通网络，建立用户的 EDI 服务通道，进行文件传输。

以上三步是 EDI 实现的前三步，即平面转换、翻译和通信。接下来的工作是交易接收方从信箱中收取 EDI 信件，翻译、映射并转送到应用系统中做进一步处理。

## （四）EDI 系统的特点

**1．有利于系统维护**

EDI 系统选用 3 层 C/S 结构，由多平台、多种数据库集成，应用服务器一端使用同一接口连接数据库，这样很大程度简化了应用的复杂程度，有利于系统维护。

**2．客户操作简单**

根据传统的操作方式，订舱是在客户发出委托书之后进行的。如果中间由于某些错误而没有收到客户的信息，不仅会影响工作效率，更会影响交易双方之间的合作。现在，客户只要在公司网上输入公司协议号,进入后再输入货物的信息,就可以查询货物的订舱情况。

### 3. 应用范围广

除在订舱这一部分采用登录的方式之外,其他功能也是对整个社会开放的,进一步满足货主、货运代理公司等不同客户的需要。

### 4. 安全机制完善

选用最新的防火墙技术,充分保证网络信息的安全性,并且外部路由器负责控制与外部网络的连接,保证了数据的安全传递,阻止了与交易无关的人登录。

## 本 章 小 结

物流信息技术是现代信息技术在物流各个环节作业中的综合应用,是现代物流区别于传统物流的根本标志,也是物流技术中发展最快的领域。现代物流业的发展有赖于信息技术的提升,信息技术对现代物流业的发展有着巨大的推动作用。物流信息技术广泛运用于物流业的各个领域,对物流发展起到了很大的推动作用。本章主要介绍了条码识别技术、射频识别技术及其应用与EDI技术,物流信息识别与处理技术的发展使物流管理过程变得更加简单。

## 思 考 题

1. 说明数据自动采集技术是什么。
2. 谈谈对条码技术的认识。
3. 说明条码的机构与种类。
4. 条码技术的特点是什么?编码方法是什么?有哪些原则?
5. 条码技术的原理是什么?
6. 射频识别技术的定义与特点是什么?
7. 射频识别技术有哪些组成结构?
8. 对射频识别技术的应用有哪些?
9. EDI 的定义、特点与作用是什么?
10. 说明 RDI 系统的组成与工作原理。

## 案 例 分 析

### RFID 技术在物流中的应用

物流领域一直是 RFID 行业关注的重点,因为该领域每天都有庞大的物流商品流转,如果每件物品都贴上电子标签,那么标签用量非常可观。另外,作为物流企业,也非常希望用一种速度快、稳定性好的技术取缔传统技术,基于此,物联网、RFID、语音拣选等技术已逐渐融入物流行业。

## 一、多方云动，RFID 物流应用市场显现

物流行业对 RFID 技术充满了挑战。在中国，DHL 智能仓储管理中已经采用物联网相关技术，并且规模巨大，一期项目就采用了 500 万枚 RFID 电子标签，已全部上线运行；二期在全国 14 个省市扩展应用，正在进行中。

从 2017 年 1 月起，申通快递江、浙、沪、皖各网点及转运中心互流件全面使用环保袋建包。这款新型的环保袋内置芯片拥有定位追踪功能，能够准确定位袋子最终所在位置。同时可以绑定大条码，识别目的地，达到自动分拣的效果。配备 RFID 巴枪可实现实时扫描在线查询大包号、始发网点、目的地等。此外，安吉物流公司东北分区沈阳 WMS&RFID 系统正式上线。

可以看出，虽然很多物流企业本着谨慎态度，观望试点，但是新的购物模式，以及飞速发展的国民经济已经不允许有过多的时间再考虑，接下来将会有更多的物流企业加入其中。

除了物流企业自身的需求推动 RFID 技术在物流领域深入发展，也离不开 RFID 企业的技术背书。企业资产、人员和业务实时可视化产品与服务全球领先提供商斑马技术公司（Zebra）就联合京东和神州数码宣布京东斑马神州数码物联网＋电商物流联合实验室在北京正式启动。本着"共同探索，开创未来"的愿景全面合作共建实体性科研平台，集合了三方在物流管理、数据采集、移动计算、机器视觉、云计算、物联网等领域的先进技术和人才方面的优势资源。华为也联手德国 DHL 开展物联网创新，双方签署了合作备忘录（MOU），将通过工业级物联网硬件和基础设施，为客户开发一系列的供应链解决方案。

继瑞士国家铁路局（Swiss Federal Railways）将 Vilant 的超高频（UHF）RFID 标签运用在客运列车后，该公司旗下铁路货运业者 SBB Cargo 也将这项技术部署到上千辆货车上，借以在车站及集货场追踪货车进出动向，提升客户装卸货效率，避免错误及延迟的情形发生。

## 二、技术虽好，但问题不少

虽然部署 RFID 可以让物流企业获得缩短作业流程、增大配送中心的吞吐量、改善盘点作业质量、增加供应链管理的透明化程度、传送信息更加迅速、准确、安全等，但问题也不少。

**1. 物品的物理属性**

众所周知，物流运输的物品多种多样，包括各种液体、金属等。一般来讲，可导电的液态物质会对电磁波产生很强的吸收作用，而金属物品或者高密度的非金属材料会对电磁波产生反射作用。而在物流应用场合，特别是在日用百货、行包分拣等场合，往往物流对象物的内容是不确定的，也就是说，物流对象物的性质是非常复杂的，有固体、有可导液体、可能还存在金属物品。一般来讲，对于含有可导液态媒介的产品，可以采用低频（LF）或者高频（HF）产品进行识别；而对于非金属、非可导媒介物的识别，则可以采用超高频（UHF）系统；而对于金属材料物品的识别，目前一般采用在金属与被识别物体和标签之间添加一层铁氧体材料方式来解决。

**2. 物体的形状和大小**

被识别物体的形状涉及标签的安装，对于规则形状的物体来讲，标签安装较为容易，或粘贴，或挂贴，被识别对象物本身不会对标签形成遮挡，但是物流堆场会有许多物品堆积，即使是不可导、非金属的材料，它也会对电磁波形成一定的衰减效应，从而影响 RFID 的识别效果。另外，标签的阅读也可能会存在一定的方向性。物体形状的不规则特别是柔性的包

装袋会改变标签的阅读方向,从而会导致阅读率降低。此外,被识别物体的大小直接关系到系统阅读距离的远近,以及影响阅读器系统的安装方式。当然,如果标签是固定安装在阅读器天线的一侧,则能够保证阅读效果比较理想。

**3. 对象的移动速度**

被识别物体移动速度的快慢关系到标签在电磁场中停留的时间,也就是标签获取能量的时间,这个时间越长,标签内部电容充电越多,持续的放电时间也越长,工作越稳定可靠。因此,过高的速度会影响到阅读结果的准确性。不过随着读/写器和天线性能的逐步改善,这个问题将不会突出。

**4. RFID 系统的识别能力**

非接触式识别是 RFID 所固有的优良特性之一。但是,同时识别的标签数越多,系统阅读越不可靠。针对不同的频率系统,系统的抗冲撞性能也会有所差异。超高频的抗冲撞性能最好,低频最差。另外,如果物品粘贴的不是同一类型标签,也会造成无法识别的情况出现。

**5. 安装环境**

由于 RFID 系统赖以工作的基本原理是电磁波的耦合与传播,因此,系统的性能对安装环境的电磁影响是非常敏感的。在实际应用中,安装环境的一根电线、网线等都可能会对系统的阅读性能产生影响。在物流中心,可能会有各种金属性的架子,这就会严重影响 RFID 电磁波的传输。

**6. 应用层级**

RFID 系统所谓的应用层是指 RFID 标签应用到那个层次,是单品级、小包装级、大包装级、托盘级还是集装箱级等。以卷烟为例,其应用可以是每一包香烟,也可以是一条,或者是一箱,而对于库房管理来讲,还可以是一个托盘。不同层级的应用会改变识别物的大小、同时识别的识别物多少等,因此也会影响到识别效果的好坏。

**7. 标签形状大小和安装**

标签的形状大小与安装方式也会影响使用的稳定性。标签的形状各种各样,包括条形的、卡片形的、圆柱形的以及各种异型标签。标签的大小和形状需要根据具体的应用系统需求来决定。但标签越小,阅读效果越差,标签的封装越困难。标签安装包括粘贴、挂贴、内嵌、佩戴等方式,对于卡车、集装箱等应用较大型标签,还可以采用铆接的形式,安装方式与安装位置选择对于系统来讲,同样是非常重要的。

**8. 标签的成本**

对于 RFID 系统来讲,标签是消耗品。系统的其他投资是一次性的,而标签的投资则是经常性的,即使是可以回收利用的系统,也需要经常补充损坏或者遗失的标签。目前,标签的成本还是比较高,因此,RFID 系统的选择必须根据被识别物品本身的价值以及所能创造的附加值等来综合考虑。

虽然,RFID 在物流领域应用中还有许多问题要面对,但从总体上讲,智慧物流已经是发展趋势,RFID 在该领域的技术优势开始展现,随着物流企业技术革新进程的加快,RFID 技术必将分得一席之地。

**案例讨论:**

结合本章学习谈谈该篇文章对你的启示是什么?

# 第五章

# 空间信息技术

### 章节知识框架

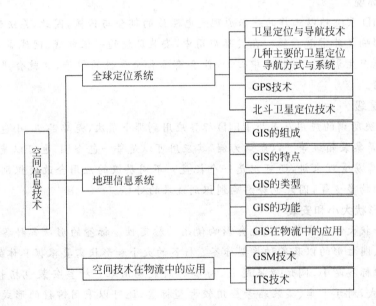

### 学习导航

通过本章的学习,了解空间信息技术,以及空间信息技术的发展;掌握空间信息技术的概念、内涵、基本内容;了解空间信息技术在软硬件平台发展趋势及其在物流中的应用,对空间信息技术有一个总体认识。

### 教学建议

建议重点关注中国北斗卫星定位技术的各种新应用、新价值。

> 导入案例

### 京东展示物流配送平台 GIS 系统应用为北斗支招

京东通过自主研发的 GIS 系统,对订单轨迹、行车轨迹、配送员轨迹做实时监控和调度。在企业端完成站点规划、车辆调度、GIS 预分拣、配送员路径优化、GIS 单量统计等模块管理,对用户实现 LBS(基于位置的服务)、订单全程可视化、送货时间可预期、基于 GIS 的 O2O 等服务,大大提高了用户的购物体验。

京东 GIS 系统架构包含基础层、展示层、监控层和运营层,通过不断进行系统优化,京东物流系统已发挥出规模效应,有效解决了物流配送环节的突出问题(图 5-1)。在北斗产业化应用方面,京东物流体系对北斗芯片的功耗要求更低,稳定性要求更高,专家建议有关北斗芯片研发、系统生产厂家可以积极扩展商业联盟,和互联网企业结合,从芯片研发到企业应用形成闭环效应,以提高北斗在生产、生活等实际应用方面的规模和效率,做大做强北斗产业。

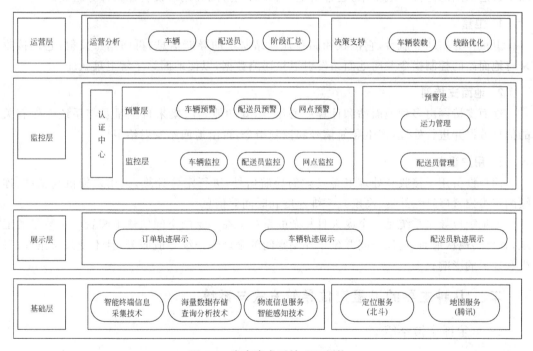

图 5-1 京东青龙系统 GIS 架构

我国北斗市场空间巨大,产业发展迅速,预计到 2020 年将超 4 000 亿元,在这个过程中,北斗终端市场占有率将迅速提升,届时可望发展成为全球范围内与 GPS 比肩的导航系统。业内人士认为,京东在北斗应用方面不断地研发与探索,不但能够为京东物流配送体系的发展提供有力保障,进一步提升京东的用户体验,同时也积极推动了北斗技术的落地,促进北斗相关产业的共同发展,为北斗产业联盟的形成与壮大做出贡献。

思考题:

1. 京东对 GIS 有哪些应用?
2. 你对空间信息技术有哪些了解?

## 第一节 全球定位系统

### 一、卫星定位与导航技术

定位与导航技术是涉及自动控制、计算机、微电子学、光学、力学及数学等多学科的高技术,是实现飞行器特别是航天器飞行任务的关键技术,是指利用卫星定位导航系统提供的位置、速度及时间等信息来完成对各种目标的定位、导航、监测和管理的技术,是一种以卫星为基础的无线电导航系统。

随着通信技术、计算机技术、航天与空间技术的迅猛发展,促使导航与定位技术、无线电导航设备及导航系统日新月异。卫星定位导航系统提供了全球、全天候、高精度、快速响应的连续导航、定位和授时信息服务,是一种可供陆、海、空领域的军民用户共享的信息资源。目前,卫星定位导航技术已基本取代无线电导航、天文测量、传统大地测量技术,成为人类活动中普遍采用的定位导航技术,通常由卫星、地面支持网和用户设备三大部分组成。

#### 1. 卫星

卫星作为空间导航台,它接收和储存地面站制定的导航信息,再向用户发射,它还接收来自地面站的控制指令并向地面站发射卫星遥测数据,以便地面站了解卫星状况。

#### 2. 地面支持网

地面支持网由多种地面站和计算中心组成,其功能是收集来自卫星及与系统工作有关的信息数据并进行处理,产生导航信号和控制指令,再由地面站发射给卫星。

#### 3. 用户设备

用户设备用于接收和处理卫星发射的导航信号,进行定位计算,为用户提供高精度、连续的三维位置(经度、纬度、高度)、三维速度和时间等信息。

卫星定位导航系统是一个庞大且复杂的系统。在一定的空间轨迹上配置一定数量的卫星,就可实现从地面、近地空间并延至外层空间的全球性连续导航服务,且不受气象条件、昼夜和地形的影响。

### 二、几种主要的卫星定位导航方式与系统

#### (一)全球定位系统

全球定位系统(GPS)是"授时、测距导航系统/全球定位系统(Navigation Satellite Timing and Ranging/Global Positing System)"的简称。GPS的空中卫星网由21颗工作卫星和3颗备用卫星组成。卫星识别根据调制码来区分卫星。在地球上任何地点、任何时刻都能观测到5~8颗卫星。每颗卫星都采用两路载频传送信号。导航的数据报文叠加在这些码上,两路载频上承载着相同的导航数据报文。P码通常是加密的,只有C/A码可供民用。

GPS的地面支持网由1个主控站、3个注入站和5个监测站组成。用户部分包括GPS接收机和用户团体。GPS接收机的体积很小,造价很低,这是它能够广泛应用的基础。GPS接收机能够处理特殊编码卫星信号,用以计算位置、速度和时间。根据三角测量法,计算位

置($x$、$y$、$z$)和时间需要 4 颗卫星,三维导航是 GPS 的基本功能,GPS 接收机可提供导航、定位、实时和测量等功能。

### (二) 全球导航卫星系统

全球导航卫星系统(Glonass)卫星星座由 24 颗卫星组成,均匀分布在 3 个近圆形轨道平面上,根据载波频率来区分不同卫星。

Glonass 的地面支持网有 5 个跟踪站、9 个监测点和 1 个主控站。Glonass 的优点是卫星轨道倾斜度较高,所以在高纬度(50°以上)地区的卫星可视性要比 GPS 好。

Glonass 的定位技术与 GPS 相同,即以精确的定时和卫星量程计算为基准来进行。所需的精确定时由每颗卫星上的多个原子钟来提供。Glonass 卫星发送两个伪随机噪声代码:一个代码是民用码(标准定位服务),其码率是 511Kb/s;另一个代码是机密军用码(精密定位服务),其码率为 5.11Mb/s。码率数值越高,定位精度越高。Glonass 接收机的工作原理与 GPS 接收机大致相当。

### (三) Galileo 系统

Galileo 系统的星座由 30 颗 MEO 卫星组成。Galileo 卫星的飞行高度达到距地 24 000km,倾角为 56°,分布在 3 个轨道面上,每个轨道面部署 9 颗工作星和 1 颗在轨备份星。系统传递的信号强度优于 GPS,提高了抗干扰性。

在频段使用方面,Galileo 系统根据国际合作的形式,考虑向 GPS 或 Glonass 靠拢,以便与现行系统实现最大兼容。在建设体系结构中,主要的挑战在于定时问题,即时间同步。Galileo 将使用地面上的铯原子钟,而 GPS 的这些时钟是安装在卫星上的。Galileo 卫星上配备的时钟可以提供纳秒级的定时精度,轨道的计算在地面上进行。

Galileo 系统独立于 GPS,频段分开,但与 GPS 兼容和相互操作,包括时间基准和测地坐标系统、信号结构以及两者的联合使用。Galileo 系统与 GPS 相比,有较大的不同和优越性。例如,Galileo 系统的卫星数量多、轨道位置高、轨道面少,Galileo 更多用于民用,且定位精度优于 GPS。

### (四) 北斗卫星定位导航系统

北斗卫星导航系统是中国作为独立发展、自主运行的全球卫星导航系统,是中国正在建设的重要空间信息基础设施,可广泛用于经济社会的各个领域。

北斗卫星导航系统能够提供精度高、可靠的定位、导航和授时服务,具有导航和通信相结合的服务特色。这一系统在测绘、渔业、交通运输、电信、水利、森林防火、减灾救灾和国家安全等诸多领域得到应用,产生了显著的经济效益和社会效益,特别是在四川汶川、青海玉树抗震救灾中发挥了非常重要的作用。

中国北斗卫星导航系统是继美国 GPS、俄罗斯格洛纳斯、欧洲伽利略之后,全球第四大卫星导航系统,它将定位导航、双向数据通信和精密授时结合在一起。与 GPS 系统不同的是,所有用户终端位置的计算都是在地面控制中心站完成。因此,地面控制中心站可以保留全部北斗终端用户机的位置及时间信息。地面控制中心站包括地面应用系统和测控系统,具有位置报告、双向报文通信和双向授时功能。用户终端部分是直接由用户使用的设备,用于接收地面中心站经卫星转发的测距信号。根据执行任务不同,用户终端分为定位通信终端、集团用户管理站终端和差分终端、校时终端等。

北斗卫星导航系统的建设目标:建成独立自主、开放兼容、技术先进、稳定可靠的覆盖全球的北斗卫星导航系统,促进卫星导航产业链形成,形成完善的国家卫星导航应用产业支撑、推广和保障体系,推动卫星导航在国民经济社会各行业的广泛应用。

北斗卫星导航系统由空间段、地面段和用户段三部分组成,空间段包括 5 颗静止轨道卫星和 30 颗非静止轨道卫星,地面段包括主控站、注入站和监测站等若干个地面站,用户段包括北斗用户终端以及与其他卫星导航系统兼容的终端,提供覆盖全球的高精度、高可靠的定位、导航和授时服务,使高精度的北斗卫星导航系统实现自主创新,既具备 GPS 和伽利略系统的功能,又具备短报文通信功能。

## 三、GPS 技术

GPS 是美国国防部发射的 24 颗卫星组成的全球定位、导航及授时系统。这 24 颗卫星分布在高度为 20 000km 的 6 个轨道上绕地球飞行。每条轨道上拥有 4 颗卫星,在地球上任何地点、任何时刻都可以同时接收到来自 4 颗卫星的信号。也就是说,GPS 的卫星所发射的空间轨道信息覆盖着整个地球表面。

### (一) GPS 的组成

GPS 由空间卫星系统、地面监控系统、用户接收系统三大子系统构成,如图 5-2 所示。

#### 1. 空间卫星系统

(1) 卫星星座及其几何分布

空间卫星系统由均匀分布在 6 个轨道平面上的 24 颗高轨道工作卫星构成,其中 21 颗为工作卫星,另外 3 颗为备用卫星。GPS 空间卫星的分布方式如图 5-3 所示,可以保证在地球上任何地点、任何时间都能观测到 4 颗以上的卫星(最多可以看到 11 颗卫星),从而提供全球范围从地面到 20 000km 高空间任一载体的三维位置、三维速度和系统时间信息。

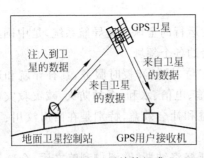

图 5-2　GPS 系统的组成

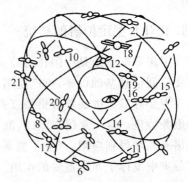

图 5-3　GPS 卫星分布

(2) GPS 卫星的主要功能

GPS 卫星的主体部分近似呈圆柱体,两侧配有双叶太阳能电池板,如图 5-4 所示。太阳能电池板能自动对日定向,保证卫星的日常工作用电。

另外，每颗卫星都配备 4 台原子钟，包括 2 台铷钟（rubidium，RB）和 2 台铯钟（cesium，CS），这是卫星的关键设备之一。原子钟可提供高精度的时间标准，为 GPS 发送标准频率信号提供保证。

GPS 卫星的主要功能如下。

① 接收并存储发自地面监控站的导航信息。

② 利用星载高精度原子钟提供精确时间标准。

③ 通过卫星上的微处理机进行某些必要的数据处理。

图 5-4　GPS 卫星图片

④ 向用户播发定位数据信息。

⑤ 在地面监控站的指令下调整卫星飞行姿态或启用备用卫星。

除上述功能外，部分 GPS 卫星还装配有某些附加设备，例如星载激光发射器和用于检测核爆炸的传感器。前者可用于激光测距（satellite laser ranging，SLR），后者主要用来监视美国以外的核国家在地面或大气层中进行核试验的情况。

**2．地面监控系统**

为确保 GPS 良好运行，地面监控系统发挥了极其重要的作用。其主要任务是监视卫星运行，确定 GPS 时间系统，跟踪并预报卫星星历和卫星钟状态，向每颗卫星数据存储器注入卫星导航数据。

地面监控系统由均匀分布在美国本土和三大洋的美国基地上的 5 个监测站、1 个主控站和 3 个注入站构成。

（1）主控站

主控站设在美国科罗拉多州斯普林斯空间联合执行中心。除负责管理和协调整个地面监控系统的工作外，其主要任务是根据本站和其他监测站的所有跟踪观测数据，计算各卫星的轨道参数、钟差参数及大气层的修正参数，编制成导航电文，并传送至注入站。主控站还负责调整偏离轨道的卫星，使之沿预定轨道运行。

在美国马里兰州的盖茨堡设有一个备用主控站，它的作用和主控站完全一样，在某些特殊情况发生时启用。一旦需要，主控站的工作人员能在 24 小时内集结于备用主控站并展开工作。为了确保万无一失，备用主控站每年都要进行实际操作演练。

（2）监测站

监测站是在主控站控制下的数据自动采集中心。GPS 在全球共有 5 个监测站，分布在美国本土和三大洋的美军基地上，主要任务是对 GPS 卫星数据和当地的环境数据进行采集、存储并传送给主控站。站内配备有 GPS 双频接收机、高精度原子钟计算机和若干环境参数传感器。接收机用来采集 GPS 卫星数据、检测卫星工作状况；原子钟提供时间标准；环境参数传感器则收集当地有关的气象数据。所有数据经计算机初步处理后存储并传送给主控站，再由主控站做进一步数据处理。

（3）注入站

3 个注入站分别设在南大西洋的阿松森岛、印度洋的迪戈加西亚岛和南太平洋的卡瓦加兰。其主要任务是将主控站发来的卫星星历、导航电文、钟差和其他控制指令，以一定的格式注入相应卫星的存储系统，并监测注入信息的准确性。此外，注入站能自动向主控站发射信号,每分钟报告一次自己的工作状态。全球共有 3 个地面天线站,分别与 3 个监测站重合。

整个 GPS 地面监控部分,除主控站外均无人值守。各站之间用现代化通信网络联系,在原子钟和计算机的精确控制下,各项工作实现了高度自动化和标准化。

### 3. 用户接收系统

用户接收系统主要由以无线电传感和计算机技术支撑的 GPS 卫星接收机和 GPS 数据处理软件构成。该系统用于接收 GPS 卫星发射信号,经信号处理而获得用户位置、速度等信息,再通过数据处理完成导航和定位。

GPS 用户设备部分主要包括 GPS 接收机、天线、微处理器、终端设备以及电源等。其中接收机及其天线是用户设备的核心部分,一般习惯上统称为 GPS 接收机,如图 5-5 所示。

图 5-5　GPS 接收机

根据接收机的结构,可分为天线单元和接收单元两大部分。一般将两个单元分别装配成两个独立的部件,观测时将天线单元置于观测点上,接收单元置于观测点附近适当的地方,两者之间用电缆线连成一个整机。也有的接收机将天线单元和接收单元制成一个整体,观测时将其安置在观测点上。

天线单元由接收天线和前置放大器两个部分组成。接收天线大多采用全向天线,可接收来自任何方向的 GPS 信号,并将电磁波转化为变化规律相同的信号。前置放大器可将极微弱的 GPS 信号予以放大。

数据记录器用来记录接收机所采集的定位数据,以供测后数据处理之用。目前多用固态存储器取代以前的磁带记录器。

GPS 信号接收机一般采用机内和机外两种直流电源。设置机内电池的目的是在更换外接电源时可以不中断连续观测。当机外电源电压低到某一数值,会自动接通机内电池。当使用机外电源观测时,机内电池能自动地充电。关机后,机内电池为 RAM 存储器供电,以防止数据丢失。

视频监视器包括一个显示窗和一个操作键盘,它们均设在接收单元的面板上。观测者通过键盘操作,可从显示窗上读取数据和文字。例如,查询仪器的工作状态、检核输入数据的正误等。

随着 GPS 定位技术的迅速发展及应用领域的不断开拓,世界各国对 GPS 接收机的研制与生产都极为重视。目前世界上 GPS 接收机的生产厂家约有数百家,型号超过数千种,而且越来越趋于小型化。

GPS 接收机作为一个用户设备,除应具有接收机、天线和电源等硬件设备外,其软件部分也是构成现代 GPS 的重要组成部分之一。软件包括"内软件"和"外软件"。"内软件"是指诸如控制接收机信号通道、按时序对各卫星信号进行测量的软件,以及内存或固化在中央处理器中的自动操作程序等。这类软件已和接收机融为一体。而"外软件"主要是指观测数据后处理的软件系统,一个功能齐全、品质优良的软件不仅能方便用户使用,满足用户的多方面要求,而且对于改善定位精度、提高作业效率和开拓新的应用领域都具有重要意义。软件的质量和功能已成为反映现代 GPS 先进水平的一个重要标志。

### (二) GPS 的特点

GPS 系统与其他导航系统相比,主要有以下几个特点。

#### 1. 定位精度高

GPS 可为各类用户连续地提供高精度的三维位置、三维速度和时间信息。大量的实践和研究表明,用载波相位测量方法进行静态相对定位,在小于 50km 的基线上,目前达到的典型精度为 $1\times10^{-6}$,而在 100～500km 的基线上可达 $0.1\times10^{-6}$。随着观测技术与数据处理方法的不断优化,在大于 1 000km 的距离上,相对定位精度可达到 $0.01\times10^{-6}$,其精度是惊人的。

在实时动态定位(RTK)和实时差分定位(RTD)方面,定位精度也有了显著性的突破。目前可分别达到厘米级和分米级的定位精度,能满足各种工程测量的要求。

#### 2. 观测时间短

随着 GPS 系统的不断完善、软件水平的不断提高,观测时间已由以前的几小时缩短至现在的几十分钟,甚至几分钟。目前采用静态相对定位模式,观测 20km 以内的基线所需观测时间,双频接收机仅需 15～20min;采用快速静态相对定位模式,当每个流动站与基准站相距在 15km 以内时,流动站观测时间只需 1～2min;采取实时动态定位模式,流动站出发时观测 1～2min 进行动态初始化,然后可随时定位,每站观测仅需几秒。因此,用 GPS 技术建立控制网,可以大大提高作业效率。

#### 3. 测站间无须通视

经典测量技术均有严格的通视要求,必须建造大量的视标,这给经典测量的实施带来了相当的困难。GPS 测量只要求测站上空开阔,与卫星间保持通视即可,不要求测站之间互相通视,因而不需要建造视标。这一优点既可大大减少测量工作的经费和时间(一般造标费用占总经费的 30%～50%),同时也使选点工作变得非常灵活。

#### 4. 仪器操作简单

随着 GPS 接收机的不断改进,GPS 测量的自动化程度越来越高。测量员在观测中的主要任务只是安置仪器,连接电线,量取天线高和气象数据,监视仪器的工作状态,而其他观测工作,如卫星的捕获、跟踪观测和记录等均由仪器自动完成。结束测量时,仅需关闭电源,收好接收机,便完成了野外数据采集任务。

如果在一个观测点上需作较长时间的连续观测,有的接收机还可以实行无人值守的数据采集,通过数据通信方式,将所采集的数据传送到数据处理中心,实现全自动化的数据采集与处理。另外,现在的接收机体积越来越小,相应的重量也越来越轻,使携带和搬运都很方便,极大地减轻了测量工作者的劳动强度,使野外测量工作变得轻松愉快。

#### 5. 全球全天候定位

GPS 卫星的数目较多,且分布均匀,保证了全球地面被连续覆盖,使地球上任何地方的用户在任何时间至少可以同时观测到 4 颗 GPS 卫星,可以随时进行全球全天候的各项观测工作。除打雷闪电的天气不宜观测外,其他天气(如阴雨、下雪、起风、下雾等)均不受影响,这是经典测量手段所望尘莫及的。

#### 6. 可提供全球统一的三维地心坐标

经典大地测量将平面与高程采用不同方法分别测量，而 GPS 测量可同时精确测定观测点平面位置和大地高程。目前 GPS 可满足四等水准测量的精度。GPS 测量的这一特点，不仅为研究大地水准面的形状和确定地面点的高程开辟了新途径，同时也为其在航空物探、航空摄影测量及精密导航中的应用，提供了重要的高程数据。

另外，GPS 定位是在全球统一的坐标系统中计算的，因此全球不同地点的测量数据是相互关联的。

#### 7. 抗干扰性能好、保密性强

由于 GPS 系统采用了伪码扩频技术，因而卫星发送的信号具有良好的抗干扰性和保密性。

#### 8. 应用广泛

随着 GPS 定位技术的发展，其应用的领域在不断拓宽。在导航方面，它不仅广泛地用于海上、空中和陆地运动目标导航，而在运动目标的监控与管理及运动目标的报警和救援等方面，也获得成功的应用；在测量方面，这一定位技术在大地测量、工程测量、变形监测、地籍测量、航空摄影测量和海洋测绘等各个领域的应用，已非常普遍。

GPS 系统不仅可用于测量、导航，还可用于测速、测时。测速的精度可达 0.1m/s，测时的精度可达几十毫微秒，GPS 系统展现了极其广阔的应用前景。

### (三) GPS 的物流功能

GPS 定位技术的出现给车辆、轮船、火车等交通运输工具的导航与跟踪提供了准确、实时的定位功能。

#### 1. 实时监控功能

在任意时刻通过发出指令查询运输工具所在的地理位置（经度、纬度、速度等信息），并在电子地图上直观地显示出来。

#### 2. 双向通信功能

GPS 用户可使用 USM 的话音功能与驾驶人员进行通话或使用 GPS 安装在运输工具上的移动设备的汉字液晶显示终端进行汉字消息收发对话。

驾驶员通过按下相应的服务动作键，可将该信息反馈到网络 GPS，质量监督员可在网络 GPS 工作站显示屏上确认其工作的正确性，了解并控制整个运输作业的准确性（包括发车时间、到货时间、卸货时间、返回时间等）。

#### 3. 动态调度功能

调度人员能在任意时刻通过调度中心发出文字调度指令，并得到确认信息。

(1) 进行运输工具待命计划管理。即调度人员通过在途信息反馈，在运输工具未返回车队前即做好待命计划，可提前下达运输任务，减少等待时间，加快运输工具周转速度。

(2) 进行运能管理。即将运输工具的运能信息、维修记录信息、车辆运行状况、驾驶人员信息、运输工具的在途信息等提供给调度部门决策，以提高重车率，尽量减少空车时间和空车距离，充分利用运输工具的运能。

### 4. 数据存储、分析功能

（1）实现路线规划及路线优化。即事先规划车辆的运行路线、运行区域，何时应该到达什么地方等，并将该信息记录在数据库中，以备以后查询、分析使用。

（2）进行可靠性分析。即通过汇报运输工具的运行状态，了解运输工具是否需要较大的修理，预先做好修理计划，计算运输工具平均差错时间（日），动态衡量该型号车辆的性能/价格比。

（3）进行服务质量跟踪。即在中心设立服务器，将车辆的有关信息（如运行状况、在途信息、运能信息、位置信息等用户关心的信息）让有权限的用户能异地方便地获取自己需要的信息。同时，还可对客户索取信息中的位置信息用相对应的地图传送过去，将运输工具的历史轨迹印在上面，使该信息更加形象化。

依据资料库储存的信息，可随时调出每台运输工具以前的工作资料，并可根据各管理部门的不同要求制作各种不同形式的报表，使各管理部门能更快速、更准确地做出判断和发出新的指令。

GPS 应用

GPS 技术

## 四、北斗卫星定位技术

北斗卫星导航系统（BeiDou Navigation Satellite System）是中国实施的自主发展、独立运行的全球卫星导航系统。系统建设目标是：建成独立自主、开放兼容、技术先进、稳定可靠的覆盖全球的北斗卫星导航系统，促进卫星导航产业链形成，形成完善的国家卫星导航应用产业支撑、推广和保障体系，推动卫星定位导航在国民经济社会各行业广泛应用。

北斗卫星导航系统由空间段、地面段和用户段三部分组成。空间段包括 5 颗静止轨道卫星、27 颗中圆地球轨道卫星、3 颗倾斜同步轨道卫星；地面段包括主控站、注入站和监测站等若干个地面站；用户段包括北斗用户终端及与其他卫星导航系统兼容的终端。

北斗卫星导航系统致力于向全球用户提供高质量的定位、导航和授时服务，包括开放服务和授权服务两种方式。开放服务是向全球免费提供点位、测速和授时服务，测速精度 0.2m/s，授时精度 50ns。授时服务是为有高精度、高可靠卫星导航需求的用户，提供更安全与更高精度的定位、测速、授时和通信服务。

北斗扩展阅读一

卫星定位应用

### (一) 北斗卫星建设原则

北斗卫星导航系统的建设与发展,以应用推广和产业发展为根本目标,不仅要建成系统,更要用好系统,强调质量、安全、应用、效益,遵循以下建设原则。

**1. 开放性**

北斗卫星导航系统的建设、发展和应用将对全世界开放,为全球用户提供高质量的免费服务,积极与世界各国开展广泛而深入的交流与合作,促进各卫星导航系统间的兼容与互操作,推动卫星导航技术与产业的发展。

**2. 自主性**

中国将自主建设和运行北斗卫星导航系统,并独立为全球用户提供服务。

**3. 兼容性**

在全球卫星导航系统国际委员会(ICG)和国际电联(ITU)框架下,使北斗卫星导航系统与世界各卫星导航系统实现兼容与互操作,使所有用户都能享受卫星导航发展的成果。

**4. 渐进性**

中国将积极稳妥地推进北斗卫星导航系统的建设与发展,不断完善服务质量,并实现各阶段的无缝衔接。

### (二) 北斗卫星导航定位系统的功能

北斗卫星导航定位系统是利用地球同步卫星为用户提供快速导航定位、简短、数字报文通信和授时服务的一种全天候区域性卫星导航定位系统。系统的主要功能体现在以下三个方面。

**1. 快速定位**

北斗卫星导航定位系统可为服务区域内用户提供全天候、高精度、快速实时定位服务,定位精度 20～100m(北斗一号)、10m(北斗二号)。

**2. 短报文通信**

北斗卫星导航定位系统用户终端具有双向报文通信功能,用户可以一次传送 120 个汉字的短报文信息。

**3. 精密授时**

北斗卫星导航定位系统具有单向和双向两种授时功能,根据不同的精度要求利用授时终端完成与北斗导航定位系统之间的时间和频率同步提供 50ns(单向授时)和 10ns(双向授时)的时间同步精度。

### (三) 北斗卫星导航定位系统的应用

在稳步推进北斗卫星导航定位系统建设的同时,中国高度重视北斗卫星导航系统的应用推广和产业化工作,积极完善产业支撑、推广和保障体系,加强市场开拓和推广应用,强化产业支撑和应用基础建设,为卫星导航系统充分发挥应用效益,更好地服务于经济社会发展奠定基础。目前北斗卫星导航系统已经成功应用于军事、电力、渔业、安防监控、抢险救灾、水文监测等领域。

### 1. 气象应用

北斗导航卫星气象应用的开展,可以促进我国天气分析和数值天气预报,气候变化监测和预测,也可以提高空间天气预警业务水平,提升我国气象防灾减灾的能力。除此之外,北斗卫星导航系统的气象应用对推动北斗导航卫星创新应用和产业扩展也具有重要的影响。

### 2. 道路交通管理

卫星导航有利于减缓交通阻塞,提升道路交通管理水平。通过在车辆上安装卫星导航接收器和数据发射机,车辆的位置信息就能在几秒内自动转发到中心站。这些位置信息可用于道路交通管理。

### 3. 铁路智能交通

卫星导航将促进传统运输方式实现升级与转型。例如,在铁路和运输领域,通过安装卫星导航终端设备,极大缩短列车行驶间隔时间,降低运输成本,有效提高运输效率。未来,北斗卫星导航系统将提供高可靠、高精度的定位、测速、授时服务,促进铁路交通现代化,实现传统调度向智能交通管理的转型。

### 4. 海运和水运

海运和水运是全世界最广泛的运输方式之一,也是卫星导航最早应用的领域之一。在世界各大洋和江河湖泊行驶的各类船舶大多都安装了卫星导航终端设备,使海上和水路运输更为高效和安全。北斗卫星导航系统将在任何天气条件下,为水上航行船舶提供导航定位和安全保障。同时,北斗卫星导航系统特有的短报文通信功能将支持各种新型服务的开发。

### 5. 航空运输

当飞机在机场跑道着陆时,最基本的要求是确保飞机相互间的安全距离。利用卫星导航精确定位与测速的优势,可实时确定飞机的瞬时位置,有效缩小飞机之间的安全距离,甚至在大雾天气情况下,可以实现自动盲降,极大提高飞行安全和机场运营效率。通过将北斗卫星导航系统与其他系统的有效结合,将为航空运输提供更多的安全保障。

### 6. 应急救援

卫星导航已广泛用于沙漠、山区、海洋等人烟稀少地区的搜索救援。在发生地震、洪灾等重大灾害时,救援成功的关键在于及时了解灾情并迅速到达救援地点。北斗卫星导航系统除导航定位外,还具备短报文通信功能,通过卫星导航终端设备可及时报告所处位置和受灾情况,有效缩短救援搜寻时间,提高抢险救灾时效,大大减少人民生命财产损失。

北斗卫星导航系统的应用已渗透到生活的各个方面,广泛应用于陆、海、空所有需要位置、速度和时间信息的各类活动,极大地改变了生产和生活方式。

### 7. 在物联网中的应用

物联网要实现人与人、人与物以及物与物之间的随时随地联系并且计算,就必须具备全天时、全天候不受地域等条件限制的卫星导航定位技术,使其成为物联网的重要力量支撑。北斗卫星导航系统除具备定位、追踪功能外,其独有的短报文通信功能成为物联网时代的创新点。

北斗卫星导航系统与物联网技术的关系是相辅相成的,北斗卫星导航系统为物联网技术的运用提供了准确的位置与通信技术,并且进一步扩大了物联网技术的运用范围;而物联网技术也成为北斗导航系统产业链中的重要组成部分,能够促进信息产业的快速发展。

北斗扩展阅读二

北斗卫星导航系统

北斗的发展历程

### (四) 物流配送中的北斗系统

随着我国物流业的飞速发展,北斗导航系统被积极地运用于物流配送中,与北斗系统相结合的应用主要有以下几个方面。

**1. 运输车辆以及货物的追踪**

利用北斗系统可以实时追踪所有运输车辆与货物,显示其实际的位置,而且随着目标移动随时监测,所要监测的目标会一直显示在可视的屏幕上,并且可以实现多屏幕、多目标、多角度监测,以便对重要的货物实现随时的调度与管理。

**2. 货物配送路线规划与导航**

利用北斗系统为货物运输设计最合理的路线,在最大限度满足顾客需求的基础上节约货物配送的时间。利用北斗系统的三维导航功能,通过显示器显示设计的路线以及实际运输路线。

**3. 信息查询**

北斗系统可以对其监控内的所有货物运输情况进行查询,查询的结果可以多种形式表现,例如图形、语言或文字等,还可以在电子地图上显示货物的位置。

**4. 决策与指挥**

在整个物流配送中,可以利用北斗系统监测货物的运输,收集相关的运输数据,对于老客户以及大型客户而言,可以建立相关模型,进行相关的物流网络运输模拟,建立决策支持系统,提供更加有效的决策依据。

## 第二节 地理信息系统

地理信息系统(Geographic Information System,GIS)是以地理空间数据库为基础,采用地理模型分析方法,适时提供多种空间的、动态的地理信息,为地理研究和地理决策服务的计算机技术系统。

地理信息系统的主要作用是将表格型数据(无论来自数据库、电子表格文件或直接在程序中输入)转换为地理图形显示,然后对显示结果浏览、操作和分析。其显示范围可以从洲际地图到非常详细的街区地图,显示对象包括人口、销售情况、运输线路以及其他内容。

### 一、GIS 的组成

GIS 的应用系统由五个主要部分构成,即硬件、软件、地理空间数据(数据库)、GIS 应用模型和 GIS 用户,如图 5-6 所示。

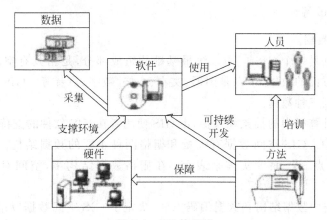

图 5-6　GIS 的组成

1. 硬件

硬件是指操作 GIS 所需的一切计算机资源,硬件系统是 GIS 功能实现的物质基础,根据 GIS 使用对象的范围不同分为通用设备、单机设备、局域网设备和广域网设备。

通用设备是指数字化仪、扫描仪、绘画仪、测绘仪、遥感设备、多媒体设备等通用、共享的硬件;单机设备是指网络中每个终端的计算机所包含的硬件设备,有硬盘(磁带机)、显示器、显卡、鼠标、键盘等;多组单机设备通过局域网的网络设备(网卡、网线、交换机)连接在一起,组成局域网设备;多组局域网设备通过服务器联入 Internet,组成广域网设备。

2. 软件

软件是指 GIS 运行所必需的各种程序,主要包括计算机系统软件(如操作系统)、基础软件(如图形、数据库软件)和地理信息系统软件(包括 GIS 基本功能软件和 GIS 应用软件)三部分。GIS 计算机软件系统结构如图 5-7 所示。

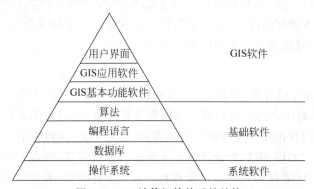

图 5-7　GIS 计算机软件系统结构

系统软件是指操作系统,是其他软件运行的基础。基础软件包括数据库、编程语言、算法等软件。数据库是计算机软件系统的重要组成部分,用来存储和管理空间数据与属性数据。GIS 软件是计算机软件系统的核心,用于执行和支持 GIS 各项功能的操作和实现,包括数据输入、编辑、存储、分析、数据库管理、空间分析操作和图形图像显示及结果输出等。GIS 软件一般是指具有强大功能的专业型软件,它可以实现各种 GIS 高级功能,并可以在此基础上进行某些应用的二次开发。国内外最著名的 GIS 专业软件有 ArcGIS、Mapinfo、MaoGIS、GeoStar、SuperMap 等。

### 3．地理空间数据

地理空间数据是一个 GIS 应用系统最基础的组成部分，是指具有空间定位的自然、社会、人文、经济等方面的数据，可以是图形、文本、表格、数字、声音等。GIS 中有空间数据、属性数据和时间数据三种数据。

地理世界在计算机中的抽象和模拟，由 GIS 使用者在 GIS 软件的支持下，利用数据获取设备输入计算机中。GIS 空间数据有矢量和栅格两种主要的数据结构。在矢量数据结构中，空间对象通过点、线、面等实体来表示；在栅格数据结构中，空间对象用栅格单元来表示。

GIS 特殊的空间数据结构和数据编码方法，决定了 GIS 空间数据以结构化形式存储在计算机中。存储空间数据的数据库称为地理空间数据库，空间数据库可以存储海量空间数据，并支持对空间数据的查询、检索、增删、修改和维护。GIS 中除使用空间数据外，还需要利用一定的属性数据，空间数据库还必须解决空间数据与属性数据建立关联的问题。

### 4．GIS 应用模型

模型是为了解决某一问题而将其抽象化表示的数学公式，即空间信息的综合分析方法。GIS 应用模型是为了解决地理空间的各种实际问题而建立起来的模型，是 GIS 产生社会经济效益的关键。同时，GIS 应用模型的建立也是评价 GIS 应用成功与否的重要因素。针对各种实际问题，目前众多研究中提出了很多 GIS 技术应用模型，成为解决实际应用问题切实有效的基本工具。常见的模型包括水土流失模型、最优化模型、选址模型、土地利用适宜性模型、人口增长模型和森林监测模型等。这些模型将现实世界中的问题抽象为数学公式，并表示在计算机中。利用 GIS 技术得到模型的解，用于解决实际问题，并能带来经济效益。GIS 应用模型是连接 GIS 与相关应用领域的纽带，两者的有机联系并不能仅仅依靠数学或技术知识，必须具备广泛的专业知识和应用领域内的专家知识，才能对实际问题的产生机理和变化过程进行深入透彻的研究，并找出各种内在的因果关系和规律，利用定性描述和定量分析的方法，才能更好地建立一个 GIS 应用模型。

### 5．GIS 用户

GIS 用户可分为系统开发、管理、维护人员和 GIS 应用用户两大类。用户是 GIS 的重要组成部分，GIS 就是对用户的问题和疑惑进行解答与解释，对用户的某些想法进行实践的一门科学和技术。不同知识水平和专业背景的用户，使用 GIS 得到的结论和应用结果也不相同。为了更好地利用 GIS，需要专业化的人才来进行系统开发、管理和维护。为了面向更多的大众用户，开发 GIS 系统时应注意易操作性。在开发过程中，开发者必须根据实际问题要求和具体情况来解决系统开发的策略、软硬件的选择和空间数据库的构建类型等问题，并要使开发的系统具有管理简单、维护方便、可移植性好等优点。GIS 应用用户是 GIS 存在的基础，没有这些用户不断地提出需求和问题，就不会有 GIS 的存在和发展。

## 二、GIS 的特点

地理信息系统从外部来看，表现为计算机软硬件系统，而其内涵却是由计算机程序和地理数据组成的地理空间信息模型,是一个逻辑缩小的、高度信息化的地理系统,信息的流动及信息流动的结果完全由计算机程序的运行和数据的交换来仿真。与一般的信息系统相比,地理信息系统具有以下特征。

(1) 具有采集、管理、分析和输出多种地理空间信息的能力,具有空间性和动态性。

(2) 以地理研究和地理决策为目的,以地理模型方法为手段,具有区域空间分析、多要素综合分析和动态预测能力,并能产生高层次的地理信息。

(3) 由计算机系统支持进行空间地理数据管理,并由计算机程序模拟常规的或专门的地理分析方法,作用于空间数据,产生有用信息,完成人类难以完成的任务。

(4) 在分析处理问题中使用了空间数据与属性数据,并通过数据库管理系统将两者联系在一起共同管理、分析和应用,从而提供了认识地理现象的一种新的思维方法。而管理信息系统则只有属性数据库的管理,即使存储了图形,也往往以文件等机械形式存储,不能进行有关空间数据的操作,如空间查询、检索、相邻分析等,更无法进行复杂的空间分析。

(5) 强调空间分析,通过利用空间解析式模型来分析空间数据,地理信息系统的成功应用依赖于空间分析模型的研究与设计。空间分析是地理信息系统的重要特征,也是评价一个地理信息系统功能的主要指标之一。

## 三、GIS 的类型

地理信息系统的分类有不同的标准。

(1) 按照范围大小,可分为全球、区域和局部三种,分别适用于所研究对象的特征、内容及所要解决的问题性质。

(2) 按照表达空间数据维数,可分为二维、二维半、布满整个三维空间的真三维地理信息系统,考虑时间维的时态地理信息系统和四维地理信息系统。

(3) 按照地理空间数据模型或数据结构,可分为地理相关模型、地理关系模型和面向对象模型的地理信息系统。

(4) 按照内容,可分为专题地理信息系统、综合地理信息系统和地理信息系统工具。

地理信息系统

## 四、GIS 的功能

GIS 系统应具备五项基本功能,即数据采集与输入、数据处理与编辑、数据存储与管理、空间查询与分析和数据显示与输出,图 5-8 为一个典型的 GIS 功能框图。

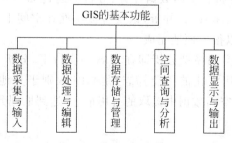

图 5-8　GIS 功能框图

### 1. 数据采集与输入

数据输入是建立地理空间数据库的基础。获取地理数据,以保证 GIS 数据库中的数据在内容与空间上的完整性、数值逻辑一致性与正确性等。数据输入功能是指将地图数据、物化遥感数据、统计数据和文字报告等输入转换成计算机可处理的数字形式的各种功能。对多种形式、来源的信息,可实现多种方式的数据输入,如图像数据输入、栅格数据输入、GPS 测量数据输入、属性数据输入等。用于 GIS 空间数据采集的主要技术有两类,即使用数字化仪的手持跟踪数字化技术和使用扫描仪的扫描技术。手持跟踪数字化技术曾在相当长的时间内是空间数据采集的主要方式。扫描数据的自动化编辑与处理是空间数据采集技术研究的重点,随着扫描仪技术性能的提高及扫描处理软件的完善,扫描数字化技术的使用越来越普遍。一般而言,GIS 数据库的建设占整个系统建设投资的 70% 或更多,因此,信息共享与自动化数据输入成为 GIS 研究的重要内容。

### 2．数据处理与编辑

初步的数据处理主要包括数据格式化、转换和抽取:数据格式化是指不同数据结构的数据间的变换;数据转换包括数据格式转化、数据比例尺的变化等;数据抽取包括数据平滑、特征集结等。数据编辑主要包括图形编辑和属性编辑:图形编辑主要包括建立拓扑关系、图形剪辑、图形整饰、图幅拼接、图形变换、投影变换、误差校正等功能;属性编辑要与数据库管理结合在一起完成。

### 3．数据存储与管理

数据的有效组织与管理是 GIS 应用成功的关键,主要提供空间与非空间数据的存储、查询检索、修改和更新的功能。矢量数据结构和栅格数据结构是 GIS 的主要数据结构。数据结构的选择在相当大程度上决定了系统所能执行的功能。数据结构确定后,在空间数据的存储与管理中,关键是确定应用系统空间与属性数据库的结构以及空间与属性数据的连接。目前广泛使用的 GIS 软件大多数采用空间分区、专题分层的数据组织方法,用 GIS 管理空间数据,用关系数据库管理属性数据。

### 4．空间查询与分析

空间查询与分析是 GIS 的核心,是 GIS 最重要的和最具有魅力的功能,也是 GIS 区别于其他信息系统的本质特征。地理信息系统的空间可分为三个层次的内容。

(1) 空间检索。空间检索包括从空间位置检索空间物体及其属性和从属性条件集检索空间物体。空间索引是空间检索的关键技术,如何有效地从大型的 GIS 数据库中检索出所需信息,将影响 GIS 的分析能力。另外,空间物体的图形表达也是空间检索的重要部分。

(2) 空间数据计算、分析。空间数据计算、分析即通过 GIS 的计算功能,实现空间特征(点、线、面或图像)的相交、相减、合并等,以及特征属性在空间上的连接。过去要用手工来解决的这些问题,现在可以很方便地完成。

(3) 空间模型分析。空间模型分析即在 GIS 的支持下,分析和解决现实世界中与空间相关的问题,这是 GIS 应用深化的重要标志,是 GIS 区别于其他计算机系统的重要标志。GIS 通过地理模型分析从空间数据中提取的有用信息,达到地理分析和辅助决策的目的。

### 5．数据显示与输出

中间处理过程和最终结果的显示与输出——可视化表达是 GIS 的重要功能之一。通常以人机交互方式来选择显示的对象与形式。对于图形数据,根据要素的信息密度程度,可选择放大或缩小显示。GIS不仅可以输出全要素地图,也可以根据用户需要,分层输出各种专题图、统计图、图表及数据等。

除上述五大功能外,还有用户接口模块,用于接收用户的指令、程序或数据,是用户和系统交互的工具,主要包括用户界面、程序接口与数据接口。由于GIS功能复杂,用户接口模块使GIS成为人机交互的开放式系统。

### 五、GIS在物流中的应用

GIS应用于物流分析,主要是指利用GIS强大的地理数据功能来完善物流分析技术。国外公司已经开发出利用GIS为物流分析提供专门分析的工具软件。

完整的GIS物流分析软件集成了车辆路线模型、最短路径模型、网络物流模型、分配集合模型和设施定位模型等。

#### 1. 车辆路线模型

用于解决一个起点、多个终点的货物运输中如何降低物流作业费用并保证服务质量的问题。包括决定使用多少辆车,每辆车的行驶路线等。

#### 2. 最短路径模型

该模型可以根据定义的出发点和目标点,在网络图上,以一定的算法为基础找出从出发点到目标点的最短路径。最短路径问题是GIS网络分析中的关键问题,在交通网络结构的分析、交通运输线路的选择、通信线路的建造与维护、运输货流的最小成本分析、城市公共交通网络的规划等方面,都有直接应用的价值。

#### 3. 网络物流模型

用于解决寻求最有效的分配货物路径问题,也就是物流网点布局问题。

#### 4. 分配集合模型

可以根据各个要素的相似点把同一层上的所有或部分要素分为几个组,用以解决确定服务范围和销售市场范围等问题。

#### 5. 设施定位模型

用于确定一个或多个设施的位置。在物流系统中,仓库和运输线共同组成了物流网络,仓库处于网络的节点上,节点决定着线路,如何根据供求的实际需要并结合经济效益等原则,在既定区域内设立多少个仓库、每个仓库的位置、每个仓库的规模,以及仓库之间的物流关系等,运用此模型均能很容易地得到解决。

## 第三节 空间技术在物流中的应用

### 一、GSM技术

全球移动通信系统(Global System for Mobile Communication,GSM)是1992年由欧洲标准委员会推出的标准。该标准采用了数字技术,已被包括我国在内的全球100多个国家的200多个移动电话网所采纳,并成为我国目前覆盖范围最广、功能最强、用户最多的移动通信系统。

## (一) GSM 系统的构成及基本原理

各种 GSM 系统的主要构成基本相同,如图 5-9 所示。

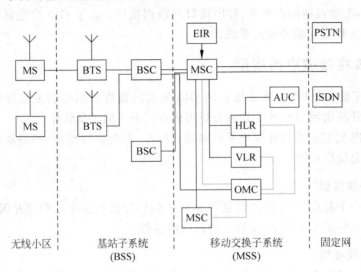

图 5-9 数字蜂窝移动网组成

### 1. 移动交换子系统

移动交换子系统(mobile switching subsystem,MSS)主要负责整个 GSM 系统数据的传输交换、网络管理及与其他通信系统的连接等。手机用户身份确认与位置更新,通信的路由选择等系统功能也需要 MSS 完成。

### 2. 基站子系统

基站子系统(base station subsystem,BSS)负责将移动交换中心 MSC 与 MS(mobile station,移动台)连接起来,基站需要同时具备与 MSC 的有线(或无线)连接方式和与 MS 的移动无线连接方式。每个基站覆盖一个蜂窝小区,在这个小区中的手机都可以与此基站进行通信。基站将对此小区中手机的通信状态(包括频率、功率、时序等参数)进行控制和管理,当手机移动到另一个小区时,将在基站的控制下进行越区切换。它由基站控制器(base station controller,BSC)和基站收发信台(base transceiver station,BTS)两部分组成。

### 3. 移动台

移动台(mobile station,MS)是用户直接使用,完成移动通信的设备。用户通过 MS 进行通信,MS 可以将用户的基带话音或数据信号转换成能够传输的射频信号,并能够同时进行反方向的转换。所以,MS 必须具有用于无线通信的射频电路和用于话音传输的音频电路,便于用户操作的键盘输入与显示电路。

### 4. 操作与维护子系统(OMC)

操作与维护管理的目的是使网络运营者能监视和控制整个系统,把需要监视的内容从被监视的设备传到网络管理中心,显示给管理人员;同时,管理人员在网络管理中心还能修改设备的配置和功能。

## (二) GSM 在物流中的应用

GSM 技术在物流领域的应用主要体现在物流监控方面,是物流监控室信息化建设的重要组成部分。为顺应我国当前经济发展的要求,物流配送也要胜任小批量、多品种、高速度的配送任务。要低成本地完成这些任务,客观上需要物流配送企业随时掌握车辆等配送工具的位置、载货信息。而这些信息采集的问题正是物流配送辅助系统所要解决的核心问题。图 5-10 是 GSM 技术在物流管理系统中的一个具体应用。

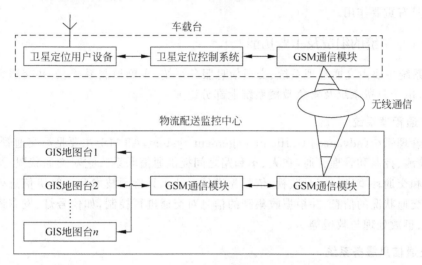

图 5-10 物流配送管理系统

物流配送管理系统包括车载台和监控中心,二者之间频繁的通信是通过两端的 GSM 模块及无线网络来进行。在监控中心,中心计算机处理由 GSM 接收的来自车载台的地理信息,然后将该地理信息传给相应的地图台,在地图台上以地图的形式显示配送车辆的地理位置。

在车载台,卫星定位控制系统接收来自卫星系统的地理信息并经过处理,由车载台 GSM 传送给监控中心。车载台传送地理信息是有条件的,即必须根据监控中心发给车载台的控制信息进行发送,这些控制信息包括车载台何时开始传送地理信息、多长时间间隔传送地理信息等。当然,车载台在必要时可以人工干预发送地理信息给监控中心。

GSM 在该系统中主要有以下两种通信手段。

(1) 通过短消息方式传送地理信息。因为地理信息一般比较简短,用短消息就可以传送,而且这种通信方式便宜。

(2) 通过语音通信实现监控中心人员与车载台人员的交流。语音通信具有交互性,传递随机性信息比较方便,这在物流配送中是必不可少的。

GSM 除了以上两种通信方式,还有其他通信方式,如通用数据打包服务方式。GSM 灵活的通信方式使它适应各种通信要求,这也是 GSM 获得越来越广泛应用的原因之一。

## 二、ITS 技术

智能交通系统(Intelligent Transportation System,ITS)是将先进的信息技术、通信技

术、电子控制技术、传感器技术及计算机处理技术等有效地综合运用于交通运输系统，从而建立起一种大范围、全方位发挥作用，实时、准确、高效的交通运输系统。其目的是使人、车、路密切配合，和谐统一，极大地提高交通运输效率，保障交通安全，改善环境质量和提高能源利用率。

交通运输作为支撑国家经济社会发展的基础产业，在优化国家产业布局、促进经济结构调整、降低发展成本、实现低碳发展等方面具有极为重要的战略作用。智能交通系统将进一步提升现有交通基础设施的服务能力，带动运输与物流行业进行产业升级，对于经济社会发展的转变具有重要作用。

### （一）ITS系统的组成及主要功能

ITS系统主要由交通管理系统、交通信息服务系统、车辆控制系统、公共交通系统、货运管理系统、电子收费系统及紧急救援系统七部分组成。

#### 1. 交通管理系统

交通管理系统（advanced traffic management system，ATMS）主要是给交通管理者使用的，用于检测、控制和管理交通，在人、车和路之间提供通信联系。它对交通状况、交通事故、气象状况和交通环境进行实时监视，依靠先进的运载工具检测技术和计算机信息处理技术，获得有关交通状况的信息，并根据收集到的信息对交通进行控制，如信号灯、发布诱导信息、道路管制、事故处理与救援等。

#### 2. 交通信息服务系统

交通信息服务系统（advanced traffic information system，ATIS）是建立在完善的信息网络基础上的。首先，通过装备在道路、车辆、换乘站、停车场以及气象中心的传感器和传输设备向ATIS提供各地的实时交通信息；ATIS得到这些信息并经过处理后，实时向交通参与者提供道路交通信息、公共交通信息、换乘信息、交通气象信息、停车场信息及与出行相关的其他信息；出行者根据这些信息确定自己的出行方式并选择路线。更进一步，当运载工具上装备自动定位和导航系统时，该系统可以帮助驾驶员自动选择行车路线。随着信息网络技术的发展，科学家们已经提出将ATIS建立在因特网上并采用多媒体技术，这将使ATIS的服务功能大大加强，未来运载工具将成为移动的信息中心和办公室。

#### 3. 车辆控制系统

车辆控制系统（advanced vehicle control system，AVCS）是指辅助驾驶员或替代驾驶员自动驾驶运载工具的系统。该系统通过安装在运载工具前部和旁侧的雷达或红外探测仪，可以准确地判断运载工具与障碍物之间的距离，遇紧急情况，能及时发出警报或自动减速避让，并根据路况自己调节速度。

#### 4. 公共交通系统

公共交通系统（advanced public traffic system，APTS）的主要目的是采用各种智能技术促进公共运输业的发展，改善公共汽车、城郊铁路、地铁、轻轨地铁和城市间的长途公共汽车等公共交通的效率，使公共交通系统实现安全、便捷、经济、运量大的目标。

#### 5. 货运管理系统

货运管理系统（advanced freight management system，AFMS）以路网信息管理系统为

基础,通过卫星定位系统、GIS 系统、通信技术、网络技术等为驾驶员、交通管理人员、货主等人员提供实时的交通信息,从而实现对运载工具和货物的定位、跟踪、调度、安全监控等目的。

#### 6. 电子收费系统

电子收费系统(electronic toll collection system,ETCS)是采用现代通信、计算机、自动识别、自动控制等技术,完成运载工具与收费站之间的无线数据通信,进行自动识别的有关收费数据的交换,通过计算机网络进行收费数据的处理,实现不停车自动收费的新型收费系统。系统采用了现代高新技术,尤其是电子方面的技术,在收费过程中流通的是电子货币而不是传统的现金。电子收费系统可以大幅提高出入口运载工具的通行能力,改善使用体验,达到方便快捷出入收费口的目的。

#### 7. 紧急救援系统

紧急救援系统(emergency rescue system,ERS)是一个特殊的系统,它的基础是 ATMS、ATIS、有关的救援机构和设施、通过 ATMS 和 ATIS 将交通监控中心与职业的救援机构连成有机的整体,提供时间检测、应急响应、故障现场紧急处置、现场救援等服务。

### (二) ITS 在物流中的应用

ITS 技术在物流中的应用,提高了物流运输的效率和安全性,有利于实现物流的效率化和最优化,最终达到物尽其用、货畅其流。

#### 1. ITS 为货物运输与配送提供实时交通信息

ITS 中的先进交通管理系统(ATMS)能实时收集、分析和发布道路交通信息,及时向交通指挥控制中心(即 ITS 监控中心)传送车辆及道路信息,实时调整交通管制系统和可变指示,向驾驶员提供咨询服务,以达到有效管理交通的目的。通过交通信息的采集与发布,驾驶员可通过车载设备或路面动态信息公告牌获得实时的交通信息,及时调整行驶路线,以避开拥堵路段。此外,最优路径选择技术可根据 ITS 动态交通预测结果及调整目标,为驾驶者提供最优路径,节省时间和成本。

#### 2. ITS 为物流企业管理者提供车辆监控,为客户提供可视化跟踪信息

利用地理信息系统(GIS)、全球定位系统(GPS)和遥感(RS)等技术,车辆监控系统可以进行车辆跟踪与定位,从而对车辆与货物进行实时监控,为配送中心制订配送计划、生产企业制订生产计划,以及客户确定仓库补给策略等提供决策依据。此外,当在途车辆或货物出现意外情况时,物流企业管理者可根据监测信息迅速进行指挥调度,使损失降至最低,物流企业的客户也可以通过该系统获取可视化货物信息,了解货物在途情况。总之,无论是对物流企业管理者还是客户,对车辆的实时监控与跟踪都具有重要意义。

#### 3. ITS 为配送车辆驾驶员提供安全辅助车辆驾驶

ITS 通过为配送车辆驾驶员提供安全辅助驾驶减少事故发生,提高货物运输与配送的准点率、降低货损。目前,日本正在研制并试用未来 ITS 的重要成员——路车协调系统,该系统可以大大提高驾驶员的安全性。开发路车协调系统的目的是协助驾驶员做出正确的判断,以提高其安全驾驶意识,减少事故发生。该系统将道路设施上的各类监测器和装置采集

到的各种识别信息,通过车载装置发送给驾驶员,以避免驾驶员做出错误判断并防止事故发生。例如,该系统可提供路面盲点的图像信息、向弯道车辆发布前方慢行车辆信息、向接近交叉路口的车辆提供行人信息等。在我国,清华大学也研制出用于车辆安全辅助驾驶服务的车载扫描式雷达装置,为车辆安全驾驶提供了重要的技术保证。

### 4. ITS 可增强供应链的凝聚力

ITS 不仅在物流运输与配送中发挥重要作用,同时也加强了供应链中产、供、销等企业之间的联系。ITS 信息平台使物流企业及供应链上其他企业对货物运输及配送的信息了如指掌,提高了信息的透明度,增强了供应链的总体控制能力和凝聚力。

## 本 章 小 结

空间信息技术是 20 世纪 60 年代兴起的一门新兴技术,20 世纪 70 年代中期以后在我国得到迅速发展。主要包括卫星定位系统、地理信息系统和遥感等的理论与技术,同时结合计算机技术和通信技术,进行空间数据的采集、量测、分析、存储、管理、显示、传播和应用等。空间信息技术广泛运用于物流业的各个领域,对物流发展起到了很大的推动作用。本章主要介绍了通信技术基本原理及信息传输与交换技术,从卫星定位与导航技术、几种主要的卫星定位导航方式与系统、GPS 技术、北斗卫星技术、GIS 技术、GSM 技术、ITS 技术几个方面介绍了空间卫星定位技术。

## 思 考 题

1. 卫星定位与导航技术的定义是什么?
2. 卫星定位导航系统由哪几部分组成?
3. 什么是全球定位系统?
4. 目前主要的卫星导航定位系统有哪些?
5. 北斗卫星导航定位系统的功能及应用是什么?
6. 什么是卫星导航定位技术?卫星导航定位系统由哪几部分组成?
7. GPS 由哪些部分组成?分别有哪些功能?
8. GPS 有哪些显著的特点?说明 GPS 如何在物流货物运输系统中应用。
9. 什么是地理信息系统?
10. 其他空间技术在物流中的应用有哪些?

## 案 例 分 析

### 北斗卫星导航系统应用广泛

北斗卫星导航系统对于提高我国的国际地位、促进经济社会的发展、保障国家安全等许多方面,无疑都具有十分重大的意义。但是,对于老百姓来说,北斗距离我们的生活是远还是近？其影响又有几何呢？

## 一、具有特殊意义

从定义上来说，卫星导航是利用导航卫星发射的无线电信号，求出载体相对卫星的位置，再根据已知的卫星相对地面的位置，计算并确定载体在地球上的位置的技术。简单地说，就是利用天上的卫星，准确地知道地球上某地某物的位置。就我们的生活而言，常用的百度地图、驾驶路线导航、大众点评的美食定位等都是基于卫星导航系统的应用。

对于古代皇帝来说，管理疆土可不是一件容易的事情，即使有日行千里的宝马通风报信，但是广袤疆土上发生的大小事情还是很难及时传达到皇帝那里，并及时得以处理和回复。但是，现在卫星导航系统的发展和应用，让我们可以随时知道世界另一端发生的事情了。

卫星导航的应用市场可以分为三大方面：专业市场、批量市场和安防市场。而有很多应用是和我们生活息息相关的，例如徒步旅行者、野外工作人员和户外活动者现在常应用袋式GPS定位器，配上电子地图，可以在草原、大漠、乡间、山野或无人区内找到自己的目的地。还有城市中车辆的监控管理、汽车导航与信息服务、行驶路线规划等都是日常生活中的应用。再如，我们现在使用的车载报警装置、车载防盗装置、车载导航装置等，都使用了卫星导航系统。

也许有人要问：现在我们出门用手机搜地区、搜路线这么方便，已经有可以使用的系统了，为什么还要花大力气研究北斗卫星导航系统呢？

殊不知，虽然现在的卫星导航系统应用上已经成熟，但使用的都是外国的技术和设备，在中国国内导航市场，美国的GPS更是占据95%以上的市场份额。而北斗卫星导航系统是中国自行研制的全球卫星定位与通信系统（CNSS），是继美全球定位系统（GPS）和俄GLONASS之后第三个成熟的卫星导航系统。建设北斗卫星导航系统，对于提高我国的国际地位，促进经济社会的发展，保障国家安全等许多方面，都具有十分重大和特殊的意义。

## 二、应用十分广泛

在北斗卫星导航系统加紧布网建设的同时，北斗应用及其产业化步伐也在加快推进。而这些应用已经在某些方面便利了我们的生活。经过多年发展，北斗卫星导航系统已应用到交通运输、基础测绘、工程勘测、资源调查、地震监测、公共安全与应急管理等众多国民经济领域，在应急救灾中也发挥了重要作用。

在我们出门旅行、乘坐交通工具的时候，已经不知不觉地享受到基于北斗系统的"公路基础设施安全监控系统""港口高精度实时定位调度监控系统"等应用的便利。新出的多家公司的多款汽车也已经配备了北斗便携式、嵌入式车载终端，完善汽车电子与导航系统。例如，广东基于北斗的公务车辆管理服务示范，为公务用车监管提供了新的途径，也取得了明显的效益。

北斗的授时功能目前已经在科学、金融和电力及通信中得到应用，为经济生活提供有力的支撑。例如，金融的贸易都要有时间点，错过时间点，可能本来是赚的，但实际上是亏了。所以，公众利用我们国家掌控的精准的金融时间，也是保障经济投资的途径之一。

北斗的定位和通信功能，在渔业、森林防火、水域及海洋信息监测、大气环境监测等方面已经取得了广泛的应用。

观察者可以实时看到千里之外海上渔船的精确动态位置，正是得益于北斗系统自主研发的"船舶安全保障集中监控管理平台"和安装在渔船上的北斗船载终端,它们也是北斗系统在海洋渔业精心打造"船联网"应用模式的核心。在渔业上面,利用北斗系统的定位来寻找将要到某个点的鱼群,在鱼群交汇处就可以捕到大量的鱼。渔民通过渔船上安装的北斗导航仪,不仅可以知道渔船的行进航线以及周围渔场的位置,还可以发送短信与陆地上的渔船管理部门联系,一旦遇到台风或患疾病需要求救时,一条短信就可以实现。

不仅在日常的经济生活中,北斗系统在救灾过程中也发挥了特别重要的作用。在汶川和舟曲地震灾区,当时的救灾人员就是用北斗接收机来进行救灾的。因为北斗有定位和特有的短报文通信功能,可以及时把位置报给救灾指挥部,而当地在灾害的情况下,作为生命线的通信设施已经完全被破坏,唯一有用的就是北斗系统。

另外,现在还开发了基于北斗的森林防火系统,在防火车上装了具有通信功能的北斗定位接收机,可以引导车辆和消防人员到火灾点救灾,或者进行一些人员的调度指挥。

### 三、未来生活受益

北斗将会为我们带来未来智能交通:繁忙的城市中,车辆在智能交通网络的指挥下迅速而有序地穿梭移动,即便是盲人,也能自如地驾驶车辆,实现零交通事故率;未来汽车具有感知能力,车与车之间、车与建筑物之间,以及车与城市基础设施之间能够实现互联互通,随时随地获得即时资讯,做出与交通出行有关的明智决定;智能的车联网,甚至可以帮助司机订票、寻找停车场,以及自己找到充电站完成充电。

车联网的意义还远不止于此。城市的应急救援和行业车辆运行监控,同样是智能交通发展的重点领域,不但可以提高商用车的运营效率,更可以增强危险车辆的监管力度。

这些构想是将无线通信、卫星导航及传感技术联姻重新定义的智能交通。这些都将会依赖北斗导航系统的使用,打破GPS在我国卫星导航领域的垄断地位,以及显著降低导航地图和动态交通信息服务公司的成本。

北斗,正在悄然改变我们的生活……

**案例讨论:**

设想北斗卫星定位技术将如何改变我们的生活,并结合本章学习谈谈其在物流管理中有哪些应用?

# 第六章

# 企业物流信息管理

**章节知识框架**

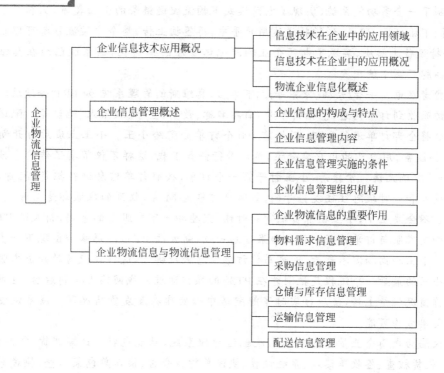

**学习导航**

通过本章的学习,了解信息技术在企业中的应用领域、应用概况,了解我国物流企业信息化的现状,理解企业信息的构成与特点、信息管理内容,掌握企业在物料需求、采购、仓储与库存、运输与配送等过程中的信息管理内容。

**教学建议**

通过案例导入,学习本章的要点,特别是对企业在物料需求、采购、仓储与库存、运输与配送等环节的物流信息管理的理解和掌握,一般用6课时。课后学习用2课时。

> 导入案例

## 新大陆电商物流配送信息化解决方案

全民狂欢的购物节引爆"剁手党""买买买",清空购物车,一夜之间配送中心大量订单并发。然而低效、分散、落后的物流配送体系一直是阻碍电商发展的一大瓶颈,传统的电商配送管理依赖于纸质记录、计算机录入的方式,出错率高,且送货过程中跟踪监督力度不够,物流信息严重滞后,市场调度能力差,退换货效率低,异常处理不及时,严重影响了客户体验和满意度。

新大陆自动识别公司依托自身的在条码行业的雄厚实力,面对移动互联网电商时代的发展,快速响应市场提供条码识读产品及解决方案。特别针对电商企业中物流配送的特点,量身定制了一套多功能系统,实现了电商模式下物流配送链条的全面覆盖,从客户下单到拣货、发货、下派任务、配送,到货物送达用户手中,再签收上传,整个方案流程都可以在新大陆PT30手持设备上解决,实现了电商企业物流配送管理的信息化,该系统已经在真维斯等多个服装品牌厂商中使用。

消费者在电商平台(天猫、京东等)上下单后,真维斯的管理系统(如ERP)会通过对接电商平台系统而收到订单信息,包括订单号、商品名称、数量、型号、联系人、地址等。配送中心的管理员会将全部订单进行分配,例如前100个订单分配给小王。小王上班后打开新大陆的PT30手持设备,用自己的用户名登录,然后进行任务下载,这样不仅节省了传统手抄订单的时间,而且准确无误。紧接着,小王打开第一个订单,按照订单信息进行拣货、配货,以前由于工作量大和一时疏忽往往发错号码,如客户订单是M号,收到的衣服却是L号,现在这种情况再也不会发生了,小王在拣货配货的时候,只要扫一下衣服上的条码,新大陆PT30手持设备就知道衣服与订单是否一致。如果信息一致,新大陆PT30的屏幕会出现下一步扫描物流单号。小王扫描物流单号后,即可与该订单信息进行绑定,这样就能随时知道衣服的物流信息。小王的最后一个流程是把刚才在PT30的操作通过无线网络上传到后台,也可以根据实际工作情况批量上传,使后台实时了解配送中心的库存及发货情况等。该系统使实时处理网络订单成为可能。

新大陆为电商企业量身定制的物流配送管理系统,功能包括:日常调货、货品调动、盘点核查、收货核查、签收单读入、系统设置、快递单货品分拣、快递单包装核查、快递单发货核查、拍摄拣货等。

依托新大陆PT30手持设备,新大陆物流配送解决方案有四大法宝。

(1)减少人力成本投入

大大节约了商品的录入和盘点时间,从而减少了人力成本投入,获得了更好的收益。

(2)确保订单数据准确、及时

客户订单准确无误地及时到达配送员手中,并且在配货、拣货、发货、物流快递的全过程中都利用PT30进行条码管理,准确、高效。

(3)电商配送效率大大提升

有效减少了订单配送过程中信息滞后、大量订单手工录入准确性差等情况的发生。有效实现仓库、转运及配送过程的全方位管理,提高电商配送效率。

（4）便捷处理各种特殊情况

签收、退换货等特殊情况处理快捷方便，有效提升客户满意度和商家的形象。

而今新大陆PT30不仅成为四方墙内仓储管理的最佳帮手，还可通过扫描出入库进行库房管理，实时掌握库存和产品流动状况，合理下单，杜绝库存积压，利于企业的资金周转等。另外PT30还"承包"了零售的门店管理、食(饮)品追溯、经销商管理等多种应用场景。

（资料来源：http://www.nlscan.com/showind.aspx?id=1856）

思考题：

1. 在物流配送过程中的信息管理内容有哪些？
2. 新大陆自动识别公司是如何提高电商企业物流配送效率的？

# 第一节　企业信息技术应用概况

企业信息化必然要包含信息技术，否则企业信息化将无从谈起，也就是说，企业信息管理必须以现代信息技术的设备作为其物质基础。企业信息化过程中采用的信息技术是多种多样的，例如工程设计领域应用CAD、CAE、CAM等；制造领域应用NC、CNC等；流通领域应用EDI技术；管理领域应用OA、MRPⅡ或ERP；在企业内部建立内联网(intranet)；在企业外部使用互联网(internet)等。这些都需要计算机、网络、软件的应用，因此企业信息化是以现代信息技术为基础的。

多年来，世界各国开发了大量的基于计算机的应用系统。我国从20世纪70年代初期开始试点，从20世纪80年代初至今也开发了不少系统。这些系统的开发工作进行得怎样，投入应用的情况怎样、成败如何，是管理界和计算机界以至经济和科技主管部门都十分关心的事情。

## 一、信息技术在企业中的应用领域

### （一）生产过程

生产过程对于制造企业是一个比较关键的环节，生产过程顺利与否，直接关系到企业产品的质量、生产周期及其适销程度等。企业信息化首先就要求生产过程信息化，即在生产过程中采用先进的信息技术，提高生产的自动化水平，增强产品的竞争力。具体而言，生产过程信息化主要表现如下。

（1）产品设计与开发的信息化。这方面比较突出的是CAD和交互式图形系统在机构工具和零部件的设计中获得了越来越广泛的应用，而且技术也越来越先进。采用虚拟现实和模拟技术使产品的设计者可以在一个很容易操作的、丰富的模型世界中选择各种各样的设计方案，从而使原来需数月或数年的设计可以在几个小时之内完成。CAD技术还可以保证设计者只能设计出可以生产的零件，从而避免浪费许多时间在不可能实现的设计上。

（2）生产环节的信息化。对于生产过程的一些重要环节、重要工序，运用计算机控制各环节的生产加工以及各环节之间的衔接与传递，使生产更具有柔性。同时企业利用本企业内部的内联网以及外部的互联网，辅以各种各样的专家系统，管理人员、工程师和工人便可以从全球对产品的生产制造环节进行现场、实时分析研究，还可以对下一道工序可能出现的问题与难点进行探讨，以排除和克服生产环节的障碍，从而最大限度地提高劳动生产率。

（3）生产过程的综合信息化。这是将生产过程视为一个整体，在生产的全过程、各个环节实现信息化。生产设备、技术、人员等的分配要有利于信息的流动，企业的有关生产人员要掌握原材料、零部件、机器设备等的供应信息，新技术、新产品的研究与开发信息以及用户的需求信息，只有在充分掌握信息之后，整个生产过程才可能做到通畅无阻。

## （二）流通过程

流通过程信息化是指企业在采购和销售的过程中采用先进的信息技术，重组企业物流流程，以加速物资周转，减少流通费用的过程。采用现代信息技术建立流通信息流程以后，在采购环节中，企业可以获取比较充分的采购信息，能够以较低价格适时地采购到企业所需要的生产资料；在销售环节中，企业可以获取充分的市场信息，能够以较高的价格适时将企业生产的产品销售出去。

## （三）管理领域

管理包括计划、组织、指挥、协调和控制五项职能，在一般的企业中，这些职能的实施都要依赖大量的书面制度、复杂的统计和推理，无端地耗费人们的精力。通过企业管理信息系统的建立，在获取充分信息基础上制订的计划将更科学、更合理，而且能够随环境的变化加以修正。组织职能的执行将与实现信息化以前有所不同，由于组织结构的弹性化趋势，组织职能也随之适应这一变化。指挥路线不再是自上而下的单向指挥，而是自上而下和自下而上双向指挥，指挥的效果能够得到及时的反馈，各部门之间的交流更加快捷、更加直接。控制职能特别是事前控制将发挥更大的作用，各种误差将得以及时地反馈与纠正。

## 二、信息技术在企业中的应用概况

要讨论信息系统应用的成败，第一个有待明确的是有关"成功"和"失败"的确切定义。从常识上看，系统的成功和失败的概念是十分明确而不需要加以严格定义的。但是，如果从报道和讨论系统成败的文献中仔细来看，不同的人对"失败"的理解却不尽相同的。因为衡量系统成败的标准，不仅涉及技术方面，而且还涉及经营管理业务，甚至是经营管理思想与观念。因此，这是一个多元化的问题。其中很重要的是系统的所有者和使用者（包括主管人员、信息技术人员和直接使用者）的价值观问题。

一般来说，在开发之前，系统的所有者和使用者对于系统应该提出过明确的预期目标与性能。很显然，如果目标没有达到，系统就是失败的。但是，如果系统开发完了之后并不能经常使用，也是失败的。

也有人从开发过程中是否因资源有限而不能建立起一个可用的系统，或者资源（时间与经费）是否大大超过预期，来确定系统开发的成败，这当然又是一种视角。

上面几种对失败的看法是从不同侧面着眼的，但相互之间却有很多交叉。正因为问题的多元性，特别是涉及个人的价值观与评价尺度，所以对失败不可能有唯一严格的定义。

当然，不同的类型，不同的规模，情况也不同。大体来说，事务处理系统成功的多，管理信息系统与决策支持系统成功的少。单一任务（例如，针对某一特定任务的事务处理或决策支持）容易成功，多功能的或综合性的就不容易开发成功。中小型的容易成功，大型的系统开发常常是旷日持久,难以完成。用于基层的容易成功,而用于高层的,特别是深层次的,却是失败的多。至于办公自动化系统,像文字处理、桌面印刷、电子邮件等已经日臻成熟,几乎是无往而不利,但复杂的像可视电子会议等实用的成功例子还不多。

这种情况使一部分从事企业信息化的信息技术工作者,特别是多年从事这一工作经受过挫折的实际工作者,感到悲观与失望。他们克服重重困难进行开发,但常常是半途而废,或者勉强完成开发工作而不能顺利投入运行,遭到冷漠与责难。同时,这也使一部分企业的领导望而却步。这种现状如果再持续下去,将大大影响企业信息化的进程。

### 三、物流企业信息化概述

#### (一) 我国物流企业信息化现状

随着经济全球化和信息技术的迅速发展,现代企业的生产过程、物资流通、商品交易早已突破了地域的限制,生产要素、商品、服务信息跨地域流动的规模和形式不断增加,这使现代物流业在世界范围内广泛兴起。我国自1979年引入物流概念以来,随着改革开放的进一步深化,各种类型的物流企业大量涌现,物流业蓬勃发展。目前我国物流业产业基础已经形成,正进入一个快速发展时期。

但是,由于我国很多物流企业是从原来的物资企业或货运企业改制而来,在由传统的储运向现代物流转化方面发展缓慢。大部分物流企业还基本停留在传统的储存和运输服务水平上,只能提供一些分散、单一的物流服务,基础设施和管理体制落后,形不成规模,缺乏科学有效的管理,造成我国物流企业整体效率不高,经济效益较差。这其中一个突出的共性问题是:作为现代物流系统神经和指挥中枢的物流信息系统建设滞后,上下游企业之间物流活动难以协调,严重削弱了物流企业对市场的快速反应能力和竞争力。中国仓储与配送协会公布的中国物流企业信息系统的调查结果显示,我国物流供给企业的大多数物流信息系统都是相互孤立和静态的,业务功能还不完善。业内其他的一些相关调查分析也表明,我国物流信息化总体水平较低,物流企业信息化程度参差不齐,现代化信息技术应用还不广泛。一方面一些大的物流企业信息系统先进完善,信息化程度很高。例如,深圳中海物流、宝供物流等企业,凭借其信息系统的成功应用,在竞争中占据优势。但是类似于这样建立了先进的物流信息系统、信息化手段完善的企业还很少。另一方面,大多数物流企业信息化水平还非常低,尚处于起步阶段,仅在物流管理某一环节上实现了信息化或者对计算机的应用还仅仅局限于办公自动化、财务管理等少数几个方面。甚至一些企业的信息化建设还是一片空白。

我国加入WTO后,国外大量专业从事物流服务的企业进入我国物流市场,国内物流企业与国外物流企业之间的竞争日益激烈。怎样才能增强我国物流企业的国际竞争能力,形成我国物流业的竞争优势,是我国物流业发展的当务之急。从现代物流管理的内在要求出发,同时借鉴国外物流企业的成功经验,大力发展物流信息化能够较好地改善我国大多数物流企业"小、少、弱、散"的经营状况,是我国物流业发展的必由之路。

#### (二) 物流信息系统建设的典型应用

**1. ERP 系统**

企业资源计划(enterprise resource planning,ERP)系统是指建立在信息技术基础上,以系统化的管理思想，为企业决策层及员工提供决策运行手段的管理平台。ERP的基本思想就是将企业的业务流程看作一条由供应商、企业本身、分销网络及客户等各个环节紧密连接的供应链，企业内部又划分成几个相互协同作业的支持子系统，如财务、市场营销、生产制造、质量控制、服务维护、工程技术等，还包括对竞争对手的监视管理。企业同供应商、销售代理和客户的关系已不再是简单的业务往来关系，而是利益共享的合作伙伴关系。

由于ERP体现的是一种面向企业供应链的管理思想，因此，可对供应链上的所有环节进行有效的管理，如订单、采购、库存、计划、生产制造、质量控制、运输、分销、服务与维护、财务管理、投资管理、经营风险管理、决策管理、获利分析、人事管理、实验室管理、项目管理、配方管理等。ERP从管理范围的深度上为企业提供了更丰富的功能和工具，可以实现全球范围内的多工厂、多地点的跨国经营运作。

ERP系统包含许多先进的管理思想，如精益生产、敏捷制造、并行工程及准时制生产等，而且随着信息技术和现代管理思想的发展，ERP的内涵还会不断充实。

### 2. SCM系统

建立供应链管理（supply chain management，SCM）体系只是供应链管理的前提和基础，而要真正提高供应链运行效率，则需要进行供应链信息化建设，旨在提升强化信息共享的信息集成度。因为"供应链管理就是通过前馈的信息流和反馈的物流与信息流，将供应商、制造商、分销商、零售商，直至最终用户连成一个整体的管理模式"。信息科技的发展为供应链信息集成化建设提供了物质基础，企业可以利用Web等技术对结盟企业的供应链或现有信息系统进行模块化封装，从而实现结盟企业供应链系统的快速重组和供应链信息的优化集成。利用分布对象技术和框架技术构建开放的、具有伸缩性的应用集成和运行环境，利用互联网技术实现企业内与企业间的信息集成和应用协作。最后，利用企业资源计划模型，通过建立在供应链内部集成与外部集成以及内外部之间的无缝链接，为信息、价值等资源的无障碍流动创造条件，同时也为企业采用敏捷制造、精益生产、柔性管理等现代生产技术搭建了技术平台。

供应链管理的信息化是指将供、产、销各个环节中的信息、数据、消息、情况等通过计算机和软件进行双向式，甚至多向式的沟通和处理，并配合决策支持技术，对供应链中涉及的各部门发出协调指令，及时获得终端反馈和掌握信息，从而在快速、高质量和低成本的前提下，实现供应链管理和决策的高效率。

供应链管理信息系统基本可分为供应链规划和供应链执行两种，以分销（配送）资源管理系统、仓储（库）管理信息系统等为核心。针对国内企业状况，辅之以质量管理软件系统，会取得事半功倍的效果。

### 3. CRM系统

随着互联网技术和信息技术的发展，以电子数据交换为基础的电子商务得到了越来越广泛的应用。在电子商务时代，企业的传统资源如产品质量和价格等，在激烈的市场竞争中已无法再为企业带来新的竞争力，客户才是企业最为重要的资源，而客户关系管理（custom relationship management，CRM）正是一种以客户为中心的经营理念。传统企业管理的着眼点往往在后台，ERP系统帮助企业实现了内部商业流程的自动化，提高了生产效率。而对于前台,企业往往重视不够,面对哪种产品最受欢迎、原因是什么、有多少回头客、哪些客户是最赚钱的客户等问题,大部分企业还只能依靠经验来推测。作为专门管理企业前台的客户关系管理系统,为企业提供了一个收集、分析和利用各种客户信息的平台,帮助企业充分利用其客户管理资源,也为企业在电子商务时代从容自如地面对客户提供了科学的手段和方法。

### (三) 物流信息化对于提升物流企业竞争力的作用

#### 1. 提高企业效益并有效降低成本

物流运作涉及运输、储存、装卸、搬运、加工、配送等大量繁杂操作,整个物流过程中,时间、劳动力节约的潜力非常大,合理设置和安排运输线路、供应网络、库存量、送货方式对企业提高效率、节约成本具有重要作用。而在物流活动中,信息传递的延迟和失真则会造成作业过程中无效环节的增加和资源的浪费,使物流速度降低、成本增加,导致企业整体效益不佳、竞争力不强。信息系统的应用能够快速、准确、实时地收集、传递和处理信息,确保物流运作过程中的信息质量,使企业能更科学地调配和充分利用现有资金、设备、人员等资源,优化操作方案,缩短从订货到发货的时间,提升出、入库速度,减少差错的产生和商品损耗,提高作业精度和效率,加速资金周转速度,同时为计算合理的库存率提供了准确依据,从而有效减少了资金成本、仓储成本、管理成本和风险成本等费用,降低了人事、单据处理、库存和差错成本,为企业挖掘出更大的利润空间。

#### 2. 增强快速反应能力并提升服务质量

随着物流市场竞争的日趋激烈,客户对速度和服务的要求越来越高。快速反应能力已经成为物流企业高水平管理和高效率运作的重要标志,而物流系统中货物的快速移动完全依赖于信息。如果企业在运输、仓储、配送等环节依然采用传统作业方式,缺乏自动化的信息系统,就无法实现对资源的实时控制和优化配置,而对客户要求响应不及时,缺货、断货的情况也就难以避免。这会影响企业形象,并使企业在竞争中处于劣势。物流信息化通过对从订货到发货全程信息的跟踪和处理,可以优化、提高相关作业过程的速度和确定性,使企业在降低成本的同时,保证优秀的供货质量和服务品质,并可在企业、供应商与客户之间建立高效、快捷的联系,将客户的需求变化及时反馈给企业,促进企业及时改变和调整经营策略,不断为客户提供差别化的产品和快速、优质的服务,从而提高客户满意度,形成企业独特的竞争优势。

#### 3. 提高管理水平并优化组织结构

高效率的物流是科学管理的结果。信息化对于提高企业管理效益的作用主要表现在以下两个方面:一方面,信息化通过与企业管理的不断融合,极大地推动了企业的业务流程再造和组织结构优化,减少了管理层次,使企业内部管理趋于扁平化和合理化,加快了企业对市场动态变化的响应速度,提高了管理效率。另一方面,信息化利用条形码、数控工具、EDI、GPS 和 GIS 等现代管理工具和技术手段,从根本上改变了组织收集、处理、利用信息的方式,实现了物流作业的信息资源共享和自动化管理,使企业在决策过程中能够有效利用各种信息,实时掌握需求、库存、配送等动态,对经营活动进行预测和调控,从而极大地增强了决策者的信息分析和处理能力,减少了决策过程中的不确定性、随意性和主观性,达到事先计划、事中控制的目的,实现现有资源的最佳利用。

### (四) 物流信息化建设应注意的问题

目前,许多物流企业已经认识到信息化对提高企业管理水平和竞争力的重要作用,也希望尽快建立起信息化管理体系。但是,如果企业在信息化建设过程中找不到适合自身的信息化策略,盲目立项,在项目实施后就往往达不到预期效果。因此,信息化建设过程中还应注意以下三个问题。

#### 1. 从企业实际出发,寻求个性化解决方案

我国物流企业的规模、运作模式差别很大,不同企业信息化的需求也各有不同,这就要求企业实施信息化建设要因地制宜。首先,要对自身的经营管理状况,对业务、市场、客户的实际需要进行认真考察,找出制约企业发展的"瓶颈",再按照本企业信息化的实际需求合理选择功能。其次,信息系统的性价比也是一个重要的考虑因素。企业投资购买或开发信息系统,都希望以最小的投入获得最大的效益,过高的投入就意味着要承担较大的风险。因而信息化建设不是越先进、越完善就越好,只有立足现实,放眼未来,才能建设既符合企业现有管理需要又能满足企业未来发展要求的信息系统。

#### 2. 对企业实施业务流程重组与管理信息化

企业信息化建设的目的是提高管理绩效,增强企业核心竞争力。但是有些企业对如何才能有效实施信息化建设,以及信息化如何与企业管理接轨缺乏明确的认识,指望单纯依靠建立一个信息系统就能使企业一夜之间步入现代化管理。而实际上,信息化不仅是一个技术层面的问题,它的实施必然涉及企业的组织结构、管理机制、业务流程、经营管理观念等的变革和创新。特别是由于国内相当一部分物流企业都不同程度地存在管理基础薄弱、组织结构层次过多、业务流程不顺的问题,信息化与管理有机结合的重要性就更加突出。从这个意义上讲,物流信息化的核心是管理信息化,其前提是对企业实施业务流程重组,即在信息化过程中要通过重新设计和优化企业的业务流程,削减管理层次,使企业内部信息传递更便捷,并在此基础上实现作业环节的数字化、网络化,达到规范化、标准化的科学管理要求,最终提高企业的整体管理水平。

#### 3. 注意信息系统运行的集成化和统一性

物流信息系统是对企业物流、资金流、信息流进行一体化管理的系统,它的应用贯穿物流商务活动的始终,跨越多个职能部门。因此,要充分考虑各个管理部门和作业环节的衔接问题。否则,即使信息系统的各个功能模块在局部上促进了物流作业的自动化和管理效率的提高,但由于各部门之间的信息沟通不畅、传递失真,也会影响整个物流系统效率的提高。

总之,信息化建设是一项长期、综合性的系统工程,物流信息系统的建立只是信息化实施的第一步。更重要的是,系统能够正常运转并为企业带来效益,这就需要提高企业全体员工的创新思维、信息化意识和信息化技能。

企业信息技术应用的经验教训

## 第二节 企业信息管理概述

### 一、企业信息的构成与特点

企业信息是按照企业组织活动规律的方式排列起来的信号序列所揭示的内容。企业信息是社会信息的重要组成部分,是企业管理工作中企业管理人员之间、企业管理人员与企业员工之间、企业人员与企业外人员之间传递的、反映企业管理活动和管理对象的状态、特征和反映企业目标、需求、行为的消息、数据、语言、符号等信号序列的总称。

#### (一) 企业信息的内容类型

根据信息的内容,可以将企业信息划分为企业技术信息、企业管理信息和企业文化信息。

(1) 企业技术信息是关于企业所需的技术进步或技术开发方面的信息。例如,生产技术、产品技术及其标准、设计图纸、实验数据、技术动向、产品开发等。

(2) 企业管理信息又可分为企业生产管理信息、企业经营管理信息和企业行政管理信息。

① 企业生产管理信息是关于企业生产过程组织、质量管理、人力资源开发与管理、物资及设备管理等方面的信息。

② 企业经营管理信息是关于企业经营思想和战略、市场营销和企业财务等方面的信息。例如,原材料的价格、产品销售情况、市场动态以及企业的资产、利税、负债、会计报表等。

③ 企业行政管理信息是企业行政管理过程中产生的各种信息。例如,上级的指示、政策、文件,企业向上级的请示、报告,企业制定的管理制度等。

(3) 企业文化信息是指企业内多数成员在长期过程中形成的、共同拥有的价值观念、行为方式、企业道德、企业精神、企业形象、企业习俗、企业规范等。

#### (二) 企业信息的信源类型

企业信息按其来源可分为内部信息和外部信息两大类。

**1. 企业内部信息**

企业内部信息是指企业内部产生的各种信息,它是反映企业目前的基本状况和企业经济活动的信息。企业状况信息包括企业基本情况,如人、财、物的构成,企业规模等。

企业经济活动信息包括供、产、销等生产经营信息,财务核算信息及生产工艺、设备、安全、质量、技术改造、新产品开发等信息。具体地说,企业内部信息包括以下几项。

(1) 生产信息。生产信息反映生产过程的信息,如生产计划、工序管理、工艺流程、库存、在制品等信息。

(2) 会计信息。会计信息主要是资金流动信息,包括资产、负债、权益、收入、费用和利润及其相互关系。会计信息是企业进行量、本、利分析的基础。量、本、利分析系统是指分析收入(量)、费用(本)和净收益(利)之间的相互关系,是企业管理者的一项日常工作。

(3) 营销信息。营销信息主要包括订单、装运、应收款账单和销售报告等一系列销售信息。它是企业信息结构的最重要的组成部分。

(4) 技术信息。技术信息是指有关企业产品的技术基础信息。从广义上讲，每个产品都有其技术含量，技术信息反映的是本企业产品是基于何种技术条件生产的。与同行相比是否领先，实现该技术的投入是多少，企业的技术手段、科技开发能力和组织情况等。技术信息是一种竞争能力信息，一般属于商业秘密。

(5) 人才信息。人才信息反映企业各种人才的基本情况信息，如简历、专长、教育背景等，是企业经营者了解企业各种层次人才结构、分布和使用情况的依据。

**2. 企业外部信息**

企业外部信息是指企业以外产生但与企业运行环境相关的各种信息。其主要职能是在企业经营决策时作为分析企业外部条件的依据，尤其是在确定企业中长期战略目标和计划时起着重要作用。企业外部信息主要包括以下几项。

(1) 宏观社会环境信息。包括国内政治经济形势、社会文化状况、法律环境等信息。

(2) 科学技术发展信息。包括与企业经营相关的科学技术发展的信息。这些信息往往展示产品发展的方向，在新产品研发中发挥重要作用。

(3) 生产资源分布与生产信息。主要包括企业正常生产所需要的设备、原料、外购元器件和零部件、能源等物资的供应和来源分布。

(4) 市场信息。这是营销信息的主体，它集中反映商品供需关系和发展趋势，主要包括市场需求信息、竞争信息和用户信息等。

### (三) 企业信息的特点

企业的信息资源是指产生于企业内外部、企业可能得到和利用的与企业生产活动有关的各种信息。具有以下特点。

(1) 时效性。企业信息资源有生命周期。在生命周期内，信息资源有效，否则信息资源无效。信息资源的有效性特征要求尽可能快地得到和被使用。因此，企业在收集、处理和利用信息资源时，必须保证信息传递通道的畅通和快速。

(2) 有序性。有序性即相关信息发生的先后在时间上具有连贯性、相关性和动态性，根据信息资源的过去可以分析现在，进而推测未来。为了保证企业信息资源的有序性，要求企业连续收集信息，利用先进的存储设备，建立数据库并开发高效、便捷的检索方法。

(3) 共享性。共享性表现为同一信息可供多人使用。在企业信息资源中，这种共享性体现在两方面：一是在企业内部，许多信息可以被各个部门使用，从而保证了决策的一致性和行为的可协调性；二是企业与外部之间的信息能够互相交换、共同利用。共享性并不排斥企业的信息资源中的一部分尤其是产生于企业内部的信息资源由于某些原因而不能广泛地共享，只能由某些人专用。

(4) 可存储性。可存储性表现在两方面：首先，企业的信息资源可以文字、图形、声音、符号等形式存在，因此信息资源必须借助各种媒体才能存在和传输，并由此产生各种储存方式；其次，信息资源可存储性要求存储信息内容的真实与安全。计算机技术为信息资源的存储提供了条件。

## 二、企业信息管理内容

企业信息管理即企业的信息化及其管理,是企业应用信息技术及信息产品的过程。更确切地说,就是信息技术由局部到全局、由战术层次到战略层次向企业全面渗透、运用于各个流程、支持企业经营管理的过程。

企业信息管理的核心是运用信息技术对企业信息资源进行编码化与管理。编码化就是把现实世界中的实体、关系和过程数字化(计算机化)。根据对象的不同,编码化可分为数据(文档、图形、图像、结构关系、记录)的编码化、隐含知识和工具的编码化、业务流程的编码化、经营决策的编码化。数据的编码化是指将原来的文档图纸、表格等电子化。隐含知识和工具的编码化是指对"怎样做"的知识进行编码化,以实现共享或企业共享的工具。业务流程的编码化是指实现任务分配、数据流动、项目管理等的自动化和企业员工之间的方便协作。经营决策的编码化是指决策数据采集、分析、整理的自动化以及决策信息和事件的自动发布。这4种编码化的层次是逐步上升的,后一层次必须建立在前一层次的基础上。编码化既是信息高效存储、使用、传播的基础,也是企业在战略层次上实现转变的关键。

企业信息管理的目的是企业充分开发和有效利用信息资源,把握机会,做出正确决策,增进企业运行效率,最终提高企业的竞争力。

### (一) 从企业信息管理规划上看

从企业信息管理规划上看,企业信息管理涉及以下六个方面。

(1) 充分考虑信息技术的应用以及企业外部的环境变化对企业生产经营活动模式及其相应的管理模式的影响,尽可能合理地构建起企业的业务流程和管理流程。在此基础上,结合企业发展规划完善企业组织结构、管理制度等。

(2) 建立企业总体数据库。总体数据库一般分为两个基本部分:一是用来描述企业日常生产经营活动和管理活动中的实际数据及其关系;二是用来描述企业高层决策者的决策信息。

(3) 建立相关的各种自动化及管理系统。如计算机辅助设计(CAD)、计算机辅助生产(CAM)、管理信息系统(MIS)、制造资源规划(MRPⅡ)、决策支持系统(DSS)、办公自动化系统(OA)、专家系统(ES)等。它们构成企业内部信息源,主要实现企业生产经营活动及管理活动中各项信息的收集、存储、加工、传输、分析和利用,为企业高层决策提供依据。

(4) 建立企业内部的内联网(intranet)。提供企业内部信息查询的通用平台,并利用这一网络结构,将企业的各个自动化与管理系统及数据库以网络的方式进行重新整合,进而达到企业内部信息的最佳配置。

(5) 建立企业外部的外联网(extranet)。使企业与合作伙伴、供应商及顾客或消费者之间达成相应的信息共享。

(6) 接通互联网(internet)。利用互联网,可以获取大量与企业生产经营活动有关的信息,充实企业内部信息资源;可以向外部企业提供生产等公开的信息;通过自己的网址,在网上开设虚拟商店,宣传自己的产品及服务,直接在网上开展经营活动。通过企业与顾客或消费者之间的直接联系,互动沟通,进一步开拓市场,同时产品和服务质量也会提高。

## (二) 从企业信息管理工作流程上看

从企业信息管理工作流程上看，企业信息管理内容包括以下几项。

### 1. 制定信息规划

企业信息管理的第一阶段不是收集信息，而是规划信息收集的过程或界定信息方向，也就是明确企业需要什么样的信息，收集信息的范围和目的是什么。

企业信息管理工作最首要的问题应是界定信息需要，制订信息规划。如果一个企业在信息管理初始阶段没有根据管理层的要求分出轻重缓急，信息收集就可能出现盲目性、缺乏系统性的问题。信息收集的优先目标应该根据企业管理层决定他们需要什么信息，然后由信息管理工作人员确定采取什么方法完成任务。规划工作一般分为三部分：第一部分是了解企业各部门信息需要以及使用信息的目的；第二部分是制订一个收集分析计划，根据可拥有的时间和需要的信息内容确定收集的信息和实施计划；第三部分是让用户了解工作进展。一旦有了一个计划，就应该将该计划告诉你的使用者，确保提供的信息能适合他的需要。

### 2. 收集信息

根据信息规划，主要收集原始信息。信息的大部分来源是公开渠道。只要知道如何收集，任何人都能从中得到所需的信息。这些信息源包括政府、行业协会、报刊、年度报告、书籍、广播电视、讲话、数据库、聊天、网络等。只要掌握收集信息方法的人，都可以通过合理合法的方式得到所需信息的绝大部分，其实这也是企业收集信息的主要渠道。可是在企业信息管理的实践中，我们往往忽略公开信息源，而是把收集信息的重点放在竞争对手商业秘密的挖掘上，即使企业得到竞争对手的商业秘密，也不完全是企业成功的保证。例如，一个企业掌握了可口可乐饮品的秘密配方，该企业就一定会像可口可乐公司一样成功吗？如果不具备可口可乐公司销售机构的风格、定价和广告战略、销售网络等，该企业也不一定能成功。我国国产的可乐在一般百姓的口中，与可口可乐没有太大的区别，但它们无法同可口可乐竞争，原因很简单，就是缺乏可口可乐公司的销售风格、定价和广告战略、销售网络等。而可口可乐公司的这些东西都不是商业秘密，是完全可以通过公开合法的方式获得的。因此，企业收集信息一定要重视公开信息源。

### 3. 处理信息

企业收集到的信息可能是大量的、无秩序的。因此，必须对它们进行一定的处理，才能使用。处理信息的首要工作是将信息集中、记录和组合。一般由企业较低级的部门完成，这样做的好处是使公司的中级和高级信息分析人员将精力集中在关键的分析工作上。特别强调的是企业获得原始信息的部门始终应该保存信息的全文，但送达管理层的信息更应简明扼要，越往上级，信息越应浓缩。其次是对信息进行评级和分类。由于信息的来源不同，收集到的信息良莠不齐，对信息的真伪要进行辨别，分出等级和档次。

### 4. 分析信息

分析是将基本信息转换成情报的过程。分析是竞争情报最困难的环节，要求分析人员权衡信息的重要性，寻找分析模式，提出方案。分析包括对所有的资料进行综合、评价、分析，将所有资料组成有逻辑性的整体，将评价的信息置于一定背景中，并提供完成的情报。

这一阶段的工作是企业信息管理周期的最后一个环节，是前期工作的最终结果。它可能是简短的口头汇报，也可能是详尽的书面报告。企业管理者在了解有关内容之后可能提出新的信息要求，从而导致新的信息管理周期的开始。

### 三、企业信息管理实施的条件

企业信息管理建设必须具备一定条件才能成功实施。

#### （一）企业有信息化的内在需求

企业信息化的内在需求是企业实施信息管理的首要条件。企业要进行信息化管理，必然要建立相应的信息管理的自动化系统，或者开发管理信息系统，无论哪一种投入都是巨大的。而且其中技术复杂，牵涉企业管理方方面面的关系及其利益，实施起来困难很大。因此，当企业真正感觉到必须实现信息化，才能满足企业当前及未来发展的需要时，企业才具备实现信息化的真正动力。成都飞机工业公司是我国第一家实施 CIMS 工程的企业，其各项具体内容的实施都是企业发展目标与市场需要相互推动的结果。如新机研制和外贸出口的改进机型必须采用 CAD/CAM 技术；为确保与麦道公司生产和管理信息的同步传递和处理，必须引进 MRPⅡ系统；为了确保和提高飞机结构件的综合能力，必须建立柔性自动化车间等。成都飞机工业公司企业信息管理取得了成功，其企业内在要求是一个重要原因。

#### （二）设计企业信息化的总体规划

企业实施信息化管理，必须要有一个与企业发展相适应的整体规划。设立哪些信息管理系统，以及建设的顺序，都要与企业生产经营紧密结合并协调，避免不切合实际地追求所谓"全"和"一步到位"。企业应该根据自身的生产经营情况制定企业信息化管理的总体发展规划，有步骤、有计划、有缓急地建设。

#### （三）技术基础和管理基础

企业信息化首先必须建立在一定的技术基础和管理基础上。如果企业技术基础落后，机械化和自动化技术水平很低，那么企业实现信息管理只是一句空谈。现代化的信息技术只有与相应的机械化、自动化的技术水平相匹配，才能发挥优势。因此，企业信息化首先必须以一定的工业现代化和自动化为基础。其次，企业信息化要有较好的管理基础，包括两个方面：一是企业从上至下要有现代化管理观念，对企业信息化的重要性与迫切性有较为深刻的认识；二是建立合理的组织结构，建立与健全企业的规章制度，完善企业的业务流程。如果企业的管理基础不好，那么即使实施信息化，其阻力也很大，效果肯定不会好。

#### （四）技术与管理人才

成功实施企业信息化的经验之一是企业要有自己的技术与管理人才。实际上，企业信息化是充分运用现代信息技术的过程，从项目的立项、开发、投入使用到运转过程中的维护，其中技术总是在不断地更新、升级，因而运用这些技术的信息管理系统也涉及不断更新和升级的问题。那么，企业必须在各个环节上有与这些要求相适应的技术人才和管理人才，这是企业信息管理的重要基本条件之一。

### （五）与技术进步、管理创新和观念更新结合

企业信息化是一项宏大且复杂的系统工程，不仅投入巨大，技术更新快，而且牵涉到企业业务与管理流程、组织结构、体制、制度等一系列问题。因此，在某种程度上说，生产经营活动中的信息化建设和管理实质上是应用现代信息技术对企业的各项资源及各个环节在信息处理、工作方式、管理机制以及人的思维理念等方面进行的一项创新和变革。除技术与管理结合之外，企业信息化建设与实施过程中，还涉及人的观念的变革与更新，其科学、严密的管理必将冲击着企业管理者的思维方式和行为方式，促使管理者的观念发生变化，信息管理系统的好处才能被一些起初不愿意接受的人认识到。例如，在企业的物资采购中，拿回扣现象严重，在传统的管理系统中，此类现象屡禁不止，控制起来难度较大。大连化学工业公司在这方面深有体会。该公司下属单位30多个，经常出现同种类、同规格、同质量的物资采购价格差异很大。但由于部门不统一，票据繁多，调查起来非常困难。后来该公司针对这一事实开发了物资管理信息系统。该系统使用后，采购物资中的不当行为很快就被分析出来，一些管理的漏洞也得到了及时补救。企业信息化建设给人们带来的不仅是技术的更新与进步，而且也给人们思想观念带来了创新。从某种意义上说，后者比前者更重要，因为观念的创新是企业信息化的根本保证。

### （六）选择好的合作伙伴

合作伙伴包括系统开发伙伴和供应商。企业采用的信息管理各系统，一般依靠企业自己力量难以完成，购买现成的系统或软件又不能完全吻合企业管理的要求。因此必须借助企业外部的力量对系统进行开发。这样一来，选择合作伙伴就显得相当重要。一项好的技术需要一种好产品来体现，因此，在选择时一方面必须考虑产品运行的软硬件环境条件，包括对系统软件的要求和硬件环境的要求，如内存、可使用硬盘空间、主板等要求；另一方面要注意软件与其他软件的兼容性，否则企业内各系统中的信息将成为一个个信息孤岛，不能共享。因此，企业的信息管理系统必须建立在一个开放、符合工业标准、可有多家厂商支持的平台上。

## 四、企业信息管理组织机构

### （一）高层信息管理机构

高层信息管理机构是负责统一管理全企业各种主要信息的信息管理中心，负责把与企业经营管理有关的重大信息向企业决策层反馈。因此，这一层次信息管理机构的建立和设置应与企业管理职能相一致或相适合。通常，信息管理中心要设置在负责全企业生产经营计划、统计等业务的综合科室。这样，才能使信息与企业经营管理紧密衔接起来。对于大型企业来说，为了提高信息管理的整体效率，最好建立一个集中管理企业信息的专门机构。这个机构应承担以下五个功能。

#### 1. 信息汇总与收集功能

一是将分散于各部门的信息汇总起来，形成一个权威的内部信息库。在信息汇总的同时，对各种信息进行检验与评估，以保证信息的准确性。二是有选择地收集企业的外部信

息。这包括两层含义：首先是收集与本企业密切相关的信息，如与企业生产相关的科技信息、政策法规信息等；其次是企业的信息管理机构应成为企业与社会信息服务机构沟通的桥梁，经常与社会信息服务机构联系，取长补短，互通有无，善于利用他们收集的与企业经营相关的信息为企业所用。社会信息服务机构对企业来说，是一个非常好的信息源。可以让企业最大限度地利用社会信息资源。

### 2. 信息管理与检索功能

信息管理与检索功能即对汇总与收集的信息进行有序化管理，如按企业生产流程、经营范围、组织机构设置或信息用途等划分，将信息归纳为几大类，使相同和相近的信息集中在一起，不同的信息区别开来。这个过程实际上是将零散无序的信息重新排列组合到相应的信息链中，使信息成为一种序化的有机整体，便于多途径检索，随时满足查询要求。

### 3. 信息分析与处理功能

首先是信息选择与过滤，面对大量的信息，我们可以根据需要的迫切性，从大量信息中选择那些看来对我们有用的信息，而忽略其余信息。其次，需要对信息进行有效分析，"去伪存真，去粗取精"。最后，要利用各种方法对信息进行处理，根据信息对现状进行描述及对未来进行预测。这是利用信息的根本目的，信息的重要价值之一就在于它对未来具有预见性。企业大部分信息经过分析才有使用价值，盲目使用未经分析处理的信息，不仅没有任何价值，可能还暗含风险。

分析信息的方法很多，比较传统的有微观分析方法和宏观分析方法。微观分析方法涉及大量的细节，并使用尽可能多的统计资料。这种方法是企业在为某一产品或市场制定战略或战术规划时经常使用的方法。一般包括对众多市场力量，如对企业无法控制的因素和公司可能完全控制的因素的详细分析。宏观分析需要审视外部环境，以确定企业无法控制的外部环境因素是否对市场有影响，它的主要任务是辨认可能影响经营的经济的、法律的、政治的、人口的市场因素、消费者因素、技术因素、竞争对手以及企业自身。通过对每一问题的分析，事前便可预测外部因素对企业经营可能产生的影响。

### 4. 信息协调与沟通功能

信息管理机构要对企业各部门的信息工作进行协调、指导与监督，同时作为企业信息沟通的主要枢纽。

### 5. 信息反馈功能

信息管理机构一方面为企业决策提供有效的信息服务；另一方面又将决策的执行情况反馈到决策层，不断完善决策过程。

## (二) 中层信息管理机构

中层信息管理机构是指主要负责收集、传递、处理或反馈各种专业信息的信息管理机构，对企业生产经营过程中的各种有关生产工艺、供销、质量检验、设备管理、财务核算、安全环保、技术改造、新产品开发等专业信息进行收集、反馈，以便由各有关部门及时解决或传递给企业决策层研究解决。因此，中级信息管理机构可按信息所属专业分设于各业务归口科室。中层信息管理机构的主要功能是收集以下信息。

(1) 国内外同行业对口业务的经济、技术、工艺、质量、新产品开发等信息。

(2) 上级机关及有关对口业务部门颁发的政策性信息和技术资料。

(3) 由基层信息管理机构传递来的生产经营过程中存在的异常情况需要跨部门协调统一解决的重要问题。

(4) 市场信息，如产品销售情况、价格变化情况、原材料供应的货源、运输及保管、产品开发技术情报及国际市场的开拓等信息。

(5) 上级对口业务机关发布的与本企业有关的批示、指令、批复等信息。

### (三) 基层信息管理机构

处于企业基层的信息管理机构，主要负责收集、传递企业内部基层生产单位在生产经营过程中所产生的信息。因此，与企业行政管理一致，基层信息管理机构宜设在各车间或分厂等基层生产单位。其具体功能包括以下几项。

(1) 收集本单位各岗位生产过程中出现的异常情况。

(2) 收集和整理本单位的产品产量、质量、产值、消耗、成本、经济效益指标等统计资料及有关技术资料，并做好各种原始记录的整理工作，使各种资料档案化。

(3) 产品用户及其他车间或分厂对本单位产品的意见。

(4) 原材料质量因素对产品质量的影响等问题。

(5) 上级有关部门的指令、决定、要求及意见。

(6) 向企业信息管理中心和中层信息管理机构传递基层信息管理机构收集的信息并接收他们反馈过来的信息及处理结果。

### (四) 流动信息机构

流动信息机构是指企业的工作人员在外出开会、参观、学习、社会交往活动中，出于对企业的责任感而收集信息的高尚行为。企业应该提倡和鼓励员工的这种行为，因为通过这种渠道往往能得到很多珍贵信息，是企业宝贵的资源财富。

## 第三节　企业物流信息与物流信息管理

### 一、企业物流信息的重要作用

#### (一) 企业物流信息在物流系统中的地位

企业物流信息管理对企业的重要性可以通过企业内部关键信息流和企业之间相关信息流来反映。

**1. 企业内部关键信息流**

如图 6-1 所示，无论是企业的经营管理活动，还是企业的业务操作活动，都离不开信息的支持。信息系统被喻为企业的"神经系统"，物流系统中信息的作用尤为重要。

从企业战略到物流计划、生产计划、采购计划，整个企业运行过程中都离不开信息，生产和销售两大信息流主线形成了企业内部的两大关键信息流。

(1) 采购计划信息决定采购执行、采购结果信息决定生产执行、生产计划信息影响采购计划、库存水平信息影响物流计划。

（2）订单管理信息决定配送作业、配送计划信息决定运输计划、库存水平信息影响配送作业、运输情况信息影响采购执行。

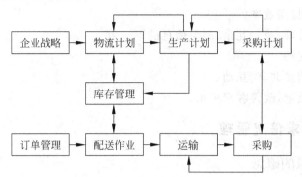

图 6-1　企业内部关键信息流

**2. 企业之间相关信息流**

如图 6-2 所示，企业之间的相关信息流涵盖的内容更多：收货人与发货人之间的采购订单信息、POS 数据及其预测数据、发货通知及收货回执；发货人与承运人之间的交付信息及签收信息；发货人与第三方物流公司(3PL)之间的发货指令信息、物流动态信息及指令执行信息(运输、库存、配送状态)；收货人与第三方物流公司之间的发货通知、物流动态信息及市场销售信息(POS 数据及其预测数据)；收货人与仓储配送加工之间的交付信息及签收信息；承运人与第三方物流公司之间的外协信息、订舱信息以及配舱回单信息；第三方物流公司与仓储配送加工之间的外协信息、加工包装配送指令信息以及库存信息等。

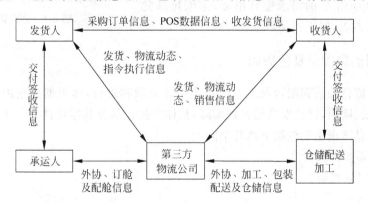

图 6-2　企业之间相关信息流

### （二）物流信息管理的作用

物流系统是一个有着自身运动规律的有机整体。物流信息经收集、加工、处理后，成为系统决策的依据，对整个物流活动起着运筹、指挥和协调的作用。如果信息失误，则运筹、指挥活动便会失误；如果信息系统故障，则整个物流活动将陷入瘫痪。物流信息系统是把各种物流活动与某个一体化过程连接在一起的通道。一体化过程建立在四个层次上：交易、管理控制、决策分析以及制订战略计划系统。物流信息对交易、管理控制、决策分析以及战略计划起着强大的支持作用。

物流信息管理的作用表现在以下方面。

(1) 使物流各环节的工作更加协调。

(2) 信息共享,提高效率。

(3) 信息统一管理,减少冗余,避免信息的不一致。

(4) 提供决策支持。

(5) 与客户的信息共享、互动。

(6) 提高服务质量,改善客户关系。

## 二、物料需求信息管理

### (一) 物料需求的概念

物料需求是指企业生产、经营所需要的各种物料(企业中各种原材料、零配件、半成品、产成品等物质性材料)。物料需求包括独立需求和相关需求。独立需求是指客户对成品或备品备件的需求,与其他需求无关,不依赖于其他物料来产生需求。相关需求是指对某种物料的需求与其他的物料有关,即是由其他物料的需求推算出来的需求。一般来说,相关需求是依赖其父项物料来产生的需求。

如图 6-3 所示,如果在生产 A 的过程中,需要 B、C、D、E、F 和 G 等物料,其中,B、D 的需求与其他需求无关,且不依赖于其他物料来产生需求,属于独立需求;而 E、F 和 G 由 C 的需求推算出来,是依赖其父项 C 来产生的需求,属于相关需求。

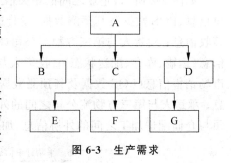

图 6-3 生产需求

### (二) 物料信息需求及信息源

物料需求信息关系到能否保证生产作业按计划顺利进行,即根据计划内规定的生产产品的品种、数量、期限,以及发展的客观实际,具体安排产品及其零部件在各工艺阶段的生产进度。它的信息需求主要包括下列几个问题。

(1) 需要哪些物料?

(2) 什么时候提供?

(3) 提供多少?

(4) 已经有多少?

(5) 在途(制)有多少?

根据上述的信息需求,其信息源主要来自以下几个方面。

(1) 生产计划编制部门。提供主生产计划,包括产成品、配件,既有用于销售的,也有用于售后服务或维修的,这是物料需求的直接原动力。

(2) 物料管理部门。提供库存物料信息以及在途物料信息,该类信息直接影响企业对外的物料需求。

(3) 生产车间。提供在制品信息,该类信息也影响企业对外界的物料需求。

(4) 技术部门。提供产品结构以及制造工序信息,该类信息影响需求物料的品种、数量以及需求时间。

### (三) 物料信息采集

要搞好企业的物料管理,特别是保证企业生产所需的物料,必须采集物料需求的相关信息,其采集内容如图 6-4 所示。

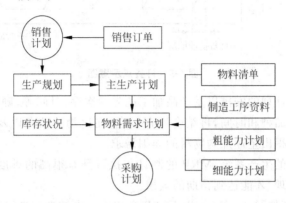

图 6-4 物料需求信息采集内容

(1) 物料需求信息的采集内容:①主生产计划;②车间生产进度表;③库存台账;④相关产品的技术资料。

(2) 物料需求信息的采集方式:①传统的单据、报表传递;②电子文件传递;③内部信息系统的信息共享;④电子数据的自动交换。

### (四) 物料信息处理与利用

#### 1. 传统的信息处理与利用方法

传统的物料需求信息处理方法是单纯利用计算机程序或其他方式,记录并保存库存动态,通过计算经济订货量和安全库存量,获得正确的批量与安全库存,为物料需求提供缓冲。

订货点理论是属于较典型的物料需求处理办法。如图 6-5 所示,设定库存量为 $Q$,订货点为 $O_p$,安全库存为 $Q_s$,假设物料的消耗是按照某一规律进行,当库存量 $Q$ 到达订货点 $O_p$,而还未到达安全库存 $Q_s$ 时,开始订货。存货从订货点 $O_p$ 到安全库存 $O_s$ 的时间间隔为订货提前期 $L_T$,则订货点的计算公式为

$$订货点 = 需求率 \times 订货提前期 + 安全库存$$

即
$$O_p = DL_T + Q_s$$

订货点理论是按过去的经验预测未来的物料需求,并且有固定的库存补充原则。此外,订货点理论的使用还必须具备几个前提:对各种物料的需求是相互独立的;物料需求是连续发生的;提前期是已知的和固定的;库存消耗之后,应被重新填满。因此,在竞争激烈和市场多变的环境下,采用这种传统的订货点理论来管理物料,必然会出现库存过高或供应不足等问题。

#### 2. MRP 方法

MRP(物料需求计划)方法就是将对物料的需求,按产品结构逐级分解,确定所需的物

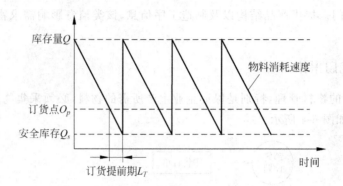

图 6-5 订货点示意图

料品种,同时,按生产计划的安排以及产品加工的先后次序、时间等,确定各种物料需要的时间。有了需求的具体品种和时间,再结合库存信息、在途物料信息以及车间生产进度信息,经过计算就可以准确得出企业外购物料的详细需求。

对于庞大而复杂的生产系统,MRP 的制订与执行具有很高的难度、必须有强有力的计算机系统实行集中管理,才能达到预期的效果。

MRP 的逻辑原理如图 6-6 所示,以下对几个相关因素做进一步的说明。

(1) 产品结构文件 BOM(bill of material)。它反映产品的层次结构,即所有零部件的结构关系和数量组成。根据 BOM 可以确定该产品所有零部件的需要数量、需要时间以及相互关系。

(2) 主产品进度计划 MPS。营销计划、BOM 和工艺规程决定成品出厂时间和各种零部件的制造进度。它决定了产成品与零部件在各个时间段内的生产量,包括产出时间、数量或装配时间和数量等。

(3) 产品库存文件。它包含原材料、零部件和产成品的库存量、已订未到量和已分配但还没有提取的数量。根据物料需求计划计算结果所需的物料量,首先应该考虑库存量,不足部分再进行采购。

由 MRP 逻辑原理图可见,物料需求计划产生产品投产计划和采购计划,生成制造任务单和采购订货单,再据此组织产品的生产和物资的采购。

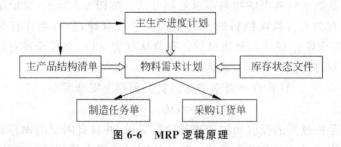

图 6-6 MRP 逻辑原理

## 三、采购信息管理

### (一) 采购的概念

采购,简单来说就是购买,但是它是比购买含义更广泛、更复杂的概念。从字面来讲,"采"就是摘取、挖取、选取、收集的意思,"购"就是商品的交易过程。采购的概念有广义和狭义之分,广义的采购是指从环境获取有形或者无形物质;狭义的采购是商品采购,是指在市场经济条件下,在商品流通过程中,各企事业单位及个人,为获取商品,对获取商品的渠道、方式、质量、价格、时间等进行的预测、抉择,把货币资金转化为商品的交易过程。无论是狭义的采购,还是广义的采购,其本质属性都是选择。

采购一般包括以下基本含义。

### 1. 所有采购都是从资源市场获取资源的过程

无论是生活,还是生产,采购的意义就在于能够为他们解决他们所需要但自己又缺乏的资源问题。这些资源,既包括生产资料,也包括生活资料;既包括物质资源(例如,原材料、设备、工具等),也包括非物质资源(如信息、技术等)。能够提供这些资源的供应商,形成了一个资源市场。而为了从资源市场获得这些资源,所用的方式都是采购。也就是说,采购的基本功能就是帮人们从资源市场获得他们所需要的各种资源。

### 2. 采购既是一个商流过程,也是一个物流过程

采购的基本作用,就是将资源从资源市场的供应者手中转移到用户手中的过程。在这个过程中,一是要实现资源的所有权从供应者手中转移到用户手中;二是要实现将资源的物质实体从供应者手中转移到用户手中。前者是一个商流过程,主要通过商品交易、等价交换来实现商品所有权的转移。后者是一个物流过程,主要通过运输、存储、包装、装卸、流通加工等手段来实现商品空间位置和时间位置的转移,使商品实实在在到达用户手中。采购过程,实际上就是这两方面的完整结合,缺一不可。只有这两方面完全实现了,采购过程才算完成了。因此,采购过程就是商流过程与物流过程的统一。

### 3. 采购是一种经济活动

采购是企业经济活动的主要组成部分。所谓经济活动,就是要遵循经济规律,追求经济效益。在整个采购活动过程中,一方面,通过采购获得了资源,保证了企业的正常生产顺利进行,这是采购的效益。另一方面,在采购过程中,也会发生各种费用,这就是采购成本。我们要追求采购经济效益的最大化,就要不断降低采购成本,以最少的成本获得最大的效益。而要做到这一点,关键就是努力追求科学采购。科学采购是实现企业经济利益最大化的基本利润源泉。

## (二)采购信息需求及信息源

物料管理部门特别是采购部门要做好采购工作,必须有大量的信息支持。采购信息需求主要包括下列几类信息。

(1)外购物料需求信息。包括品名、数量及成套要求,技术要求,时间要求,厂家要求等。

(2)产品生产信息。

(3)供应商信息。包括供应商的基本情况、资质、服务、历史上的交易信息等。

(4)市场及价格信息。包括供应商报价、市场成交价以及价格变化趋势等。

相对于采购信息的需求,其信息源主要来自以下四个方面。

(1)内部信息源。凡是有物料需求的部门都是采购信息源,包括销售部门、维修部门、生产部门、仓库以及其他部门。

(2) 生产厂。
(3) 供应商。
(4) 市场。包括互联网、报纸、专业期刊等。

### (三) 采购信息采集

#### 1. 信息采集的内容

(1) 采购需求信息。包括相关物料需求、独立物料需求、库存正常补货以及临时采购指示等。对于每项需求,还包括品名、数量、需要时间、技术规格等。
(2) 产品技术信息。
(3) 产品服务信息。
(4) 产品市场信息。
(5) 供应商信息。

#### 2. 信息采集的方式

采购需求信息由于信息源较多,因此信息的采集方式也较多。对于内部信息源,采集方式与前述相同,对于生产厂以及供应商的相关信息,可以利用互联网访问相关信息源的网站,也可以索要相关的宣传材料,还可以委托专业咨询公司采集,或采用实物样品分析、实地考察、间接调查等其他方式进行信息采集。

### (四) 采购信息处理与利用

采购需求信息采集齐全后,经过相应的处理,可以用于采购作业的各个环节,主要包括采购计划制订、供应商信息管理以及采购过程管理等。

#### 1. 采购计划制订

采购计划制订的内容包括订购物料明细、订购时间、订货数量、可选供应商以及相应的资金配合计划。还可按照物料种类、价格、供应商情况创建询价清单;记录每一次紧急采购的内容和原因,并分析紧急采购发生的规律;根据库存水平、供货商等情况提示平衡询价单,协助采购员确定询价的供货商等。

#### 2. 供应商信息管理

供应商信息管理的内容包括供应商分类、供应商基本信息、物品信息以及相关的历史资料。其中,供应商分类是指在选择供应商时,按分类等级有首选、次选、次次选等;供应商基本信息是指供应商的厂址、企业性质、规模、生产能力、联系人、联系方式等;物品信息是指品名、规格、单价、折扣、交货时间、交货方式等;历史资料是指交易数量、价格折扣、交货情况、质量情况等。

#### 3. 采购过程管理

采购过程管理包括供应商的评价与选择、采购作业单证的制作、洽谈价格过程、采购订单的下达、来料验收、费用结算以及订单(合同)的管理等。

其中,采购订单(合同)管理包括对大宗订单、采购周期长的订单,除签订订货合同外,还提供一揽子采购的解决方案。对于在一定时期内明确的采购需求,可以和供货商签订一揽子采购合同,签订订货的总数量以及取得的优惠价格标准。在一揽子采购的有效期内,根据具体的需求,分批向供货商下发订单进行采购。

## 四、仓储与库存信息管理

### (一) 仓储信息管理的具体内容

仓储信息是仓储活动产生的信息,这些信息伴随货物入库、在库和出库活动的发生而发生。仓储信息管理的具体内容包括仓储资源信息管理、仓储作业信息管理和仓储业务信息管理等。

**1. 仓储资源信息管理**

仓储资源是指自身所拥有的或可控制的、用于仓储活动的各种资源,包括仓储设施、仓储设备和仓储人员。仓储资源信息管理主要包括仓储设施规划与设备优化配置过程中信息的搜集、整理、加工与利用,仓储资源基本信息的记录与维护,仓储资源使用情况的记录与统计。

(1) 仓储设施规划与设备优化配置过程中信息的收集、整理、加工与利用

仓储设施规划是从空间上和时间上对仓储设施的新建、改建或扩建进行全面系统的规划。仓储设施规划的合理性将对仓储设施的设计、施工和使用,仓储作业的质量与安全,以及所处地区或企业的物流合理化产生直接且深远的影响。因此,仓储设施规划过程中需要收集、整理大量信息,并应用科学的预测与决策方法,完成信息深层次的加工与利用。

仓储设备优化配置过程中要涉及仓储设备的种类搭配、各种仓储设备的具体选型与数量确定等工作,需要搜集大量信息并进行整理,最后采用一定的优化技术与方法,对整理后的信息进行深度挖掘与利用。

(2) 仓储资源基本信息的记录与维护

仓储资源基本信息的记录与维护主要包括仓储设施基本信息、仓储设备基本信息及仓储人员基本信息的记录与维护。

仓储设施是仓储活动赖以进行的基本条件,主要有各种类型的仓库、堆场、货棚等。仓储设施的基本信息主要包括设施的地理分布、规模、数量、用途,设施内部的布局,仓库建筑物的结构,设施投入使用的日期、使用年限、建设成本等。

仓储设备是指在进行仓储作业或辅助作业以及保证仓储作业安全所必需的各种机械设备的总称。仓储设备很多,主要有叉车、托盘、货架、堆垛机、传送带、非动力搬运车等。仓储设备的基本信息主要包括设备名称、数量、规格、厂家、购买日期、单价等。

仓储人员主要有仓储主管、仓库经理、仓管会计、业务员、入库管理员、保管员、出库管理员、搬运员、理货员、养护员、仓库安全管理员等。仓储人员基本信息主要包括姓名、性别、岗位、年龄等。

(3) 仓储资源使用情况的记录与统计

仓储设施使用情况的记录与统计主要包括日常维修记录、利用情况的详细记录与相关的数据统计,如仓库面积利用率、仓容利用率等。仓储人员使用情况的记录与统计主要包括出勤记录,工作过程中的一些特殊事件的记录,批评、处分、处罚或是表扬、嘉奖等信息的记录与统计,工作量统计(如统计全员年工日总数)。仓储设备使用情况的记录与统计主要包括设备利用情况的记录与统计,如统计设备利用率;设备运行过程中出现的问题以及对问

题的处理结果等信息的记录与统计;设备报废日期、残值、报废原因等信息的记录与统计。

**2. 仓储作业信息管理**

仓储作业包括入库、在库及出库。仓储作业信息管理包括仓储作业所需信息的搜集、仓储作业过程中产生信息的记录以及对以上信息的加工处理和利用。

(1) 入库信息管理

入库信息管理包括入库前准备信息管理、接运信息管理、验收信息管理和入库交接信息管理。

① 入库前准备信息管理。收集入库货物的信息,如货物的品种、规格、数量、包装状态、单件体积、到库时间、货物存放期、货物的物理化学特性、保管要求等;收集仓储资源相关信息,如仓库的库容、设备、人员等信息。制订仓储计划并将计划传递到相关作业单位、管理部门;制订货位、验收场地的安排表及卸车搬运工艺,制作苫垫方案;预填货物入库所需的各种单证、记录簿,如入库记录、理货检验单、料卡、残损单等。

② 接运信息管理。收集接运任务信息,如接运方式、接运的时间、地点,接运货物的名称、型号、数量。收集接运人员、车辆及其他设备的基本信息。制订接运计划及人员、车辆及其他设备的接运安排。

③ 验收信息管理。收集验收所需凭证,如入库通知单,订货合同副本,供货单位提供的材质证明书、装箱单、磅码单、发货明细表,物品承运单位提供的运单等。记录验收所花费时间,记录验收结果,记录异常情况及其处理意见,统计平均验收时间等。

④ 入库交接信息管理。收集货物的基本信息、堆码设施的信息、堆码人员的信息,记录堆码过程中的特殊情况、堆码所花时间等。完成货物入库信息的登账、立卡、单证的签署及建档。其中,建档涉及的信息主要有货物的各种技术资料、合格证、装箱单、质量标准、送货单、发货清单等;货物运输单据、普通记录、货运记录、残损记录等;入库通知单、验收记录、磅码单、技术检验报告等。

(2) 在库信息管理

在库信息管理包括保养维护信息管理、盘点信息管理、在库检查信息管理。

① 保养维护信息管理。收集可能引起货物在库发生变化的内部因素信息,如货物自身的组成成分、分子结构及其所具有的物理性质、化学性质和机械性质。记录货物在库保管过程中所发生的一系列变化,如物理机械变化、化学变化、生化变化及某些生物活动引起的变化等。记录引起货物发生变化的外部因素,如温度、湿度、有害气体、日光、尘土、杂物、虫鼠雀害、自然灾害等有关的监测与控制信息。计算货物的储存期。制定仓储活动的操作规范和要求。

② 盘点信息管理。收集与盘点货物有关的信息,如货物的特性、价值、流动速度、重要程度等;收集盘点人员及设备信息。制定盘点单。记录盘点过程中的特殊情况。记录盘点结果,记录造成盘盈或盘亏的原因及处理意见。统计账实相符率、盘盈或盘亏率等。

③ 在库检查信息管理。记录检查时货物温度、水分、气味、包装物外观、货垛状况等信息,记录检查过程中发现的异常情况及其处理意见,统计货物损耗率等。

(3) 出库信息管理

出库信息管理主要包括出库前准备信息管理、核对出库凭证信息管理、备货信息管理、理货信息管理、登账信息管理和交接信息管理。

① 出库前准备信息管理主要包括：收集货主提出的出库计划或出库请求；制定货物出库的各项安排，如货位、机械设备、工具和工作人员的安排；编制发往异地的货物编号，制作包装上的挂签和发运标记等。

② 核对出库凭证信息管理主要包括：收集提货凭证；检查凭证上的印签是否齐全相符，有无涂改；在料账上填写预拨数，并将出库凭证移交给仓库保管员。

③ 备货信息管理主要包括完成销卡、批注地区代号和签单。

④ 理货信息管理主要包括搜集货物场地信息及车辆到库信息，编制到场货物分堆安排，在外包装上刷置收货单位简称。

⑤ 出库信息管理的其他内容主要有登账、办理交接手续，以及货物出库后的账目注销及料卡、货位上吊牌信息调整。

**3．仓储业务信息管理**

仓储业务信息管理主要包括客户信息管理和业务信息管理。

（1）客户信息管理

客户信息管理主要包括客户的基本信息以及客户在业务合作方面表现信息的维护。客户的基本信息有客户的名称、地址、联系人、联系电话或传真、开户行、银行账号等。客户在业务合作方面表现信息主要是对客户在业务合作方面一些特殊情况的记录信息。

（2）业务信息管理

业务信息管理主要包括业务基本信息以及业务履行情况信息的维护。业务基本信息主要是指业务合同所记载的信息，如业务合作方的名称、具体业务、客户要求等。业务履行情况信息主要包括正常履行记录，履行过程中特殊情况及其处理意见，以及履行业务的数据统计，如统计业务赔偿费率、缺货率等。

## （二）仓储信息管理的重要数据

仓储信息管理的重要数据主要有以下六方面的数据：一是与仓库作业成果数量有关的数据；二是与仓库作业质量有关的数据；三是与仓库作业物化劳动和活劳动消耗有关的数据；四是与仓库作业物化劳动占用有关的数据；五是与仓库作业劳动效率有关的数据；六是与仓库经济效益有关的数据。

**1．与仓库作业成果数量有关的数据**

与仓库作业成果数量有关的数据主要有吞吐量、库存量、存货周转率。

（1）吞吐量

吞吐量是指仓库中转货物的总量，是入库量、出库量和直拨量的总和。入库量是指经仓库验收入库的货物数量。不包括到货未验收、不具备验收条件、验收发现问题的货物数量。出库量是指按出库手续已经点交给用户或承运单位的货物数量，不包括备货待发运的货物数量。直拨量是指在车站、码头、机场、供货单位等提货点办理完提货手续后，直接将货物从提货点分拨转运的货物数量。

（2）库存量

库存量通常用月平均库存量或年平均库存量来表示。该数据是同时反映仓库平均库存水平和库容利用状况的数据。库存量不包括待处理、待验收的货物数量。

(3) 存货周转率

库存量反映的是相对静止的库存状态，而存货周转率更能体现仓库空间的利用程度和流动资金的周转速度。

2. 与仓库作业质量有关的数据

与仓库作业质量有关的数据主要有收发差错率及收发正确率、业务赔偿费率、货物损耗率、账实相符率、缺货率等。

(1) 收发差错率及收发正确率

收发差错率是以收发货所发生差错的累计笔数占收发货总笔数的百分比来计算，此项指标反映仓库收发货的准确程度。

收发差错包括因验收不严、责任心不强而造成的错收、错发，不包括丢失、被盗等因素造成的差错。通常情况下，收发差错率应控制在 0.5% 的范围内。而对于一些单价高的货物或具有特别意义的货物，客户可能会要求仓库的收发正确率是 100%，此时一旦发生差错，必须根据合同予以赔偿。

(2) 业务赔偿费率

业务赔偿费率是以仓库发生的业务赔罚款总额占同期业务总收入的百分比来计算，此项数据反映仓库履行合同的质量。业务赔罚款是指在入库、在库、出库阶段，由于管理不严、措施不当而造成库存货物损坏或丢失所支付的赔款和罚款，以及为延误时间等所支付的罚款，意外灾害造成的损失不计。业务总收入是指入库、在库、出库各阶段提供服务所收取的费用之和。

(3) 货物损耗率

货物损耗率是指保管期内货物自然减少的数量占货物入库数量的百分比，此项数据反映仓库货物保养维护的水平。

货物损耗率主要用于易挥发、易流失、易破碎的货物。仓库与货主根据货物的性质在仓储合同中规定一个相应的损耗上限。若实际损耗率高于合同中规定的损耗上限，说明仓储保养维护水平不高。超过上限的损耗部分，仓库应给予赔付。

(4) 账实相符率

账实相符率是指货物账面结存数与库存实际数量相符笔数占盘点总笔数的百分比。

通过对账实相符率的考核，可以衡量仓库货物账面信息的真实程度，反映保管工作的完成质量和管理水平，是避免货物损失的重要手段。

(5) 缺货率

缺货率反映仓库保证供应、满足客户需求的程度。该数据用于评价仓库进行库存分析和及时组织补货的能力。

3. 与仓库作业物化劳动和活劳动消耗有关的数据

与仓库作业物化劳动和活劳动消耗有关的数据包括：材料、燃料和动力等物资消耗；平均验收时间、整车(零担)平均发运天数、作业量系数等劳动消耗；进出库成本、仓储成本等综合反映人力、物力、财力消耗水平的数据。

(1) 物资消耗

仓库作业的物资消耗是库存用材料(如防锈油等)、燃料(如汽油和机油等)、动力(如耗电量)的消耗定额。

(2) 平均验收时间

平均验收时间即各批货物的平均验收时间。每批货物的验收天数是指从货物具备验收条件的第二天起,至验收完毕,单据返回财务部门止的累计天数。当日验收完毕并返回单据的按半天计算。入库验收批数以一份入库单为一批来计算。

(3) 平均发运天数

仓库发运有整车发运和零担发运等不同的发运形式,不同发运形式中平均发运天数的计算各不相同。平均发运天数可以反映仓库组织出库作业的管理水平。

(4) 作业量系数

作业量系数反映仓库实际发生装卸作业与任务之间的关系。

(5) 单位进出库成本和单位仓储成本

单位进出库成本和单位仓储成本综合反映仓库物化劳动和活劳动消耗。

**4. 与仓库作业物化劳动占用有关的数据**

与仓库作业物化劳动占用有关的数据主要有仓库面积利用率、仓容利用率、设备利用率等。

**5. 与仓库作业劳动效率有关的数据**

与仓库作业劳动效率有关的数据主要是指全员劳动生产率。全员劳动生产率可以用平均每人每天完成的出入库量来表示。

**6. 与仓库经济效益有关的数据**

与仓库经济效益有关的数据主要有人均利税率等。

### (三) 仓储信息管理的特点

仓储信息管理的特点主要表现在以下三个方面。

**1. 内容更丰富、动态性更强、来源更广泛**

由于增值服务的开展以及当前呈现的物流一体化趋势,现代仓储信息管理的内容更丰富、动态性更强、来源更广泛。传统仓储业务仅仅提供货物储存保管,功能单一,不能适应客户个性化、多样化需求。因此,现代仓储除了储存保管功能外,还根据客户需要提供货物分类、拣选、整理、加工、包装、仓单质押等增值服务功能。仓储功能的增多,导致仓储信息管理内容更为丰富;仓储增值服务的开展,往往是以客户需求为依据,当客户需求发生变化时,开展的增值服务必须随之发生改变,与此相关的信息将随之动态改变;随着仓储增值服务的开展,如仓单质押服务,必将涉及与银行、保险公司等相关主体之间的信息交流,仓储信息管理中信息的来源更广泛。

**2. 需要综合应用多种信息技术**

现代仓储企业需要与银行、客户或运输企业、配送中心等不同主体频繁地进行大量信息的传递与共享,传统的电话、传真、邮寄等信息传递与共享方式基本不能适应,需要综合应用网络技术、计算机技术、通信技术以及数据交换技术等多种信息技术。

目前,大部分仓储企业采用条形码技术进行仓储内部信息管理。虽然其智能化程度比以前人工操作大大提高，但在仓储业务信息管理中仍需要耗费大量的人力、物力。为有效解决这一问题，需综合使用 IC 卡、射频技术、条形码、仓储信息管理系统等信息技术相结合的信息管理方式。如将条形码贴在货物上，IC 卡贴在存有货物的托盘或叉车上，IC 卡储存托盘或叉车上所有货物的信息，固定阅读器则安置在仓库的进出口。每当货物出入库时，阅读器自动识别 IC 卡上储存的货物信息，并将信息传递到仓储信息管理系统中。盘点时采用移动读/写器读取 IC 卡上的货物信息，并传送到主机作为记录存入新数据库，一个区域读取完毕后，主机进行该区域的新旧数据库比较并记录结果。进入下一个区域重复以上过程。盘点结束后，由仓储信息管理系统生成货物统计报表和盘盈盘亏表。

### 3. 需要深入应用预测与决策方法

现代仓储是以满足客户需求为目标，因此，需要深入应用预测与决策方法进行仓储设施的规划与建设以及日常库存控制。仓储设施的规划与建设方面，仓储设施选址应结合目前客户在空间上的分布（尤其是主要客户的空间位置）以及城市建设的发展方向和功能定位等，有效预测未来客户的空间分布；仓储区用地规模确定既要满足当前的仓储用地需求，又要满足当地未来物流发展对仓储用地的需求。仓储区功能布局要与企业将来的发展相协调等。日常库存控制方面，如确定库存货物种类、规格和数量以及各种货物的安全库存时，需结合客户及市场需求的历史数据、当前数据，采用科学的方法预测客户及市场未来的需求，并采用科学的决策方法完成相应的决策。

## （四）库存信息需求及信息源

在现代企业中，库存都意味着资金的积压，而且要占用仓库进行存放，还要花费人力、物力、财力进行保管，这些都要增加费用和成本。所以库存量越高、库存时间越长，库存费用也就越大。从经济效益考虑，人们都希望降低库存，库存越小，费用就越小。但是库存又不能太小，太小则容易产生缺货，影响生产或销售。所以，在理论和实践上，根据企业具体的情况，都有一个最佳库存水平。在这个最合适的库存量水平上，既能够满足物资需求，保障供应，又可以保持较低的库存总成本。库存控制的难点是如何做到充分发挥库存功能的同时，尽可能地减少库存成本。

库存管理是物流管理的一个重要环节，要做好库存管理工作，同样需要大量的信息支持。库存管理的信息需求主要涉及库存物品、时间、设施设备、来料单位及用料单位等方面的内容。

（1）库存物品信息。包括品名、型号规格、计量单位、数量、价格、入库时间、有效期、生产厂家、储存的库架层位、养护说明等信息。

（2）设施设备信息。包括库区分布，各库区货位划分、状态，各库区容器具数量、状态，各库区分拣以及取送货、理货设备的配置、数量、状态等信息。

（3）出入库动态信息。包括品名、型号规格、计量单位、数量、价格、出入库时间、库架层位、来料单位、用（领）料单位、用途等信息。

（4）在途、在制及计划用料、销售信息。

（5）库存控制信息。包括安全库存量，最高、最低库存量，订货点以及订货批量等信息。

库存管理需要的信息源根据其信息需求，主要来自以下几个方面。

（1）采购部门。提供采购入库的相关信息。

(2) 销售部门。提供销售出库的相关信息。
(3) 生产部门。提供生产用料以及产成品、半成品出入库信息。
(4) 其他用料部门。提供非生产、销售用料出库信息。
(5) 物流管理部门。提供管理控制信息。

### (五) 库存信息采集

库存信息采集主要是依据库存管理的信息需求，从信息源中提取、选择相关的信息。同时，库存管理活动过程也产生许多库存管理需要的信息。

#### 1. 库存信息采集的内容

(1) 采购订单：在途待入库信息。
(2) 销售订单：待出库信息。
(3) 出入库单：收、发存动态信息。
(4) 库存控制信息。
(5) 出入库作业信息。
(6) 盘点信息。

#### 2. 库存信息采集的方式

库存信息的信息源主要集中在企业范围内，因此相关的单据采集可以通过纸质单据传递、电子文件传递、内部信息系统生成、电子数据交换来实现。

库存作业直接作用于物品、货位、工具、容器具，因此，对于这类信息而言除可以采用传统的人工判别、记录以外，还可以使用现代信息技术，实现信息的自动识别与采集。

### (六) 库存信息处理与利用

通过有效的信息采集手段，收集库存管理所需的信息，对这些信息加以合理的组织和处理，就可以为库存管理提供辅助决策信息。

#### 1. 库存资金周转率

库存资金周转率用来衡量单位库存资金用于供应的效率。为了提高库存资金周转率，要正确地掌握其相关的变动的信息数据，以便调整及确定合理的储备金额，处理积压和提高服务水平。

#### 2. 服务水平

服务水平一般用供应量占需求量的百分比大小来衡量。对于一个库存信息系统来说，为了保证供应、提高服务水平，必须重点掌握动态的安全库存量（保险储备）的库存信息，以防止由于某些突发性事故而造成生产和供应系统的中断，防止因缺货造成的损失。对于某些季节性生产和供应，则更应该确定合理的库存量，从而保证生产和供应的均衡性和连续性。因此，服务水平信息是库存信息的又一个重要内容。

#### 3. 缺货率

缺货率是从另一个角度衡量服务水平高低的一个指标。缺货率 $\beta$ 有以下三种表达式。

$$\beta_1 = \frac{缺供企业数}{缺供企业总数} \times 100\% \tag{6-1}$$

$$\beta_2 = \frac{缺货量}{需求量} \times 100\% \tag{6-2}$$

$$\beta_3 = \sum_{i=1}^{n} \frac{缺货量 \times 缺货持续时间}{供货批量 \times 供货周期} \times 100\% \tag{6-3}$$

式中,$n$ 为计划期内供货周期数。

#### 4. 平均供应费用

平均供应费用反映供应每单位库存物资所消耗的活劳动和物化劳动的水平。

此外,通过对库存信息的处理,还可以提供准确的库存控制标准,为保证供应、降低库存水平提供科学依据;同时,可以有效指导库存作业,提高作业效率、设施设备利用率,加快库存周转,进而降低成本。

### (七) 库存信息管理的功能模块

#### 1. 销售预测模块

销售预测模块主要是通过获取相关的数据和资料(例如订单、历史数据和公司制定的会引起销售发生变动的策略)或通过对产品和数据的分析,选出合适的预测方法。然后,通过一些外在因素(如价格的变化、市场的环境、竞争者的情况等)对数据作相应的修正。最后,确定最终的预测数据。销售预测信息可以给库存水平的控制提供依据,以在保证不脱销的情况下尽可能地降低库存水平。

#### 2. 库位的设定

可以根据仓库的实际情况,计算机自动生成三维立体仓库模型,提供可视化操作。通过这一模块,可以自动实现仓库三维立体图与二维平面图之间自由切换,并在模拟位置上查询相应的库存物品及物品的状态等属性。

#### 3. 库位的安全库存和物品的最低存量

对仓库的最大存量进行设置,以确保仓库最大化满足客户的要求;同时对客户的库存物的最低存量进行设置,以满足客户的生产需要,减少资金的积压。

#### 4. 入库管理

根据入库申请单对入库信息的预录入,经过审核确认后进行库位的分配,从而完成实际入库操作。可以通过 RF 技术完成对入库的操作,并根据客户、物品进行自动库位的安排。

应用 RF 技术快速完成入库信息录入,并根据客户、物品的型号规格进行同类物品的自动归类,增加入库操作的审核,确保数据的准确,随时统计任意时段、任何客户的入库情况。

#### 5. 出库管理

根据客户的实际需要和客户的实际库存情况,提前做好出库准备。一旦确定出库后,以最快的速度完成出库,并对出库申请进行审核,以保证出库物品的正确。同时对客户的库存物品的最低库存进行动态评估。根据出库申请单位、物品等属性,快速定位,并对出库进行登记、审核,对待出库和实际出库等过程控制,动态管理库存量。

#### 6. 库存移动

对库存物品的存放合理地进行人工调整,使仓库利用率最大化,节约库存成本,降低客户资金压力,有利于满足客户实际需要,同时通过快速实现库位调整,对物品移动的轨迹进行跟踪,提高物流企业的竞争力。

#### 7. 费用结算管理

对发生的实际费用(如库存费、工资费等)进行管理,并将有关费用数据自动转到具体费用处理部门,与客户进行费用结算。

实地登记各种费用,一旦费用经过客户确认后,不可以再修改和删除,确保整个资金流的安全。

#### 8. 统计分析管理

实现对入库和出库的数据进行统计,并随时掌握目前的库存动态,同时它可以实现对客户的评测,并对操作人员的工作成绩进行考评。

根据入库和出库的数量和频繁程度,实现对重点客户的追踪,以及对业务增长型的客户进行挖掘。

总之,通过以上八大管理模块可以实现对库存信息的有效管理。这8大模块是库存信息系统的基础模块,不同的企业可以根据企业自身的情况在此基础上进行调整,设计出适合本企业库存管理的模块。

### 五、运输信息管理

#### (一)运输信息分类

运输信息是指在运输业务中所发生的信息,可分为宏观的运输信息和微观的运输信息。

##### 1. 宏观的运输信息

宏观的运输信息是指运输活动发生的地理空间和人文环境中的特征、规定等,包括各国、各地的交通法规和规则、路况信息、地理状况信息(包括陆路、水路和航空)。

##### 2. 微观的运输信息

微观运输信息分为户外运输信息和仓库内运输信息。

户外运输信息又可分为以下几种。

(1) 运输品信息。通常包括货源地、目的地、厂地、可加工信息、特殊要求等。

(2) 货源信息。包括货物名称、重量、运费价格、装卸地点等。

(3) 运输载体信息。包括运输工具的专用性信息、空车信息、可用运输工具情况(额定能力、容积、载重)。

(4) 技术作业类信息。主要包括到发货车辆信息、到发货物信息、到发时间信息、到发地点信息、装卸设备信息,以及装卸地点信息等。

(5) 替代性信息。包括社会可替代的运力、替代物品的信息。

(6) 其他信息。如同一路线可混装运输的物品信息、在途物品信息、额外费用需求信息等。

仓库内运输信息是指货物入库出库时的自动配车和人工配车,出库分拣,在库内的运输路线设计，按照库位优化等物流管理原则自动分配货物储位，自动进行运输线路的优化。

## (二) 运输信息管理的具体内容

运输信息管理的内容涉及运输工具、运输人员、货物以及运输过程各业务环节的信息管理，本节主要介绍货物跟踪管理、运输车辆运行管理和运输增值服务。

### 1. 货物跟踪管理

货物跟踪管理是指物流企业利用物流条形码和 EDI 技术及时获取有关货物运输状态的信息（如货物品种、数量、货物在途情况、交货期限、发货地、达到地、货主、送货车辆、送货负责人等），提高物流运输服务质量的方法。具体步骤：首先将货物运输状态的基本信息制成物流条形码，印制或贴在货物包装或发票上，然后在取货、配送和收货时利用扫描仪读出物流条形码中的货物信息，通过公共通信线路、专用通信线路、卫星线路或是互联网把货物的信息传递到总部的中心计算机进行汇总整理并储存。终端顾客可实现对货物状态的实时查询，查询时只需输入货物的发票号码，便可以及时、准确地知道货物运输状态。同时，通过货物信息可以确定货物是否将在规定的时间内及时交付，或及时发现在规定时间内未完成交付的情况，便于马上查明原因并及时更正，提高运输货物的准确性和及时性，提高物流服务水平。它丰富了供应链的信息分享源，顾客通过货运信息的分享可预先做好接收和后续工作。

货物跟踪管理首先要标准化物流条形码，其次是配备各种设施，如扫描仪、专用通信网络等，因而投资较大。货物跟踪系统以前大多是有实力或是特种运输业务的物流运输企业采用，但随着通信产品的广泛使用以及互联网的普及，现在也开始在中小企业中广泛应用。物流运输企业和用户只需在互联网上各自建立自己的网站，便可以对已开展的运输业务进行货物跟踪管理。

### 2. 运输车辆运行管理

针对物流运输作业中的运输车辆处于分散状态而进行的对在途运输车辆的管理。通过定位系统，确定车辆在路网中的位置，可及时调配车辆，快速满足用户需求，避免车辆完成运输任务后放空。车辆运输管理系统可分为以下两种。

(1) 应用 MCA（multi-channel access）无线技术的车辆运输运行管理系统

这种系统由无线信号发射及接收控制部门、运输企业的计划调度室和运输车辆组成。计划调度室与运输车辆之间通过无线信号进行双向通话。物流企业在接到顾客运输货物的请求后，将货物品种、数量、装运时间、地点、顾客的联系电话等信息输入计算机，同时根据运行车辆移动通信装置发出的有关车辆位置和状态的信息，通过 MCA 系统由计算机确定，自动向最靠近顾客的车辆发出装货指令，由车辆上装备的接收装置接收装货指令并打印出来。这种系统能提高物流企业的运输效率、服务水平，但受 MCA 无线发射频率的限制，只能用于同城市的车辆计划调度管理。

(2) 应用通信卫星、GPS 技术、GIS 技术的车辆运行管理系统

在这种系统中，物流运输企业的计划调度中心与车辆之间的双向通话借助卫星通信进行。物流运输企业的计划调度中心发出的装货指令通过公共通信线路或专业通信线路传到卫星控制中心，由卫星控制中心把信号传送给通信卫星，再由通信卫星把信号传送给运输车

辆,而运输车辆通过 GIS 系统确定车辆所在的位置,找到到达目的地的最佳路线;同时通过车载通信卫星接送天线、GPS 天线、通信联络控制装置和输出装置,将车辆所在位置和状况等信息通过卫星传回企业计划调度中心,以便调度中心把握全局。这种系统的采用,对于实现企业车辆的最佳配置、提高物流运送业务效率和顾客满意度都具有重大意义。不足之处在于投资大、通信费用高。

3. 运输增值服务

无论是货物追踪管理或是车辆运行管理,仅能提供简单的追踪、查询和调配功能,并不能为用户提供更多的增值服务。

运输增值服务是通过对运输业务中各种实时信息的采集、存储、传输、分析和处理,实时跟踪货物的在途情况(货物位置、状态、装卸送达等)和车辆运行情况,提供增值性运输服务,从而满足现代商务对运输的需求。具体包括以下几项。

(1) 顾客使用物流企业提供的用户查询口令和密码,方便及时地查询货物运输信息,提高企业的服务水平。

(2) 通过货物信息可确认货物是否在规定时间内交付,对未能及时交付的情况(未及时送到客户手中或未送达指定地点)可及时查明原因并纠正,提高货物运送的及时性和准确性。

(3) 可使物流企业的作业过程透明化、可视化,通过实时监控货物状态、作业状况,制定合理的运输路线,调配运输车辆;制订装卸车作业计划,提高运输效率。从而使物流企业能以高效的差别化服务提高其核心竞争力,在激烈的竞争中处于优势地位。

(三) 运输信息管理的重要数据

运输信息管理的重要数据主要表现在以下三个方面。

1. 与运输能力有关的数据

这些数据主要包括货运总量、货运能力总量、货运总里程重量、在途货物总量等。

(1) 货运总量是指在考核期内所有运输工具运载货物总数量,计量单位通常为"吨"或"件"。

(2) 货运能力总量是指在考核期内所有运输工具装载能力总量,计量单位通常为"吨"或国际标准箱(TEU)。

(3) 货运总里程重量是指考核期内所有装载货物重量与运输次数的运输里程乘积之和。

(4) 在途货物总量是指考核期内所有运输过程中的货物总量,以件或吨为单位。

2. 与运输质量有关的数据

这些数据主要包括与运输作业质量、运输服务质量、搬运装卸质量和运输安全质量等有关的数据。

(1) 与运输作业质量有关的数据

① 运力利用率。考核期内实际完成吨公里数与运力往返运输总能力的百分比。

② 准运率。考核期内完成的准运量与同期运输货物总票(吨)数的百分比。

③ 货差率。考核期内出现的货差量与同期运输货物总件（吨）数的千分比。

④ 货损率。考核期内出现的货损量与同期运输货物总件（吨）数的千分比。

⑤ 货灭率。考核期内造成的货灭量与同期运输货物总件（吨）数的千分比。

⑥ 货物缺失率。考核期内发生的货差率、货损率、货灭率之和。

(2) 与运输服务质量有关的数据

① 客户满意率。考核期内完成的客户满意票数与调查总票数中回复票数的百分比。

② 客户投诉率。考核期内客户投诉票数与同期运输货物总票数的百分比。

(3) 与搬运装卸质量有关的数据

① 搬运装卸合格率。考核期内抽样检查符合运输货物搬运装卸工序标准的合格车次数与抽样检查总车次数的百分比。

② 满载率。考核期内车辆实际装载量与车辆装载能力的百分比。

(4) 与运输安全质量有关的数据

① 行车事故率。考核期内货运过程中发生的行车事故次数与货物周转量的比。

② 行车事故伤人率。考核期内发生货运行车事故伤人数与货物周转量的比。

③ 行车事故死亡率。考核期内发生货运行车事故死亡人数与货物周转量的比。

**3. 与运输效益有关的数据**

这些数据主要包括吨·公里平均成本、吨·公里平均利润、运输方式利润贡献率等。

另外，物流公司还可以根据需要监控不同运输形式的相关数据，如零担运输的利润和成本数据等。

### (四) 运输信息管理的特点

运输信息管理在整个物流信息管理中占据着非常重要的地位，其特点可以归纳为以下几个方面。

**1. 关联性**

运输活动是多环节、多因素、多角色共同参与的活动，目的是实现物资从生产地到消费地的顺利转移。然而，运输任务的完成不仅需要其他物流环节的强力支撑，还需要与生产领域、销售领域密切配合。为了顺利完成运输任务，运输信息管理不仅要超出物流范围，甚至要与生产信息、销售信息等无缝衔接，即运输信息管理需要保持与生产管理、仓储管理、销售管理较强的关联性。

**2. 动态性**

运输过程的动态性决定了运输信息管理也必须是动态的。通过对运输工具所反馈的动态信息进行分析和处理，来判断运输过程是否正常。运输信息的及时搜集、快速响应以及动态处理已经成为现代物流运输管理成败的关键所在。随着 GPS 和 GIS 在运输信息管理过程中的全面应用，运输信息管理的动态性特点更加突出。

**3. 复杂性**

运输信息管理过程实际上就是对不同来源、不同种类、不同时间和相互关联的运输信息进行深度分析、处理和发布的过程。因而需要借助各种复杂的软硬件来得到各种复杂的决策信息，以指导复杂的运输过程。随着客户需求的日益提高和物流公司业务范围的不断扩大,运输信息的数量、种类、来源和处理要求都发生了很大的变化,这给运输信息管理带来了更大的复杂性。

**4. 交互性**

在整个运输过程中,运输指挥中心与运输工具之间、运输指挥中心与客户之间、运输指挥中心与各职能部门之间需要不断交互和共享信息,运输信息在运输各参与方之间不断传递以保证运输任务的顺利地完成。通过先进物流设备和技术在运输过程中的广泛使用,大大提高了运输信息的交互程度。

### 六、配送信息管理

配送信息伴随着配送各个环节业务活动的开展而产生,与配送的订单处理、备货、储存、拣货、配货、送货等活动结合为一个有机整体。配送信息管理对保障配送正常进行起着不可或缺的重要作用。

#### (一) 配送信息管理的具体内容

配送信息管理的具体内容主要包括配送资源信息管理、配送作业信息管理和配送业务信息管理。

**1. 配送资源信息管理**

配送资源是指配送主体自身所拥有的或可控制的、用于配送活动的各种资源,主要有配送设施、配送人员和配送设备。配送资源信息管理主要包括配送设施规划信息管理、配送设备优化配置信息管理、配送资源基本信息的记录与维护以及配送资源使用情况的记录与统计。

(1) 配送设施规划信息管理

配送的主要设施是仓库(配送中心)。仓库根据功能的不同可分为不同的作业区:一是完成货物接收和入库前准备工作的收货区;二是分类储存经过验收的货物的储存区;三是完成拣货和配货作业的理货区;四是存放经分拣和配备作业但未能立即发送的货物的配装区;五是将组配好的货物装车外运的发货区;六是对货物进行加工的流通加工区。配送设施规划信息管理类似于仓储设施规划信息管理,只是在对仓库进行内部布局时,需特别考虑各作业区的相对位置及面积大小。

(2) 配送设备优化配置信息管理

配送设备是指进行配送作业或辅助作业所需的各种机械设备的总称。配送设备很多,主要的设备有:容器设备,如纸箱、托盘、铁箱、塑料箱等;储存设备,如货架、堆垛机等;订单拣取设备,如计算机辅助拣货台车等;搬运设备,如无人搬运车、叉车、输送带、分类输送设备等;流通加工设备,如拆箱设备、印贴条码标签设备、裹包集包设备等;运送设备,如车辆等。配送设备优化配置涉及配送设备的种类搭配、各种配送设备的具体选型与数量的确定等工作,需要收集大量信息并进行整理,采用一定的优化技术与方法,实现配送设备的优化配置。

(3) 配送资源基本信息的记录与维护

配送资源基本信息的记录与维护主要包括配送人员基本信息和配送设施设备基本信息

的记录与维护。配送人员主要包括订单处理员、收货员、装卸工、仓管员、盘点人员、拣货员、配货员、送货员。人员的基本信息主要包括人员代码、姓名、性别、身份证号、岗位、所属班组等。配送设施的基本资料主要包括设施的地理分布、规模、数量、用途、设施内部的布局图、仓库建筑物的结构、投入使用日期、使用年限、建设成本等。配送设备的基本资料主要包括设备名称、数量、规格、厂家、购买日期、单价等。

(4) 配送资源使用情况的记录与统计

配送资源使用情况的记录与统计主要包括出勤记录、工作量（如全员年工日总数等）统计、工作过程中的一些特殊事件的记录，如批评、处分、处罚或是表扬、嘉奖等信息的记录与统计。配送设施设备使用情况的记录与统计主要包括：设施设备利用情况的记录与统计，如设备利用率、储区面积率、储位容积利用率、单位面积保管量等；设施设备使用过程中出现的问题以及对问题的处理结果等信息的记录与统计；设施设备报废日期、残值、报废原因等信息的记录与统计。

**2．配送作业信息管理**

(1) 订单处理信息管理

接收并审核客户订单信息，查询已有客户档案信息或建立新客户档案信息，确认订单信息的有效性。设定订单号，制作订单汇总表。查询库存货物的基本信息，如货物名称、数量、规格等，并依订单分配存货；查询供应商的供应信息，如供应商可供货物的名称、数量、规格、价格，订货周期等，制定进货单及订货合同并将其传递给供应商。制定包括配送货物种类、规格、数量和配送的时间等信息的配送计划，并下达给相关部门，如仓储部门或运输部门。记录缺货处理、客户订单变动处理（如客户取消订单或更改订单内容）、订单进度跟踪等信息。统计订单延误率、缺货率，统计客户订货量等数据，据此调整客户档案信息。

(2) 备货信息管理

根据采购计划与实际的进货单据，以及供应商的送货规律与送货方式制订进货作业计划。详细记录进货资料，如进货日期、进货单号、供货商、送货车辆、到达时间、卸货时间、容器类型和数量、每个容器装载的货物数量、总重量、储存位置和其他相关资料。分析货物的特征，分析各种包装、容器的数量构成及尺寸分布，分析进货批次的时间分布，分析每一批进货单品数量的分布，统计装卸时间（如每台时处理装卸货量）等。

查询订货合同及订单所规定的验收条件、规格或图解，查询各种产品的国家质量标准，记录入库货物质量、数量及包装验收结果，记录验收过程中异常情况及其处理结果；办理验收合格无误货物入库手续。设定验收合格入库货物的编号。核对有关单据，即核对采购订单、采购进货通知与供应方开具的出仓单、发票、磅码单、发货明细表等单据是否一致。统计进货数量误差率、进货延误率等。

记录供应商供应货物的相关信息，如供货方式、供货周期、供货质量等，记录并统计订货合同的履行情况，并完成上述资料的统计。根据上述资料及时更新供应商档案信息。

(3) 储存信息管理

查询货物的周转率，查询多种货物的相关性、同一性、类似性、互补性、相容性，查询产品尺寸、重量、特性等基本信息，查询目前仓库中货位的使用情况，完成入库货物货位的合理安排。根据货物出入库数量、出入库时间、订购数量及时间等，做出货物订购时间预警。制订盘点计划，定期打印盘点清单，并根据盘点清单内容制作盘盈盘亏表并修正库存账目。记录在库检查及盘点过程中发现的例外情况及其处理结果。记录储存过程中发生的赔偿费。记录储存过程中所用设备及人员等。统计盘点数量误差率等。

（4）拣货及配货信息管理

根据拣货时间的统计资料，计算并确定标准拣货时间。根据配送计划，排定出货时间及拣货顺序，制定拣货单及出库单。根据拣货单发出拣货指示信息，确认拣选的货物是否与指示拣货的信息相同。此确认可由拣货人员直接比对，也可通过计算机比对。记录拣货所用设备及人员信息，记录拣货所用时间，记录拣货中意外事故及其处理结果。收集客户地址信息或配送路线信息。根据客户信息和车次核实拣选货物种类、规格和数量。统计拣货差错率、配货差错率等指标，计算平均拣货时间，并据此调整已有的标准拣货时间等。

（5）送货信息管理

整理配送计划，收集运输车辆、运输人员及道路交通信息。根据配送计划所确定的配送货物数量、特性、客户地址、行驶次数等计划内容，制定派车单。根据派车单上的信息，如配送的起始地、终止地等，结合配送道路交通信息，拟订监控计划。根据派车单的要求，在出库单上详细记录货物的装车信息，如实际装货数量等。做出装卸及运送人员调度安排，制订车辆配载方案及配送路线。打印发货明细单并交给送货人员或司机。

记录货物运输过程中的监控信息，如实际到达时间、实际行驶里程、路段费用等。记录运输途中的意外情况，如车祸、雨雪等不可预知的情况及其处理结果。完成送货回单的签收。如果有退货、调货的，则完成有关单证手续。通知财务部门进行费用结算。

**3．配送业务信息管理**

（1）客户、供应商、运输承运商及保险公司信息管理

客户、供应商、运输承运商及保险公司信息管理主要包括基本信息管理和业务合作方面特殊表现的记录管理。基本信息主要有客户、供应商、运输承运商及保险公司的代码、工商注册信息、联系信息和资信情况等。其中，工商注册信息包括地址、登记时间、法人代表、法人身份证号、全国组织机构代码、注册资金、国家税务局登记号码、地方税务局登记号码、开户行账号、经济类型、经营范围、主要产品、印鉴等；联系信息包括联系人姓名、身份证号、联系电话、传真号、手机号码、电子邮件地址等；资信情况包括信用等级、欠费情况、结存费用。业务合作方面表现的记录主要是对客户、运输承运商及保险公司在业务合作方面的一些特殊情况进行记录。

（2）业务信息管理

业务信息管理主要包括业务基本信息以及业务履行情况的记录信息。业务的基本信息主要是指业务合同所记载的信息，如业务合作方的名称、具体业务、客户要求等。业务履行情况的记录信息主要包括正常履行情况，履行过程中特殊情况及其处理等。

**（二）配送信息管理的重要数据**

配送信息管理的重要数据主要有以下六方面：一是与配送作业成果数量有关的数据；二是与配送作业质量有关的数据；三是与配送作业物化劳动和活劳动消耗有关的数据；四是与配送作业物化劳动占用有关的数据；五是与配送作业劳动效率有关的数据；六是与配送经济效益有关的数据。

### 1. 与配送作业成果数量有关的数据

库存周转率是指在一定的经营时期内，库存周转的总次数。如果周转率高，库存周转期间短，表示用较少的库存完成了同样的工作，减少了资金积压，加快了货物周转。

### 2. 与配送作业质量有关的数据

① 订单延误率。订单延误率是用以反映按计划交货情况的数据。订单延误率较高时，表示配送活动没有很好地按计划交货。为此，必须对影响按期交货的原因进行分析，并采取措施加以改进。

② 缺货率。缺货率是用以反映配送对客户订货需求满足程度的数据。缺货率表示客户订货时，因库存缺货，无法接单或不能按时发货占所发货物的比例。一旦缺货率太高，会使客户失去信心而流失。

③ 拣误率。拣误率是用以反映拣货作业质量，拣货人员工作态度和细心程度的数据。拣误率越低越好。为了降低拣误率，应从改善拣货方式、正确操作自动拣货系统和提高拣货员敬业程度等方面进行改进。

④ 进货数量误差率。

⑤ 进货延误率。

⑥ 盘点数量误差率。

⑦ 空车率。当空车率较高时，表示没有充分做到"回程顺载"，增加了配送成本。

⑧ 配送延误率。为了提高信誉，降低配送延误率，确保交货时间是较为重要的。降低配送延误率，可以从减少车辆故障、提前根据路况做好路线安排等方面进行改进。

### 3. 与配送作业物化劳动和活劳动消耗有关的数据

① 每人·时处理进/出货量。每人·时处理进/出货量是用以反映进/出货人员工作量的数据。每人·时处理进/出货量大，表明进/出货人员工作量大，劳动效率高。但该指标不是越大越好，如果超过进/出货人员高效劳动的承受范围，则会造成日后劳动效率的下降。

② 每台·时处理装卸货量。每台·时处理装卸货量是用以反映设备装卸货物工作量大小的数据。

③ 每人·时平均拣货品项数。

④ 人均配送量。

⑤ 每车·吨·公里数。

### 4. 与配送作业物化劳动占用有关的数据

① 储区面积率。

② 可供保管面积率。

③ 储位容积利用率。

④ 单位面积保管量。

### 5. 与配送作业劳动效率有关的数据

与配送作业劳动效率有关的数据主要是人均生产量。

### 6. 与配送经济效益有关的数据

① 人均生产率。该数据可衡量企业员工贡献大小和服务价格情况。

② 设备投资效益。该数据可衡量企业的投入产出比例和设备发挥作用的大小。

### (三) 配送信息管理的特点

配送信息管理的特点主要表现在以下三个方面。

**1. 信息处理过程需要综合应用多种信息技术**

配送几乎包括所有的物流功能要素，是物流的一个缩影或在某小范围中物流全部活动的体现。一般的配送集装卸、包装、保管、运输于一身，通过这一系列活动完成将货物送达的目的。部分特殊的配送还包括流通加工功能。此外，相对于传统送货而言，配送的合理化要求更高，涉及货物合理配装和配送路线优化选择等问题。这些问题的解决需要用到的信息包括客户需求信息、配送资源信息、实时的道路交通信息等。因此，配送管理活动的信息量大、动态性强、来源广泛。加工处理配送信息，需要综合应用多种信息技术。如在订单处理阶段，采用电子订货系统、电子商务系统接收客户订货；在备货阶段，采用EDI技术和网络技术向供应商传递采购信息；在储存阶段，采用条形码或RFID等识别技术完成货物、货位的识别；在拣货阶段，利用自动分拣系统完成货物分拣；在配货及送货阶段，利用配送信息管理系统、GPS和GIS共同完成配载、车辆调度及送货过程实时跟踪与调度。

**2. 备货环节需要深入应用预测技术及库存控制技术**

配送中心并不是每收到一个客户的订单信息就立即为其组织采购，而是当库存货物不能满足时，就要等待一段时间，以便汇集多个客户的订单信息，集中进行采购。由于客户每次需要的货物品种、规格、数量往往呈现动态变化性，客户需求信息发出时间呈现一定的随机性。因此，配送中心的每次采购不仅仅是一段时间内客户订单数据的简单汇总，而是结合客户未来需求的预测信息，采用合适的库存控制技术对汇总数据进行调整，得出最佳采购数据。如果采购货物数量太多，货物品种、规格或结构不合理，必然会导致货物在配送中心停留时间过长，成本上升；如果采购货物数量太少，往往引起部分客户订单无法满足或为了满足客户订单而频繁且少量的采购，导致客户流失或成本上升。因此，在配送的备货环节中，需要深入应用预测技术准确预测客户未来需求，同时应用库存控制技术有效控制配送中心的库存，提高服务水平，降低备货成本。

**3. 送货环节需要深入应用智能优化方法**

配送是"配"和"送"有机结合的现代送货形式。配送与传统送货的重要区别在于，配送是利用有效的分拣、配货等理货作业，使送货达到一定的规模，以利用规模优势取得较低的送货成本。如果不进行分拣、配货，有一件运一件，需要一点送一点，这就会大大增加动力的消耗，使送货并不优于取货。

因此，在传统送货的基础上，配送增加了货物合理配装和配送路线优化选择等新的内容。货物合理配装是以车辆的容积和载重量为限制条件，根据货物的体积、质量、包装外形等资料建立相应的数学模型，通过计算求出最佳配装方案，以实现运输车辆容积、载重量的充分利用，达到降低配送成本的目的。配送路线优化选择是以客户对货物种类、规格、数量的要求，客户对货物到货时间范围的要求，管理部门对运输车辆通行时间（如城市交通拥挤时所做的限制货车通行时间）的规定，以及车辆载重量和容积等为限制条件，以成本低、吨·公里数小、准时性高、运力充分使用为目标，建立相应的数学模型，运用恰当的智能优化方法找出最优或最满意的配送路线。由于优化结果的影响因素非常多,且相当复杂,直接采用主观判断的方法几乎不可能找到最优或最满意的解决方案,智能优化方法的深入应用就成为必然。

## 本 章 小 结

企业物流信息管理是对企业生产流通等过程中的物流信息进行科学有效的管理。本章首先介绍了信息技术在企业中的应用领域、应用概况以及物流企业信息化等内容;其次介绍了企业信息的构成与特点、信息管理的内容与条件、企业信息管理组织机构等;最后对企业在物料需求、采购、仓储与库存、运输与配送等过程中的信息管理进行了阐述。

## 思 考 题

1. 简述物流信息系统建设的典型应用。
2. 阐述物流信息化对于提升物流企业竞争力的作用。
3. 简述企业信息管理内容。
4. 阐述企业物流信息的重要作用。
5. 简述仓储信息管理的具体内容。
6. 试分析库存信息管理的功能模块。
7. 简述运输信息管理的具体内容。

## 案 例 分 析

### 湖南白沙物流信息管理

以管理信息化促进管理现代化、科学化,构建一个纵向贯穿企业管理层次、横向连接全面业务流程的现代烟草物流管理信息系统,这使湖南白沙物流有限公司(以下简称白沙物流)在物流信息化建设方面走在了行业前列。

早在2006年,白沙物流就全面实施了信息化管理战略,从管理观念入手,利用信息化对企业结构、管理制度进行变革,挖掘先进的管理理念,应用先进的信息化技术整合生产、经营和管理资源,形成了自己的一套信息化管理理念。

**1. 以客户为中心,构建新型服务考评体系**

对于如何体现客户价值,有效地提高服务质量,白沙物流从服务考评体系的构建着手,完善服务质量考评方式。针对上游服务、内部服务、下游服务、产品质量服务四个服务类型展开信息化考评。白沙物流以客户为中心,以《烟草商业企业卷烟物流配送中心服务规范》为标准,以《星级制服务标准》为考评依据,以配送服务人员为考评主体,以实时在途语音回访技术和触摸屏交互技术为手段,结合市场督察和分部主任抽查的方式,构建起全新的服务考评体系。

新型服务考评体系的构建,克服了以前人工电话回访和现场回访方式时效性差、工作量大、受访面积小、局限性大、回访方式单一的缺点,有效避免了人工干预。最重要的是能及时获取零售客户对服务的意见，了解客户的需求，并通过客户反馈不断提升服务质量。

**2. 控制环节成本，建立低成本配送模式**

信息系统通过控制物流运行中的各个环节来达到控制总成本的目的。白沙物流认为，成本控制应从源头抓起，按照基于物流活动的成本要素进行成本分析，将成本细化到各个项目，做到从制度上严格监管，从技术上严格实施，控制每一个环节的成本。

对白沙物流而言，建立一个低成本的配送模式，是实现企业效益最大化、效率最高化、综合成本最低化的关键所在。白沙物流在原有配送系统的基础上，以满足自身需求为目的，通过自主创新，研发出集线路优化、GPS/GIS 导航监控和配送业务分析为一体的需求牵引系统。该系统基于线路优化技术，根据当日订单需求量，按照配送区域内的客户、订单结构及货物量，以配送线路最优、装载率最高、费用最省为原则，确定每日送货线路、安排配送车辆、配送人员，合理分配卷烟销售淡季和旺季的出车量。通过淡旺季对送货车辆的调配，每年可减少送货成本近 100 万元。

**3. 流程精细化管理，建立高效运营模式**

信息系统对白沙物流的整个生产流程实现了精细化管理，高效率地完成仓储卸货、补货、分拣和配送等工作，对在生产环节中产生的各项费用、停机时间、维修时间进行全程监督和考核，梳理、完善、改进作业流程，做到流程最简、效率最高。同时，白沙物流采用量化分解后的指标作为评定效率的依据，推进全面效率管理。

全面效率管理以效率提升为核心，以全员参与为基础，以决策质量、运作模式、管理方法为主要改进点，通过自上而下和自下而上的运作方式，使全员能够及时发现和分析日常工作中存在的效率问题，并采取有效的改进措施，促进企业从粗放式管理向精细化管理转变，有效提升了企业的整体效率。全面效率管理的实施大大提升了白沙物流的分拣效率。

**4. 创新型情绪管理，完善配送安全体系**

在物流配送中，确保配送车辆安全是工作的重中之重。一般的安全管理通常只考虑影响安全的显性因素，即能看得到的安全隐患、故障、驾驶人员自身素质等因素，而忽视了一些隐性因素，如驾驶员的个人情绪等。

为完善物流配送安全体系，白沙物流总结多年配送安全管理经验，把情绪管理纳入安全管理体系的管理范畴。在直接从驾驶员自身获取信息的同时，把信息的来源范围向驾驶员的家人、朋友及其直接客户扩展，站在安全的角度，过滤、综合这些信息，以达到全面了解驾驶员情绪的目的。白沙物流每一年都要排查各类安全隐患，其中通过管理信息系统发现的隐患占一半以上，未发生一起重大安全事故。

白沙物流的信息化建设经验告诉我们：信息化建设不是上一套信息系统、购置几台服务器、搭建一个网络就可以完成的，它是一个稳步推进、逐步完善的过程；信息化管理不是简单的文件电子化、单纯把手工记录变成计算机记录，而是一种管理方式的变革。

**案例讨论：**

1. 为什么白沙物流非常重视物流信息化建设？
2. 白沙物流信息化建设成功经验带给我们什么启示？

# 物流信息系统开发与设计

章节知识框架

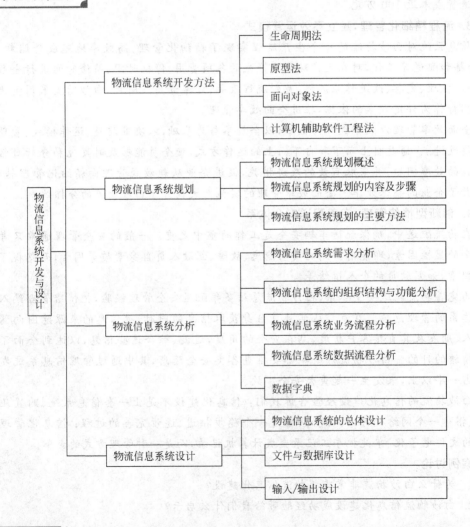

学习导航

开发物流信息系统,首先要确定正确的开发方法。然后,开发人员应该与用户一起对物流流程进行调查,在调查的基础上形成开发方案,并作可行性分析。系统分析员在与用户充分沟通的基础上,确定未来系统的功能结构,完成系统分析。系统设计在系统分析的基础上,通过总体设计和详细设计,确定各功能的实现方式。

通过本章的学习,理解各种物流信息系统开发方式,掌握系统规划的方法,了解系统分析的步骤。掌握系统总体设计的过程,了解主要的详细设计内容。

## 教学建议

在学习过程中,应该重点区分结构化生命周期法、原型法、面向对象法、计算机辅助软件工程法不同的适用环境,重点掌握在系统规划、分析、设计过程中,物流企业应该如何配合开发企业完成相应工作。

## 导入案例

### 中海物流借助信息系统发展物流业务

中海物流公司 1995 年注册成立时,只是一家传统的仓储企业,其业务也仅仅是将仓库租出去,收取租金。此时物流管理系统的建设对公司的业务并没有决定性的影响。1996 年,公司尝试着向配送业务转型,很快发现客户最为关心的并不是仓库和运输车辆的数量,而是了解其物流管理系统,关心的是能否及时了解整个物流服务过程,能否将所提供的信息与客户自身的信息系统实现对接。可以说,有无信息系统,是能否实现公司从传统物流向现代物流成功转型的关键。另外,公司在提供 JIT 配送业务过程中所涉及的料件已达上万种,没有信息系统的支撑,仅凭人工管理是根本无法实现的。因此,信息系统的实施成为中海物流业务运作的需要,是中海物流发展的必然选择。

中海物流信息系统的实施经历了 3 个阶段:第一阶段为 1996—1997 年实施的电子配送程序,以实现配送电子化为目标,功能比较单一;第二阶段为 1998—1999 年实施的 C/S 结构的物流管理系统,实现了公司仓储、运输、配送等物流业务的网络化;第三阶段始于 2000 年,以基于 Internet 结构的物流电子商务化为目标,开发出了目前正在运行的中海物流管理信息系统,并专门成立了中海资讯科技公司进行系统的商品化工作,中海物流管理系统的总体结构由物流管理系统、物流业务系统、物流电子商务系统和客户服务系统 4 个部分组成。物流管理系统主要应用于物流公司的各个职能部门,实现对办公、人事、财务、合同、客户关系、统计分析等的管理;物流业务系统应用于物流操作层,主要功能有仓储、运输、货运代理、配送、报关等;物流电子商务系统使客户通过 Internet 实现网上数据的实时查询和网上下单;客户服务系统为客户提供优质的服务。

中海物流管理系统运行在 Internet/Extranet/Intranet 结构的网络系统上。整个网络系统分为外网、内网和中网。与国内外的众多物流软件产品相比,中海物流管理信息系统具有以下特点:集成化设计、流程化管理、组件式开发、数据库重构、跨平台运行、多币种结算、多语言查询、多技术集成(如条形码技术、GIS 技术、GPS 技术、动态规划技术、RF 技术、自动补货技术、电子商务技术等)、多种方式的数据安全控制(如身份识别、权限控制、数据库操作权限控制、建立在 Java 安全体系结构上的加密技术、认证和授权技术以及 SSL 技术)。

通过信息化的实施,中海物流在管理、业务范围、经营投资、服务能力、服务效率、经济效率等各方面均发生了巨大的变化,目前信息系统已成为中海物流的核心竞争力,对公司物流业务的发展起着支柱作用。

**思考题:**
1. 中海物流信息系统服务于哪些工作?
2. 中海物流为什么要应用信息系统?

## 第一节　物流信息系统开发方法

### 一、生命周期法

#### (一)信息系统的生命周期

生命周期法(Life Cycle)是在系统生命周期概念的基础上,应用结构化的思想方法把整个系统开发过程分为若干活动,每个活动应用一系列标准规范和方法完成一个或多个任务,并形成符合规范的阶段性成果,直至最后系统的物理实施、运行和维护。第一个步骤和最后一个步骤首尾相连,形成一个系统的有生、有死、有再生的生命周期循环。按照生命周期法的理论,信息系统的开发过程应永远是置于这样一个循环的过程中。目前,生命周期法也是普遍被人们接受的一种传统的主流方法。信息系统生命周期有如下几个阶段。

1. **系统规划阶段**

系统规划阶段的任务是对企业的环境、目标、现行系统的状况进行初步的调查,根据企业目标和发展战略,确定信息系统的发展战略,对建设新系统的需求做出分析和预测,同时考虑建设新系统所受的各种约束,研究建设新系统的必要性和可能性。根据需要与可能,给出拟建系统的备选方案。对这些方案进行可行性分析,写出可行性分析报告。可行性分析报告审议通过后,将新系统建设方案及实施计划编成系统设计任务书。

2. **系统分析阶段**

系统分析阶段的任务是根据系统设计任务书中所确定的范围,对现行系统进行详细调查,描述现行系统的业务流程,指出现行系统的不足之处,确定新系统的基本目标(这个目标必须包括信息系统开发项目在企业经营方面的目标)和逻辑功能要求,即提出新系统的逻辑模型。系统分析阶段的工作成果体现在系统分析说明书中。

3. **系统设计阶段**

系统设计阶段的任务是根据系统分析说明书中规定的功能要求,考虑实际条件,具体设计实现逻辑模型的技术方案,也即设计新系统的物理模型。新系统的模型用数据流程图表示。通过应用结构化的工具和技术,可以定义主要的系统过程的逻辑。

这一阶段还包括一个详细设计过程,详细设计是定义新物理系统的过程,包括设计报告的布局,屏幕和输入文档,报表和物理文件结构。详细设计完成了新系统的蓝图——程序、报表、屏幕、文档、过程的设计。整个系统设计阶段的技术文档是"系统设计说明书"。

4. **系统实施阶段**

系统实施阶段是将设计的系统付诸实施的阶段。这一阶段的任务包括程序的编写和调试、人员培训、数据文件转换、计算机等设备的购置、安装和调试、系统调试与转换等。该阶段占整个系统开发工作的60%～70%。这个阶段的特点是几个互相联系、互相制约的任务同时展开，必须精心安排、合理组织。系统实施是按实施计划分阶段完成的，每个阶段应写出实施进度报告。系统测试之后写出系统测试分析报告。

### 5. 系统运行和维护阶段

系统投入运行后，需要经常进行维护和评价，记录系统运行的情况，根据一定的规格对系统进行必要的修改，评价系统的工作质量和经济效益。对于不能修改或难以修改的问题记录在案，定期整理，写成新需求建议书，为下一周期的系统规划做准备。经过一段时间的维护之后，会发现为了进一步提高效率，更好地满足用户的要求，要对系统做大量的修改。这时可能就要达到这个系统生命周期的终点了。一旦达到生命周期的终点，就有建立一个新的信息系统的必要了，这时一个新的生命周期便重新开始。维护是在系统完成和运行期间所进行的必要的变动和升级。系统开发活动只需一个信息系统生命周期20%的时间，而系统维护却要占用80%的时间。

## （二）生命周期法的原则

生命周期法是将制造业中工程化的设计制造方法移植到软件行业的结果，归纳起来主要有以下三个原则。

### 1. 用户参与原则

信息系统是为用户服务的，系统开发应当充分了解和满足用户的需求及欲望。因此，用户应当作为系统开发者的一部分参与系统的始终。这种做法的好处是可以提高系统建设的适用性、正确性及效率，减少系统开发的盲目性和失败等因素。

### 2. 先逻辑后物理原则

在总结以往系统成功与失败经验教训的基础上，结构化生命周期法强调在进行系统的技术设计和编程实施之前，要进行充分的系统调查和分析论证，弄清楚系统到底要为用户解决哪些问题（即"做什么"），并将其抽象为系统的逻辑模型，然后再进入系统的物理设计与实施阶段，解决"怎么做"的问题。这样做既可以使系统开发这一复杂工程的建设按照人们对一般事务的认识规律由浅入深、逐步向系统目标靠近，直至最后实现目标，又可以使系统开发工作有条不紊地进行，从而保证系统开发工作的质量和效率。

### 3. 自顶向下，分解协调原则

这个原则是结构方法一贯强调的工作方法，它要求系统开发者在把握系统总体目标和功能的基础上，从全局的角度来规划和设计系统，并且自顶向下将系统逐级分解成一些子系统模块，并注意各模块之间的分工协调关系和数据交换的内容，以保证系统内部数据信息的完整性和一致性。这样做既可以使复杂系统简化处理，又可以使设计、实施及维护便于实现。

## 二、原型法

建立在周密细致的调查、分析和严格定义基础上的结构化生命周期是严密的，其方法和步骤在开发复杂的大系统中也是卓有成效的。但是，随着计算机及网络技术的发展，这种方法在实际应用中受到了一系列的挑战。于是,于20世纪80年代初,发展起了一种与结构化方法完全不同的系统开发研制方法——原型法。

### (一) 原型法概述

原型法是针对生命周期法的主要缺点而发展出来的一种快速、廉价的开发方法。它不要求用户提出完整的需求以后再进行设计和编程,而是先按照用户最基本的需求,迅速而廉价地开发出一个实验型的小型系统,称作"原型"。然后将原型交给用户使用。通过用户的使用启发出用户的进一步需求,并根据用户的意见对原型进行修改,用户再对改进后的系统提出新的需求。这样不断反复修改,直至最后完成一个满足用户需求的系统。与生命周期法相比,原型法的用户需求是动态的,系统分析、设计与实现都是随着对一个工作模型的不断修改而同时完成的,相互之间并无明确的界限,也没有明确的人员分工。系统开发计划就是一个反复修改的过程,它把生命周期所有"计划外的修改"变成了"有计划的修正"。

原型法的基本思想:在软件生产中,引进工业生产中在设计阶段和生产阶段的试制样品的方法,解决需求规格确立困难的问题。由于软件产品的"软"特点,从修改样品到生产成品这一过程就比工业生产中的试制样品容易多了。这是原型法的基本构思,它不苛求一次性完成系统的分析设计,也允许系统的初步分析与设计是不完善的,需要进一步修改。但需要一个快速反馈的开发环境,让用户和设计者一起共同完善、修改并确立需求规格。对于一种具体的开发方法,原型法也不是万能的,有其一定的适用范围,这主要表现在:

(1) 原型的开发周期必须短,成本应该低;
(2) 要求用户参与评价原型;
(3) 原型必须是可运行的;
(4) 根据原型的运行结果,要评价原型,再根据评价结果,要很容易修改原型。

原型法的开发方法可以归纳为以下四个步骤,如图7-1所示。

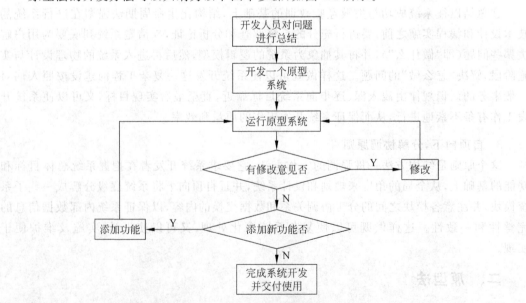

图 7-1 原型法开发步骤

(1) 确定用户的基本需求。该阶段可由用户向系统开发人员提出基本需求,如系统功能、人机界面、输入输出、应用范围、运行环境等。开发人员据此来确定哪些要求可以实现、大约需要的资源等。

(2) 建立系统初始原型。系统开发人员根据上一步骤确定的用户需求,在强有力的工具软件的支持下,迅速开发出一个系统的初步原型。

(3) 评价系统原型。用户通过实际使用原型,获得对系统最直接的感受,提出对原型改进的意见,供开发人员修改。

(4) 修改原型。系统开发人员根据用户对原型评价提出的意见,对原型进行修改、扩充、完善,再回到第(3)步,直到用户满意为止。

## (二) 原型法的优缺点

由于原型法不必事先对系统的需求进行完整的定义,而是根据用户的基本需求快速开发出系统原型,开发人员在与用户对原型的不断"使用/评价/修改"中,逐步完善对系统需求的认识和对系统的设计,因此原型法有以下优点。

(1) 改进了用户和系统设计者的信息交流方式。由于有用户的直接参与,就能直接而又及时地发现问题,并进行修正,因而可以减少产品的设计型错误。

(2) 提高用户满意程度。由于原型法向用户展示了一个活灵活现的原型系统供用户使用和修改,从而提高了用户的满意程度。

(3) 更加贴近实际。提供原型给用户使用,使用户参与更为实际,开发人员与用户交流更加方便直观,用户建议会更富有建设性。借助原型系统,为用户建立正确的信息模型和功能模型,由用户和系统设计者、编程人员共同制订出正确的解决方案。

(4) 降低开发风险度。原型法减少了大量重复的文档编制时间,减少了开发风险。由于使用原型系统来测试开发思想及方案,只有当风险程度通过原型使用户和开发人员意见一致时,才能继续开发最终系统。

(5) 原型法减少了用户培训时间,简化了管理。培训众多的用户不像以前单独作为一个阶段来执行。

(6) 开发成本降低。由于开发时间短、培训少、用户满意、风险低,所以降低了系统开发成本。用户的培训时间短,是因为用户广泛参与信息系统的开发。同时,一个原型系统开发之后,它就可以用于培训用户了。

(7) 实用的学习工具。原型法可以作为一种学习工具,服务于系统开发过程。无论设计人员有多少实际经验、多少技术手段,对于设计人员来说,他们在系统开发过程中还必须进行学习。特别是他们要学习特定应用开发环境及社会关系。

(8) 应变能力强。原型法开发周期短,使用灵活,对于管理体制和组织结构不稳定、有变化的系统比较适合。由于原型法需要快速形成原型和不断修改演进,因此,系统的可变性要更好,易于修改。

尽管原型法有上述优点,但它仍不能代替仔细的需求分析和结构化设计的方法,不能代替严谨的正规文档,也不能取代传统的生命周期法和相应的开发工具。第四代开发工具虽然能使原型的生成和修改变得更为快捷,但是仍然克服不了原型法的一些重大的局限性。例如,原型法不适合开发大的系统;原型法开发的时候,测试和文档开发工作常常容易被忽略；运行的效率可能会比较低等。

### 三、面向对象法

面向对象（object oriented，OO）方法学认为，客观世界是由各种各样的对象组成的，每种对象都有各自的内部状态和运动规律，不同对象之间的相互作用和联系就构成了各种不同的系统。以对象为主体开发信息系统的方法就是面向对象法。

#### （一）面向对象法的开发过程

面向对象法的开发过程主要包括四个阶段。

（1）系统调查和需求分析。系统调查和需求分析就是对系统面临的具体管理问题及用户对系统开发的需求进行调查研究，明确系统目标和功能。

（2）问题分析和求解。问题分析和求解是识别出对象及其行为、结构、属性和方法等。这个阶段通常被称为面向对象分析。

（3）归纳。归纳是对上一阶段分析的结果作进一步的抽象、归类，将它们确定下来。这个阶段通常被称为面向对象设计。

（4）程序实现。程序实现是用面向对象的程序设计语言取代上一步确定的分析结果，使之成为应用程序软件。这个阶段通常被称为面向对象编程。

#### （二）面向对象法的特点

##### 1. 面向对象法的优点

面向对象法以对象为基础，利用特定的软件工具直接完成从对象客体的描述到软件结构之间的转换。面向对象法的应用解决了传统结构化开发方法中客观世界描述工具与软件结构的不一致性问题，缩短了开发周期，解决了从分析和设计到软件模块结构之间多次转换映射的繁杂过程。

##### 2. 面向对象法的缺点

面向对象法需要一定的软件基础支持才可以应用，它是一种自底向上开发系统的方法，对大型的信息系统开发会造成系统结构不合理、各部分关系失调等问题。

### 四、计算机辅助软件工程法

计算机辅助软件工程（computer aided software engineering，CASE）是在20世纪80年代后期提出并发展起来的。确切地说，CASE方法并不是一种信息系统开发方法，但这并不影响CASE方法在信息系统开发中的重要地位。CASE方法的重要性主要表现在其对信息系统开发方法和开发过程的支持作用上。

CASE工具是计算机辅助软件工程的一种自动化系统开发环境，它能够全面支持除系统调查以外的其他开发步骤，使原来由手工完成的开发过程转变为由自动化工具和支撑环境所支持的自动化开发过程。采用CASE工具进行系统开发，还必须结合某种具体的开发方法，如结构化系统开发方法等。借助CASE工具，开发者能够生成图形化模型，并能够自动检查模型的完整性，以及该模型和系统其他模型的兼容性。

各种物流信息系统开发方法都有自己的特点，具体如表7-1所示。

表 7-1　物流信息系统各种开发方法的比较

| 项　　目 | | 生命周期法 | 原　型　法 | 面向对象法 |
|---|---|---|---|---|
| 基本观点和方法 | | 将开发过程分阶段,严格按要求、按步骤进行 | 根据确定的需求进行快速设计,并通过实施结果逐步进行修改 | 建立实体对应的基本模型,即对象给定问题域中具体任务的解释,对象是解决目标任务的基本模板,解决方法是基本模板的组装 |
| 系统开发中各阶段的主要任务 | 分析阶段 | 可行性研究;面向客户严格划分工作阶段,并在对系统业务进行详细调研的基础上提出逻辑模型 | 根据需求对开发工具、开发费用进行粗略估算;确定系统的基本要求 | 识别问题域中的基本对象及其相互间的联系 |
| | 设计阶段 | 自顶向下分层模块化,将系统分析阶段得到的逻辑模型转化为物理模型,并提出系统实现的技术要求 | 根据系统分析结果提出原始逻辑模型 | 将对象及其相互关系模型化,把对象进行分类,建立分类关系;浏览类库,找出解决问题所需的类或开发新的子类 |
| | 实施阶段 | 编写程序和相应的文档;准备硬件、软件;培训业务人员;建立保密措施和操作规程;准备数据和系统测试;新系统的转化维护等 | 建造原型;提供程序文档、操作说明、测试结果;根据测试结果对系统进行修改维护 | 针对解决的问题,将基本模板进行组装 |
| 评价 | | 自顶向下分层模块化;针对性和适应性较强;工作文档标准化和文献化;系统开发周期较长 | 利用工具进行开发,建立原型快;系统灵活易维护;能很快提供原始系统给客户;系统开发周期较短 | 基本模板独立存在,不同系统都可以使用;需求改变时,大部分模板仍可用,只需改变组装方式,即可适应新需求及新问题 |

## 第二节　物流信息系统规划

　　物流信息系统建设是投资大、周期长、复杂程度高的社会技术工程。科学的规划可以减少盲目性,使系统具有良好的整体性、较高的适应性,建设具有良好的阶段性,以缩短系统开发周期,节约开发费用。物流信息系统规划主要是指物流信息系统的战略规划,是对物流企业总的信息系统建设的目标、战略及开发工作的一种综合性计划。实践证明,在建设物流信息系统的过程中,预先做了系统规划的企业要远比不做规划的企业成功。

### 一、物流信息系统规划概述

#### (一) 物流信息系统规划的概念

　　规划一般是指对较长时期的活动进行总体的、全面的计划。战略问题是关于一个组织自下而上发展的全局性、关键性和长期性的问题。企业战略规划是对企业在较长时期内关于发展方向、目标方面的计划。

物流信息系统的战略规划是关于物流信息系统的长远发展规划,也称为总体规划。它通常包括主要发展目标、发展重点、实现目标的途径和措施等。它以整个企业的发展目标、经营战略和运作模式为基础,结合行业信息化的最佳实践,以及对信息技术发展趋势的把握,确定物流组织信息化的远景及目标,并对物流企业在战略、管理和运作等层面进行信息技术服务与支持。

### (二) 物流信息系统规划的必要性

物流信息系统规划是建立物流信息系统的第一阶段,是系统开发的基础准备和总体部署阶段。通过对企业的初步调查和客观分析,以整个系统为研究对象,概要审查系统的目标与需求,估计系统实现后的效果,确定系统的总目标和主要功能,即从总体上把握系统的目标和功能框架,继而分析论证总体方案的可行性,为后继的开发工作打好基础。同时,系统规划是项目开发的依据,是系统分析的依据,是编制工作计划的依据,是筹集资源及分配资源的依据,是评审系统的依据,是协调各部门工作的依据。

系统规划的目的是根据物流企业的需求和现状,论证系统建设的可行性。如果可行,还要确定系统的目标范围、功能结构、开发进度、投资规模、参加人员和组织保证,制订实施规划和方案等。因此,物流信息系统的规划在整个物流系统的开发过程中具有举足轻重的地位,必须引起高度重视。

### (三) 物流信息系统规划的原则

在进行物流信息系统规划时,一般必须遵循以下原则。

**1. 整体性原则**

为实现物流管理的一体化和资源共享,物流信息系统在进行规划时应注意整体性原则。一方面体现在企业内部的整体性,物流运作涉及很多活动,应考虑这些活动之间的衔接和整合,以及物流信息系统与财务人事等企业内部系统之间的衔接问题;另一方面体现在企业外部的整体性,即要考虑企业外部供应链各个环节进行数据交换的能力,实现各方面的无缝衔接。

**2. 可靠性原则**

系统是可靠运行的,一方面要求系统在正常情况下能达到准确、可靠与稳定的预期目标;另一方面是要求系统在非正常情况下的可靠性,即系统在软、硬件发生故障的情况下仍能部分使用和运行的能力。

**3. 经济性原则**

企业是趋利性组织,追逐经济利益是其活动的最终目的,所以每一次投入都会考虑产出。因此,在系统的投入中也要做到最小投入、最大效益。这就要求软件的开发费用必须在保证质量的情况下尽量地压缩。

**4. 实用性原则**

物流信息系统规划必须以实用为原则,使开发的物流信息系统真正能够满足和贴近实际需要,提供友好的用户操作界面,从而使系统操作方便、快捷、易用,符合业务人员日常工作习惯和流程。

## 二、物流信息系统规划的内容及步骤

### (一)物流信息系统规划的内容

物流信息系统规划是物流信息系统生命周期的开始,是信息系统概念的形成时期。系统规划一般包括三年或更长时间的计划,也包括短期的计划。一般来说,物流信息系统规划包含以下主要内容。

#### 1. 企业的物流现状分析

对物流现状分析包括对软硬件、通信设施、现有系统功能、应用环境、缺陷和需求的了解与评价;同时对企业当前的组织结构、业务流程、企业文化等情况进行分析。

#### 2. 物流信息系统的目标、约束与结构

物流信息系统规划应该根据企业物流活动的战略目标、组织的业务流程和内外约束条件确定系统的总目标、发展战略规划和总体结构。根据总目标,进一步确立物流信息系统各个发展阶段和阶段目标,并给出衡量具体工作完成的标准,以及给企业带来的预期变革。

#### 3. 影响规划的信息技术发展的预测

物流信息系统的规划受当前和未来信息技术发展的影响。因此,计算机及其各项技术的影响应得到必要的重视并在系统规划中有所反映。另外,对信息网络、数据库、软件的可用性、方法论的变化、周围环境的变化及它们对信息系统产生的影响也在考虑的因素之中。

#### 4. 发展规划阶段安排

项目计划是指对本次规划第一个发展阶段中有关项目实施的原则确定和具体安排。主要包括硬件设备的采购时间表、应用项目的开发时间表、软件维护与转换工作的时间表、人力资源的需求计划,以及人员培训的时间安排和资金需求等。

物流信息系统并不是一经制定就再也不发生变化的。各种因素的变化都可能随时影响到整个规划的适应性。因此,物流信息系统规划总要不断地进行修改以适应变化的需要。

### (二)物流信息系统规划的步骤

明确了物流信息系统规划的主要内容后,需按照科学合理的步骤进行物流信息系统的规划。物流信息系统规划一般包括以下步骤,如图7-2所示。

(1)规划基本问题的确定。包括规划的年限、规划的总体规模、规划的方法,确定集中式还是分散式的规划,以及是进取还是保守的规划。

(2)收集初始信息。包括从各级管理层、相似的企业、本企业内部各种信息系统、各种文件,以及书籍和杂志中收集信息。

(3)现存状态的评价和识别计划约束。包括目标、系统开发方法、计划活动、现存硬件及其质量、信息部门人员、运行和控制、资金、安全措施、人员经验、手续和标准、中期和长期优先次序、外部和内部关系、现存的设备、现存软件及其质量,以及企业的思想和道德状况。

(4)设置目标。这实际上应由总经理和相关委员会来设置,它应包括服务的质量和范

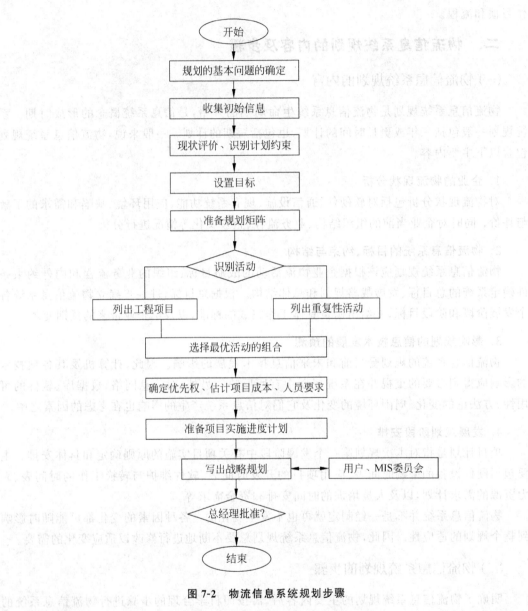

图 7-2 物流信息系统规划步骤

围、政策、组织及人员等。它不仅包括信息系统的目标,而且应有整个企业的目标。

(5) 准备规划矩阵。它是信息系统规划内容之间相互关系所组成的矩阵,这些矩阵列出后,实际上就确定了各项内容及它们实现的优先次序。

(6)~(9) 识别上面所列出的各种活动,是一次性工程项目的活动,还是一种重复性的经常进行的活动。由于资源有限,不可能所有项目同时进行,只有选择一些效益相对较好的项目先进行,同时要正确选择工程类项目和日常重复类项目的比例,正确选择风险大的项目和风险小的项目的比例。

(10) 确定项目的优先权和估计项目的成本费用。依此可进行第(11)步编制项目的实施进度计划,然后在第(12)步把战略长期规划书写成规范文件。在此过程中还要不断与用户、信息系统工作人员及信息系统委员会的领导交换意见。

写出的规划要经过第(13)步最高层领导批准才能生效,并宣告战略规划任务的完成,否则就得重新进行规划。

## 三、物流信息系统规划的主要方法

物流信息系统规划的方法很多,主要有关键成功因素法、战略目标集转化法和企业系统规划法等。这些方法在规划中所起的作用和地位是不同的。

### (一) 关键成功因素法

关键成功因素法(critical success factors,CSF)是以关键因素为依据来确定系统信息需求的一种信息系统总体规划方法。在现行系统中,存在着多个变量影响系统目标的实现,其中若干个因素是关键的和主要的成功变量。通过对关键成功因素的识别,找出实现目标所需的关键信息集合,从而确定系统开发的优先次序。关键成功因素法的主要过程如图 7-3 所示。

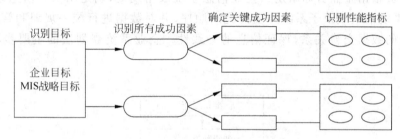

图 7-3 关键成功因素法主要过程

识别一个企业的关键成功因素需要与管理人员作一系列的访谈。这些访谈通常分为两个阶段:第一阶段是向管理人员询问企业的目标及实现这些目标的关键成功因素,并通过充分的讨论来确定这些目标与关键成功因素之间的内在联系。第二阶段是在进一步理解关键成功因素与企业目标之间联系的基础上,确定每个关键成功因素的性能指标和评估标准。然后,识别测量性能指标的数据有哪些,并对这些数据进行描述,建立数据字典。

### (二) 战略目标集转化法

战略目标集转化法(strategy set transformation,SST)是 1978 年由 William King 提出的一种确定信息系统战略目标的方法。该方法把整个组织的战略目标看成一个"信息集合",该集合由组织的使命、目标、战略和其他影响战略的因素(如管理的复杂性、改革面临的阻力及环境对组织目标的制约等)组成。战略目标集合转化的过程就是把组织的战略目标转化为信息系统战略目标的过程。

战略目标集合转化法的实施步骤如下。

(1) 识别组织的战略集。先考察一下该组织是否有规范的战略长期计划,如果没有,就要去构造这种战略集合。可以采用以下步骤。

① 描绘出组织各类人员的结构,如客户、股东、管理者、业务人员、政府部门及债权人等。

② 识别每类人员的目标。

③ 对于每类人员识别其使命及战略。

（2）将组织战略集转化成信息系统战略。信息系统战略应包括系统目标、约束及战略计划等。首先根据组织目标确定信息系统目标；其次对相应的组织战略集的每个元素识别对应的信息系统战略约束；最后根据信息系统目标和约束提出信息系统战略。具体过程如图 7-4 所示。

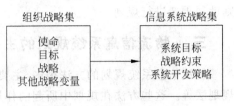

图 7-4　战略目标集转化法

## （三）企业系统规划法

企业系统规划法（business system planning，BSP）是为指导企业信息系统开发而建立起的一种结构化方法。20 世纪 70 年代初，IBM 公司使用企业系统规划法进行企业内部信息系统开发。此后，该方法在信息系统开发中得到了广泛应用。企业系统规划法能够帮助规划人员根据企业目标制定出企业信息系统战略规划，确定出未来信息系统的总体结构，明确系统的组成及子系统开发的先后顺序，并对数据进行统一规划和管理，明确各子系统之间的数据交换关系，保证信息的一致性。企业系统规划法的主要步骤如图 7-5 所示。

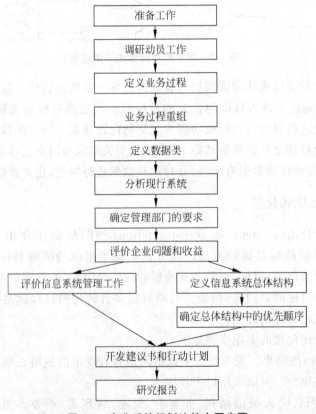

图 7-5　企业系统规划法的主要步骤

## 第三节 物流信息系统分析

完成了系统规划阶段的任务,接下来的工作就是回答"做什么"的问题了,这就是系统分析要完成的工作。系统分析阶段的主要任务就是在充分认识原有信息系统的基础上,通过对现行系统进行综合分析,最后完成新系统的逻辑方案设计。

### 一、物流信息系统需求分析

#### (一)可行性分析

系统可行性分析是指根据系统的环境、资源等条件,判断所提出的项目是否有必要、有可能开始进行。可行性分析从以下三个方面进行。

(1) 管理可行性。管理人员对开发应用项目的态度、管理方法的条件。

(2) 技术可行性。主要根据现有的技术设备条件以及准备投入的技术力量和设备,分析系统在技术上实现的可能性。

(3) 经济可行性。关于经济上的可行性,除研究开发与维护系统所需要提供的费用能否得到保证之外,还需要研究新系统将要带来的效益、开发成本与维护费用之间的关系。

#### (二)系统调查

实事求是地全面调查是分析与设计系统的前提,该阶段的工作质量对于整个开发工作的成败是决定性的。物流信息系统调查分为初步调查和详细调查两个阶段。

系统初步调查主要是根据系统开发可行性的要求,从企业内部对信息系统开发的实际需求出发,调查和研究企业基础数据管理对支持将要开发的物流信息系统的可能性,企业管理的现状和现代化物流管理的发展趋势,现有的物力、财力对新系统开发的承受能力,现有的技术条件以及开发新系统在技术上的可行性,管理人员对新系统的期望值以及对新系统运作模式的适应能力。

详细调查的目的在于完整地掌握现行系统的现状,使开发人员弄清楚实际情况,发现组织中的问题,获得必要的资料。因此,调查的范围就不能仅仅局限于信息和数据流,还应该包括企业的生产、经营、管理等方面。具体地说,详细调查有以下几个方面:组织目标的发展战略,组织机构和功能业务,管理模式和管理方法,决策方式和决策过程,业务流程与工作形式,数据、数据处理与数据流程,产品构成及其工艺流程,可用资源和限制条件,现有问题和改进意见等。

### 二、物流信息系统的组织结构与功能分析

#### (一)组织结构图

组织结构图用于反映组织内机构设置情况,反映组织机构内各机构之间的关系。组织结构图采用层次模块的形式绘制,图的结构为分层树形。物流组织的构成通常可用组织结构图来描述。图 7-6 是某物流企业的组织结构图。

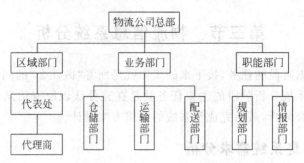

图 7-6　某物流企业组织结构图

## (二) 业务功能分析

业务功能结构图是以描述业务功能为主体的树形图,目的在于描述组织内部各部分的业务和功能,如图 7-7 所示。

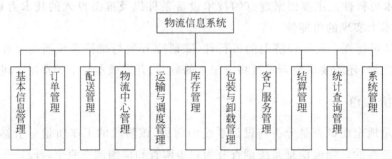

图 7-7　某物流信息系统业务功能结构图

## 三、物流信息系统业务流程分析

业务流程分析是在功能结构的基础上将其细化,将业务流程的每个步骤用业务流程图表示出来,业务流程图(transaction flow diagram,TFD)就是用一些规定的符号及连线来表示某个具体的业务过程。业务流程图可以用几种基本符号加以表示,业务流程图的基本单元如图 7-8 所示。

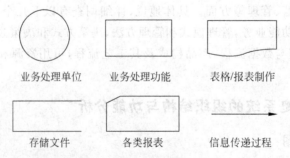

图 7-8　业务流程图基本单元

以某汽车配件公司的供应商管理为例进行说明,汽车配件公司的主要业务是从某配件厂购买配件,入库,然后再销售给顾客。该公司购买零部件配件的业务包括以下过程。

公司根据以往的销售情况来确定公司的采购意向。公司领导小组进行讨论确定采购意向,并形成采购意向表。采购部根据形成的采购意向表,初步选出相应的供应商,主要是哪些供应商能够提供该种配件,同时采购部门通过各种渠道获得这些供应商的相应信息,包括供应商的生产能力、物流能力、财务能力、质量控制能力等信息,从而形成一级供应商信息。当这些信息形成后,采购部的业务员将这些信息递交给采购经理,采购经理根据这些信息,按照一定的方法筛选供应商,从而形成二级供应商信息列表。然后采购部和这些二级供应商接洽,要求这些二级供应商提供产品样品,采购部以及技术相关部门对提供的产品进行选定,选出哪些样品是合格的,从而根据这些样品确定三级供应商。但是三级供应商还是一个比较宽广的范围,这些供应商的选定不仅仅表示他们能够提供合格的产品,同时也考察了他们的一些辅助信息。但是三级供应商还是需要公司领导审批,形成供应商档案。当公司选定供应商后,和这些供应商签订合同,同时要求供应商根据合同条款进行供货。配件公司收到货后,入库并由销售部门进行销售,销售部通过销售形成销售情况表和质量反馈表。同时根据这些信息由企业的质量评估处进行产品质量评定,最终形成各个供应商的星级,从而指导企业和某些供应商建立长期的合作关系。

由上述过程得到的业务流程图如图7-9所示。

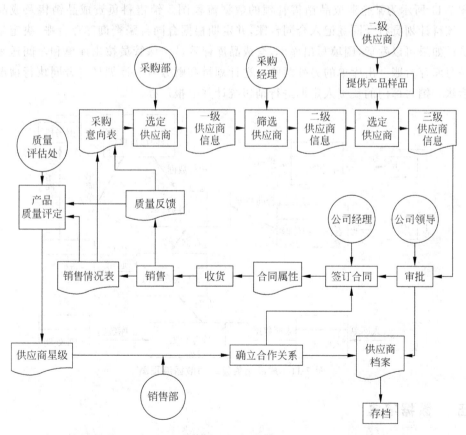

图 7-9　业务流程图

## 四、物流信息系统数据流程分析

数据流程分析是进行系统详细分析的主要内容,是建立数据库系统和设计功能模块的基础,它以业务流程图为依据,通过数据流程图(data flow diagram,DFD)来实现。

数据流程图由外部实体、处理逻辑、数据流、数据存储四种基本符号组成,如图 7-10 所示。

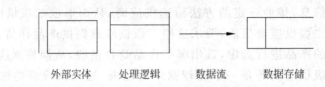

图 7-10　数据流程图基本单元

外部实体是指系统原始数据的提供者或者系统输出的接收者,通常是个人、公司或部门,用 S 表示。

处理逻辑是指对数据的逻辑处理功能。处理逻辑的编号一般是用 P 加上图层和图层内顺序号表示。

数据流是指处理功能的输入和输出,箭头指出数据的流动方向,用 F 表示。

数据存储表示数据保存的地方,是指数据存储的逻辑描述,用 D 表示。

图 7-11 所示为某企业成品销售管理的数据流程图。销售科负责成品销售及成品库存管理。该科计划员将合同登记入合同台账,并定期根据合同台账查询库存台账,决定是否可以发货。如果可以发货,则填写出库单,交成品库保管员。保管员按出库单和车间送来的入库单填写库存台账。出库单的另外两联分送计划员和财务科。计划员将合同执行情况登入合同台账。销售部门的负责人定期进行销售统计并上报厂办。

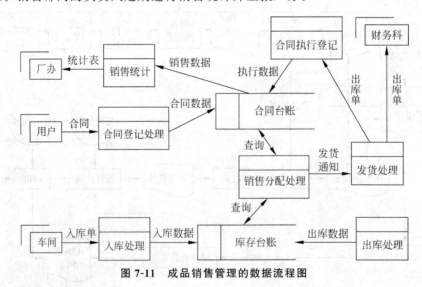

图 7-11　成品销售管理的数据流程图

## 五、数据字典

数据字典(data dictionary,DD)是对数据流程图中的数据项、数据结构、数据流、处理逻辑、数据存储和外部实体进行定义和描述的工具,是数据分析和管理工具,同时也是系统设计阶段进行数据库设计的重要依据。

（1）数据项。数据项又称为数据元素，是数据的最小组成单元。

（2）数据结构。用来描述数据项之间的关系，由若干数据项、数据结构，或数据与数据结构组成。

（3）数据流。数据流由一个或一组固定的数据项组成，包括数据项名称、组成、来源、去向和数据流量。

（4）处理逻辑。仅对数据流程图中最底层的处理逻辑加以说明，包括处理逻辑编号、处理逻辑名称、简述、输入的数据流、处理、输出的数据流、处理频率。

（5）数据存储。只描述数据的逻辑存储结构。

（6）外部实体。在数据字典中对外部实体的描述包括外部实体名称、外部实体编号、简述，以及外部实体产生的数据流和系统传送给外部实体的数据流。

编写数据字典是系统开发的一项重要基础工作，在数据字典的建立、修正和补充过程中，始终要注意保证数据的一致性和完整性。

## 第四节　物流信息系统设计

系统设计是信息系统设计开发过程中第三个重要阶段。在这一阶段中要根据前一阶段系统分析的结果，在已经获准的系统分析报告的基础上，进行新系统设计。系统设计主要分两个阶段进行：第一个阶段是总体设计，即设计系统的框架和概貌，在此基础上进行第二阶段的设计——详细设计。总体设计包括系统模块结构设计和系统物理配置方案设计。详细设计主要是处理过程设计，以确定每个模块内部的详细执行过程，包括局部数据组织、控制流、每一步的具体加工要求等。

物流信息系统设计应紧密结合用户的客观实际与模式，运用结构设计方法，从总体出发，自上而下，将具体的管理模式进一步优化，抽象成一般的带有普遍性的信息系统管理模式；应严格划分人—机工作界面，合理划分子系统，每个子系统具有本身特定的功能要求和相对独立性；各子系统之间边界清晰，相互接口用关键字连接，能相互交换有用信息，实现信息共享。

从信息系统的总体目标出发，根据系统分析阶段对系统的逻辑功能的要求，并考虑到经济、技术和运行环境等方面的条件，确定系统的总体结构和系统各组成部分的技术方案，合理选择计算机和通信软件、硬件设备，提出系统的实施计划。概括来讲，主要任务包括进行总体设计、详细设计和编写系统设计说明书。

### 一、物流信息系统的总体设计

#### （一）子系统划分

物流信息系统设计多采用结构化系统设计方法，它的基本思想就是自顶向下地将整个系统划分为若干个子系统，子系统再划分子系统（或模块），层层划分，然后再自上而下地逐步设计。人们在长期的实践中摸索出了一套子系统划分方法。虽然它还不太成熟，但已被广大实际工作者自觉或不自觉地采用了。

从物流管理的角度划分子系统的方法，是划分子系统的基础。但在实际工作中，往往还要根据用户的要求、地理位置的分布、设备的配置情况等重新进行划分。系统划分的一般原则如下。

1．子系统要具有相对独立性

子系统的划分必须使子系统的内部功能、信息等各方面的凝聚性较好。在实际中，都希望每个子系统或模块相对独立，尽量减少各种不必要的数据调用和控制联系，并将联系比较密切、功能近似的模块相对集中，这样对于以后的搜索、查询、调控和调用都比较方便。

2．子系统之间数据的依赖性尽量要小

子系统之间的联系要尽量减少，接口简单、明确。一个内部联系强的子系统对外部的联系必然相对较少，所以划分时应将联系较多的都划入子系统内部。这样划分的子系统，将来调试、维护、运行都是非常方便的。

3．子系统划分的结果应使数据冗余最小

如果我们忽视这个问题，则可能引起相关的功能数据分布在各个不同的子系统中，大量的原始数据需要调用，大量的中间结果需要保存和传递，大量计算工作将要重复进行，从而使程序结构紊乱、数据冗余，不但给软件编制工作带来很大的困难，而且系统的工作效率也大大降低了。

4．子系统的设置应考虑今后管理发展的需要

子系统的设置仅仅靠上述系统分析的结果是不够的，因为现存的系统由于这样或那样的原因，很可能都没有考虑到一些高层次管理决策的要求。为了适应现代管理的发展，对于老系统的这些缺陷，在新系统的研制过程中应设法将它补上。只有这样才能使系统实现以后不但能够更准确、更合理地完成现存系统的业务，而且可以支持更高层次、更深一步的管理决策。

5．子系统的划分应便于系统分阶段实现

信息系统的开发是一项较大的工程，它的实现一般都要分期分步进行，所以，子系统的划分应该考虑到这种要求，适应这种分期分步的实施。另外，子系统的划分还必须兼顾组织机构的要求（但又不能完全依赖组织，因为目前正在进行体制改革，组织结构相对来说是不稳定的），以便系统实现后能够符合现有的情况和人们的习惯，更好地运行。

(二) 模块化设计

模块化是指把一个信息系统设计成若干模块的过程。模块化的基本思想是将系统设计成由相对独立、功能单一的多个模块组成的结构，从而简化研制工作，防止错误蔓延，提高系统的可靠性。模块化设计使用的描述方式是模块结构图，在这种模块结构图中，模块支点的调用关系非常明确、简单。每个模块可以单独地被理解、编写、调试、查错与修改。模块结构整体上具有较高的正确性、可理解性与可维护性。

模块是组成系统的基本单位，它是能完成某项动作的一组程序语句（或描述），具有输入

和输出、逻辑功能、运行环境、内部数据四种属性。由于模块功能明确,具有一定的独立性,因此模块的组合可以使系统具有良好的可修改性和可维护性。在一个系统中,模块以层次结构组成,上层模块包含下层模块,最下层的模块是工作模块,完成具体的任务。上下结合构成一个完成一定功能的系统。

每个模块应具备以下四个要素。

(1) 输入和输出。模块的输入来源和输出去向都是同一个调用者,即一个模块从调用者那里取得输入,进行加工后再把输出返回调用者。

(2) 处理功能是指模块把输入转换成输出所做的工作。

(3) 内部数据是指仅供该模块本身引用的数据。

(4) 程序代码是指用来实现模块功能的程序。

### (三) 模块的结构设计

系统结构设计和程序结构设计,最终都归结为模块的分解和设计,即把系统划分为若干个模块,每个模块完成一个特定的功能,所有模块汇集起来成为一个整体(系统),满足解决问题的要求,完成指定的功能。

#### 1. 模块设计的原则

(1) 系统中每个模块内部有高度的聚合性,各个组成部分彼此密切相关,为完成一个共同的功能组合在一起。

(2) 模块内部的各个组成部分应避免与其他模块内的各个组成部分发生密切关系,以减弱模块间的耦合程度。提高模块的聚合程度和减少模块间耦合程度是相辅相成的两个原则,是进行模块设计时应遵循的原则。

#### 2. 模块结构图

模块结构图是用于描述系统模块结构的图形工具,它不仅描述了系统的子系统结构与分层的模块结构,还清楚地表示了每个模块的功能,而且直观地反映了块内联系和块间联系等特性。

结构图的设计策略有两种:

第一种是以事务为中心的设计策略,也称事务分析,事务分析常用于将高层的数据流程图转换为系统结构图。

第二种是以变换为中心的设计策略,也称变换分析。变换分析常用于将低层的数据流程图转换成结构图,将结构图中的功能模块分解成具有输入、中心变换、输出功能的简单模块。当然,有时也在低层模块中使用事务分析的方法。在系统结构分析中一般是将两种策略结合起来使用。

功能模块结构图的基本符号如图7-12所示。

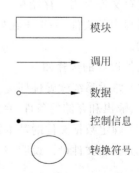

图 7-12　功能模块结构图的基本符号

## 二、文件与数据库设计

文件和数据库设计是整个系统设计的重要组成部分。在企业信息系统中数据存储是由文件和数据库实现的。文件和数据库决定了数据存储的组织形式以及数据处理的速度和效率。

### (一) 文件设计

文件是数据存储的基本形式,是数据库的基础。文件设计就是根据文件的使用要求、处理方式、存储量、数据的活动性以及硬件设备的条件等,合理地确定文件类别,选择文件介质,决定文件的组织方式和存取方式。文件设计的主要任务是选择合适的组织方式及存储方法,以满足新系统的应用要求。

根据文件的使用情况,可将文件分为以下六种。

**1. 主文件**

主文件是长期保存的主要文件,用以存储重要的数据。在业务处理中,要对文件经常进行调用和更新。

**2. 业务文件**

业务文件是在业务处理过程中,临时存储数据用的文件。这种文件实时记载业务过程中的数据发生的变化,是流水账形式的顺序文件。

**3. 输入文件**

输入文件将需要输入的大量数据先建立数据文件,经校验后一次输入,进行处理,这种文件多用于批处理。

**4. 输出文件**

输出文件是在处理过程中输出的结果文件,它可以是打印文件或其他形式的文件。

**5. 工作文件**

工作文件是在处理过程中暂时使用的中间文件,例如排序过程中建立的排序中间文件等,处理结束后文件即可删除。

**6. 转存文件**

转存文件是用于存储在一定恢复点上的系统部分状态的复制文件。它可能是一个正在更新过程中的文件,一组正在处理的业务或一个运行错误的程序。转存文件主要为了安全的目的。

文件设计的步骤如下。

(1) 熟悉系统软硬件环境。包括系统的主机、外设等硬件的配置、功能,可能提供的文件输入、输出和存储的条件,系统软件的情况,以及所能提供的文件组织方式和存取方法等。

(2) 确定数据文件的基本指标。

(3) 编制文件设计说明书。文件设计说明书是系统实施阶段建立文件的依据。

### (二) 数据库设计

信息系统必须建立在数据库管理系统之上。信息系统能否紧密地结合在一起,以及如何结合,关键在于数据库设计的好坏。数据库设计是在选定的数据库管理系统基础上建立数据库的过程。

由于数据库系统已形成一门独立的学科，所以，当我们把数据库设计原理应用到物流信息系统的开发中时，数据库设计的几个步骤就与系统开发的各个阶段相对应，且融为一体。

数据库设计主要分为以下四个阶段。

#### 1. 数据需求分析

数据需求分析是根据企业中的用户需求、企业所面临的环境，进行数据需求的分析和收集，在此过程中可借助数据流程的分析进行数据需求的分析。

#### 2. 概念结构设计

概念结构设计是在需求分析的基础上，从各个用户出发，进行实体、实体的属性和实体之间关系的分析，建立概念数据模型。这一步常用的工具是实体关系图（E-R 图），E-R 图中包括实体、关系、属性三种图素。实体之间有一对一（1∶1）、一对多（1∶$n$）和多对多（$n∶n$）三种联系。

数据库实际设计中，首先从各个用户的信息需求出发，用 E-R 图描述它们的信息处理；然后对这些局部的 E-R 图进行综合，生成总体的 E-R 图，在集成的过程中，有可能增加新的联系，也可能删除一些联系。

#### 3. 逻辑结构设计

逻辑结构设计是将所设计的概念模型与用户进行充分的意见交换，在此基础上将概念数据模型转换成选用的 DBMS 所支持的逻辑数据模型，例如将 E-R 图转换成关系数据模型，在转换过程中还有一项非常重要的工作是进行数据分析，去除设计中一些不合理的地方，尽可能减少冗余以及数据的重复存储，将复杂的数据组分割开，以建立较小的稳定数据结构，也就是对数据库中的数据进行规范化。逻辑结构设计阶段提出的关系数据模型应符合第三范式 3NF 的要求。如果选用的 DBMS 是支持层次、网络模型的 DBMS，则还需完成从关系模型向层次或网络模型转换的工作。

#### 4. 物理结构设计

物理结构设计是为数据模型在设备上选定合适的存储结构和存取方法，以获得数据的最佳存取效率。物理结构设计的主要内容包括以下几点。

（1）文件的组织形式。如选用顺序文件组织形式、索引文件组织形式等。

（2）存储介质的分配。如将易变的、存取频度大的数据存放在高速存储器上，将稳定的、存取频度小的数据存放在低速存储器上。

（3）存取路径的选择等。

### 三、输入/输出设计

输入/输出设计（即 I/O 设计）是计算机系统与人的接口设计。系统与用户之间接口的作用已经越来越重要。这一部分设计得好，系统运行时将给用户带来使用方便、操作简单的体验，会增加用户对整个系统的满意程度。

#### （一）输入设计

输入界面是信息系统与用户之间交互的纽带，设计的任务是根据具体业务要求，确定适当的输入形式,使信息系统获取管理工作中产生的正确信息。输入设计要解决的问题是数据收集和录入,在保证输入信息正确的前提下,输入方法要简单、方便、迅速。

输入设计的主要内容如下。

**1. 输入界面设计**

根据具体业务要求确定。

**2. 输入设备选择**

输入设计首先要确定输入设备的类型和输入介质,目前常用的输入设备有键盘、输入装置、光电阅读器、终端输入。

**3. 输入方式设计**

输入方式是指在向信息系统输入数据的过程中所采用的策略和形式。目前有批输入和联机输入两种方式,在同一个系统中可以同时采用这两种输入方式。

(1) 批输入方式。批输入方式也叫脱机输入方式,它是指组织一批数据并集中输入系统中的输入方式。

(2) 联机输入方式。联机输入方式是在业务处理过程中,边输入数据边处理数据的一种数据输入方式。

许多信息系统采用批输入和联机输入相结合的方式。在系统中采用混合方式具有一定的灵活性。超级市场售货系统采用的就是混合输入方式。超级市场结账台上的条码扫描仪采用联机方式输入用户所选购商品的条码,每扫描一个商品的条码,在POS机的显示屏幕上立即显示该商品的编号、名称、单价等信息。POS机一般分批把当天所接收到的商品信息暂时储存起来,到晚上或现场业务不忙的时候,POS机再成批地把数据发送到超级市场售货系统的中心数据库。一般用户只能够感觉到POS机的联机输入过程,而看不到POS机成批向中心数据库输入数据的过程。

**4. 输入数据正确性校验**

在输入时校对方式的设计是非常重要的。特别是针对数字、金额数等字段,没有适当的校对措施作保证是很危险的。所以,对一些重要的报表,输入设计一定要考虑适当的校对措施,以减少出错的可能性。但应指出的是,绝对保证不出错的校对方式是没有的。

**5. 输入设计的评价**

(1) 输入界面是否明晰、美观、大方。

(2) 是否便于填写,符合工作习惯。

(3) 是否便于操作。

(4) 是否有保证输入数据正确性的校验措施。

## (二) 输出设计

输出信息是信息系统的最终成果,用户除要求输入方式灵活、简便外,最关心的就是输出结果的格式和正确性。输出设计的任务是使信息系统输出满足用户需求的信息。

输出设计的目的是正确及时反映和组织用于管理各部门需要的信息。信息能否满足用户需要,直接关系到系统的使用效果和系统的成功与否。

**1. 输出设计的内容**

(1) 输出信息使用情况。包括信息的使用者、使用目的、信息量、输出周期、有效期、保管方法和输出份数。

(2) 输出信息内容。包括输出项目、精度、信息形式(文字、数字)。

(3) 输出格式。如表格、报告、图形等。

(4) 输出设备和介质。设备如打印机、显示器等;介质如磁盘、磁带、纸张(普通、专用)等。

**2. 输出设计的方法**

在系统设计阶段,设计人员应给出系统输出的说明,这个说明既是将来编程人员在软件开发中进行实际输出设计的依据,也是用户评价系统实用性的依据。因此,设计人员要能选择合适的输出方法,并以清楚的方式表达出来。

输出主要有以下几种。

(1) 表格信息。一般而言,表格信息是系统对各管理层的输出,以表格的形式提供给信息的使用者,一般用来表示详细信息。

(2) 图形信息。管理信息系统用到的图形信息主要有直方图、圆饼图、曲线图、地图等。图形信息在表示事物的趋势、多方面的比较等方面有较大的优势,在进行各种类比分析中,起着数据报表所起不到的显著作用。图形信息表示方式直观,常为决策用户所喜爱。

(3) 图标。图标也用来表示数据间的比例关系和比较情况。由于图标易于辨认,无须过多解释,在信息系统中的应用也日益广泛。

**3. 输出设计评价**

(1) 能否为用户提供及时、准确、全面的信息服务。

(2) 是否便于阅读和理解,符合用户的习惯。

(3) 是否充分考虑和利用了输出设备的功能。

(4) 是否为了今后的发展预留一定的余地。

### (三) 界面设计

用户界面是人和计算机联系的重要途径。操作者可以通过屏幕窗口与计算机进行对话、向计算机输入有关数据、控制计算机的处理过程并将计算机的处理结果反映给用户。因此,用户界面设计必须从用户操作方便的角度来考虑,与用户共同协商界面应反映的内容和格式。用户界面主要有以下几种形式。

**1. 菜单式**

通过屏幕显示出可选择的功能代码,由操作者根据需要进行选择,将菜单设计成层次结构,通过层层调用,可以引导用户使用系统的每一个功能。随着软件技术的发展,菜单设计也更加趋于美观、方便和实用。

### 2. 填表式

填表式一般用于通过终端向系统输入数据。系统将要输入的项目显示在屏幕上，然后由用户逐项填入有关数据。另外，填表式界面设计常用于系统的输出。如果要查询系统中的某些数据，可以将数据的名称按一定的方式排列在屏幕上，然后由计算机将数据的内容自动填写在相应的位置上。由于这种方法简便易读，并且不容易出错，所以它是通过屏幕进行输入/输出的主要形式。

### 3. 选择性问答式

当系统运行到某一阶段时，可以通过屏幕向用户提问，系统根据用户选择的结果决定下一步执行什么操作。这种方法通常可以用在提示操作人员确认输入数据的正确性，或者询问用户是否继续某项处理等方面。例如，当用户输完一条记录后，可通过屏幕询问"输入是否正确(Y/N)"，计算机根据用户的回答来决定是继续输入数据还是对刚输入的数据进行修改。

### 4. 按钮式

在界面上用不同的按钮表示系统的执行功能，单击按钮即可执行该操作。按钮的表面可写上功能的名称，也可用能反映该功能的图形加文字说明。使用按钮可使界面显得美观、漂亮，使系统看起来更简单、好用，操作更方便、灵活。

系统其他详细设计

## 本 章 小 结

本章介绍了物流信息系统的开发方法、物流信息系统规划的主要内容以及系统分析与设计。

物流信息系统的开发方法主要包括结构化生命周期法、原型法、面向对象法以及计算机辅助软件工程法。

物流信息系统规划主要是指物流信息系统的战略规划，是对物流企业总的信息系统建设的目标、战略及开发工作的一种综合性计划。实践证明，在建设物流信息系统的过程中，预先做了系统规划的企业要远比不做规划的企业成功。

系统分析阶段的主要任务就是在充分认识原有信息系统的基础上，通过对现行系统进行综合分析，最后完成新系统的逻辑方案设计。

系统设计要根据前一阶段系统分析的结果，在已经获准的系统分析报告的基础上，进行新系统设计。系统设计主要分两个阶段进行：第一个阶段是总体设计，即设计系统的框架和概貌，在此基础上进行第二阶段的设计——详细设计。

## 思 考 题

1. 生命周期法有哪几个阶段？
2. 简述数据流程图与业务流程图的区别。

# 案 例 分 析

## 伊利信息系统开发背景

像很多大企业的发展史一样,伊利集团也是从产品经营阶段,走向资本运营阶段,再到现在的品牌经营阶段,这样一步一步走过来的。作为品牌经营的重要手段,信息技术被提到了绝对的高度。伊利集团从自身的业务特点出发,选择了从分销及库存管理环节入手,开始整合销售业务流程,拟建立一个面向全国的、基于因特网的集中式管理信息系统,从而将各事业部、分子公司、经销商、各级代理、各个商品仓库、各个生产厂产成品库存有机地、畅通地衔接起来,以达到与市场的"绝对亲密接触"。

做一件事情总需要理由,尤其是对于投资巨大的信息建设的项目来说,理由更显得重要。其实理由就来源于企业的实际业务发展需求。

在中层领导开会讨论关于下一季度或年度的生产和销售计划的时候,最常见的事情就是底气不足、论据不充分。因为有的人认为应该计划增加40%,有的人又认为应该计划增加50%……当在详细探究理由时,基本上又都是以"上年或上个季度的销售情况不错,看发展态势也不错,总应该比上年或上个季度要强吧"为由。没有确实的数据支持,就很难做到细分市场、了解市场以至采取各种手段应对市场的变化。

还有一个现象:在北京利客隆连锁超市集团的采购部门可能同时出现三名伊利集团的销售人员上门的尴尬场面。怎么了呢?这与伊利集团目前的管理结构有关。伊利集团共有三种产品——液态奶、奶粉和冷冻产品,因此也就有三个事业部,并且是相互独立经营运作、独立管理结算。自然很容易出现以上的现象。因而就面临着要整合企业资源,避免资源浪费等亟待解决的问题。

于是,伊利集团开始进行内部改造和整合。对于一个传统产业的企业来说,要想自己独立完成开发、实施、应用这样的系统所要面对的难题实在太多,人才、时间就是其中最关键的两个难题。

当时,伊利集团的信息技术方面的人才也不过几十人,而且相对而言,他们的专门作业能力并不是很强。此外,伊利集团一直是以"领跑战术"作为主要竞争手段,不论是从产品上,还是从技术设备上,都要走在行业内的最前线。因此时间上的领跑在一定程度上决定了竞争优势。于是,伊利集团决定选择外包方式,即采用伟库网提供的ASP平台产品及服务,实施并运用分销系统及库存管理系统。

**案例讨论**:

企业选择物流信息系统开发方式要考虑哪些因素?

# 第八章

# 物流信息系统实施与运行管理

**章节知识框架**

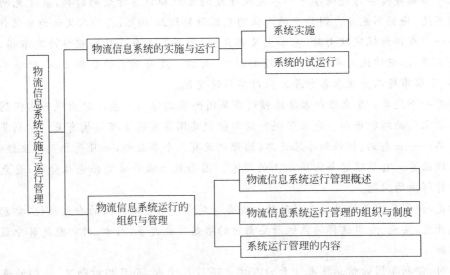

**学习导航**

　　企业要想通过物流信息系统获得效益,一个基本的保证就是系统的正常运行。这种正常运行包括系统使用双方信息内容的安全,也包括系统功能的可获得性。在正常运行的基础上,系统的维护和运行管理是信息系统生命周期的重要阶段,这一阶段的工作对系统整个生命周期都有比较大的影响,是企业需要重视的。

　　通过本章的学习,了解物流信息系统的实施过程,理解运行管理的内涵,掌握运行管理的基本内容,掌握系统维护的基本内容。

**教学建议**

　　在学习过程中,重点掌握物流企业在系统实施和运行管理中的工作,建议结合身边的各类系统,练习评价系统。

> **导入案例**

### 青岛钢铁集团管理信息系统的运行维护

青岛钢铁集团管理信息系统在交付使用后,遵照相应的管理规范,责成相关部门和个人负责具体的日常业务处理,记录系统的运行情况,青钢信息中心负责系统的维护,保证系统的正常运行,包括硬件设备的更新与升级、计算机病毒的检测与清除、软件系统的修改与完善、系统故障的排除等。

系统运行至今,系统维护工作一直没有间断,部分硬件设备已经被更新,部分软件功能也已经被修改、完善。例如,在系统应用之初,开具销售发票时,必须针对一个客户的一个合同,而不能针对一个客户的多笔合同开具销售发票。系统运行后,销售部门提出,一个客户往往同本企业签订多笔合同,希望在开具发票时能够进行更加灵活的处理,不受单一合同的限制。为此,制订了相应的软件修改计划,进行了软件功能的修改和完善。

另外,在系统正常运行半年后,青岛钢铁集团还组织相关部门人员及相关领域的专家对已实施的管理信息系统的工作情况、技术性能、经济效益进行了分析和评价,并依据评价结果对系统进行了完善和修改。

思考题:
对于青岛钢铁集团来说,系统运行维护有什么意义?

## 第一节 物流信息系统的实施与运行

当系统分析与系统设计的工作完成以后,开发人员的工作重点就从分析、设计和创造性思考阶段转入实践阶段,该阶段称为信息系统的实施阶段。在此期间,将投入大量的人力、物力及占用较长的时间进行物理系统实施、程序设计、程序和系统调试、人员培训、系统转换等工作。当系统正常投入使用后,还需要对系统进行有效的运行管理,进行系统的维护和评价工作,因此系统的实施与运行是保证系统能正常发挥作用的关键一环。

### 一、系统实施

系统实施的目标就是把系统设计阶段提出的新系统的物理模型,按照实施方案,形成一个可以实际运行的信息系统,交付用户使用。

(一)系统实施的过程

1. 物理系统的实施

物理系统的实施包括计算机系统和通信网络系统设备的订购、机房的准备和设备的安装调试等一系列的活动。首先,根据设计说明书,进行计算机系统的配置,包括硬件、软件的选择和外购。其次,进行网络系统的实施,物流信息系统通常是一个由通信线路把各种设备连接起来组成的网络系统。

2. 程序设计

程序设计的目的就是用计算机程序语言来实现系统设计的每一个细节,该阶段工作主要是根据系统设计阶段的 HIPO 图以及数据库结构和编程语言设计,强调程序要具有可维护性、可靠性和可理解性,并兼顾效率性。程序设计的方法有很多种,一般推荐使用现有软件工具,这样做不但可以减轻开发的工作量,而且可以使系统开发过程规范,功能强,易于修改和维护。

### 3. 程序调试

在信息系统开发周期的各个阶段都不可避免地会出现差错。开发人员应力求在每个阶段结束之前进行认真、严格的技术审查,尽可能早地发现并纠正错误,否则等到系统投入运行后再回头来改正错误,将在人力、物力上造成很大的浪费,有时甚至会导致整个系统的瘫痪。然而,经验表明,单凭审查并不能发现全部差错,加之在程序设计阶段也不可避免地还会产生新的错误,所以,对系统进行调试是不可缺少的,这是保证系统质量的关键步骤。统计资料表明,对于一些较大规模的系统来说,系统调试的工作量往往占程序系统编制开发总工作量的 50% 以上。

当程序编制完成以后,就要对程序进行调试,排除其他各种错误,如语法错误、逻辑错误等。一般情况下,语法错误比较容易发现,而逻辑错误要查找出来并加以改正就不那么容易,而且逻辑错误一般都需要通过程序测试才能发现。所以程序调试与测试往往是密不可分的。

调试是为了改正错误,而程序中的错误需要通过测试来查找。调试的目的在于发现其中的错误并及时改正,所以在测试时应想方设法使程序的各个部分都投入运行,力图找出所有错误。错误多少与程序质量有关。即使这样,调试通过也不能证明系统绝对无误,只不过说明各模块、各子系统的功能和运行情况正常,相互之间连接无误。系统交付用户使用以后,在系统的维护阶段仍有可能发现少量错误要进行纠正,这是正常的。

## (二) 系统测试

系统测试是根据系统开发各阶段的规格说明和程序的内部结构而精心设计一批测试用例,在系统中运行这些测试用例,以发现系统错误的过程。好的测试方案应尽可能地发现至今尚未发现的错误。

系统测试方案包括测试内容(名称、内容、目的)、测试环境(设备、软件、集成的应用测试环境)、输入数据(输入数据及选择的策略)、输出数据(预期结果及中间结果)、操作步骤(说明测试的操作过程)、评价标准(说明测试用例能检查的范围及局限性,判断测试工作能否通过的评价尺度等)。

系统测试的内容包括单元测试、组装测试、确认测试、系统测试、验收测试等。

(1) 单元测试。单元测试主要以模块为单位进行测试,因此也叫模块测试,它是测试系统中的每一个低级处理的基本功能,其目标是告诉程序员哪些程序部分需要改正或改进。

(2) 组装测试。在每个模块完成单元测试后,需按照设计时做出的结构图,把它们连接起来,进行组装测试。

(3) 确认测试。组装测试完成后,在各模块接口无错误并满足软件设计要求的基础上,还需要进行确认测试。包括功能方面、性能方面、其他限制条件(如可使用性、安全保密性、可维护性)等。

(4) 系统测试。在软件完成确认测试后,对它与其他相关的部分或全部软硬件组成的系统进行综合测试。

(5) 验收测试。系统测试完成,且系统试运行了预定的时间后,企业应进行验收测试,确认软件能否达到验收标准。应在软件投入运行后所处的实际工作环境下进行验收,包括文档资料的审查验收、余量要求、功能测试、性能测试、强化测试等。

软件测试技术通常分为人工测试和机器测试两大类。人工测试采用人工方式检查程序的静态结构,找出编译不能发现的错误,一般包括个人复查、走查和会审三种。机器测试是运用事先设计好的测试用例,执行被测试程序,对比运行结果与预期结果的差别以发现错误。机器测试又分为黑盒测试和白盒测试两种。

## 二、系统的试运行

在系统测试阶段使用的是系统测试数据,而这些数据很难检测出系统在实际运行中可能出现的问题。所以一个系统开发完成后,让它实际运行一段时间,才是对系统最好的检验和测试方式。该阶段很容易被人忽视,但对新系统最终使用的安全性、可靠性、准确性来说,又是十分重要的工作。系统的试运行是与信息系统的最后测试一起开始的,是系统调试和测试工作的延续。

试运行的主要工作包括:对系统进行初始化处理,并输入各原始数据记录;详细记录系统运行的数据和状况;对实际系统的输入方式进行全面考查;核对新系统输出和老系统输出结果;对系统实际运行指标进行测试等。

# 第二节 物流信息系统运行的组织与管理

## 一、物流信息系统运行管理概述

人们常说"物流信息系统是三分技术,七分管理"。这在一定程度上说明了在物流信息系统开发和应用过程中管理的重要性。系统的运行管理是系统投入正常运行后一项长期而又艰巨的工作。一个信息系统,即使开发得再好,如果没有好的管理,最终也是会失败的。只有坚持高水平的管理,才能使系统始终处于良好的运行状态,最大限度地发挥信息系统的效益。

大量事实证明,没有科学的运行管理,物流信息系统不但不能有效地发挥作用,而且自己也会陷于混乱和崩溃。

物流信息系统运行管理的目标就是对物流信息系统的运行进行实时控制,记录其运行状态,进行必要的修改与扩充,以便使信息系统真正符合管理决策的需要,为管理决策者服务。物流信息系统运行阶段管理工作的目的和要求与开发阶段有很大的区别。开发阶段要求经济地、按质按时开发出系统,而运行管理的目的是使信息系统在其生命周期内保持良好的可运行状态,保证其功能的发挥。信息系统的运行管理就是围绕这一目的展开的。

## 二、物流信息系统运行管理的组织与制度

### (一) 物流信息系统运行管理的组织

**1. 物流信息系统运行管理组织工作的必要性**

物流信息系统是一个人机系统,它是计算机信息技术在企业管理中的具体应用。物流信息系统开发成功只是系统成功的一部分,更为重要的是系统投入运行后,如何确保系统正常运转,并为组织决策提供信息服务。物流信息系统不仅要满足企业内部管理的需要,而且也要满足社会上有关管理部门对经营管理信息的需要。因此系统运行首先要考虑企业外部有关因素的制约,同时又要考虑企业内部从最高管理层到一般管理人员、生产人员等不同管理层次的需要。其次,对企业来说,物流信息系统运行要从物流信息系统的整体目标和要求出发,充分考虑企业生产、计划、技术、供销、市场、人事等部门及其信息子系统的联系和要求。再次,从物流信息系统的物理构成来看,它是由计算机硬件、软件、数据、规程和人员等组成的。硬件、软件的选择与配置,既跟企业外部因素有密切的联系,又跟企业内部许多因素有十分密切的联系。合理地配置一个物流信息系统的硬件、软件和人员等,是一个物流信息系统高效运转满足管理需要的前提和保证。最后,从管理信息系统的职能构成来看,它是由若干子系统组成的。因此,企业在开展物流信息系统工作时加强组织管理工作是十分必要的。为此,必须从机构、人员、制度等方面加强管理和控制。

**2. 物流信息系统运行管理的组织管理机构**

目前我国各企业中负责信息系统运行的大多数是信息中心、计算中心、信息处等信息管理职能部门。从信息系统在企业中的地位来看,系统管理的组织有四种形式。

(1) 早期零散式的组织形式。各部门拥有自己独立的信息系统,系统内部资源不能为企业的所有部门共享。有些企业虽然将某个业务信息系统交由某部门托管,但部门管理的局限性制约了系统整体资源的调配与利用,使系统的效率大受影响。

(2) 独立的信息系统管理组织。这种形式是将信息系统的管理机构独立出来,与企业内部的其他部门平行看待,享有同等的权利。这种方式改善了第一种模式下各部门各自为政的情况,能够有效地集成企业信息资源,信息系统的地位要比第一种方式高。但信息系统部门的决策能力较弱,系统开发、建立、运行中有关的协调和决策工作将受到影响。

(3) 由最高层直接领导的信息系统管理组织。在这种形式下,物流信息系统作为企业的信息中心和参谋中心而存在。这种方式有利于集中管理、资源共享,能充分发挥领导的指挥作用和系统向领导提供的决策支持作用,但容易造成脱离业务部门或服务较差的现象。

(4) 矩阵结构下的信息系统管理组织。这种方式是第三种方式的改进。由于目前计算机、网络、通信等各项技术的发展,客户机/服务器体系结构的运用,一方面企业信息系统管理部门以信息中心的名义独立于各业务部门之外,另一方面各业务部门也设立自己的信息处理室,更多的情况是业务部门的处理流程计算机化。各业务部门配有专人负责该业务部门的信息系统业务,这个专人或在业务上同时又归信息中心领导。这就形成了一个矩阵结构,信息中心既能站在企业的高度研究信息系统的发展,又能深入了解并满足各业务部门的需要,有利于加强企业的信息资源的综合管理。

## (二)人员的配置与职责

### 1. 人员管理是信息系统运行成败的关键

物流信息系统是一个人机复杂系统。物流信息系统在运行中必然要涉及多方面的、具有不同知识水平及技术背景的人员。这些人员在系统中各负其责、互相配合,共同实现系统的功能。这些人员能否发挥各自的作用,能否互相配合、协调一致,是系统成败的关键之一。系统主管人员的责任就在于对他们进行科学的组织与管理。如果系统主管人员不善于进行这样的组织及管理工作,就谈不上实现信息管理的现代化和科学化。在这种情况下,整个系统的运行就会出现混乱。人员管理好坏是系统发挥作用的关键,没有好的人员管理,分工协作不能有效进行,这种人机系统的整体优化将是一句空话。

### 2. CIO设置

随着信息时代的到来,信息作为独特的资源在企业经营决策中的作用越来越大。网络信息时代的特点表现为一方面企业淹没在信息的海洋中;另一方面企业却难以找到有用的信息。如何在复杂的环境中发现机会、把握机会、利用机会、建立先发优势,是企业在激烈的竞争态势下获取竞争优势的关键。因此,越来越多的企业设立了信息主管一职。CIO往往是由组织的高层决策人士来担任,其地位如同公司的副总经理,有的甚至更高。CIO并不是传统意义上的信息中心主任,并不负责服务性、辅助性部门的工作,而是分管信息资源部这一重要部门。信息主管的任务:在企业整体战略框架下负责企业信息管理战略规划的制定,积极参与单位的预测、决策、控制等管理活动,领导指挥信息管理部门,管理多种形式的企业运行信息、外部行业信息、国家性的经济政策,协助有效利用信息技术所提供的信息,确定企业战略目标和实施策略,当好领导参谋,并且在其为首的信息系统部门实施中及时获得反馈,迅速调整战略规划。以CIO为首的信息系统部门有以下职责。

(1) 制定系统规划。加强理论应用研究,负责物流信息系统规划、实施和更新换代,管理、运行和维护系统,制订资金需求计划、人员安排和培训等。

(2) 负责信息处理的全过程。协同企业领导和相关职能管理部门,确定合理、统一的信息流程,按照流程协调各个相关部门在信息处理方面的关系;制定各项管理信息系统制度,同时负责对各个部门每时每刻产生的信息进行收集、整理、加工和存储,确保信息的准确性和一致性。

(3) 负责信息的综合开发。对各方面的信息进行综合处理和分析,得到对全局更为重要的信息,提供给各个管理部门,尤其是决策层,并由系统以适当的形式发布。

(4) 搞好信息标准化等基础管理。协同有关管理部门,共同搞好系统运行中的基础管理工作,主要是信息编码等标准化、规范化工作。

(5) 负责系统的运行和维护。作为系统主要的日常技术性工作,包括系统硬件和软件维护、数据库管理的检查数据录入情况、机房日常管理、用户服务等。其中软件维护是最主要的工作。

各个企业的实际情况不同,机构设置不同,机构改革和整体的目标也不同,因此不能套用一种模式。设置信息管理机构是一个总的发展趋势,至于具体实现,可以在原有机构的基础上落实人员,抓好几项重点工作,然后逐步充实,不一定一步到位。

### 3. 人员管理的内容

（1）明确地规定其任务及职权范围，尽可能确切地规定各类人员在各项业务活动中应负的责任、应做的事情、办事的方式、工作的程序等，要有明确的授权。

（2）对于每个岗位的工作，要有定期的检查及评价，为此，对每种工作要有一定的评价指标。这些指标应该尽可能有定量的尺度，以便检查与比较。这些指标应该有一定的、客观的衡量办法，并且要真正按这些标准去衡量各类工作人员的工作，即必须有检查和评价。

（3）要在工作中对工作人员进行培训，以使他们的工作能力不断提高，工作质量不断改善，从而提高整个系统的效率。

### 4. 人员的责任及其绩效评价原则

（1）系统主管人员的责任：组织各方面人员协调一致地完成系统所担负的信息处理任务，掌握系统的全局，保证系统结构的完整，确定系统改善或扩充的方向，并按此方向组织系统的修改及扩充工作。其工作的评价标准应是整个应用系统在管理中发挥的作用及其效益。

（2）数据收集人员的责任：及时、准确、完整地收集各类数据，并通过所要求的途径把它们送到专职工作人员手中。数据是否准确、完整、及时，则是评价他们工作的主要指标。

（3）数据校验人员（或称数据控制人员）的责任：保证送到录入人员手中的数据从逻辑上讲是正确的，即保证进入信息系统的数据正确地反映客观事实。在系统内部发现的不正确数据的数量及比例，是衡量校验人员业务水平的主要指标。

（4）数据录入人员的责任：把数据准确地送入计算机。录入的速度及差错率是他们工作的主要衡量标准。

（5）硬件和软件操作人员的责任：按照系统规定的工作规程进行日常的运行管理。系统是否安全正常地运行是对他们工作的最主要的衡量指标。

（6）程序员的责任：在系统主管人员的组织之下，完成系统的修改和扩充，为满足使用者的临时要求编写所需要的程序。编写程序的速度和质量是他们工作情况的衡量标准。

## （三）系统运行的管理制度

系统运行的管理制度是确保系统运行并充分发挥其效益的必要条件。为了保证系统正确、安全地运行，除了遵守我国各级政府出台的法律、法规，例如《中华人民共和国计算机信息网络国际联网管理暂行规定》《计算机信息网络国际联网安全保护管理办法》和《中华人民共和国计算机信息系统安全保护条例》，还要建立企业自身的相关制度，通常包括以下制度。

### 1. 基础数据管理制度

基础数据管理制度包括对数据收集和统计渠道的管理、计量手段和计量方法的管理、原始数据管理、系统内部各种运行文件和历史文件的归档管理等。

### 2. 运行管理制度

运行管理制度包括各类人员的构成、各自职责、主要任务、系统操作规程、系统安全保密制度、系统修改规程、系统定期维护制度、系统运行状态记录和日志归档等。

### 3. 机房管理制度

机房管理制度包括系统维护人员、操作人员及值班人员的义务、权限、任务和责任；信息系统日常运作记录，如值班日记、系统故障及排除故障日记；机房设备安全管理和维护制度，应急情况的方案等。

### 4. 技术档案管理制度

技术档案管理制度包括物流信息系统硬件、软件手册和使用说明的保管制度；系统开发文档的保管制度；系统维护和二次开发的技术文档资料的规范及管理制度；技术资料的购买、使用和保管制度。

## 三、系统运行管理的内容

物流信息系统的运行管理工作主要包括日常运行的管理、系统运行情况的记录以及对系统的运行情况进行检查与评价。

### (一) 日常运行的管理

信息系统投入运行使用后，日常运行的管理工作是相当繁重的。信息系统的管理不只是对机器的管理，对机器的管理只是整个管理工作的一部分，更重要的是对人员、数据及软件的管理。那种认为系统投入使用后，只需有人管机器的想法是不对的，虽然设备管理也非常重要。

#### 1. 收集数据

数据是信息系统进行信息处理的原料，数据是否准确、及时，直接关系到系统的输出结果是否正确、及时。人们常用"进去的是垃圾，出来的也是垃圾"来形容由于原始数据不准确而产生错误信息的现象。没有准确、及时、完整的数据，系统的处理能力再强，也不能获得有用的信息。

数据收集包括数据采集、数据校验和数据录入三个方面。数据采集要求及时、准确和完整。如果系统数据收集工作做不好，整个系统的工作就成了"空中楼阁"。系统主管人员应该努力通过各种方法，提高数据收集人员的技术水平和工作责任感，对他们的工作进行评价、指导和帮助，以便提高所收集数据的质量，为系统有效地工作打下坚实的基础。

数据校验的工作，在较小的系统中，往往是由系统主管人员自己来完成。在较大的系统中，一般需要设立专职数据控制人员来完成这一任务。数据校验是"数据把关"的工作，必须有实事求是的精神，要求数据校验员对系统所处理的业务有足够的了解。数据的正确与否，仅从字面上理解是不够的，需要理解数据的逻辑含义，需要有一定的实际经验，帮助鉴别数据。

数据录入工作的要求是迅速与准确。录入人员的责任在于把经过校验的数据送入计算机，他们应严格地把收到的数据及时准确地录入计算机系统，录入人员并不对数据在逻辑上、具体业务中的含义进行考虑与承担责任（这一责任是由校验人员承担的），只需要保证送入计算机的数据与纸面上的数据严格一致，绝不能由录入人员代替校验人员。

#### 2. 例行的信息处理和信息服务

例行的信息处理和信息服务，是按照系统研制中规定的各项规程，由软件操作人员定期或不定期地运行某些程序,如数据更新、统计分析、报表生成、数据的复制与保存、与外界的数据交流等。这些工作是在系统已有的各种资源的基础上,直接向领导、管理人员及使用者提供信息服务。这些工作的规程,应该是在系统研制中已经详细规定好的,操作人员也应经过严格的培训,清楚地了解各项操作规则,了解各种情况的处理方法。

### (二) 系统运行情况的记录

在完成各项日常管理工作的同时,应该对系统的工作情况进行详细的记录。系统的运行情况对系统管理、评价是十分重要的,也是十分宝贵的资料。主管人员应该从系统运行一开始就注意积累系统运行情况的详细资料。各种工作人员都应该担负起记载运行信息的责任。在信息系统的运行中,需要记载以下五个方面的资料。

#### 1. 信息系统工作数量

信息系统工作数量包括开机时间,日报、周报、月报的数量,每天、每周、每月录入数据的数量,系统中积累的数据量,数据使用的频率,用户临时要求的数量等。这些数据反映了系统的工作负担及提供信息服务的规模,是反映信息系统功能的最基本数据。

#### 2. 信息系统工作效率

信息系统工作效率是指系统为了完成所规定的工作,占用了多少人力、物力及时间。如完成一次年度报表的编制用了多长时间、多少人力。又如,使用者提出一个临时的查询要求,系统花费了多长时间才给出所要的数据。此外,系统在日常运行中,例行的操作所花费的人力是多少,消耗性材料的使用情况如何等。任何新技术的采用,都应以经济效益为中心,否则是不可能得到广泛应用的。

#### 3. 系统所提供的信息服务的质量

信息服务和其他服务一样,应保质保量。如果一个信息系统生成的报表,并不是管理工作所需要的,管理人员使用起来并不方便,那么这样的报表生成得再多再快也毫无意义。同样,使用者对于提供的方式是否满意,所提供信息的精确程度是否符合要求,信息提供得是否及时,临时提出的信息需求能否得到满足等,也都在信息服务的质量范围之内。

#### 4. 系统的维护修改情况

系统中的数据、软件和硬件都有一定的更新、维护和检修的工作规程。这些工作都要有详细、及时的记载,包括维护工作的内容、情况、时间、执行人员等。这不仅是为了保证系统的安全和正常运行,而且有利于系统的评价及进一步扩充。

#### 5. 系统的故障情况

无论大小故障都应该及时地记录以下这些情况:故障发生的时间、故障的现象、故障发生时的工作环境、处理的方法、处理的结果、处理人员、善后措施、原因分析。这里所说的故障不只是指计算机本身的故障,而是对整个信息系统来说的。例如,由于数据收集不及时,年度报表的生成未能按期完成,这是整个信息系统的故障,但并不是计算机的故障。同样,收集来的原始数据有错,这也不是计算机的故障。这些错误的类型、数量等统计数据是非常有用的资料,其中包含许多有益的信息,对于整个系统的扩充与发展具有重要的意义。

上述五个方面中,在正常情况下的运行数据往往容易被忽视。因为发生故障时,人们往往比较重视对有关的情况加以及时地记载,而在系统正常运行时,则不那么注意。事实上,要全面地掌握系统的情况,必须十分重视正常运行时的情况记录。如果缺乏平时的工作记录,就无从了解瞬时情况。如果没有日常的工作记录,表示可靠性程度的平均无故障时间指标也就无从计算。

对于信息系统来说,这些信息的记载主要靠手工方式记录。虽然大型计算机一般都有自动记载自身运行情况的功能,但是也需要有手工记录作为补充手段,因为某些情况是无法只用计算机记录的,例如,使用者的满意程度,所生成的报表的使用频率都只能用手工方式收集和记录;而且,当计算机本身发生故障时,无法详细记录自身的故障情况。因此,对于任何信息系统,都必须有严格的运行记录制度,并要求有关人员严格遵守和执行。

为了使信息记载得完整准确,一方面要强调在事情发生的当时当地由当事人记录,而绝不能代填或倒填,避免时过境迁,使信息记载失真。另一方面,尽量采用固定的表格或簿册进行登记,而不要使用自然语言含混地表达。这些表格或登记簿的编制应该使填写者容易填写,并节省时间。同时,需要填写的内容应该含义明确,用词确切,并且尽量给予定量的描述。对于不易定量化的内容,则可以采取分类、分级的办法,让填写者选择打钩等。总之,要努力通过各种手段,尽量详尽准确地记录系统运行的情况。

要通过严格的制度及经常的教育,使所有工作人员都把记录运行情况作为自己的重要任务。满足管理者的需求是信息系统的出发点和内容,这是对系统是否已达到目标的检验,是整个系统工作最根本的检验。企业或组织的领导人也应以此作为对信息系统及信息管理部门工作情况进行评价的标准。

### (三) 系统运行情况的检查与评价

信息系统运行过程中还要定期对系统的运行情况进行审核与评价。它不仅对系统当前的性能进行总结与评价,而且能为系统的改进和扩展提供依据。这项工作主要在高层领导的直接领导下,由系统分析员或专门的审计人员会同各类开发人员和业务部门经理共同进行。

信息系统评价

# 本 章 小 结

本章介绍了系统实施的过程、物流信息系统的运行管理以及如何评价物流信息系统。

系统实施的目标就是把系统设计阶段提出的新系统的物理模型,按照实施方案,形成一个可以实际运行的信息系统,交付用户使用。在此期间,将投入大量的人力、物力及占用较长的时间进行物理系统实施、程序设计、程序和系统调试、人员培训、系统转换等工作。

在进行物流信息系统的运行管理时,首先要确定相应的组织和制度,从而保证运行管理的有序进行。而物流信息系统的运行管理的主要工作则是日常运行的管理、运行情况的记录以及对系统的运行情况进行检查与评价。

## 思 考 题

1. 什么是系统测试，为什么进行系统测试？
2. 简述系统运行管理的内容。
3. 企业可以建立哪些运行管理制度？
4. 系统维护有哪些类型？
5. 系统维护的特点是什么？

## 案 例 分 析

### 一次成功社会工程学攻击

一个早晨，一群陌生人走进了一家大型远洋运输公司并控制了该公司的整个计算机网络。他们是怎么做到的？是通过从该公司许多不同的员工那里一点点地获得帮助来达到目的的。首先，他们在实地踩点的两天之前已经对该公司进行了研究了解。例如，通过给人力资源部门打电话获得了公司重要员工的姓名列表。其次，他们在大门前假装丢失了钥匙，让别人开门放他们进去。最后，在进入三楼的安全区域时，他们又故技重演，这次他们丢失的是他们的身份标志，而一名员工面带微笑地为他们开了门。

这群陌生人知道该公司的财务总监那时不在公司，所以他们进入了他的办公室，并从他没有锁定的个人计算机中获取了财务信息。他们将公司的垃圾堆翻了个遍，找到了各种有价值的文档。他们获得管理垃圾的门房的帮忙，使他们可以将这些东西顺利地带出了公司。这些人同样学会了模仿财务总监的声音，所以他们可以在电话中冒充财务总监的身份，装作很焦急的样子来询问网络密码。自此，他们终于可以使用常规的黑客手段来获取系统的超级用户权限。

在这个案例中，这些陌生人所扮演的角色是财务总监请来对自己的计算机进行安全检查的网络安全顾问，而公司的员工对此都不知情。他们可以在没有从财务总监那里获得任何权利的情况下运用社会工程学让自己畅通无阻。

**案例讨论：**

1. 这个案例说明了什么？
2. 企业如何避免同类事件的发生？

# 第九章

# 物流信息管理系统分析

**章节知识框架**

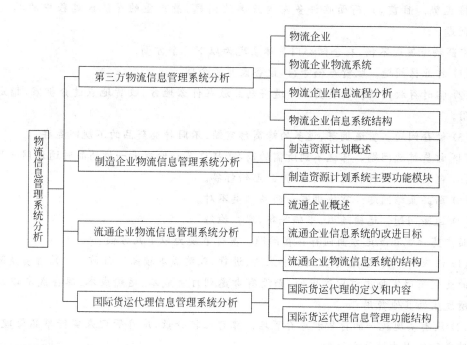

**学习导航**

企业在应用物流信息系统时,必须结合企业自身状况,选择合适的信息系统。不同信息系统的功能特性各不相同,一个优秀的物流信息系统如果应用在错误的行业或企业上,其后果将是灾难性的。了解自身行业、自身企业,了解不同物流信息系统的特点,是对一个企业最基本的要求。

通过本章的学习,要求理解第三方物流企业的信息需求特点,掌握第三方物流信息系统的特性;理解制造企业的信息需求特点,掌握制造企业物流信息系统的特性;理解流通企业的信息需求特点,掌握流通企业物流信息系统的特性;理解国际货运代理的信息需求特点,掌握国际货运代理物流信息系统的特性。

## 教学建议

在本章的学习过程中,建议先掌握四类企业的基本运作流程,再做相关学习。重点掌握四类企业的信息需求分析,思考系统功能是否能够很好地满足信息需求。

## 导入案例

### 广州医药有限公司的问题

广州医药有限公司(简称广药)是华南地区经营医药商品最多、最全的医药专业公司。自从1951年以来,经过多年的发展,规模效益日见端倪。但目前市场竞争越演越烈,原有的物流管理模式也渐渐不能适应市场的竞争,而且物流成本居高不下,不能形成价格优势。目前,广药面临许多需要改善的问题,最严重的是流通过程中的物流管理滞后问题。

广药物流流通不畅,在仓储部门具体表现为以下几个方面。

(1) 作业区问题。收货车辆等待,设备设置不合理。

(2) 临时存放问题。收货员不知道将药品放在什么地方,收货地点过分拥塞,指定地点被占用。

(3) 储存问题。货道拥塞,过多的蜂窝形空缺,不同种类药品的不规则混存。

(4) 订货拣选问题。拣选不到所需的药品,拣选某一份或采一批药品时通过同一货道。

(5) 包装问题。材料无法利用,产品贴错标签。

(6) 药品集结问题。货场拥塞。药品归类不对。

(7) 运输问题。运输延迟,车辆等待,客户抱怨。

而广药物流在配送方面同样存在问题。具体表现为以下几方面。

(1) 供应商不稳定,没有实现集中采购、进货,采购成本较高。目前,广药订货是随着销售量的变化来确定每次订货多少的,而没有考虑到订货成本、运输成本、库存成本以及每次订货所发生的其他费用。

(2) 没有实现统一的存货和库存管理。库存比较分散,库存管理未实行单品管理,未强化仓储各种费用的核算和管理。

(3) 没有实现统一的运输安排。配送率低,未加强运输成本的核算,未规划合理的运输路线以及合理的运输方式。

(4) 药品的搬运环节过多。存在众多重复劳动,药品损耗率过高,装卸时间过长,标准化程度低,药品包装规格不一,未实现包装作业的机械化,组织散装物流能力薄弱。

由于广药物流管理过程中存在以上诸多问题,不仅使企业的实物运动不合理,造成成本居高不下,还使企业未取得应有的规模效益和竞争中的价格优势,从而严重影响了企业中商流的顺利进行,最终使规模经营效应在广药企业运作中未能发挥出应有的积极作用。

思考题:

1. 一套物流信息系统可能会为广药带来哪些改进?

2. 广药在实施物流信息系统时需要注意哪些问题?

## 第一节  第三方物流信息管理系统分析

### 一、物流企业

#### (一) 物流企业的概念和内涵

物流企业是独立于生产领域之外,专门从事与商品流通有关的各种经济活动的企业,是在商品市场上依法进行自主经营、自负盈亏、自我发展、自我约束、具有法人资格的经营单位。具体来讲,物流企业是以物流为主体功能,同时必然伴随有商流、资金流和信息流,它包括仓储业、运输业、批发业、连锁商业和外贸等行业。

从物流企业的概念中,可以知道其内涵如下。

(1) 物流企业是国民经济流通产业机体的细胞,是具有健全机能和旺盛生命力的有机体。

(2) 物流企业在市场经济的运行和发展过程中,是专门从事与实体商品交换活动有关的各种经济活动的经济组织。

(3) 物流企业为维系生存和发展,具有自身的利益驱动机制。

(4) 物流企业是具有流通服务职能、平等参与竞争、享有合法权益的法人。

#### (二) 物流企业的基本职能

在市场经济条件下,社会生产总过程是由生产、分配、交换和消费四个基本环节构成的。物流企业作为独立于生产企业之外,专门从事商品交换活动的经济实体,从全社会来看,其基本的职能是以商品的买者和卖者的双重身份交替出现在市场中,按照供求状况来完成物质的交换,解决社会生产与消费之间在数量、质量、时间和空间上的矛盾,实现生产和消费的供求结合,保证社会再生产的良性循环。这一基本职能称为物流企业的宏观职能。

物流企业的宏观职能是通过其微观职能来实现的。其微观职能表现如下。

(1) 物流企业购买商品的职能,也称为组织社会物质资源的职能。这一职能是物流过程的起点。从社会生产总过程看,物流企业的购买使生产企业生产的物质产品实现了从商品到货币的转换,为其进行再生产提供了条件;从物流企业来看,则表现为货币到物质资源的转换,意味着完成了流通过程的第一个环节,掌握了物质资源,为商品的销售提供了可供需求的货源。

(2) 物流企业销售商品的职能,也称为商品供应职能。这一职能是物流过程的终点,是商品从流通领域返回生产消费的最后环节。从物流企业来看,这一职能表现为物质资源到货币的转换,意味着物流企业在满足了再生产的物质需要、完成了商品的供应任务后,除弥补流通成本之外,获得增值的货币——销售利润;从社会生产总过程来看,又是生产企业的货币到再生产需求的物质资料的转换,意味着取得了进行再生产的物质要素,并实现了物质产品的价值。物流企业购销商品的职能,完成了物质产品所有权的让渡。

(3) 物流企业储存商品的职能,也称为"蓄水池"职能。商品储存是指物质产品离开生产领域,但还没有进入消费领域,而在流通领域内的暂时停滞。物流企业的这一职能是由生产社会化决定的,即每个生产企业生产的商品具有单一性,而其消费却是多样的、复杂的。通过物流企业的"蓄水池"职能,将购进的物质产品加以积累,并根据消费的需要进行分类、编配、加工等,将商品实体适时、适量、适质、齐备地满足用户消费的需求,从而创造生产总过程的时间价值。

(4) 物流企业运送物质实体的职能。这是由物质产品在生产和消费之间的空间矛盾所决定的。通常,物质产品的生产在空间位置上相对分散消费相对集中,或者消费相对分散而生产相对集中,只有当它们完成了空间位置的移动,才能满足消费的需求。物流企业的这一职能,将暂时停止在流通领域的物质产品,借助于运力完成其商品实体在空间上的转移,运送到消费者所在地,从而创造出生产总过程的空间价值。物流企业的存和运两个职能,是物流全过程的两个相对独立的中间环节。通过物流企业对实体产品存和运的职能,完满地实现了其使用价值。

(5) 物流企业的信息流通职能。在市场经济社会,最重要、最大量的信息来自市场。由于物流企业在连接产需双方的特殊地位,使它们在收集信息方面具有得天独厚的条件。将市场供求变化和潜在需求的信息反馈给供求双方,起到了指导生产、引导消费、开拓市场的作用。综上所述,物流企业的宏观职能是靠其微观职能的具体实施完成的。宏观职能为微观职能指明方向,微观职能又是实现宏观职能的具体体现,二者互为条件,彼此制约。

### (三) 物流企业的特点

综上所述,物流企业具备以下特点。

#### 1. 信息网络化

信息流服务于物流,信息技术是物流企业发展的基础,在物流服务过程中,信息技术发展实现了信息实时共享,促进了物流管理的科学化,提高了物流服务的效率。

#### 2. 关系合同化

首先,物流企业是通过合同的形式来规范物流经营者和物流消费者之间的关系的。物流企业根据合同的要求,提供多功能直至全方位一体化的物流服务,并以合同来管理所有提供的物流服务活动及其过程。其次,物流企业发展物流联盟也是通过合同形式来明确各物流联盟参与者之间的关系。

#### 3. 功能专业化

物流企业所提供的服务是专业化的服务,对于专门从事物流服务的企业,它的物流设计、物流操作过程、物流管理都应该是专业化的,物流设备和设施都应该是标准化的。

#### 4. 服务个性化

不同的物流消费者要求提供不同的物流服务,物流企业根据消费者的要求,提供针对性强的个性化服务和增值服务。

#### 5. 产品同质化

不同物流企业的产品具有相同的性质,且具有易解释、易被用户接受、单价较低、大量重复消费的特点,因此客户忠诚度是企业的命脉。

## 二、物流企业物流系统

### (一) 物流企业物流系统的构成

现代物流企业物流系统可以划分为物流作业子系统和物流信息子系统。前者主要包括运输、储存、包装、装卸、流通、加工等功能,其目的是力求物流作业的效率化;后者主要包括客户服务、订货、发货、在库、出货管理等功能,其目的是实现物流全过程的高度信息化。

按行业和业态的不同,各物流企业所需构筑的物流系统也不同。虽是同行同业的竞争对手,如果在供应链中扮演的角色、经营规模及市场分布不尽相同,那么所需物流系统也不相同。有的物流企业可以提供综合物流服务,而有的物流企业只提供运输、仓储、包装、信息咨询、报关中的一项或几项单项服务,因此,各企业首先必须了解自己所扮演的角色、经营规模以及市场定位,然后再去设计相应的物流系统。例如,货运仓储企业需注意节点的布局、车队、运输、转运、配送等系统功能;书刊销售企业则需注重门市经营、新书即时配送以及退货、收付管理等;而服饰、药品经营者则需注重商品时效管理以及及时的补货等功能。但是,尽管不同类型的物流企业的物流系统的具体内容存在差异,但它们的物流系统的流程是相似的,都是从接到服务请求订单到企业协调运作处理订单再到满足订单的一个过程,物流系统的基本结构也是相似的,都包含控制中心、物流中心、仓储设施和客户几大部分。

### (二) 物流企业物流系统的目标

物流企业物流系统的目标是实现以较低的成本和优良的顾客服务来实现产品与服务的空间价值及时间价值的增加。现代物流作业必须改善整个综合物流活动要素的效率(物流作业一体化)才能实现物流系统的目标。现代物流是生产企业、顾客、供应商相联系的纽带,来自顾客的需求信息,通过预测、销售活动及其他形式传递给生产企业,经过生产企业将信息提炼,制订具体的生产计划和原材料采购计划,供应商进行物料供应,生产商完成产品的生产,由销售商完成产品的配送,实现产品所有权的转移。整个物流作业实际上是物流和信息流共同作用的过程。

## 三、物流企业信息流程分析

根据第三方物流企业现有的业务范围和经营模式,其信息流程如图 9-1 所示,其作业流程可以细分为以下九个方面。

(1) 委托商依据合同规定的形式向物流中心发出委托指令,中心接单并确认应收款项后,委托商向结算中心支付合同约定比例的预付款,代理运输保险事宜,并支付约定比例的保险金。

(2) 结算中心向物流中心确认收款后,中心由专人将指令录入系统,系统产生全程接运单,并由中心向提货地网点公司的终端打印机提交打印全程运单。

(3) 提货地网点接到全程运单,派出车队,执单前往指定仓库提货,指定仓库负责按单装卸出货,完成后签单。

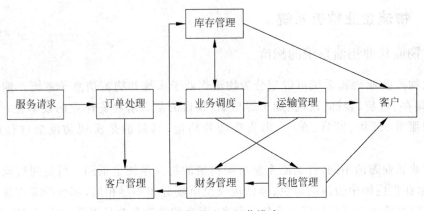

图 9-1 物流企业经营模式

(4) 采取铁路或水运完成中间运输过程的,由车队运往最近的铁路、水运集运网点、分销商仓库,并办理相关发运手续。

(5) 接货人收货并查收后,在运单上签字确认。到货地网点将完成的运单传真回物流中心,中心给予录入。

(6) 接货地网点提供仓储和物流配送服务。

(7) 结算中心产生该笔业务的应收款清单,传递清单及运单复印件。

(8) 委托商接清单及运单复印件后,核实并按期向结算中心支付应付款余额。

(9) 委托商可通过其专项小组查阅部分系统运作资料,包括一段时期内的货运总量,各分销点到货量,运输代理费用的总额及明细数据等。

### 四、物流企业信息系统结构

物流信息系统是物流企业发展第三方物流的重要基础。物流企业可以利用信息系统规范各物流中心和仓库的业务标准,优化配置运力和仓储资源,完善订货单证、存货信息、仓库作业命令、货运单证、各种发票等内容,向客户及时反馈物流信息,提供实时的统计汇总和辅助决策。客户可以通过物流网络信息平台及时了解各类物流动态信息,建立与物流企业的联系,利用物流企业的信息服务,及时调整和改进采购、生产、销售等活动。

#### (一) 物流企业物流信息系统层次结构

与制造企业和流通企业物流信息系统相类似,物流企业物流信息系统层次结构也分为以下几层。

**1. 操作作业子系统**

操作作业子系统需要启动和记录物流活动的最基本层次。该系统包括单证传递、货物在线跟踪查询、电子数据交换(EDI)、条形码电子订货(EOS)、数据管理、全球卫星定位(GPS)。需要达到的主要目标是规范各物流中心和仓库的业务标准,优化配置运力和仓储资源,提高工作效率和质量。

**2. 管理控制子系统**

管理控制子系统需要达到的主要目标是明确各环节的责任和义务,有效地管理各业务环节；通过管理信息系统组织和控制物流的全过程；对物流活动进行整体和分部门的绩效考核，增强系统控制功能。

### 3. 决策支持子系统

决策支持子系统需要强化决策应用，协助管理人员鉴别、评估和比较物流战略与策略上的可选方案。应当达到的主要目标是快速反应市场状况，正确预测市场需求，有效调节供需矛盾，控制库存的适当化，提供实时的统计、汇总和查询，降低物流总成本，有效进行物流成本核算与控制，提出和调整经营战略。

## （二）物流企业物流信息系统功能设置

物流企业信息系统功能模块的设置可由图9-2来表示。在这里主要对客户管理系统和业务运作系统详细说明，其他系统不再一一解释。

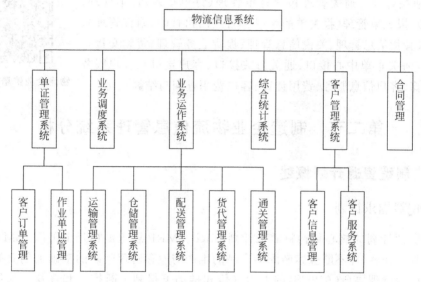

图9-2 物流企业信息系统功能模块

### 1. 客户管理系统

客户信息管理包括对客户基本信息（客户的名称、代码、联系方法、主要业务负责人、主要产品类别等）、客户产品信息（产品名称、代码、重量、规格等）、客户的用户信息（用户名称、代码、地址、联系方法等）、客户交易信息（交易次数、金额、信用度等）的管理和维护。

客户服务管理是指尽可能为客户提供简洁方便的服务平台，并及时收集客户反馈意见，改进企业服务水平。

### 2. 业务运作系统

（1）运输管理。运输管理包括运输资源管理（运送人员管理、自由车辆管理、外协车辆管理）、运输订单管理（运输订单接入、运输订单处理、运输订单下达）、运输业务管理（运输计划、车辆配载、车辆调度、人事安排、任务下达与签收）、运输过程监控（车货配载、运输跟踪、动态调度）、客户服务与费用核算（客户订单查询、客户货物查询、运费计算、客户费用查询与核算）。

（2）仓储管理。仓储管理包括业务受理（指令接入和处理）、业务调度（业务分析、指令下达）、出入库业务管理（收货验收、收货入库、分拣理货、发货出库）、仓储管理与库存控制（盘点与盈亏分析、移库移位管理、包装物管理、库存控制参数管理、高低储报警）。

（3）配送管理。配送管理包括业务受理（指令接入和处理）、配送业务管理（配送计划、配送方案、路线优化、任务下达与签收）、配送运作（分拣管理、理货出库、装载管理、发运管理）、配送过程控制（配送车辆跟踪、配送过程调度、配送回执管理）。

（4）货代管理。货代管理包括订单管理（订单接入、订单处理、订单下达）、基础信息管理（铁路运价里程表、船期表、公路营业线及费率表、航班及费率表）、业务管理（业务计划、取送货交接理货、配载订舱、托运装载）、接口管理（铁路TMIS接口、港口及船公司MIS接口、机场及航空公司MIS接口、汽车运输公司MIS接口、客户及货代公司MIS接口）、客户服务与费用结算（客户查询、费用计算、客户费用查询与结算）。

（5）通关管理。通关管理包括订单管理（订单接入、订单处理、订单下达）、报关单管理（报关单的生成、上传、回执打印、附件管理）、业务管理（验货信息管理、关税信息管理、提货业务管理、货物交接）、接口管理（海关审单中心接口、通关海关接口、客户接口）、客户服务与费用结算（客户信息服务、费用计算、客户费用查询与结算）。

物流企业信息化的成果

## 第二节　制造企业物流信息管理系统分析

### 一、制造资源计划概述

#### （一）物料需求计划

制造资源计划的核心是物料需求计划MRP。MRP思想最初是由美国IBM公司的管理专家及其合作者，在不断探索装配型产品的生产与库存管理问题的基础上创立的，并在美国生产与库存管理协会（APICS）的大力宣传和推动下得到不断推广和普及。到目前MRP思想已逐步演化成一种较成熟的管理体系，在制造业已得到广泛的应用，而且还在不断向前发展。

物料需求计划的发展经历了时段式MRP和闭环式MRP两个阶段：时段式MRP没有对能力和负荷进行平衡分析；闭环式MRP则增加了能力计划，并考虑了系统的反馈作用。但是，无论是时段式，还是闭环式，均只考虑了物料的流动。

MRP的理论基础是建立在分层式的产品结构、物料的独立需求和相关需求以及提前期的概念之上的。它的执行可以保证在正确的时间内提供正确数量的所需物料。MRP计划的输入数据来自MPS计划结果、BOM（物料清单）、库存状态、物料主文件、工厂日历等。MRP把物料按照需求特性分为独立需求物料和相关需求物料，按照主生产计划和产品的物料结构，采用倒排计划的方法，确定每个物料在每个时间分段上的需求量，以保证在正确的时间内提供数量正确的所需物料。闭环式MRP的流程如图9-3所示。

具体来讲，实施MRP拟达到如下目的。

（1）保证库存处于一个适当的水平。保证在正确的时间内订购数量正确的所需物料，正确的时间是根据各个组件和物料的提前期（包括装配提前期和生产提前期等）来推算的，而正确的数量则是由产品的物料清单展开得到的。

（2）控制物料优先级。要求按正确地完成日期订货并保证完成日期有效。

（3）能力计划。制订一个完整的、精确的能力计划，计划的制订要有充足的时间考虑未来的需求，最终使能力满足需求。

### （二）制造资源计划

尽管 MRP 的管理思想比较先进和实用，对生产计划的控制也比较完善，但是具体运行过程主要是物流的过程，而在产品的运作过程中，产品从原材料的投入和产品的产出过程都伴随着企业资金的流通过程，对这一点 MRP 却无法反映出来，况且资金的运作会反映到生产的运作，如采购计划制订后却没有足够的资金，这样就会影响到整个生产计划的执行。

为了解决上述问题，1977 年，美国著名的生产管理专家 Oliver Wight 便提出了一个新概念——制造资源计划（manufacturing resource planning，MRP Ⅱ），它的简称也是 MRP，为了和物料需求计划区分，将之称为 MRP Ⅱ。

制造资源计划（MRP Ⅱ）的理论思想是以 MRP 为核心，将 MRP 的信息共享程度扩大，使生产、销售、财务、采购、工程紧密结合在一起，共享有关数据，形

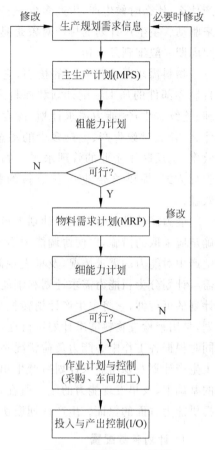

图 9-3 闭环式 MRP 流程

成一个全面生产管理的集成优化模式。它是对一个企业所有资源编造计划并进行监控和管理的科学方法。

MRP Ⅱ 由包括决策层、管理层以及执行层的有关计划组成，形成了包括应收、应付、总账和成本的财务管理。其采购作业根据采购单、供应商信息、收货单以及入库单形成的应付款信息（资金计划）；销售产品后会根据销售信息、客户订单信息以及产品出库单形成的应收款信息（资金计划）；可根据采购作业成本、生产作业信息、产品结构信息以及库存领料信息等产生生产成本信息；能把应付款信息、应收款信息、产品成本信息等计入总账。产品的整个制造过程都伴随着资金流通的过程。通过对企业生产成本和资金运作成本的掌握，调整企业的生产经营规划和生产规划，因而得到更加可行、可靠的生产计划。

## 二、制造资源计划系统主要功能模块

### （一）生产计划

信息系统的计划子系统是基于先进的 ERP 思想设计而成的，是系统的核心子系统之一。它可以为企业提供精确的生产、采购计划，缩短生产周期，保证生产的顺利进行。

主生产计划是企业业务流程的枢纽，是生产管理子系统的入口点，主要说明企业计划生

产什么、什么时候生产、生产多少,是工业企业计划体系的重要组成部分,物料需求计划由它来驱动。主生产计划的排产对象是具体的产品和通用部件,一般细到产品的型号、规格,时间周期一般细到月或旬。

物料需求是生产管理的核心,它的主要作用是将主生产计划排产的产品分解成各个自制零部件的加工装配计划和原料采购件的采购计划,同时它和主生产计划、车间作业管理、连续式生产、能力需求计划、库存管理和生产数据形成了一个及时反映企业需要生产什么、什么时候生产、生产多少的动态闭环计划系统。因此,编制的好坏,直接影响企业的效率,也反映了企业的管理水平。物料需求计划能帮助企业摆脱旧的按台套组织生产的管理方式,提供给企业一套全新的科学的管理方式,从而提高企业的管理水平和经济效益。

能力需求计划帮助生产计划人员将生产计划转换成能力需求计划,估计可用的能力并确定应采取的措施,以便协调能力需求和可用能力之间的关系。它能帮助计划员预见未来生产中对能力的需求情况,及早发现问题,及早采取措施,解决能力需求之间的冲突。能力需求计划分为粗能力需求计划和细能力需求计划。其中粗能力需求计划,是用来检查 MPS 计划的可行性,它将主生产计划转换成对相关的关键工作中心的能力需求;细能力需求计划,是用来检查物料需求计划可行性,它根据物料需求计划,对工厂现有能力进行能力模拟,同时根据各工作中心能力负荷状况判断计划的可行性。能力需求计划还能帮助企业在分析主生产计划及物料需求计划后产生出一个切实可行的能力执行计划,在企业现有生产能力的基础上,及早发现能力的瓶颈所在,提出切实可行的解决方案,为实现企业的生产任务而提供能力方面的保证。生产计划模块的主要功能如下。

**1. 计划参数配置**

不同企业,同一企业不同发展阶段,不同行业,同一行业不同规模,同一规模不同管理模式,以及不同的客户订单,不同的产品,企业实际计划管理所希望的生产计划都是不尽相同的。制造物流信息系统可以通过参数化设计,灵活配置综合计划编制的各个环节,满足企业的实际业务。这些参数全面反映了企业生产计划各种实际流程,通过勾选或者输入相关的数值,和企业生产计划的实际业务紧密结合。

**2. 主生产计划**

制造物流信息系统的主生产计划(MPS)编制要考虑到综合生产计划、销售预测、客户订单、可用物料、可用能力以及管理政策和目标等因素,该子功能模块可以自动按照计划时区提供生产规划、销售预测、客户订单、总需求数据,并根据用户输入的 MPS 计划,实时计算预计可用、可签约量、累计可签约量,实时显示粗能力平衡(表格/图形方式)。

(1) 生产规划制定。生产经营规划是一个宏观的总体规划,并非针对最终产品,而是针对产品类别或平均产品而做。它涵盖相当长的期间,不考虑个别产品、设备等细节资料,但考虑到市场趋势、产品设计、设备扩充、资金需求、人力资源等策略性问题。制造物流信息系统可以按照规划的时间区间制定生产规划,并相应定义具体产品构成的百分比,同时,还可以直接查看相关的主生产计划和宏观资源消耗。

(2) 主生产计划综合信息。该功能子系统可以自动按照计划时区提供生产规划、销售预测、客户订单、总需求数据,并根据用户输入的 MPS 计划,实时计算预计可用、可签约量、累计可签约量,并实时显示粗能力平衡表。从企业计划、生产和销售层面,综合多角度考虑企业资源和生产能力,做合理的资源调配。该功能子系统还可以综合生产规划、销售预测、销售订单和主生产计划的数量,结合参数定义中的需求码,比较需求量和计划生产量、库存量的情况,给出预计可用量、可供销售量的信息,供计划人员和销售人员参考。

(3) 主生产计划编制。MPS 计划的一般资料信息,包括 MPS 任务编号、物料编号及名称、计划完工日期、数量、来源类别等资料。本功能子模块采用标准的 MRP 逻辑,根据销售、预测数据,计划 BOM 数据,生成主生产计划排产项目;根据预计入库量、批量准则、提前期、废品系数等数据,生成某一展望期内的主生产计划排产项目的排产数量和出产时间。同时,在运行过程中自动产生例外信息,可签合同数等信息。

(4) 主生产计划维护。由系统自动计算生成的主生产计划最终需要计划员确认。计划员可根据客观情况利用本程序手工调整数量及出产时间,在能力核算不够时,也可通过此程序对计划进行调整,同时计划员可用此程序手工追加 MPS 任务单。

(5) 主生产计划确认。信息系统提供对 MPS 计划任务的确认功能,确认后计划才生效。

### 3. 物料需求计划

物料需求计划(MRP)子系统是生产管理的核心,也是生产计划部分的核心,它将把主生产计划排产的产品分解成各自制零部件的生产计划和采购件的采购计划,是对主生产计划的各个项目所需的全部制造件和全部采购件的网络支持计划和时间进度计划,能帮助企业摆脱旧的按台套组织生产的管理方式,提供给企业一套全新的科学的管理方式。

(1) 全重排法生成 MRP。该 MRP 计划的生成依据了标准 MRP 原理,根据展望期内的主生产计划量、库存数据、在制和在途物料以及产品物料清单等数据,将主生产计划逐层分解,产生毛需求,同时考虑安全库存、预计入库、废品系数、提前期、批量政策及工厂日历等因素,产生 MRP 自制件任务和 MRP 采购件任务,并根据参数配置,自动生成采购请求和制造件生产计划。在生成计划的同时,系统自动产生运行过程中的例外信息,写入例外信息文件,以备查用。

(2) 净改变法生成 MRP。对由于销售订单变更、采购、生产等原因,需要变更计划,若影响范围比较小,系统可以通过净改变法对 MRP 进行实时调整。

(3) 甘特图显示(计划进度图示)。该子系统提供了甘特图,显示由同一 MPS 任务展开而来的各 MRP 任务的时间关系。通过甘特图,一方面,可以非常直观地了解产品的生产周期(整体的生产周期以及每种子件的采购或生产周期);另一方面,可以快速了解任务的瓶颈。企业计划管理人员,可以参考甘特图,通过与实际情况的结合,进一步完善和优化物料需求计划。

### 4. 能力需求计划(CRP)

(1) 粗能力参数录入/维护。录入并维护粗能力核算的参数,即主生产计划项目所需的关键工作中心和提前期,所需的工时。

(2) 粗能力需求生成。计算各工作中心在主生产计划项目上的需求负荷。系统可以根据主生产计划的计划量及此物品的粗能力计算出各种资源在各工作中心、各时间段上的需求负荷和所能提供的标准能力,并能自动将能力负荷折合成标准负荷单位提供给用户,便于用户比较。

(3) 细能力计划生成/查看。该子系统可以根据 MRP 确认的任务的进度计划、车间任务的进度计划生成所有工作中心的负荷图。工作中心负荷显示了在一定的时间周期上,确认订单和已下达订单的负荷需求。根据工作中心负荷生成的结果,按工作中心逐个时间段汇总,计算出各工作中心在各时间段上的计划工时、在制工时、完工工时及所能提供能力的情况。用户可以根据自己的需要,查看任意时间段和间隔的能力分布情况,并可以详细到各工作中心和具体的物料。

**5. 生成采购请求或制造件生产计划**

系统可以按需求日期或开工日期、完工日期等选定 MRP 计划,自动生成采购请求或制造件生产计划,并产生运行过程中的例外信息,写入例外信息文件,以备查用。

**6. 统计报表功能**

信息系统在该功能模块提供的报表主要有主生产计划(MPS)汇总报表、主生产计划(MPS)明细报表、MRP 计划汇总报表、MRP 计划明细报表、主生产计划反查报告和 MRP 需求反查报告。

### (二) 采购管理

制造物流信息系统的采购管理子系统帮助采购人员控制并完成采购物料从请购计划、采购下达直到货物接收检验入库的全部过程,可有效地监控采购计划的实施,采购成本的变动及供应商交货履约情况,从而帮助采购人员选择最佳的供应商和采购策略,确保采购工作高质量、高效率及低成本执行。

采购模块的主要功能如下。

**1. 参数配置**

采购子系统所提供的参数配置功能,可配置采购操作中的采购系统的工作方式,使系统能按预定的方式工作。

**2. 采购请求**

系统提供的请购单模块,提供多种请购单生成模式,符合不同企业实际的情况(请购单可以由综合计划模块自动生成,可以用订货点法生成,也可以手工录入);系统强大的钩稽、跟踪、回溯功能提供了请购单的状态追踪功能,方便查看请购单所落实的采购订单情况和实际到货情况;另外系统还支持处理复杂的多对多业务关系的功能(例如,一张请购单可以生成多张采购订单,可以将多张请购单合并生成一张采购订单)。

**3. 采购订单**

(1) 采购订单录入。采购订单的直接入口,需输入订单所需的全部数据,允许同一采购单有不同的交货日期及交货地点。

(2) 采购订单确认。采购订单一经确认,即认为已正式向供应商提出采购请求。

(3) 采购订单确认后变更。已发放的采购订单若有变动,经过与供应商协商后,可更改此订单,也可中止该张订单。

**4. 采购收、退、换货**

企业在生产经营过程中,采购收、退、换货是和供应商之间发生的最频繁的业务之一,是连接企业和供应商重要的信息纽带,因此在信息系统中,对该项业务的管理非常重要。

5．采购发票

采购发票的生成,可以根据实际经营情况,直接录入供应商开具的各种类型的采购发票,也可以按照采购发票生成向导的提示一步一步来完成。

6．查询功能

查询功能模块可以实现的查询功能主要有请购单查询、采购报价查询、采购订单查询、采购收/退/换货查询、采购发票查询、供应商档案查询、中长期采购计划查询、物品请购情况查询、物品订购情况查询、采购用款计划查询、物品计划交货查询、供应商交货历史查询、采购订单拖欠情况查询、物品入库情况查询、供应商月统计查询、采购员月统计查询、请购单历史查询、采购单历史查询以及收货单历史查询等。

7．统计报表

信息系统的采购子系统提供了强大的报表统计分析功能。

### (三) 库存管理

制造物流信息系统的库存管理子系统能帮助企业的仓库管理人员对库存物品的入库、出库、移动、盘点、日常报表、期末报表、补充订货和生产补料等进行全面的控制管理,以达到最大限度地降低库存占用,加速资金周转,避免物料积压或者短缺现象,保证物流畅通,提高客户服务水平,达到生产经营活动顺利进行的目的。该系统可以从级别、类别、货位、批次、单件、ABC分类等不同角度管理库存物品的数量、库存成本和资金占用情况,以便用户可以及时了解和控制库存业务各方面的准确情况和数据。企业可以结合该系统的库存盘点功能,支持冻结盘点、循环盘点等盘点模式,通过制订盘点计划,及时、准确地盘库,做到账、物、卡相符。

库存管理是一个多层次的管理系统,可以通过系统灵活的业务参数设置实现不同层次的管理,也可以从多种角度反映物品的库存情况;系统通过自定义物料转移单据的方式,实现各种可能类型的物料转移单据,满足企业各种物料转移的实际业务,也可以进行物品ABC分类码和库存物品订货数的自动计算,以及各种超常规状态的报警,如短储报警、超储报警、有效期报警、积压报警等;系统支持多种计量单位的自动转换,并与采购、销售、生产、财务有良好的接口。可以从这些系统中获取或向这些子系统输送数据,保持数据的一致性,也可以与其他管理系统联合使用,组成完整的企业管理信息系统,还可以独立地运行,自己单独成为一个完整的信息系统。

另外,该系统还支持异地库存管理。通过加强异地库存管理与监控,制定相应措施,调整库存结构,缩短储备周期,降低物料转移成本,如物流运输费用等。

库存管理模块的主要功能如下。

1．基本配置

(1) 参数配置。这些参数,全面地反映了企业库存管理各种实际流程,通过勾选或者是输入相关的数值,和企业库存管理的实际业务紧密结合。系统提供的有关库存和物料转移单参数设置主要有库存盘点、批号件号生成规则以及库存需求算法的选择。

(2) 库存操作定义。在该功能模块可以配置多种类别的库存操作,并可以对各种类别库存操作的流程配置、附加属性、界面文字、操作数据、打印模板、业务逻辑等分别进行参数配置。

该功能模块定义的库存操作主要有：采购入库、采购换货入库、废品入库、次品入库、副产品入库、委外加工入库、生产入库、污染物入库、销售退货入库；采购退货出库、委外加工出库、销售出库、销售换货出库、生产领料出库、物料转库以及仓库盘点操作等。

（3）仓库货位定义。该功能模块可以定义多个仓库，以及各个仓库的编号、负责人、职员、仓库名称、是否废品仓库、仓库地址、电话、仓库所在的国家、城市、交货方法和交货地址、盘点方式（冻结盘点与循环盘点）、盘点周期（对应于循环盘点）、是否货位管理以及出库与入库操作的条件和方法等。

在仓库的货位列表及内容中，用户可以自定义货位的编号、容量、容量单位、货物类别。

**2. 物料转移**

企业在实际库存管理业务中，物料转移是和企业各个部门之间以及与客户、供应商发生的最频繁的业务之一，也是连接企业内部和客户、供应商重要的信息纽带，因此该模块的管理非常重要。

该模块可以分为以下两个方面的管理。

（1）物料转移单。物料转移单可以反映物料转移单据的详细内容和明细项，以及和物料转移相关的基本情况、明细信息，如仓库货位、批号件号、质量检验等信息。通过多个角度反映物料转移的相关信息，基本上可以了解物料转移单据的发送、接收状态以及发送方和接收方情况；通过查看相关仓库货位，可以清晰地了解实际的物料存储位置。另外，仓储部门的库存管理（物料转移）业务和质检部门的质量检验工作紧密相连，可以通过方便地跳转，实现物料质检，保障企业产品质量，维护企业生命线。

（2）物料转移流程。一般物料转移的流程：首先定义物料转移的发送方和接收方，并确认物料转移单（其中包括的信息有物料转移类型、物料、数量等）；其次是分别由发送方和接收方确认并操作；最后完成物料转移，保证账实相符。

典型的物料转移操作可以分为以下几大类。

① 入库操作。用于处理正常入库操作，记录入库物品的物品代码、仓库、货位、数量、单价、供应商或车间、批号/件号等信息，并打印入库单。库存物品的数量、实时成本和阶段信息、历史信息都将随之作相应改变。入库信息录入后，如发现错误，可以修改。

② 出库操作。用于处理正常出库操作，记录出库物品的代码、存放仓库、货位、出库数量、单价、客户代码或领用部门（车间）、领料单号等信息，并打印出库单。同时改变库存物品的数量、阶段信息和历史信息。出库信息录入后，如发现错误，可以修改。

③ 移库操作。用于处理同一个单位在不同仓库、货位之间移动物品。此操作不改变物品的库存总量，只改变物品的存储分布。操作时指明从哪个仓库、货位移动多少数量到哪个仓库、货位，改变程序中相应仓序、货位的数量并打印移库单。移库信息录入后，如发现错误，可以修改。

**3. 库存盘点**

保证在不出现缺货的情况下尽量减少库存量，节约库存成本也是库存管理的一个重点。在库存盘点子系统中，用户进行的操作依次有以下几项。

（1）自动生成盘点计划。根据用户选择的仓库或物品、在仓库与物品中设定的盘点方式和盘点周期，结合盘点历史数据，自动生成物品或整个仓库的盘点计划，对盘点计划不满意，可以修改，也可以手工增加盘点计划。

（2）设置盘点状态。将盘点计划中的物品或仓库设置为盘点状态，如为冻结盘点方式，则该物品在盘点期间不能进行入、出库或移动操作。

（3）录入盘点结果。用于将实际盘点的数量录入计算机，以便与计算机中的数据作对比分析处理。

（4）确认盘点结果。将盘点的结果进行确认，若有盘盈或盘亏，则区别情况进行处理。如果盈亏数量在容许范围之内，则自动进行调库处理，否则将提醒用户特别确认。此次盘库的结果将写入历史数据库，用于库存准确性分析。

（5）处理库存订货。根据库存盘点的结果和订货点数量，决定当前是否需要订货。如果现有数量少于或等于订货点数量，则生成采购申请，交采购部门去采购。采购的数量按照订货点数量来确定。

**4．其他管理分析功能**

（1）库存物品损毁、修复记录。用于处理库存物品因损坏、失效而变为不可用或不可用物品经修复处理而重新可用的情况。此操作改变物品可用量和不可用量，并修改阶段信息和历史信息。

（2）ABC 码计算。根据当前各物品的库存金额，通过计算，决定其应属于 A 类、B 类还是 C 类物品，用户调整后，可更新物品的 ABC 码。

（3）追踪与核算。系统可以对特定物料或仓库进行追踪或期末核算，以便更好地进行库存管理。

**5．统计报表**

对于库存管理系统而言，除提供上述强大的业务功能外，还提供了强大的统计报表分析功能。提供的报表主要可以分为以下几大类。

（1）结存报告。其中有库存物料报表、物料资金占用报表、仓库资金占用报表、物料超储报表、物料短储报表、物料出入库明细报表以及仓库出入库明细报表。

（2）变动报告。其中有仓库收发报表和物料收发报表。

（3）盘点报告。其中有仓库盘点报表。

（4）综合分析。其中有物料库存差量报表、物料库存差异报表、仓库库存差异报表、仓库库存报告（按物料）以及本月库存物料收支汇总表。

## (四) 车间管理

车间管理的核心部分就是根据物料需求计划（MRP）和最终装配计划（FAS）中提供的车间任务数据、产品配置数据，生产数据中提供的工艺路线数据、工作中心数据等编制车间进度计划。

车间作业管理的主要功能模块如下。

**1．车间作业参数配置**

系统通过参数化设计，灵活配置生产管理车间作业的各个环节，满足企业的实际业务。

**2．生产指令**

（1）生产指令产生和下达。生产指令是根据物料需求计划，对任务落在下达时间范围内且库存物料能够满足生产需求的任务，作批处理任务下达；对库存物料无法满足生产需求的任务，通过人机交互，将任务进行分批，按可用库存下达一个合理的任务。对已经下达但尚未开工的车间任务，按工艺路线编制工序计划。依据工序优先级数，生成工作中心派工单。依据任务优先级数，分配物料。

（2）车间任务优先级计算。车间任务优先级计算功能模块有两种功能：人工可以修改系统自动分配物料的情况；对没有自动分配物料的任务，由系统依据物料清单或产品配置自动计算任务的物料需求数量，以及替代物料需求数量。再根据物料需求数量，由人工指定物料的出处及分配量。

（3）车间进度计划生成。车间任务建立完成之后，依据任务的工艺路线，按正常作业方式或交叉作业方式，利用正排日程和倒排日程技术自动计算任务每道工序的计划工时、加工工时、准备工时，以及计划开工日期、计划完工日期等。同时，如果工作中心、工艺路线或提前期数据发生错误，可随时打印例外信息报告。

（4）车间任务下达。车间进度计划生成之后，把已分配了物料的车间任务下达到每个工作中心的各道工序，同时增加预计入库量。

（5）生产工序明细。根据事先设定的产品工艺资料，显示此生产指令所涉及的所有工序情况以及与工序有关的明细信息。并在此工作窗口，输入每一道工序的开工、完工时间和数量，记录和生产工序有关的各项统计数据，如数量、工时、人员、费用等。

生产工序明细所列出的信息有物料转移信息、工序产出信息、流程作业信息、各项消耗信息、质量记录信息以及委外采购请求信息。

（6）工序优先级计算。提供几种自动计算工序优先级方法，例如最晚完工优先级算法和临界比优先级算法。车间任务下达之后，按照车间各工作中心选定的优先级算法，自动计算车间任务在各工作中心各个工序的优先级，为车间工作中心派工提供依据。优先级数越小，工序优先级别越高。自动计算完成之后，可以对工序优先级进行修改。

（7）工作中心派工单生成及下达。车间工作中心工序优先级计算完成之后，各工作中心依据优先级生成工作中心派工单。工作中心派工单详细罗列各工作中心将下达、已到达未开工、已完工的生产指令的详细信息，管理人员可以清晰地看到各工作中心的生产情况。可以让用户更细致地了解工作中心的物料领用、生产退料、物料消耗、资源消耗等和工作中心有关的项目。它是车间生产的根本依据，不仅能为管理人员提供本工序的情况，还能提供前道工序和后道工序的信息，以便更好地衔接前道工序和后道工序的关系。

**3．车间作业过程中的各项控制和维护**

（1）车间任务维护。车间任务建立完成之后，可以对建立的车间任务进行修改、删除、委外加工和任务分批，也可以由车间临时增加一些紧急任务。

（2）车间工作中心维护。为了解决工作中心能力短缺问题，可以在车间针对某个具体任务，改变其工作中心的某些数据（如加班、增加人员等），以确保任务能够按时完成。

（3）车间工艺路线维护。为了解决任务提前期不足问题，可以在车间针对某个具体任务,改变其工艺路线的某些数据(如交叉作业、工序分批、改进加工工艺等),以确保任务能够按时完成。

(4) 车间进度计划维护。

(5) 车间工票维护。工作中心派工单生成并发放给各工序加工生产之后,加工的工票数据要及时录入,以便统计查询时数据准确。委外工序的工票也利用本程序维护。

(6) 工序完工维护。车间任务的某道工序加工完毕,并且该道工序的工票全部录入完成之后,可以对该道工序进行完工维护。

(7) 任务完工维护。车间任务的各道工序都加工完毕,并且各道工序的工票全部录入完成,任务的完工量也全部入库完毕之后,可以对该任务进行完工维护。车间任务加工完成之后可以全部入库,也可以部分入库。人工输入任务入库单,由系统自动维护车间任务的入库数量和库存的数据。

(8) 任务领料维护。车间任务下达之后,车间可以到仓库对已经分配了物料的任务进行领料,人工输入任务领料单,由系统自动维护车间任务的领料情况和库存的数据。

(9) 成批领料维护。车间任务下达之后,车间可以到仓库对成批发料的物料进行领料,人工输入成批领料单,由系统自动维护库存的数据。

**4. 统计报表**

对于车间作业管理系统而言,除提供上述强大的业务功能外,还提供了强大的统计报表分析功能。提供的报表主要可以分为以下几大类。

(1) 作业报表类。其中包括车间在制情况报表、班组生产情况报表、人员工时报表、开工脱期报表以及 WIP 操作明细表。

(2) 产量报表类。其中包括物料产量日报、工作中心产出汇总表、产品产出汇总表以及工作中心产出日报表。

(3) 调度报表类。其中包括生产指令下达表、生产指令拖期下达报表、生产指令提前/拖期完成报表以及生产指令执行情况报表。

(4) 物料消耗/占用报表。其中包括物料消耗报表(统计数量和重量)、成品入库报表以及原材料需求表。

(5) 废品报表。其中包括工作中心废品明细表、工作中心废品统计表以及物料废品明细表。

制造企业信息化的成果

## 第三节 流通企业物流信息管理系统分析

### 一、流通企业概述

#### (一) 什么是流通企业

所谓流通企业,是指在商品流通过程中,从事商品批发、商品零售或者批发零售兼营的企业。零售商品直接进入消费领域,而批发商品不直接进入消费领域。

流通企业还可以被理解为处于流通企业中的企业。而所谓流通业,就是从事商品或服务的流通与交易的行业,在我国,流通业又分泛义、广义与狭义三种。狭义的流通业只包括零售业以及批发业;广义的流通业包括零售业、批发业、物流业、餐饮业及旅游业;泛义的流通业除了广义的五大细分行业范围外,还包括酒店业、休闲娱乐业、拍卖业、典当业、旧货业与专卖业。位于这些行业中的各类企业通常都属于流通企业的范围。而本节所讨论的流通企业重点在于从事狭义流通行业的企业。

### (二) 流通企业的外部环境特点

虽然经营的方式和内容不尽相同,但是流通企业所面对的环境仍然存在着很大的共性。就目前的情况来看,由于科学技术,尤其信息技术的不断改进和经济的不断发展,全球经济网络化的行程及企业信息化的加速,围绕新产品的市场竞争也日趋激烈。技术进步和需求多样化使产品生命周期不断缩短,企业面临着缩短交货周期、提高产品质量和降低成本、改进服务的外部压力。在众多的企业外部环境因素中,尤为突出的就是客户需求多样化和个性化,竞争的焦点则以多面化及技术的应用为主。

目前,流通企业所面对的环境具有如下特点。

(1) 客户需求的多样化和个性化。社会的进步、市场的发展和科技的突破带来了客户购买力水平的提高,同时使客户获得企业产品信息的能力也大大提高,并随之有效地拓宽了挑选商品的范围,现在的客户已经不再愿意被动地接受企业产品,也不再满足于企业只是提供优质低价的产品,他们要求产品和服务能够体现其特殊感受和需求。

(2) 企业竞争的日趋激烈。随着贸易壁垒的逐渐消失和地域限制的削弱,全球经济逐渐呈现一体化的趋势。当今的企业竞争是一种全方位的竞争,只追求低成本和产品功能的卓越,已不再是一种绝对的竞争优势。企业必须从更高的产品质量和服务、更短的产品交货周期、产品种类的多样化等方面来获得企业的综合竞争优势。

(3) 信息技术推动组织变革。信息技术的深入发展和广泛应用已经成了这个时代的主要标志,这种趋势无疑将会使整个社会实现信息化和智能化。E-Business、ERP 等信息系统的应用从客观上推动了企业管理模式的极大转变,企业的组织形式也随之迎来了必需的变革。

复杂的环境,从客观上要求流通企业电子商务活动的出现,而涉及电子商务,必然要涉及信息流、商流、资金流和物流。显而易见,四流中的前三流都可通过计算机和网络通信设备实现,但作为四流中最为特殊的物流,则需借用一系列机械化、自动化工具传输才能实现。为了使物流这一特殊的活动能够有效地融入电子商务的体系中,有必要为流通企业中的物流活动建立起一个信息系统。

## 二、流通企业信息系统的改进目标

对于流通企业而言,电子商务的出现和应用已经成为必然的趋势,那么,如何使流通企业的物流系统有效地与电子商务实现对接,就成为目前众多流通企业所关注的主要问题。

在流通企业中,为了使物流体系能够融入电子商务的大系统中,对于物流信息系统的设计应从企业整个物流管理战略角度出发。具体而言,企业物流管理战略目标的实现可以从三个主要方面入手,即缩短物流通道、增加物流通道的透明度以及将物流作为系统的一个重要组成部分进行管理。

(1) 缩短物流通道。缩短物流通道意味着寻找减少周转时间和存货数量的有效办法。

其中,存货又可以划分为中间存货和最终存货两类,不同种类的存货会出现在供应链中不同性质的不同节点上。存货的作用是,当供应链出现问题引起需求波动时,用作缓冲。存货虽然可以有效地减缓众多不确定的市场因素带来的危害,但同时也会增加总供应链的长度。这与零库存要求在客户与供应商之间形成紧密配合,以减少对存货依赖的原则相矛盾。

(2) 增加物流通道的透明度。所谓通道的透明度,是指管理者明确知道在什么时候、什么地方、存在多少数量的货物,以及存货供应通道中可能到达的目的地。在传统的物流中,这些信息是不清楚的,或者最多只是明白部分属于自己企业范围的信息。而供应通道中的瓶颈与过多的存货并不易被发现。但是,不良的通道透明度会导致不良的供应链控制。因此,为达到完美的供应链控制,掌握通道的实时信息是必需的。

(3) 将物流作为系统的一个重要组成部分进行管理。传统上,物流只是作为功能性的部门,而目前,物流已被看成对主业具有很大影响作用的一个重要组成部分。这种转变是由于经济的全球化趋势,导致供应链的延长,企业不得不把物流系统整合起来进行管理,以有效连接市场的供需双方,而系统中的某一部分的决策,都会影响整个系统的运作。

根据上面的分析,流通企业物流信息系统应当着眼于物流体系的信息化建设,主要达到以下目标。

(1) 数据采集方面。应当支持客户直接从网上下订单,并提交给仓调部审批。

(2) 数据传输方面。应着眼于提货单和运输订单的网络传输。

(3) 数据管理方面。要充分利用数据库工具,对不同性质的数据信息进行有效管理,同时保证系统具有定期备份、集中存储、统一处理、联机查验等必要功能。

(4) 网络查询方面。力求可以利用系统通过网络进行物流业务情况的查询、跟踪以及协调等工作。

(5) 规范作业方面。应着力通过多种手段对物流作业的信息流程、作业流程、表格样式及单据样式进行规范管理,以提高工作效率。

(6) 统计分析方面。一个完善的物流信息系统应该可以将采集到的数据作为基础数据源,用不同的统计分析工具进行分析,进而得到有利于上级决策的科学依据。

### 三、流通企业物流信息系统的结构

根据以上对于流通企业本身和面对环境的相关分析,综合建立信息系统的相关原则,并依照企业内部物流系统应该实现的各个主要功能,可以将流通企业物流信息系统的功能划分为销售管理、采购管理、库存管理、运输与路径管理以及系统设置几个模块。

流通企业的物流信息系统与制造企业物流信息系统的偏重略有不同。在制造企业中,物流信息系统的职能除包括对物流体系进行有效管理外,还包括对于企业内部其他一些事务的管理。对于物流活动的管理主要侧重于在库产品、原材料和半成品的管理,而对于除此以外的企业事务,则应以企业的制造活动为主。

对于流通企业而言,无论该企业是否直接参与生产,其侧重点都在于流通领域,这就从根本上划定了企业的性质。因而,对于流通企业的物流信息系统来说,其职能除了要包括对物流领域相关事务的管理以外,另一个重要的方面就是对货品流通状况和流通条件的掌握和管理。其中,对物流领域相关事务的管理,除了要包含对在库物品的管理以外,还要着眼于货品的流通过程,即运输过程中的相关问题。而企业内部的其他事务则主要包括销售及采购等涉及货品流通活动的管理。

### （一）销售管理模块

销售的管理是从产品的销售计划开始，对其销售产品、销售地区及销售客户等各种信息的管理和统计，其中包括对销售数量、销售金额、销售利润、业务绩效、客户服务等众多方面做出全面的分析。这一模块的职能可以具体划分为以下几个方面。

**1．客户管理子系统**

客户管理子系统主要负责客户信息档案的建立，并对其进行分类管理。从而使管理者得以采取针对性的客户服务，以达到尽最大可能保留老客户、争取新客户的目标。

**2．订单管理子系统**

销售订单是涉及公司方方面面的重要业务单据。对于流通企业而言，应由分公司进行网上开单，并将所有的销售数据都存放在总公司的数据库服务器上统一进行管理，这样才能在确保安全的同时，达到数据的高度共享。通过权限控制，使分公司只能开具其所在地的相应单据，而总公司则可以出具任何一个分公司的单据。此外，销售查询功能还应当可以提供对开票员、销售员及公司等不同等级的管理人员进行相关的具体查询，并且通过权限控制，确保相关数据和信息的安全。

订单管理的活动贯穿了产品流通的整个过程，它的具体工作内容包括客户信用审核及查询、产品库存查询、产品报价、订单输入变更及跟踪、交货期的确认及交货处理等多个方面，所有这些方面都要求在信息系统的协助下实现。

**3．销售统计子系统**

信息系统应该能够根据销售订单的完成情况，依据各种指标做出统计。其目标包括客户分类统计、销售代理分类统计等，然后就这些统计结果对企业实际销售效果进行评价。

### （二）采购管理模块

采购管理模块主要由计划申请、计划审核和计划统计三个子系统组成。

计划申请主要供各分公司在网上申报下月公司需要物资的品种、各自的数量等，申报一般提前两个月进行。以利于总公司进行统一采购。

计划审核主要用于总公司有关管理人员根据各分公司的申报情况和现在市场上商品的紧缺程度给予一个合理的预分配数。

计划统计主要用于对各分公司所申报的情况按不同标准进行统计，作为总公司进行采购的基础数据和对各分公司的预期销售有一个初步数据。

采购管理起着确定合理的订货量、优秀的供应商和保持最佳的安全储备的关键作用，同时也负责随时提供订购、验收的信息，跟踪和催促外购的物料，保证货物及时到达等众多任务。采购管理具体负责的工作包括供应商信息查询、催货、采购统计以及价格分析。

### （三）库存管理模块

库存管理模块是整个物流信息系统的核心模块之一。库存是连接采购和销售的重要中间环节，而库存管理模块则主要由采购进货管理、销售出货管理和库存商品管理三个子系统组成。

采购进货管理主要用于进库货物的品种、数量、运价等数据的录入,同时更新库存量。

销售出货管理则是在销售开票打印提货单的基础上,根据客户所提供的提货单输入提货单号和数量,自动根据已有提货单数据进行匹配,只有符合时,才允许出货。查询现有库存状况。根据各仓库实际库存情况及销售需要,对商品进行调拨、定期盘点等。库存统计主要按不同方式对库存量进行统计,并根据一定安全库存量进行预警。

库存管理职能负责控制库存货物的数量,以保证稳定的物流支持正常的销售,防止缺货损失,并尽量降低仓储成本。库存管理是一种相关的、动态的、真实的库存控制系统,能够结合并满足各分公司的需求,随时动态地调整库存,精确地反映库存现状。

### (四) 运输及路径管理模块

在实际工作中,运输订单一般会按客户分配给若干家相对固定的运输公司。因此,只要将客户和运输公司对应,运输公司就可以在网上实时查询并打印其运输任务。这样可以在节约总公司与各个运输子公司运输订单传递成本的同时,消除运输信息传递滞后现象。

运输管理系统对运输作业的跟踪通常可分为静态跟踪和动态跟踪两种形式。静态跟踪主要通过运输订单的回单收集来实现。而动态跟踪则通过手机短信、GPS 等设备进行作业跟踪。静态跟踪是事后行为,它只能为下一次计划排程提供改进依据,但无法对正在发生的问题纠正或改进。而动态跟踪不同,它可以使计划排程更合理,减少空车营运,提高异常事件的处理应对能力。根据公司的实际情况,一般提出"先静态、后动态,分步实施"的策略。

综上所述,一般将运输及路径管理模块进一步划分为两个子系统,即运单管理子系统和车辆追踪子系统。

### (五) 系统设置模块

系统设置模块的功能与其他众多信息系统的功能保持一致,同样也包括用户权限设置、数据的备份管理以及根据系统的要求及其他功能模块的需要设置系统数据字典和系统参数等,这其中包括交货条件、交货方式、付款方式等多方面的设置。

流通企业信息化的成果

## 第四节  国际货运代理信息管理系统分析

### 一、国际货运代理的定义和内容

#### (一) 国际货运代理的定义

货运代理一词在世界上没有公认的、统一的定义,但一些权威机构和工具书以及"标准交易条件"中都有一定的解释。

国际货运代理协会联合会对"货运代理"下的定义:货运代理是根据客户的指示,并为客户的利益而揽取货物运输的人,其本人并不是承运人。货运代理业可以根据"标准交易条件",从事与运送合同有关的活动,如存储(也含寄存)、报关、验收和收款。

从传统上讲，货运代理通常是充当代理的角色。他们替发货人或货主安排货物的运输，支付运费、保险费、包装费、海关税等，然后收取费用(通常是整个费用的一个百分比)，所有的成本开支均由客户承担。但近年来，货运代理有时充当了合同的当事人，并且以货运代理人的名义来安排属于发货人或委托人的货物运输。尤其是当货运代理执行多式联运合同时，作为货运代理的"标准交易条件"就不再适应了。它的契约义务受它所签发的多式联运提单条款的制约，此时货运代理已经成为无船承运人，也像承运人一样作为多式联运经营人，承担所负责运输货物的全部责任。

### (二) 国际货运代理服务的代理内容

我国国际货运代理服务经营者可以作为代理人或当事人从事下列全部或部分经营活动。
(1) 揽货、订舱(含租艇、包机、包舱)、托运、仓储、包装。
(2) 货物的监装、临卸、集装箱拆箱、分拨、中转及相关的短途运输服务。
(3) 报关、报检、搬验、保险。
(4) 缮制签发有关单证、交付运费、结算及交付杂费。
(5) 国际展品、私人物品及过境货物运输代理。
(6) 国际多式联运、集运(含集装箱拼箱)。
(7) 国际快递(不含私人信函)。
(8) 咨询及其他国际货运服务业务。

除以上各项业务外，现在的国际货运代理服务竞争者还可以从事第三方国际物流服务、无船承运等业务。但是，这里所介绍的业务并不是每个国际货运代理服务经营者都可以具有的经营活动范围。

## 二、国际货运代理信息管理功能结构

### (一) 国际货运代理信息管理的具体内容

随着国际商务活动的日益增多，国际货运代理在国际贸易和国际运输中的地位日益重要，其服务范围已由订舱、报关等日常基本业务扩展到为整个货物运输和分拨过程提供一揽子综合服务。国际货运代理信息管理也因此超越了国界的限制，需要实现对货运代理过程各环节资金流、物流和商流的全面跟踪管理。具体管理的内容如下。

#### 1. 与资金流有关的信息管理

国际货运代理信息管理最重要的一个内容是实现对整个货运代理业务及其相关业务所产生的资金流安全有效的管理，主要包括运费结算、杂费收支、代收费用收缴、税金追缴、人员工资福利费以及其款项等的管理。

#### 2. 与物流有关的信息管理

与物流有关的信息管理不仅包括国际货运代理过程中的揽货、订舱、托运、仓储和包装等环节，还包括货物装卸、分拨、中转等运输服务的管理；不仅包括国际多式联运、集运，还包括国际货物过境运输的管理。通过对国际货运代理信息的管理可实现国际物流的全面跟踪和监控。

### 3. 与商流有关的信息管理

这里的商流不仅是指由于产品或服务购销双方买卖关系的发生所导致商品所有权发生转移或服务方提供服务的过程,还包括整个货运代理过程中参与各方发生的商务处理流程。因而这里与商流有关的信息管理不仅包括货运代理合同的签订、履行,还包括对报关、报检、报验和保险等业务的登记、查询、处理等。

### (二) 国际货运代理信息系统包含的子系统

一个国际货运代理信息系统一般包括海空运出口子系统、海空运进口子系统、费用管理子系统、销售管理子系统、分公司业务子系统以及决策支持子系统。

#### 1. 海空运出口子系统

(1) 模块概述

该模块可以实现国际货运代理企业的海空运出口业务的操作和管理,其中包括接单(客户委托书)、制单(十联单、装箱单、进仓通知书、运输通知书、提单等)、订舱、提单签发、费用登记确认等整个业务流程的管理。

(2) 模块功能

海空运出口子系统主要可以实现以下几个功能。

① 订舱委托。即接受客户的托运委托,以便及时订舱,能够自动生成委托书,并且在此所有录入的信息是后续操作的源泉。另外,在此可以实现对特殊货物的管理,如危险品、牲畜、鲜活食品等。当然该子功能模块还可以实现费用的预估输入和利润预测。

② 操作调度。即整、拼箱的装箱操作以及集装箱的箱单制作。在输入集装箱箱号的时候,系统可以自动按照国际标准对箱号进行检测,以确保输入的准确性。系统可以根据客户的要求,安排运输计划,以确保货物能够准确及时地到达目的地;还可以根据客户仓储需要,安排仓储计划,以保证客户送货时,能够将货物准确地摆放,为实际装箱时提供方便。

③ 单证处理。可以实现提单的制作和签发;可以实现保管单据的流转及跟踪管理,以确保对所有单据实行动态的、科学的管理;在退给客户单据时,可以实时地了解客户的费用结算情况;单据格式的自定义,还可以实现对委托书、提单确认件、提单等单据格式的自定义,可以带底图进行快速调整,以满足企业实际业务发展的需要。

④ 查询统计。可以对运箱量、集装箱及提箱信息、费用信息、操作记录以及操作状态等信息进行查询统计。

(3) 模块特点

海空运出口子系统的特点可以总结如下。

① 方便快捷的托单信息输入。

② 多种单据格式的自定义。

③ 所有信息确保一次性输入,后续操作随意调用。

④ 多途径、多条件的数据查询统计功能;操作修改过程的自动存档,满足 ISO 企业的管理需要。

⑤ 实现对任意单据的跟踪服务。

⑥ 操作流程的自定义,可以满足企业的实际需求。

⑦ 货物状态的实时动态跟踪,提高客户服务水平。

### 2. 海空运进口子系统

(1) 模块概述

该模块可以实现国际货运代理企业的海空运进口业务的操作和管理,其中包括接单(客户委托书)、制单(到货通知书、小提单)、报关、费用登记确认等整个业务流程的管理。

(2) 模块功能

海空运进口子系统主要可以实现以下几个功能。

① 业务委托。对进口货物信息的登记、查询、跟踪以及各项费用的输入。

② 作业调度。报关及单据的管理、运输的安排以及拼箱进口的分拨。

③ 单证处理。小提单、运输委托单以及费用流转清单等的制作。

④ 查询统计。业务量、相关费用以及其他信息的统计查询。

(3) 模块特点

海空运进口子系统的特点可以总结如下。

① 所有信息确保一次性输入,后续操作随意调用。

② 多途径、多条件的数据查询统计分析功能。

③ 操作修改过程的自动存档,满足ISO企业的管理需要。

④ 实现对任意单据的跟踪服务。

⑤ 操作流程的自定义,可以满足企业的实际需求。

⑥ 货物状态的实时动态跟踪,提高客户服务水平。

### 3. 费用管理子系统

(1) 模块概述

追求利润是企业运行的目标之一,而合理的费用管理则是实现这一目标的重要保障,国际货运代理信息系统中的费用管理子系统就为此设立了很好的信息操作平台。费用管理子系统将企业每日交易、每次业务交易的财务信息(包括应收/应付费用、发票信息、实收/实付费用等)逐笔记录下来,用以进行财务分析核算,并供报税、股东或投资者咨询和参考。

(2) 典型流程

费用管理子系统主要是对整个物流系统中各个相关业务的财务信息进行收集、审核、管理和分析核算,其流程如图9-4所示。

(3) 模块功能

费用管理子系统可以实现的主要功能分解如下。

① 应收应付、代收代付费用输入。输入、修改报关、仓储、运输等各项业务所产生的各项应收应付费用、代收代付费用。

② 应收应付、代收代付费用审核。对各项费用进行审核。

③ 发票管理。发票的制作、打印、查询等。

④ 实收实付管理。实收实付费用的登记、审核、销账。

⑤ 应收应付、代收代付报表。各类相关报表的制作、生成、打印。

⑥ 成本利润表、账龄分析表。成本利润表、账龄分析表的制作、生成、打印。

⑦ 对账自动传真、催账自动传真。自动生成传真文件。

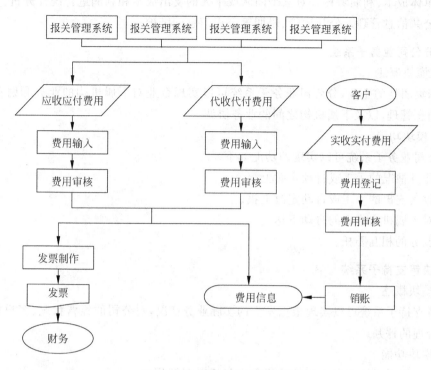

图 9-4　费用管理子系统流程

(4) 模块特点

国际货运代理信息系统的费用管理子系统主要有以下特点。

① 多方式的费用录入。如手工、复制、根据运价本、自动计算方案等，并对分箱费用进行分摊。

② 不同要求的发票制作模式。如分币种合并开票、分单位合并开票等。

③ 客户正常付费、多付、少付的销账处理。可以确保每一业务中的每一个费用项目都管理得清清楚楚。

④ 多途径、多条件的数据查询统计功能。

⑤ 各种数据报表的自动生成。如应收明细表、应付明细表、成本利润表等。

**4．销售管理子系统**

(1) 模块概述

该功能模块可以实现对客户资料、信用度以及客户投诉的管理，对销售队伍的考核、运价的日常维护，以及对客户报价的管理。

(2) 模块功能

销售管理子系统可以实现的主要功能分解如下。

① 合同管理。合同信息的新增、修改、查询，以及根据客户的要求进行最优报价的处理。

② 客户关系管理。客户信息的新增、删除、查询和修改，客户联系信息和客户服务信息的维护。

③ 单体成本、利润考核。对某个团队或个人的支出成本和利润进行统计分析。
④ 公共信息管理。公开运价、船期等公用信息的维护。

### 5．分公司业务子系统
（1）模块概述

对于集团性的企业，分公司业务子系统可以实现企业对下属机构的业务和财务运作情况进行动态管理，以及下属机构之间的业务协调。

（2）模块功能

分公司业务子系统可以实现的功能如下。

① 业务情况的手工或自动定时上报。
② 收入支出的手工或自动定时上报。
③ 对下属机构指标的自动下达。
④ 业务的相互委托。

### 6．决策支持子系统
1）模块概述

决策支持子系统可以实现根据发生的实际业务情况，对公司的经营状况、客户的情况进行科学合理的评判。

2）模块功能

决策支持子系统可以实现的功能主要包括以下部分。

（1）客户数据分析

① 客户资源分析。分析现有客户，确认潜力客户和没落客户，减少企业的无效开支。
② 客户忠诚度分析。根据目前客户的业务量进行分析，筛选出忠诚度较低的客户，以便决策层提出合理的补救措施。
③ 客户信用度分析。根据客户的资金回笼情况，分析出客户的真实信用度。

（2）货源分析

分析货源，注重货源的选择，重点开发高附加值的货源。

（3）业务数据分析

分析业务数据，如货运量、运输量、销售额等。

① 业务量分析。对某一时间内的某个/某些部门、某个/某些销售员的业务量进行考核，以图表的形式表现出来，然后进行比较分析。
② 操作和服务质量数据分析。用于分析服务和操作质量，如差错率、任务按时完成率、工作量等。
③ KPI指标分析。包括完美订单完成率、准时订单完成率以及订单破损丢失率等。
④ 业务跟踪查询分析。包括货物跟踪查询，即各种货物的位置状态查询；业务执行情况查询，即根据反馈单信息来查询各种业务订单执行效果。

（4）财务分析

① 成本利润。对某一时间内的某个/某些部门、某个/某些销售员的成本利润进行考核，以图表的形式表现出来，然后进行比较分析。
② 财务数据分析。用于分析各类财务数据，如销售额、应收账款、折扣、坏账等。

(5) 综合分析

① 万能分析。可以通过所有的数据类型自由组合检索,以便应付突发的特殊数据检索需要。

② 物流系统绩效评估。根据事前的控制指导,对绩效进行事后的度量与评价,从而判断是否完成了预定的任务、完成的水平、取得的效益与所付出的代价。

3) 模块特点

该模块可以通过多种分析途径,对影响企业发展的各种因素进行多种表现形式的分析,如各种动态曲线图和走势图,帮助企业进行科学的决策。

国际物流信息系统实例

## 本 章 小 结

本章介绍了第三方物流信息系统、制造企业物流信息系统、流通企业物流信息系统、国际货运代理信息系统这四种各具特色又具有代表性的物流信息系统。第三方物流信息系统应用于物流企业,着眼于现代物流服务,更多地体现出依托于客户的特点,通过运输、仓储等方面的调度管理,实现客户的物流需求。制造企业物流信息系统以 MRP 为基础,以产品制造为核心,在计划、订单分解、物料采购等方面有比较强大的功能,而车间管理是其较有特点的一个方面。流通企业物流信息系统更多地体现出快速的客户响应和有效的客户服务,销售的管理、客户信息的分析是该类信息系统的特色。国际货运代理信息系统对国际物流中国际货运代理业务进行整合,产生了强大的支持作用,与国际物流过程密切关联,提供与海关等相关机构的接口是这类信息系统的基本要求。而由于国际物流本身的复杂性,国际货运代理工作的庞杂,对国际货运代理信息系统的功能要求比较高。

## 思 考 题

1. 简述第三方物流企业的信息需求特点。
2. 简述第三方物流信息系统的特性。
3. 简述制造企业的信息需求特点。
4. 简述制造企业物流信息系统的特性。
5. 简述流通企业的信息需求特点。
6. 简述流通企业物流信息系统的特性。
7. 简述国际货运代理的信息需求特点。
8. 简述国际货运代理物流信息系统的特性。

## 案 例 分 析

### 中海物流的信息化之路

在中海物流分管营销和信息化业务的总经理助理肖国梁看来,中海物流能在与中远物流、中外运、招商局、宝供物流等公司的激烈角逐中脱颖而出，很大程度上是缘于先人一步建立了比较完善的信息化系统。

中海集团与中远集团、中外运被称为中国航运市场的三巨头，在集装箱运量取得突飞猛进的2002年，中海物流应运而生。按照中海集团的发展规划，物流业是发展重点和支柱性产业，并形成了以航运为核心，船代、货代、仓储堆场、集卡、驳船、空运、海铁联运等业务并举的大物流发展框架。

肖国梁介绍说，调整后的中海物流采用三级管理的业务模式，总部管片区、片区管口岸。总部代表集团领导、管理、计划、协调中海的物流业务，加强对整个物流业务的总成本的控制，建立物流供应链；片区公司在总部的领导和管理下，经营各所属片区的配送业务、仓储业务、车队业务、揽货业务等，建立所属各地区的销售网点以及对该地区的成本控制；口岸公司在片区公司的管理下，进行揽货、配送的具体业务操作，并负责业务数据采集。

而要实现这一点，没有强大的信息系统支撑是不可能的。中海物流总经理茅士家在公司成立初期就指出，要做一流的物流企业首先要有一流的IT。为实施集团制订的"大物流"战略，中海物流最终选择了招商迪辰为软件供应商。

虽说招商迪辰是首家在国内将地理信息（GIS）、卫星定位（GPS）、无线通信（Wireless）与互联网技术（Web）集成一体，应用于物流、交通和供应链管理领域的软件供应商。但为中海物流这样规模的企业建立全国性的物流信息化系统，在国内并无先例可循。招商迪辰上海公司总经理曾辉军说："现在不是一个点上看单个物流系统，而是要在整个物流网络的高度，从供应链衔接的角度设计整套系统。"

经过反复论证，双方一致认定，要在全国范围内应用一套企业级集成的系统，能实现信息的共享与交换，并保持数据的一致。曾辉军介绍说，该系统的核心就是以市场需求为驱动，以计划调度为核心，使物流各环节协同运作。它需要集成管理企业的计划、指标、报表、结算等，可层层细化与监控，并有统一的企业单证、报表、台账格式，而且有良好的扩展性和开放结构。而更为关键的是，系统建成后应当是一套面向订单流的信息系统，从接受客户委托订单开始，到订单管理，围绕订单制订物流方案、落实相关运力或仓储等物流资源、调度直至物流作业、质量监控等环节，都要有一个平滑共享的信息流。

曾辉军坦言，软件项目最大的困难在于业务变更。中海物流的业务繁杂、需求众多且不断变化，信息系统也必须随之改进。他清楚地记得，项目开始时做调研主要是为了海运业务，关注的主要是货物从这个港拖到那个港，真正涉及的项目物流非常少，在经过去年的战略转型后，中海物流已经将海运、货运代理业务剥离出去，专做第三方物流。

"一个心脏跳动"，曾辉军用了一个形象的比喻来描述中海现有的业务模式。他解释说："中海物流集团总部是一个利润中心，底下八大片区视为成本中心，资源统一调配，全国一盘棋。现在拿到第三方物流单子，多少货发到什么城市、什么仓库，完全由中海物流自己来决策。仓储资源、运输资源、人力资源统一调配。当前中海物流完全按这种模式运作，第三方物流强调一个心脏跳动，集中式管理、集中式调度，统一核算，客户进来不是面对你单个分公司，而是面对你整个物流体系，整个体系通过一套信息系统协同作业。"

**案例讨论：**

为什么说中海物流的成功，很大程度上是缘于先人一步建立了比较完善的信息化系统？

# 第十章

# 物流信息标准化

**章节知识框架**

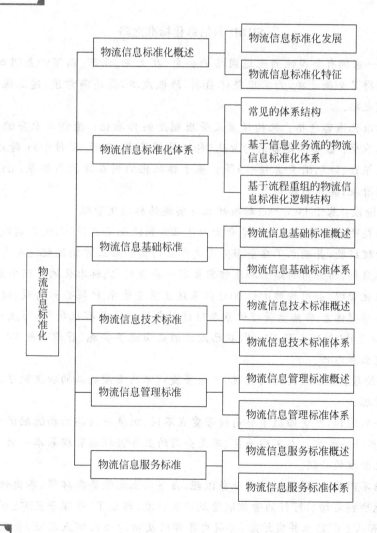

**学习导航**

物流信息标准化主要包括物流信息基础标准、物流信息技术标准、物流信息服务、物流信息管理标准四个方面。针对物流信息技术快速变化的趋势,教学中要求学生了解物流信息技术标准和物流信息服务标准,重点掌握物流信息基础标准和物流信息管理标准的结构和体系。

### 教学建议

建议结合中国物流与采购联合会每年度发布的《物流标准化手册》讲授本章内容,这样有助于传授新的标准化知识和技术。建议以物流信息基础标准理论为基础,采用项目式教学开展物流企业信息技术、服务与管理标准的内容与过程教学,可根据相关技术进展和发展阶段,取舍物流信息技术标准的内容。

### 导入案例

#### SHBD 的信息化标准之路

SHBD 是一家拥有全国性的配送网络的公司,在上海、北京、南京和昆明四个城市的四种商业模式获得了全面成功,为实现整体盈利,降低成本,提高满意度,建立统一形象,开展了标准化建设之路。

具体的标准化内容包括:机构设置及管理制度的标准化;操作与业务流程的标准化;业务开发的标准化;数据库建设的标准化(包括数据采集、分析、交付等);跨组织合作标准化(与供应商、银行、终端消费者接口)等。基于标准化的内在结构与体系,SHBD 标准化过程有三个典型阶段,具体内容如下。

(1) 第一阶段:基于 ISO 9002 标准建立并实施的标准化管理。

该公司在昆明和上海等地成立了专业的第三方物流配送公司,在运营实践中,积累了一定的经营和管理经验,并确立了在全国范围内成立同类的第三方物流配送公司,形成全国直投网络的战略目标,新公司的建立和运作需要有一套规范化、标准化的管理手册作指导。

为推行准化管理,公司按照 ISO 9002 体系建立质量体系;根据公司行政、财务管理需要,建立行政财务管理体系;将质量管理体系与行政财务管理体系有机融合,形成一套完整的公司管理手册(以下称"管理手册 V1.0");在已成立的公司逐步实施"管理手册 V1.0",并用于指导新公司的建立和运作。

(2) 第二阶段:根据实际运作情况,总结并提炼不同类型物品的物流配送运作过程规范化的标准化管理。

经过几年的运作,尽管四城市公司经营重点不同,但单一物品的物流配送业务流程已较成熟,而且同类物品的配送在不同地区、不同公司的业务流程与管理基本一致。在此基础上进行了标准化管理的升级。

公司总结不同物品、不同服务的业务流程,自下而上地收集各环节、各岗位操作指导,并按部门及功能块制定切实可行的管理制度及控制标准,形成了"管理手册 V2.0"。

"管理手册 V2.0"建立并实施后,公司内各部门及功能块控制点清晰,管理目标明确,减轻了中层管理人员的管理难度。为公司提升业务量及增加新的配送服务奠定了基础;各地区公司在开展新业务时,依据"管理手册 V2.0"已建立同类业务的业务流程、操作指导及管理控制标准实施业务的开发、运作及管理,大大加快了各公司业务的拓展。

(3) 第三阶段:对有共性的不同物品的物流配送工作过程一体化的标准化运作及管理的探索,并增加对客户、用户及合作者的接口标准化内容。

随着 SHBD 配送在四个城市的运作日趋发展,各城市分公司不同程度地实现了不同物品、不同服务过程的资源共享及综合利用(资源包括人力、信息、基础设施、工作环境、供方、合作者、银行及财务资源等)。因此,公司总结在不同物品物流配送实际运作中的搭载经验,探索及总结公司关联单位、客户、用户及合作者的业务标准化接口,对实际运作经验进行分析,掌握搭载规律,制定运作及管理标准,在"管理手册 V1.0"及"管理手册 V2.0"基础上,随着业务种类、合作伙伴和合作方式的不断增加,信息化标准建立管理体系及标准,形成"管理手册 V2.1"及后续同级版本。

思考题:

从标准化的内容视角思考 SHBD 公司的信息化标准过程中三个阶段的特征差异。

物流标准化

## 第一节 物流信息标准化概述

物流信息标准化是"现代物流"与"传统物流"的重要区别。所谓物流信息标准化,是指在标准化理论体系下,对物流活动过程中所必需的各种信息进行计量、规范和统一的行为。随着互联网和信息技术的飞速发展,获取信息的渠道越来越多,物流信息的处理速度也越来越高。标准化是迅速和准确地形成信息的基础,物流信息标准化推广能够帮助人们制订新的和独特的物流解决方案,以全方位的服务、方便快捷的办法、最低的成本,获得最大的效益。

### 一、物流信息标准化发展

(一) 物流信息标准化的概念

1. 物流标准化

标准化具有三层含义:一是重复操作的规范化;二是互联的通用化;三是规格的平台化。物流标准化是指在运输、配送、包装、装卸、保管、流通加工、资源回收及信息管理等环节中,对重复性事物和概念通过制定发布和实施各类标准,达到协调统一,以获得最佳秩序和社会效益。

物流标准化的内容有三个方面:①从物流系统的整体出发,规范其各子系统的设施、设备、专用工具等的技术标准,以及业务工作标准。②搭建各子系统技术标准和业务工作标准的配合性,按配合性要求,统一整个物流系统的标准。③构建物流系统与相关其他系统的配合性,谋求物流大系统的标准统一。

与其他标准化系统相比,物流系统的标准化涉及面更为广泛,其对象也不像一般标准化系统那样单一,而是包括机电、建筑、工具、工作方法等许多种类。虽然处于一个大系统中,但缺乏共性,从而造成标准种类繁多,标准内容复杂,也给标准的统一性及配合性带来很大困难。

在社会经济系统中,物流标准化系统是属于二次系统,这是由于物流及物流管理思想诞生较晚,组成物流大系统的各个分系统,过去在没有归入物流系统之前,早已分别实现了本系统的标准化。并且经多年的应用,不断发展和巩固,已很难改变。在推行物流标准化时,必须以此为依据,个别情况固然可将有关旧标准化体系推翻,按物流系统所提出的要求重建新的标准化体系,但通常还是在各个分系统标准化基础上建立物流标准化系统。这就必然从适应及协调角度建立新的物流标准化系统,而不可能全部创新。

**2. 物流信息标准化**

物流信息标准化是"现代物流"与"传统物流"的显著区别之一。前者由"物流信息"搭建平台,而后者则没有。所谓物流信息,是指物流活动过程中所必需的各种信息。随着互联网和信息技术的飞速发展,人们随时都能获得最新最快的信息,这一点对物流有着决定性的重要意义。迅速和准确的信息交流能够帮助人们制定新的和独特的物流解决方案,以全方位的服务、方便快捷的办法、最低的成本,获得最大的效益。

物流活动包括运输、仓储、包装、配送、流通加工等多个环节,在运输方面涉及铁路、公路、航空、海运和国际运输等多种模式,在服务方面涉及电子、汽车、药品、日用消费品等众多行业,需要物流信息系统像纽带一样把供应链上的各个伙伴、各个环节联结成一个整体,这就需要在编码、文件格式、数据接口、EDI、GPS等相关方面实现标准化,以消除不同企业之间的信息沟通障碍。

目前,国际上在物流信息编码、物流信息采集、物流信息交换等方面已经建立了一套比较实用的标准,为企业物流信息系统的建设创造了良好的环境。而我国由于关键的物流信息标准尚未制定或普及,不同信息系统的接口成为制约信息化发展的瓶颈,物流企业在处理订单时,有时数据交换要面向七八种不同的模式。因此,加快我国物流标准化特别是物流信息标准化建设步伐,是推进我国物流信息化的基础。

### (二) 物流信息标准化的意义

在现代物流协同中,信息标准化工作具有重要意义,具体表现在如下几个方面。

**1. 信息标准化是实现现代物流管理现代化的重要手段和必要条件**

物料从厂商的原料供应,产品生产,经市场流通到消费环节,再到回收再生,是一个综合的大系统。由于社会分工日益细化,物流系统的高度社会化显得更加重要。为了实现整个物流系统的高度协调统一,提高物流系统管理水平,必须在物流系统的各个环节制定标准,并严格贯彻执行。在我国,以往同一物品在生产领域和流通领域的名称及计算方法互不统一,严重影响了我国的物资流通,国家标准《全国工农业产品(商品、物资)分类与代码》的发布,使全国物品名称及其标识代码有了统一依据和标准,有利于建立全国性的经济联系,为物流系统的信息交换提供了便利条件。

**2. 物流信息标准化是降低现代物流成本、提高效益的有效措施**

物流的高度标准化可以加快物流过程中运输、装卸的速度,降低保管费用,减少中间损失,提高工作效率,因而可获得直接或间接的物流效益,否则就会造成经济损失。我国铁路与公路在使用集装箱统一标准之前,运输转换时要"倒箱",全国"倒箱"数量很高,为此损失巨大。

## 二、物流信息标准化特征

### (一) 物流信息标准化的应用性

物流信息标准化是物流市场秩序的基本保障,也是物流管理的重要技术支撑。面向应用过程和领域实施物流信息管理的标准化制定、贯标、修订是物流信息标准化的重要特征。应用性强调操作性、便捷性和易用性。物流信息标准的制定对物流系统的高效运转具有积极作用。不能应用的标准就是无缘之水,不可能得到推广,不但不能创造价值,甚至还会带来一定的损失。造成局部孤岛、信息鸿沟等信息资源的浪费。应用性就是要根据实际工作流程、具体工作内容、相关操作规则进行规范化、一致性和平台化的管理。

### (二) 物流信息标准化的交叉层次性

层次性信息的自身特征决定了交叉关联是信息处理的基础。物流信息标准是生产经营活动的依据,是重要的市场规则,必须增强统一性和权威性。目前,现行国家信息标准、行业信息标准、地方标准中仅名称相同的就有近 2 000 项,有些标准技术指标不一致甚至冲突,既造成企业执行标准困难,也造成政府部门制定标准的资源浪费和执法尺度不一。特别是强制性标准涉及健康安全环保,但是制定主体多,28 个部门和 31 个省(自治区、直辖市)制定发布强制性行业标准和地方标准;数量庞大,强制性国家、行业、地方三级标准万余项,缺乏强有力的组织协调,交叉重复,矛盾难以避免。从物流的相关管理部门来看,交通、民航、商务等不同部门对物流信息标准的治理也存在交叉性。

### (三) 物流标准化更要求体现科学性、民主性和经济性

物流信息标准的科学性、民主性和经济性,是物流信息标准的基础性"三性"。由于物流标准化的特殊性,必须非常突出地体现这三性,才能搞好这一标准化。科学性的要求,是要体现现代科技成果,以科学试验为基础,在物流信息管理中,还要求与物流的现代化(包括现代技术及管理)相适应,要求能将现代科技成果联结成物流大系统。否则,尽管各种具体的硬技术标准化要求颇高,十分先进,但如果不能与系统协调,单项技术再高也是空的。甚至还起相反作用。所以,这种科学性不但反映本身的科学技术水平,还表现在协调与适应的能力方面,使综合的科技水平最优。物流信息可溯源是科学性的基础,民主性要求物流信息标准是通用的,不能是部门利益的壁垒,只有这样才能产生经济价值。

## 第二节 物流信息标准化体系

常见标准化体系是递进层次结构,物流信息标准化的体系以独立层次为主,在信息管理、信息服务、信息技术和信息基础四个方面形成一级体系。在细分的过程中,还可以进一步把它们细分下去,得到面向应用过程和任务的标准化体系。

### 一、常见的体系结构

我国物流信息标准体系主要分为四个层次:第一层为物流信息基础标准,编号为101,是

物流信息系统建设中通用的标准,代表标准为《物流术语》。该标准应包括物流信息技术术语、物流信息管理术语、物流信息服务术语的定义。第二层分为信息技术标准、管理标准、服务标准和其他,编号为102~105。第三层是对物流信息技术标准、物流信息管理标准和物流信息服务标准进一步分层,编号为201~208。其中,物流信息技术标准从信息的采集、加工、处理、交换和应用入手,分为物流信息分类编码标准、物流信息采集标准、物流信息交换标准和物流信息系统及信息平台标准。物流信息管理标准分为EPC系统管理标准和其他管理标准。物流信息服务标准分为物流信息从业人员服务标准和其他服务标准。第四层由第三层扩展而成,共分若干方面,每个方面都可以继续扩展成若干个更小方面,每一个更小方面都可以组成本专业的一个标准系列或是一个标准,编号为301~320。物流信息标准框架如图10-1所示。

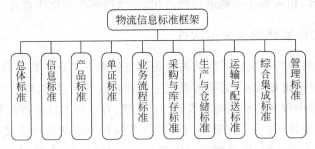

图10-1 物流信息标准框架

同时,另一种体系是从标准的性质归属来看的,此时,标准可以分为基础标准、技术标准、管理标准和工作标准。因此,物流信息标准化的体系可以分为物流信息基础标准、物流信息技术标准、物流信息管理标准和物流信息服务标准。同时,这些标准和现行的专利、法律构成不同的应用和链接,物流信息标准化属性体系如图10-2所示。

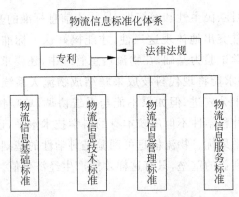

图10-2 物流信息标准化属性体系

法律法规界定了标准的范围;专利避开了标准,是一种特殊的标准。在不同的竞争和任务中,专利、法律和标准构成一个完整的规范。基础性标准重在框架,技术重在支撑,管理重在协调,服务重在落实和推送。

## 二、基于信息业务流的物流信息标准化体系

目标驱动是流程优化的重要思想之一,它把目标分解为支撑目标的要素和形式,以要素的组织形式为主线来构建目标执行的过程和结构,具体操作包括三个步骤。第一步是建立

目标模型,确定目标的相关过程与结构状态,按照目标实现过程所需要的要素及其组织形成不可再细分的要素单元。第二步是审视和设计要素单元的组织流程,细化要素的获取、运行和产出等环节,构建统一的要素组织标准。第三步是简化要素组织标准,识别要素组织过程的环境依赖,提供模式选择依据,精确推送信息服务,努力实现要素组织过程的透明化。上述三个步骤完成三个任务:第一个任务是测量相关流程与目标,基于目标分解的方法建立目标结构,并从功能角度来分析流程,在此过程中,目标分解要达到最小化的逻辑单元,即每个目标元素都不可再分解。第二个任务是确定如何鉴定需要进行分析的因素,基于流程的功能分解确定流程的影响要素。对这些影响因素建立统一控制模式和标准,均衡目标分解和整合过程。第三个任务是确定衡量目标实现的标准,这是一个优化的结果,是一个简化、精确化的目标实现过程。上述功能、步骤和任务可以通过图 10-3 来示意。

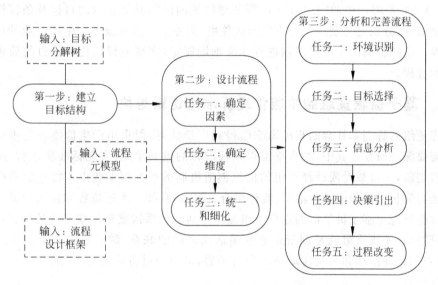

图 10-3 目标驱动的流程优化程序

基于目标驱动的流程优化技术为物流标准化结构构建提供思路,是物流标准化结构的章、条之间的分解、整合和优化的新工具。这种优化思路体现在标准文件的总体要求、章段衔接和条目细分等方面。从标准文件的具体结构来看,流程优化提供的标准结构构建思路有如下三个方面。

(1) 针对一般标准文件中的"总则、基本要求或要求体系"中制定的"应""宜"或"能"等要求、推荐和陈述目标进行目标驱动的要素分解。分解要素之前要构成目标之间的结构,通过流程的形式描述目标的结构特征和运行机制。通过这样的分解和目标结构构建,输出支撑目标的要素和要素组织流程。例如,《家用和类似用途电器包装通则》(GB/T 1019—2008)中"第四章技术要求"的"4.1 条一般要求"中"安全",被细分为防潮、防霉、防锈和防振等。这些要素的影响因素通过试验的方法进行确定,得到一个要素管理流程。在细化的条目结构中,例如防霉安全的目标进一步可分解为防霉包装要考虑对人的伤害,对商品外观的损伤等。与之相反,在一般的术语标准文件中,由于缺少总体要求,术语的定义描述在支持物流系统的服务质量和成本降低中,地位和作用就得不到广泛的接受,致使目前关于物流及相关术语存在一定的模糊性,例如,《物流术语》(GB/T 18354—2006)中的"第三章基础术语"中的"物流信息"(3.23)和"第六章物流信息术语"中的一些内容之间存在边界不一致等模糊现象。

(2) 根据细分目标的实现要素,分析影响要素实现目标过程中的影响因素,通过标准化因素的内涵和边界,确定因素的可度量维度,进行面向流程的问题诊断,确定优化的要素和影响机制。例如在《物流术语》(GB/T 18354—2006)中的物流信息作为基础术语的定义是"生产流程是运输、储存、装卸、包装等信息的有机结合",根据这流程的环节要素,进行信息准确、及时、可靠等方面的影响分析,从而形成了该标准第六章的物品编码信息、物流单证电子信息、地理信息等影响因素,并通过运作流程建立信息单元的统一标准。基于标准的信息标准,不仅优化聚集物流资源过程,而且能提高资源交换、整合效率。

(3) 根据统一标准后的条目进行完善和补充。例如在《物流园区分类与规划基本要求》(GB/T 21334—2017)中的"4.2.1生产服务型物流园区",其优化后的目标及条件按照流程分为三个细则,分别是与制造产业集聚园区伴生、服务于一体化服务和生产企业的供应与产品销售等。这些影响因素按照流程进行标准细则制定,实现流程优化对条目的简化和统一化的影响过程。

### 三、基于流程重组的物流信息标准化逻辑结构

流程重组对管理和社会的积极影响已得到广泛认可,但重组产生价值和促进创新的机制仍然需要深入研究。其中,流程重组得到标准化的盈利单元,实现标准化运营,从而实现标准价值创新,一直被看成解释重组的价值创造机制的一个探索热点。常见的流程重组原理和方法主要包括消除或减少浪费、流程组合、应用信息技术改进流程和让用户参与流程重组等。这些思想为基于价值链的流程重组提供了活动关系构建和集成平台的构架逻辑。基于价值链视角,流程重组就是创新企业各项活动之间的联系,激活基于关系的活动集成诱因,促成内部辅助活动和主要活动的融合与跨界,沿供应链方向延伸,组成一个开放的价值活动整合平台。

基于价值链分析的物流流程重组的核心思想是参照价值活动的分类,把流程分为主要流程和辅助流程。重组是主要流程和辅助流程之间的转化、分离和集成等形式的演化过程。主要流程和辅助流程之间的关系反映固定价值与动态价值活动链接机制。基础设施、人力资源、采购输入和技术研发需要事前投入,它们是辅助运作流程的辅助资源。价值的创造过程主要是通过采购物流、生产物流、销售物流和服务等活动的分离与整合实现。在分离视角下,外包主要活动环节,集成过程是基于辅助活动的平台性而提供增值服务的过程。

基于流程重组的物流标准化结构主要是在标准的部分的划分和附录的编写等方面。标准中"部分"是一个相对独立的价值互动,部分与部分之间的关系反映了标准对象自身系统的价值创造机制。例如,标准化工作指南的第一部分到第四部分,标准化及相关活动、采纳和引入标准、使用安全标准以及涉及环境问题等,这些部分之间构成标准的一个价值活动链。在结构中的附录层面,例如《物流园区分类与规划基本要求》(GB/T 21334—2017)中的附录就强调园区物流强度分析、链接方式和信息平台搭建等活动,信息平台就是基础互动,而强度分析是采购物流和销售物流的综合,链接方式描述了两类流程规划的融合模式。再如,物流术语标准版本的衍化中,也体现了基于时间和空间价值活动标准化的意义,新版补

充时间物流信息和空间国际物流两个活动,完善了标准结构的完整性。这些实例说明基于价值活动的流程重组对标准化文件的架构非常重要。

但是,当前的物流标准化文件中,基于价值活动的"部"的结构设计比较少,大多标准停留在要素流程的章节和局部的条目上,缺少基于物流价值活动的"部"与"部"的顶层设计标准,对物流系统的架构标准关注不够。价值活动和功能形成的仓储与库存、包装与运输、采购与供应链等活动集成结构没有在体系中体现。同时,附录在提供规范性资料中也不是以辅助活动的标准制定为根本目标,这些都造成当前物流标准结构中部分、附录两个成分的弱化,从而影响了标准结构的一致性和完整性。

## 第三节 物流信息基础标准

物流信息基础标准是在计量单位标准和模数尺寸标准等标准的基础上的信息测量与规范化流程及原则。物流信息计量单位标准化是物流作业定量化的基础,目前我国还没有制定出统一的信息基础标准,它的制定要在国家的统一计量标准的基础上,考虑到许多物流领域的计量问题和与国际计量标准的接轨问题。常见的物流信息基础标准包括信息术语、图形、符号、基础设施信息等标准。这些信息基础标准对物流标准化非常重要,例如,物流基础模数尺寸标准是物流系统中各种设施建设和设备制造的尺寸依据,在此基础上可以确定出集装箱基础模数尺寸,进而确定物流的模数信息体系。

### 一、物流信息基础标准概述

基础标准是标准体系中一类重要的标准。在标准体系,基础标准是有关术语、框架、定义、词汇和代码的相关标准。由于物流信息是一个包括物流活动中相关数据、图像、知识和文件的总称,所以物流信息的基础性标准主要就是物流术语、物流代码和物流标识等相关规范和一致性文件。

现有的物流信息基础标准大约有 200 多条,占物流标准的 1/5 左右。代表性的标准有《物流术语》(GB/T 18354—2006)、《智能运输系统通用术语》(GB/T 20839—2007)等。这类标准对规范用语和便于交流有积极作用。但随着产业业态的更新,新词汇和网络词汇的出现,这些术语面临快速更新的挑战。

物流信息基础标准具有基础性,是整个体系的根基。术语是建立标准科学的基础,术语的使用是标准科学发展的主要工具。同时,物流信息基础标准也是整个物流系统的交流平台,信息基础是语言和工具的技术准备。

### 二、物流信息基础标准体系

(一)物流信息基础标准表

根据术语、代码、标识等关键词,在中国物流与采购联合会与物流标准委员会联合出版的《物流标准目录手册》进行搜索条目,然后在标准网(http://www.standardcn.com/)上跟踪和下载,得到具有代表性的物流信息基础标准,具体内容见表 10-1。

表 10-1　物流信息基础标准简表

| 标准号 | 名称 | 主要内容说明 | 归口单位 |
|---|---|---|---|
| GB/T 18354 | 物流术语 | 6 类,280 条物流概念 | 全国物流标准化技术委员会 |
| GB/T 3716 | 托盘术语 | 9 类,106 个托盘概念,2 个附件 | 铁道部标准计量研究所 |
| GB/T 1992 | 集装箱术语 | 6 类,136 个集装箱概念,中英文索引 | 全国集装箱标准化技术委员会 |
| GB/T 3730.1 | 汽车和挂车类型的术语和定义 | 3 大类,57 个概念,中英文索引 | 全国汽车标准化技术委员会 |
| GB/T 5620 | 道路车辆汽车和挂车制动名词术语及其定义 | 8 大类,128 个概念,1 个标准的附录,2 个提示的附录 | 全国汽车标准化技术委员会 |
| GB/T 18041 | 民用航空货物运输术语 | 6 大类,309 个概念,2 个提示性附录 | 中国民用航空局 |
| GB/T 8226 | 道路运输术语 | 10 大类,378 个道路运输概念,中英文索引 | 交通运输部 |
| GB/T 7179 | 铁路货运术语 | 6 大类,267 个铁路货运概念 | 铁道部 |
| GB/T 20839 | 智能运输系统通用术语 | 9 大类,93 个概念 | 全国智能运输系统标准化技术委员会 |
| GB/T 8487 | 港口装卸术语 | 10 大类,383 个概念 | 交通运输部 |
| GB/T 4122.1 | 包装术语第 1 部分:基础 | 8 大类,92 个包装基础概念 | 全国包装标准化技术委员会 |
| GB/T 4122.3 | 包装术语第 3 部分:防护 | 3 大类,47 个概念 | 全国包装标准化技术委员会 |
| GB/T 4122.4 | 包装术语第 4 部分:材料与容器 | 7 大类,90 个概念 | 全国包装标准化技术委员会 |
| GB/T 10113 | 分类与编码通用术语 | 1 大类,37 个概念 | 中国标准化研究院 |
| GB/T 12905 | 条码术语 | 6 大类,159 个概念 | 全国物流信息管理标准化技术委员会 |
| GB/T 8568 | 铁路行车组织词汇 | 7 大类,426 个概念 | 铁道部 |
| SB/T 10722 | 生产资料流通术语 | 3 大类,145 个概念 | 全国电子业务标准化技术委员会 |
| GB/T 29193 | 国际贸易术语字母代码 | 2 类,11 个代码 | 全国电子业务标准化技术委员会 |
| GB/T 29108 | 道路交通信息服务术语 | 6 大类,86 个概念 | 全国智能运输系统标准化技术委员会 |
| GB/T 7027 | 信息分类和编码的基本原则与方法 | 5 大类,65 个概念 | 中国标准化研究院 |
| GB/T 29184 | 物流单证分类与编码 | 5 大类,13 个概念 | 全国物流信息管理标准化技术委员会 |
| GB/T 6512 | 运输方式代码 | 2 大类,6 个概念 | 全国电子业务标准化技术委员会 |

## (二) 物流信息基础标准节选

**1.《物流术语》(GB/T 18354—2006)中物流信息基础术语**

限于篇幅,本节节选的是《物流术语》(GB/T 18354—2006)的第六部分,物流信息相关的基本概念。一些基本的术语,本处略去,主要讲一些重要的概念。

第一类是关于编码的术语。条码是指由一组规则排列的条、空及其对应字符组成的标记,用以表示一定的信息。物流标签是指附在物流单元上表示物流单元相关信息的各种质地的标签。全国产品与服务统一代码(national product code, NPC)是根据国家标准《全国产品与服务统一代码编制规则》(GB 18937—2003)而制定的一个国家标准。该标准规定了全国产品与服务的使用范围、代码结构及其表现形式。系列货运包装箱代码(serial shipping container code, SSCC)是 EAN·UCC 系统中,对物流单元进行唯一标识的代码。管理者代码 EPC manager code 是 EPC 代码的一个组成部分,用于标识某个公司或公司实体。产品电子代码信息服务 EPCIS 是 EPC 系统的一个组成部分,用户通过网络与贸易伙伴进行有关 EPC 数据的交换。

第二类是技术类基础术语。EPC 中间件(EPC middleware)是 EPC 系统的组成部分,管理实时阅读的事件和信息,提供报警信息,管理 EPCIS 和公司现存的其他信息系统中用于通信的识读信息。EPC 系统 EPC system 是指在计算机互联网的基础上,利用射频识别、无线数据通信等技术,构造的一个覆盖一定范围的网络系统。对象名称解析服务(object name service, ONS)是一个系统,用于查找唯一的电子产品代码(EPC),并将计算机指向与 EPC 对应的商品信息。它类似于域名服务系统,后者是将计算机指向 Internet 上的站点。条码自动识别技术是运用条码进行自动数据采集的技术。条码自动识别技术主要包括编码技术、符号表示技术、识读技术、生成与印制技术和应用系统设计五大部分。

第三类是服务类基础术语。例如,对象分类(object class)EPC 的目标是为每一个物理实体提供唯一标识,它是由一个版本号和另外三段数据(依次为域名管理者、对象分类、序列号)组成的一组数字,其中对象分类记录产品精确类型的信息。全球位置码是运用 EAN·UCC 系统,对法律实体、功能实体和物理实体进行唯一、准确标识的代码。

第四类是管理类基础术语。物流单元是供应链管理中运输或仓储的一个包装单元。物流信息编码是将物流信息用一种易于被电子计算机和人识别的符号体系表示出来的过程。报文是利用现代计算机技术生成、存储或者传递的信息。电子认证(electronic authentication)是在计算机和计算机之间传输的各种单据、报表、报文等。电子报表是可以利用网络进行提交、传送、存储和管理的数字化报表,它可以在网络上随时、随地、方便、快捷地进行查询、打印和下载。

第五类是信息应用类的基础术语。例如,电子采购,也称网上采购,是指利用信息通信技术,以网络为平台,与供应商之间建立联系,并完成获得某种特定产品或服务的活动。电子合同是以电子记录的形式对平等主体(如自然人、法人和其他组织)之间的权利与义务做出规定的协议。电子支付也称在线支付或网上支付,是指以金融电子化网络为基础,以电子货币、商用电子化机具和各类交易卡为媒介,以计算机技术和通信技术为手段,将各种货币或资金以电子数据(二进制数据)的形式存储在银行的计算机系统中,并通过计算机网络系统以电子信息传递的形式实现流通、转拨和支付。虚拟仓库是利用计算机和网络通信技术,将地理上分散的、属于不同所有者的实体仓库进行整合，形成具有统一目标、统一任务、统一流程的暂时性物资存储与控制组织，可以实现不同状态、空间、时间的物资有效调度和统一管理。物流信息平台是以物流公共信息平台为 Logo 的网站所提供的电子商务和物流应用平台，包括：①平台支撑环境，应用服务器、消息中间件、Ldap 服务器、CA 服务器、数据库、操作系统；②基本功能，公共数据交换、权限管理、会员管理、权限管理、日志管理、信息发布与查询；③高级应用支持，FTP 服务、邮件服务、信息发布与查询；④应用服务平台，客户端系统、运输管理系统、仓储管理系统、配送管理系统、物流计划系统、货运代理系统、海关保管系统、检验检疫系统、决策支持系统、结算管理系统。物流公共信息平台不包括上述页面中以文字、图片或其他形式所设的站外链接所指向的其他网站或网页内容。

2.《运输方式代码》(GB/T 6512—2012)

本标准是根据联合国欧洲经济委员会国际贸易程序规定而来的一份等同采纳标准，全文四个部分，一个附件。该标准规定了运输方式的标识系统，适用于国贸单证、报文中的需要，也适用于行政、运输、商业等领域中的相关代码。标准定义了 5 个术语。他们是代码、代码表、单证、货物、运输方式。给出了 10 类运输方式的代码，用 0～9 来表示。代码 0 表示运输方式未定，1 表示通过海洋运输，2 是铁路运输，3 是公路运输，4 是航空运输，5 是邮件运输，6 是多式联运，7 是固定设施运输，8 是内河运输，9 是口头熟知的方式的约定。

不同的运输方式具有不同的经济效益与成本结构，运输方式代码的标准化为建立运输成本核算体系提供了基本概念系统。

## 第四节 物流信息技术标准

物流信息技术标准是应用在物流系统中的信息技术的相关标准。由于物流信息的分散性、灵活性、复杂性和控制难度大等问题，物流信息技术标准对物流运营效率和支撑技术具有重要意义。

### 一、物流信息技术标准概述

技术标准是标准体系中一类核心的标准。在标准体系，技术标准是有关信息中报文技术、系统技术的设施、设备、流通和工艺等相关内容的标准。由于物流信息是一个包括物流活动中相关数据、图像、知识和文件的总称，所以物流信息的技术标准主要就是报文技术、信息系统技术、共享技术、采集技术等相关规范和一致性文件。

现有的物流信息技术标准大约有 150 余条，占物流标准中的 1/7 左右。代表性的标准有《运输与仓储业务数据交换应用规范》(GB/T 26772—2011)、《智能运输系统：电子收费系统框架模型》(GB/T 20135—2006)、《基于 XML 的电子商务订单报文》(GB/T 26152—2010)。这些标准对运营支撑有积极作用。

这些标准比较抽象，操作过程复杂，不容易理解。在推广和贯标过程中，要加强领域性指导和实际性改动。当然，这些标准还有一个特点，就是与相关专利结合，能形成贸易壁垒和核心竞争能力。

## 二、物流信息技术标准体系

根据系统、技术、共享、报文等关键词,在中国物流与采购联合会与物流标准委员会联合出版的《物流标准目录手册》进行搜索条目的基础上,在标准网(http://www.standardcn.com/)和国际标准化组织(http://www.iso.org/iso/home.html)上跟踪和下载,得到代表性的物流信息技术标准。

物流信息技术标准简表

## 第五节 物流信息管理标准

物流信息管理标准是对应用在物流系统中的信息技术进行分类、优化、设计和流程再造的相关标准。由于物流信息的分散性、体量大、复杂性和控制难度大等问题,物流信息管理标准对物流运营效益和可持续优化具有重要意义。

### 一、物流信息管理标准概述

服务标准是标准体系中一类面向服务业和服务流程的标准。在标准体系中,服务标准是有关分类、设计、查询和推送的相关标准。由于物流信息是一个包括物流活动中相关数据、图像、知识和文件的总称,所以物流信息的服务性标准主要就是物流活动中活动、交流进行的服务规范等相关规定及其一致性文件。

现有的物流信息基础标准大约不足100条,占物流标准的1/8左右。代表性的标准有《物流企业分类与评估指标》(GB/T 19680—2013)、《电子商务 仓单交易模式规范》(GB/T 26839—2011)、《企业物流成本构成与计算》(GB/T 20523—2006)等。这类标准对规范管理和利用管理形成物流竞争力有积极作用。

### 二、物流信息管理标准体系

#### (一)物流信息管理标准表

采取同样的搜索和整理方法,得到物流信息管理标准资料,具体内容见表10-2。

表10-2 物流信息管理标准简表

| 标 准 号 | 名 称 | 主要内容说明 | 归 口 单 位 |
| --- | --- | --- | --- |
| GB/T 15947 | 行政、商业和运输业电子数据交换报文设计规则 | 标准的设计和评审时应遵守的规则 | 全国物流标准化技术委员会 |
| GB/T 30331 | 仓储绩效指标体系 | 5大类,20个概念 | 全国物流标准化技术委员会 |
| GB/T 19680 | 物流企业分类与评估指标 | 4大类,12个概念 | 全国物流标准化技术委员会 |
| GB/T 20523 | 企业物流成本构成与计算 | 4大类,36个概念,1个规范性附录 | 全国物流标准化技术委员会 |

续表

| 标 准 号 | 名 称 | 主要内容说明 | 归口单位 |
|---|---|---|---|
| GB/T 21072 | 通用仓库等级 | 4大类,32个概念 | 全国物流标准化技术委员会 |
| GB/T 21334 | 物流园区分类与规划基本要求 | 4大类,17个概念,1个资料性附录 | 全国物流标准化技术委员会 |
| GB/T 22126 | 物流中心作业通用规范 | 5大类,44个概念 | 全国物流标准化技术委员会 |
| GB/T 24358 | 物流中心分类与基本要求 | 3大类,16个概念,2个规范性附录,1个资料性附录 | 全国物流标准化技术委员会 |
| GB/T 9174 | 一般货物运输包装通用技术条件 | 4大类,49个概念 | 全国包装标准化技术委员会 |
| GB/T 12123 | 包装设计通用要求 | 4大类,44个概念 | 全国包装标准化技术委员会 |
| GB/T 26839 | 电子商务 仓单交易模式规范 | 9大类,43个概念,1个资料性附录 | 全国电子业务标准化技术委员会 |
| JT/T 466 | 集装箱船装/卸报告报文 | 规定了集装箱船装/卸报告报文的定义和使用规则 | 交通部水运司 |

## (二) 物流信息管理标准节选

### 1. 《企业物流成本构成与计算》(GB/T 20523—2006)

本标准是在借鉴日本《物流成本计算统一标准》的基础上,从物流成本项目、物流范围和物流支付形态三个维度展开构建编写思路,主要包括适用范围、物流成本内涵及计算对象、物流成本构成和物流成本计算四部分内容,其中物流成本构成和物流成本计算是本标准的核心内容。物流成本构成部分的内容主要明确了企业纷繁复杂的成本费用中哪些应归属于物流成本,以及物流范围、物流成本项目和物流支付形态内容的具体界定,这是分离和计算物流成本的基础。物流成本计算部分的内容主要是指导企业如何计算物流成本以及如何填写统一表式的物流成本表,在这部分内容中,对不同类型企业的物流成本计算思路、方法步骤、物流间接成本的分配、物流成本表的填写以及物流成本表的钩稽关系都做了较为明确的规定。

本标准通过建立一套符合我国国情的适用于生产流通企业的物流成本构成与核算体系,使我国企业切实掌握自身用于物流环节的实际费用,帮助企业开源节流,降低物流成本,开发第三大利润源泉。微观企业层面的物流成本统计数据同时也为行业及社会物流成本分析提供了基础,对促进我国物流发展具有积极意义。

物流成本是指物流活动中所消耗的物化劳动和活劳动的货币表现。即产品在包装、运输、储存、装卸搬运、流通加工、物流信息、物流管理等过程中所耗费的人力、物力和财力的总和以及与存货有关的资金占用成本、物品损耗成本、保险和税收成本。本标准中与存货有关的资金占用成本包括负债融资所发生的利息支出(即显性成本)和占用自有资金所产生的机会成本(即隐性成本)两部分内容。其中,物流成本计算对象在本标准中以物流成本项目、物流范围和物流成本支付形态作为物流成本计算对象。成本项目类别物流成本是指以物流成本项目作为物流成本计算对象,具体包括物流功能成本和存货相关成本。其中,物流功能成本是指在包装、运输、仓储、装卸搬运、流通加工、物流信息和物流管理过程中所发生的物流成本。存货相关成本是指企业在物流活动过程中所发生的与存货有关的资金占用成本、物品损耗成本、保险和税收成本。范围类别物流成本是指以物流活动的范围作为物流成本计算对象,具体包括供应物流、企业内物流、销售物流、回收物流和废弃物流等不同阶段所发生的各项成本支出。形态类别物流成本是指以物流成本的支付形态作为物流成本计算对象。具体包括委托物流成本和企业内部物流成本。企业内部物流成本的支付形态包括材料费、人工费、维护费、一般经费和特别经费。其中,尤为重要的是企业物流成本项目构成,具体见表10-3。

表10-3 企业物流成本项目构成

| 成本项目 | | | 内容说明 |
|---|---|---|---|
| 物流功能成本 | 物流运作成本 | 运输成本 | 一定时期内,企业为完成货物运输业务而发生的全部费用,包括从事货物运输业务的人员费用、车辆(包括其他运输工具)的燃料费、折旧费、维修保养费、租赁费、养路费、过路费、年检费、事故损失费、相关税金等 |
| | | 仓储成本 | 一定时期内,企业为完成货物储存业务而发生的全部费用,包括仓储业务人员费用、仓储设施的折旧费、维修保养费、水电费、燃料与动力消耗等 |
| | | 包装成本 | 一定时期内,企业为完成货物包装业务而发生的全部费用,包括包装业务人员费用,包装材料消耗,包装设施折旧费、维修保养费,包装技术设计、实施费用以及包装标记的设计、印制等辅助费用 |
| | | 装卸成本 | 一定时期内,企业为完成装卸搬运业务而发生的全部费用,包括装卸搬运业务人员费用,装卸搬运设施折旧费、维修保养费、燃料与动力消耗等 |
| | | 流通成本 | 一定时期内,企业为完成货物流通加工业务而发生的全部费用,包括流通加工业务人员费用,流通加工材料消耗,加工设施折旧费、维修保养费,燃料与动力消耗费等 |
| | 物流信息成本 | | 一定时期内,企业为采集、传输、处理物流信息而发生的全部费用,指与订货处理、储存管理、客户服务有关的费用,具体包括物流信息人员费用,软硬件折旧费、维护保养费、通信费等 |
| | 物流管理成本 | | 一定时期内,企业物流管理部门及物流作业现场所发生的管理费用,具体包括管理人员费用、差旅费、办公费、会议费等 |
| 存货相关成本 | 资金占用成本 | | 一定时期内,企业在物流活动过程中负债融资所发生的利息支出(显性成本)和占用内部资金所发生的机会成本(隐性成本) |
| | 物品损耗成本 | | 一定时期内,企业在物流活动过程中所发生的物品跌价、损耗、毁损、盘亏等损失 |
| | 保险和税收成本 | | 一定时期内,企业支付的与存货相关的财产保险费以及因购进和销售物品应交纳的税金支出 |

2.《物流企业分类与评估指标》(GB/T 19680—2013)

我国的国家级《物流企业分类与评估指标》标准是支撑和规范物流产业标准化发展的重要标准文件之一。整个标准按照一般结构分为6个部分和3个附件。在该文件中,物流企业定义、分类原则、层次和等级评估指标构成核心内容。在标准范围、规范性和术语3个部分中,标准的意义和物流企业属性等基本概念要素得到标准化处理,为标准的具体条款的一致性、连续性、兼容性和系列化提供保障。第4部分是原则和方法。第5部分是三类物流企业的识别条件。第6部分是不同类型物流系企业的5个等级划分与评估指标,最后依次是三类企业5个等级的评标体系简表,共有6个一级指标和16个二级指标。

随着产业的发展,物流企业分类与评估标准得到较好的应用和推广,从而推动了新一轮的物流企业分类与评估标准的修订和代替工作,于是2013版面市。2013版物流企业分类标准的立项、修订、评审和发布过程更多地彰显了物流服务的概念、服务创新和价值创造的阶段性差异。基本结构和2005版基本保持一致,但在术语、识别条件和指标中发生了一些变化。一方面变化体现了物流企业成长的动态性和阶段性演化规律;另一方面更加强调物流服务的内涵和实施,明确了服务和物流信息管理之间的管理。在具体的分类原则和方法等方面更加精炼,突出服务内涵的演化过程。除此之外,一个明显的修订和演化就是登记评估指标的删减、增加及修改。在营业收入、服务方案和实施等方面强化了物流服务的相对优势及差异优势。在此基础上,从资产负债、信息管理等角度修改了支撑服务的基本要素的层次划分指标的水平和发展状态描述。

物流企业分类标准的生命周期对应图如图10-4所示。

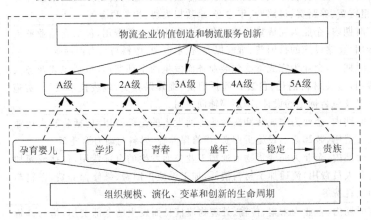

图10-4 物流企业分类标准的生命周期对应图

运输型物流企业评估指标表

其中,该标准内容中较为典型的部分为运输型企业的分类与评估表。

## 第六节 物流信息服务标准

物流信息服务标准是对应用在物流系统中的信息技术及其服务进行分类、推送、设计和管理的相关标准。由于物流信息的分散性、体量大、服务性强和控制难度大等问题,物流信息服务标准对物流服务顾客满意度具有重要意义。

### 一、物流信息服务标准概述

现有的物流信息服务标准大约不足50条,占物流标准中的1/13左右。代表性的标准有《道路交通信息服务 信息分类与编码》(GB/T 21394—2008)、《快件跟踪查询信息服务规范》(YZ/T 0131—2013)、《公共航空运输服务质量评定》(GB/T 18360—2007)等。这些标准对规范服务流程和评估水平有积极作用,有助于提高物流产业服务满意度,提高顾客忠诚度和企业美誉度。

在制造和服务产业竞争中，物流服务质量直接影响到物流企业的核心竞争力，是促进产业结构调整和提升经济质量的重要基础。这类标准围绕顾客感知服务质量、物流服务的质量测评、物流服务质量差距分析模型以及服务质量改善等方面进行构建，也是一急需发展的领域。

## 二、物流信息服务标准体系

根据信息服务、满意、查询、质量等级评估与评定等关键词，在中国物流与采购联合会与物流标准委员会联合出版的《物流标准目录手册》中进行搜索条目，然后在标准网（http://www.standardcn.com/）上进行下载，得到代表性的物流信息服务标准文件，典型的标准信息及内容见表10-4。

表10-4 物流信息服务典型标准简表

| 标准号 | 名称 | 主要内容说明 | 归口单位 |
| --- | --- | --- | --- |
| GB/T 21394 | 道路交通信息服务信息分类与编码 | 4大类，10个概念 | 全国智能运输系统标准化技术委员会 |
| GB/T 20924 | 道路货物运输服务质量评定 | 达到旅客或是货主的某些要求，对相应的运送程序进行合理组织和监管的过程 | 全国智能运输系统标准化技术委员会 |
| YZ/T 0131 | 快件跟踪查询信息服务规范 | 查询信息服务的总结、采集、内容和信息上网时间限制等 | 中华人民共和国邮政局标准委 |
| GB/T 24359 | 第三方物流服务质量要求 | 5大类，13个概念 | 全国智能运输系统标准化技术委员会 |
| GB/T 21072 | 仓储服务质量要求 | 仓储服务质量和等级的规范 | 全国物流信息管理标准化技术委员会 |
| GB/T 26820 | 物流服务分类与编码 | 4大类，12个概念 | 全国物流信息管理标准化技术委员会 |
| GB/T 18360 | 公共航空运输服务质量评定 | 8大类，20个概念 | 中国民用航空局 |

## 本章小结

物流信息标准化既是对物流信息的规范化管理，又是对物流信息标准的体系化架构。本章在介绍物流信息标准化概念和体系的基础上，重点从标准化内容和意义、标准化体系两个层面介绍物流信息基础、信息服务、信息技术和信息管理四个方面的标准化知识和相关典型标准文件。

## 思 考 题

1. 简述物流标准化、物流信息标准化的概念。
2. 简述物流信息标准化体系的结构。
3. 简述物流信息基础标准的内容。
4. 举例分析制定物流信息技术标准的意义。

5. 物流信息服务标准内容有哪些?
6. 讨论物流信息标准化发展趋势。
7. 讨论如何构建物流信息服务标准。
8. 结合相关标准内容,举例对物流信息标准的战略发展提出建议。

## 案例分析

### 物流信息标准化在物流系统中作用

**报道1** 习近平在山东考察时指出:要加快物流标准化信息化建设

中共中央总书记、国家主席、中央军委主席习近平曾在山东考察时强调,全面深化改革,对全面建成小康社会、实现中华民族伟大复兴意义重大而深远。习近平在山东省委书记姜异康和省长郭树清陪同下,来到青岛、临沂、济宁、菏泽、济南等地,深入革命老区、企业、科研院所、文化机构等,考察经济社会发展情况,推动党的十八届三中全会精神学习贯彻。

临沂交通便利,货畅其流。习近平来到金兰物流基地,视察物流信息中心,考察物流运输企业。他同管理人员和装卸工亲切交谈,详细了解物流业运行过程和成本效益,问他们还有哪些问题需要政府帮助解决。习近平指出,物流业一头连着生产、一头连着消费,在市场经济中的地位越来越凸显。要加快物流标准化信息化建设,提高流通效率,推动物流业健康发展。

**报道2** 李克强出席第39届国际标准化组织大会

李克强说,标准化水平的高低,反映了一个国家产业核心竞争力乃至综合实力的强弱。要发挥标准的引领作用,就必须聚焦关键。一要全面实施标准化战略,加快新兴领域标准制定。二要着眼提升制造业竞争力,推动标准化与"中国制造2025"深度融合,满足柔性化生产、个性化定制等需求。三要立足提高产品和服务质量,将不断升级的标准与富于创新的企业家精神和精益求精的工匠精神更好结合,更好满足消费升级需求。四要把标准化理念和方法融入政府治理之中,更加注重运用标准化这一手段,促进政府管理更加科学和市场监管更加规范有序。

**报道3** 汪洋:努力解决物流成本高、效率低的问题

国务院副总理汪洋曾提及多项举措,解决物流成本高、效率低的问题。

汪洋指出,物流业是支撑国民经济社会发展的基础性、战略性产业。近年来,我国物流业快速发展,有力地支撑了国民经济运行。但总体看物流业发展相对滞后,物流费用高、效率低,城市"最后一公里"配送难、配送贵的问题突出。

汪洋要求重点抓好六方面工作,包括推进物流标准化建设,加快标准的推广和应用;建设物流诚信体系,严厉打击不正当竞争和违法经营行为;提高物流信息化水平,扶持建设一批标准化物流信息平台,降低货车空驶率;落实鼓励物流业发展的政策,减轻企业负担;加快发展现代物流,实行生活必需品配送车辆优先通行政策;培育第三方物流企业,鼓励一体化运作和网络化经营。

**案例讨论:**

根据上述三段论述报道,回答物流信息标准化在物流发展中的作用。

# 第十一章

# 物流信息管理相关法律、法规

**章节知识框架**

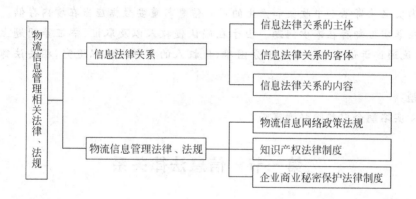

**学习导航**

法律、法规是保障物流信息管理以及物流信息系统正常运行的基础,也是物流信息管理工作应该遵循的原则。我国一直在完善该领域的法律体系,进一步促进了物流信息管理工作的展开。

通过本章的学习,了解信息法律中的主体、客体,了解信息法律的内容。了解物流信息网络政策法规、知识产权法律制度和商业秘密保护法律制度等。

**教学建议**

建议在本章学习过程中,搜索相关案例,利用案例辅助教材内容的学习。建议了解当年是否有新的物流法规生效,是否有对物流法规的修改,以保证知识的时效性。

**导入案例**

## 一份文件引发的担忧

2018年10月22日,交通运输部公布了《邮件快件实名收寄管理办法》(以下简称《办法》),自公布之日起施行。《办法》要求寄件人交寄邮件、快件时,应当出示本人有效身份证件,如实填写寄递详情单。寄件人交寄信件以外的邮件、快件时,拒绝出示有效身份证件,或者拒绝寄递企业登记身份信息的,寄递企业不得为其提供收寄服务。寄递企业实名收寄操作不规范或者不执行实名收寄制度,将承担相应的法律责任。这项制度在征求意见阶段,引起了来自各方的广泛讨论,面对当下个人信息安全严重泄露的现状,不少人对快递实名制下个人信息的安全表示了担心。

我国法律对于公民隐私权的保护有明确规定,按照《中华人民共和国刑法修正案(七)》规定,出售或者非法获取公民个人信息,可处三年以下有期徒刑或拘役。本次公布的办法,也强调强化了寄递企业保障用户信息安全的义务,要求寄递企业应当建立健全信息安全保障制度,采取必要防护措施,防止信息泄露、毁损、丢失。寄递企业及其从业人员应当对提供寄递服务过程中获取的用户身份信息严格保密,不得出售、泄露或者非法提供寄递服务过程中知悉的用户信息。发生或者可能发生用户身份信息泄露、丢失等情况时,寄递企业应当立即采取补救措施,并向事件所在地邮政管理部门报告,配合相关部门进行调查处理。寄递企业在我国境内实名收寄活动中收集和产生的用户信息与重要数据应当在境内存储。

然而在落实上却存在不少问题。由于在确认侵权人以及取证、举证等问题上存在较大难度,使公民通过诉讼来维权变得十分困难,侵权人的责任也难以追究,相关法律亟待进一步完善。

思考题:
你担心实名制会引起隐私泄露吗?

# 第一节 信息法律关系

法律规范在调整人们行为过程中形成的权利义务关系,是根据法律规范建立的一种社会关系。从一般法学原理来考察,法律关系的构成要素有三个方面,即参与法律关系的主体、构成法律关系内容的权利与义务以及作为权利义务对象的法律关系的客体。

信息法律关系是根据信息法规产生的、以主体之间的权利义务关系为表现形式的特殊的社会关系。信息法律关系具有自身的特点,因而关于信息法律关系的定义可以从以下方面展开说明。

(1) 信息法律关系是一种特殊的社会关系。社会关系是人们在实施交互行为的过程中形成的人与人之间的关系,这种人与人之间的关系具有社会性,直接影响着人本身的利益、需要,影响着人类社会的秩序和发展等。法律关系不同于社会物质关系,是一种思想社会关系、意志关系。信息法律关系作为一种特殊的法律关系,它是一种依信息法规范而产生的,受信息法保护的信息关系。信息法规范的存在,是信息法律关系得以产生的前提,没有相应的调整其法律规范,也就不可能产生信息法律关系。

(2) 信息法律关系以主体之间的权利义务关系为表现形式。法律是通过规定主体的权利和义务,运用权利义务机制来引导主体行为、调节社会关系的,这使依据法律规范而建立的法律关系必然以主体之间的权利义务关系为表现形式,信息法律关系也不例外。值得一提的是,信息法律关系是表现为现实的主体之间因信息而形成的权利义务关系或称信息权利义务关系。

信息法律关系也由主体、客体、内容三个要素构成,三个要素密切相关,缺一不可。

## 一、信息法律关系的主体

信息法律关系的主体，又称信息权利主体，是指信息法律关系中的权利享有者和义务承担者，也就是信息法律关系的参加者。信息法律关系主体的资格和条件是由法律加以规定的，只有依法具有一定资格和条件的参加信息活动的主体才能成为信息法律关系的主体。同时，哪些主体能够成为信息法律关系还要受到人们的认识水平以及经济与社会发展水平等因素的制约。

参加信息活动的主体，简称信息主体，其具体形式纷繁复杂，依据不同的标准可以有不同的分类，例如，从信息的运动角度或信息的活动角度，信息主体可以分为获取信息的主体、加工、处理信息的主体，传播信息的主体，存储信息的主体等。在这些主体中也包括拥有信息的主体和接受信息的主体，如传播、存储或保留信息的主体也是拥有信息的主体，获取信息的主体也是接受信息的主体等。此外，上述信息主体从法学的角度也可分为信息占有的主体、信息使用的主体和信息处分的主体。信息占有的主体或称使用信息的主体，如获得信息的主体、存储、保留信息的主体均属之。信息处分的主体或称处分信息的主体，如决定存储、保留信息的主体、决定将信息公开传播的主体均属之。

以上分类均有其积极意义，对于研究信息法律关系的主体均有积极作用，尤其这些分类都有信息因素的影响，因而特别有助于认识信息法的相关具体问题。尽管如此，仍有必要从主体的法律形态的角度进行分类，因为这种分类在立法上影响更大。所谓主体的法律形态，是指法律对主体形式的直接的规定。从法律形态的角度，可以把信息主体分为自然人、法人和国家三大类。

自然人（公民）是重要的、基本的信息主体。许多信息活动都是由自然人直接实施的，并且人类的各类具体活动，最终都是由自然人来进行，因此，自然人在信息主体中占有十分重要的地位。自然人在一国的领域内，包括具有该国国籍的公民、居住在该国国境内的外国人和无国籍人。此外，不具有独立的法律主体资格的自然人集合，一般被规定为属于自然人范围。例如，我国《民法通则》就把个体工商户、农村个体经营户以及个人合伙均规定在自然人项下。

法人是另一类非常重要的信息主体。它包括国家机关法人和企业法人、事业单位法人、社会团体法人等。此外，能独立承担民事责任的非法人组织也可作为信息主体。许多复杂的、重要的信息活动，都离不开各类组织体的直接参与，这些组织体在具体的信息活动中往往占据着主导地位，发挥着重要的作用。

国家（政府）也是重要的信息主体，是信息活动的重要参与者，并具有举足轻重的地位。一方面，国家要经常地向社会提供大量信息使这些信息成为共享的资源，以引导人们的行为，促进经济与社会的发展；另一方面，为了保障国家利益和社会公共利益，国家又必须储存保留某些领域的信息，使这些信息处于秘密状态，而不许非法获取使用。

上述三类主体，是信息法规定的信息主体的法律形态，当这些主体参加到具体的信息法律关系中时，便不再是一般的信息主体，而是信息法律关系的主体了。况且，上述三类信息主体的法律形态与前面的有关分类只是划分标准不同而已，在实际上是一致的。例如，自然人、组织体、国家同样可以是获取、加工、处理、传播、存储信息的主体，也同样可以是占有、使用、处分信息的主体。这种一致性恰恰可以证明上述的分类具有合理性的一面。

## 二、信息法律关系的客体

信息法律关系的客体,又称信息权利客体,是法律关系主体的权利和义务所指向的对象或称标的。信息法律关系的客体是信息,但并非一切信息,只有那些能够满足信息主体的利益或需要,同时又能得到国家相关法律确认和保护的信息,才能成为信息法律关系的客体。那些虽能满足某些信息主体的利益或需要,但却为国家法律所禁止或不予保护的信息,如反动、淫秽作品等,不能成为信息法律关系的客体。

正如前述信息主体一样,能够成为信息法律关系的客体的信息范围,也是不断地处于变化之中的,但在总的趋势上是不断扩大的。这是因为信息的范围本身要受到经济与社会发展水平以及人们的认识水平的制约,由此也会使相关的信息立法受到制约。由于没有信息立法也就没有信息法所保护的客体,因此作为信息法律关系客体的信息范围是要受到经济、社会、法律发展水平等因素的制约的。随着经济与社会的发展,人们认识的不断深化,以及信息立法的加强,作为信息权利客体的信息,其范围正日渐扩大,形式也日益多样化。

信息依据不同的标准,可以作不同的分类,例如:①信息依其性质,可分为自然信息和社会信息。前者如生命信息、气象信息、地震信息等;后者如商业信息、政治信息、科技信息、文化信息、法律信息等。其中,商业信息、政治信息和科技信息,是信息权利客体的最重要的表现形式。②信息依其载体(物质财富或非物质财富的各种具体形式),可分为口头信息、实物信息、文献信息等,它们均可成为信息权利的客体。③按信息的存在状态和传播方式,信息可分为公开信息和秘密信息。前者是指向社会公开的,可以为公众广泛公知的信息,如已公开的专利信息或股份公司的财务信息,公开发表的著作等;后者是指在一定的小范围内保密的信息,该信息并未公开,也未为公众所知悉,如国家秘密、企业的商业秘密、个人隐私等。这些信息均可成为信息权利的客体。④按信息是否具有商品的属性,可分为商品性信息和非商品性信息,前者如有偿使用的专利技术、商标等,后者如无须付费的、具有公共物品性质的天气预报信息、国家统计信息,以及无法为外人使用的个人隐私信息等。这些信息也可成为信息权利的客体。

## 三、信息法律关系的内容

信息法律关系的内容就是信息法律关系的主体之间的权利与义务,并且该权利与义务共同指向的对象就是信息。

信息法律关系主体的权利,简称信息权利,是法律主体依法为或不为一定的行为,以及要求他人为或不为一定行为的可能性。这种信息权利源于法律的规定,受法律保护,并且它以义务人履行相应的义务作为保证。从另一个角度来说,信息权利是法律主体获取利益或满足需要的法律手段,通过行使信息权利,法律主体便能够实现其信息活动的目的。

信息法律关系主体的义务,简称信息义务,是法律主体依法必须为或不为一定行为的必要性,它是法律对法律主体行为的一种约束。法律主体履行其信息义务,是保证信息权利有效实现的必要条件。法律主体违反法定的信息义务,侵犯信息权利,就应当承担相应的法律责任,就要受到法律的制裁。

上述信息权利与信息义务也是密切相关的,两者互相依存,没有无义务的权利,也没有无权利的义务。一方面,信息权利的实现有赖于信息义务的履行;另一方面,履行信息义务之所以必要，是因为这是有效实现信息权利的需要。如果没有信息权利，也就无所谓信息义务了；反之，如果没有信息义务，则信息权利也将不复存在。此外，信息权利并不是毫无限制的，在各类法律中往往都对信息权利有限制性的规定，并且权利人不得滥用信息权利，不能影响他人的合法权利的行使，这是权利人在享有信息权利的同时，也必须承担的最基本的信息义务。而权利人的这些义务，也正是义务人的权利。

信息法律主体的权利与义务是信息法的核心。信息法规范是通过规定主体的权利与义务，并通过权利义务机制来规范信息活动、调整信息关系。因此，信息法规范的核心内容是确定法律主体的信息权利与信息义务，以及违反信息义务的法律责任。其中，保护信息权利是所有规定的核心，从某种意义上说，信息法就是保护信息权利的法。

## 第二节　物流信息管理法律、法规

物流信息管理活动主要包括物流信息的产生、物流信息的流转和物流信息的安全三个方面。围绕这三个方面，我国调整物流信息管理活动的法律法规主要包括物流信息网络政策法规、知识产权法律制度和商业秘密保护法律制度三个方面。

### 一、物流信息网络政策法规

（一）《中华人民共和国网络安全法》

《中华人民共和国网络安全法》（以下简称《网络安全法》）由中华人民共和国第十二届全国人民代表大会常务委员会第二十四次会议于 2016 年 11 月 7 日通过，自 2017 年 6 月 1 日起施行。《网络安全法》是我国第一部全面规范网络空间安全管理方面问题的基础性法律，是我国网络空间法治建设的重要里程碑，是依法治网、化解网络风险的法律重器，是让互联网在法治轨道上健康运行的重要保障。《网络安全法》将近年来一些成熟的好做法制度化，并为将来可能的制度创新做了原则性规定，为网络安全工作提供切实法律保障。

《网络安全法》提出制定网络安全战略，明确网络空间治理目标，提高了我国网络安全政策的透明度。《网络安全法》进一步明确了政府各部门的职责权限，完善了网络安全监管体制。《网络安全法》强化了网络运行安全，重点保护关键信息基础设施。《网络安全法》完善了网络安全义务和责任，加大了违法惩处力度。《网络安全法》将监测预警与应急处置措施制度化、法制化。

（二）《互联网信息服务管理办法》

中华人民共和国网络安全法

国务院 2000 年 9 月 25 日颁布的《互联网信息服务管理办法》（2012 年出台修订草案征求意见稿）是目前我国对提供互联网信息服务实行管制制度的主要行政法规。《互联网信息服务管理办法》第三条规定："互联网信息服务分为经营性和非经营性两类。经营性互联网信息服务是指通过互联网向上网用户有偿提供信息或者网页制作等服务活动。非经营性互联网信息服务是指通过互联网向上网用户无偿提供具有公开性、共享性信息的服务活动。"因此，物流信息网络服务要区分是否属于经营性行为，经营性行为采取许可制度，非经营性行为采取备案制度。

### (三)《全国人民代表大会常务委员会关于维护互联网安全的决定》

《全国人民代表大会常务委员会关于维护互联网安全的决定》于2000年12月28日第九届全国人民代表大会常务委员会第十九次会议通过。《全国人民代表大会常务委员会关于维护互联网安全的决定》主要从我国刑法的有关规定出发,对有关危害互联网安全的犯罪行为的刑事责任予以明确,同时规定了相关危害互联网安全的行为不构成犯罪时的民事责任和行政责任。

### (四)《计算机信息网络国际联网安全保护管理办法》

《计算机信息网络国际联网安全保护管理办法》是国务院于1997年12月11日批准,公安部于1997年12月16日公安部令(第33号)发布,于1997年12月30日实施。之后,根据2011年1月8日《国务院关于废止和修改部分行政法规的决定》做出修订。该办法包括总则、安全保护责任、安全监督、法律责任等方面的内容。

法律是信息网络安全的制度保障。离开了法律这一强制性规范体系,信息网络安全技术和管理人员的行为,都失去了约束。即使有再完善的技术和管理的手段,都是不可靠的。同样没有安全缺陷的网络系统,即使相当完善的安全机制,也不可能完全避免非法攻击和网络犯罪行为。信息网络安全法律,告诉人们哪些网络行为不可为,如果实施了违法行为就要承担法律责任,构成犯罪的还承担刑事责任。一方面,它是一种预防手段;另一方面,它也以其强制力为后盾,为信息网络安全构筑起最后一道防线。

互联网信息服务管理办法

全国人民代表大会常务委员会
关于维护互联网安全的决定

计算机信息网络国际联网
安全保护管理办法

### (五)《中华人民共和国计算机信息系统安全保护条例》

国务院于1994年2月18日发布了《中华人民共和国计算机信息系统安全保护条例》,之后,根据2011年1月8日《国务院关于废止和修改部分行政法规的决定》做出修订。其主要内容包括:公安部主管全国计算机信息系统安全保护工作;计算机信息系统实行安全等级保护;计算机信息系统的使用单位应当建立健全安全管理制度,负责本单位计算机信息系统的安全保护工作;国家对计算机信息系统安全专用产品的销售实行许可证制度等。

## 二、知识产权法律制度

物流信息的知识产权保护主要集中在物流信息集合成数据库之后的法律保护问题。

中华人民共和国计算机
信息系统安全保护条例

(1) 数据库的定义。我国尚没有法律对数据库做出明确定义,但可以借鉴欧盟在1996年颁布的《关于数据库法律保护的指令(96/9/EC)》第一条第二款的规定——"在本指令中,'数据库'是指经系统或有序的安排,并可通过电子或其他手段单独加以访问的作品、数据或其他材料的集合"。物流信息经过编排,也可以集合成数据库。

(2) 数据库的法律保护。我国目前对数据库的保护主要是从著作权法角度去设计。《中华人民共和国著作权法》第十四条规定,"汇编若干作品、作品的片段或者不构成作品的数据或者其他材料,对其内容的选择或者编排体现独创性的作品,为汇编作品,其著作权由汇编人享有,但行使著作权时,不得侵犯原作品的著作权"。

### 三、企业商业秘密保护法律制度

#### (一) 物流信息成为商业秘密的意义

**1. 商业秘密的定义**

《中华人民共和国反不正当竞争法》(以下简称《反不正当竞争法》)第九条是一个说明性法条,它对商业秘密进行了定义:"本法所称的商业秘密,是指不为公众所知悉、具有商业价值并经权利人采取相应保密措施的技术信息和经营信息。"

国家工商行政管理局《关于禁止侵犯商业秘密行为的若干规定》第二条先重复了《反不正当竞争法》中商业秘密的定义,紧接着对商业秘密的四个要件进行了行政解释。

(1) 非周知性,"本规定所称不为公众所知悉,是指该信息是不能从公开渠道直接获取的"。

(2) 经济性,是指"能为权利人带来现实的或者潜在经济利益或者竞争优势"。

(3) 实用性,是指"该信息具有确定的可应用性"。

(4) 保密性,"本规定所称权利人采取保密措施,包括订立保密协议,建立保密制度及采取其他合理的保密措施"。

**2. 商业秘密的范围**

根据《反不正当竞争法》第十九条的规定,商业秘密包括技术信息和经营信息。依照《关于禁止侵犯商业秘密行为的若干规定》第二条第五款的解释,"本规定所称技术信息和经营信息,包括设计、程序、产品配方、制作工艺、制作方法、管理诀窍、客户名单、货源情报、产销策略、招投标中的标底及标书内容等信息"。

"技术秘密(信息)即狭义的商业秘密,是指应用于工业目的的没有得到专利保护的、仅为有限的人所掌握的技术和知识。"技术秘密不等于非专利技术。依据1989年3月15日发布的《技术合同法实施条例》的解释,"非专利技术"包括:未申请专利的技术成果;未授予专利权的技术成果;专利法规定不授予专利权的技术成果。从外延上看,技术秘密明显窄于非专利技术。1999年《合同法》技术合同一章中,不再使用"非专利技术转让"一语,而使用"技术秘密转让"一语,体现了立法技术的进步。

"经营信息是指能够为经营者带来经济利益或竞争优势的用于经营活动的各类信息。""该类商业秘密是指具有秘密性质的经营管理方法以及与经营管理方法密切相关的信息和情报,其中包括管理方法、产销策略、客户名单、货源情报以及对市场的分析、预测报告和未来的发展规划。它们是企业立足市场并谋求发展的根本,一旦泄露则容易丢失竞争优势,失去市场份额。"

从世界立法趋势来看,商业秘密的保护范围呈日益扩大的趋势:从财产特征明显的技术秘密,逐步扩大到以管理和营销为内容的经营性信息;对商业秘密含义的界定从注重外延式列举发展到抽象地概括其内涵。由此可见,物流信息完全可以成为企业的商业秘密。

### (二) 侵犯商业秘密的行为类型

依我国《反不正当竞争法》,可以将侵犯商业秘密的行为归纳为四种类型。

#### 1. 以不正当手段获取商业秘密的行为

以商业秘密保护为内容的竞争者地位权是排他性的支配权,这种排他性不像物权那样是由物体的天然属性获得的,而是经由权利人采取了保密措施而获得的。由于权利人采取了保密措施,所以只要以不正当手段获取该商业秘密即构成侵权,而不论是否有披露、使用行为。即商业秘密本身具有财产性的特征,违反权利人意志获取这种秘密的内容,就构成反不当竞争意义上的侵权行为。获取他人商业秘密的不正当手段包括但不限于盗窃、利诱、胁迫等手段。

#### 2. 披露、使用以不正当手段获取的商业秘密的行为

披露是指采用不正当手段获取商业秘密的行为人将所获取的商业秘密向他人扩散,使其丧失非周知性,成为公共物品(public goods)。披露包括两种方式:一种是在要求对方保密的条件下向特定人、少数人披露;另一种是向不特定的多数人披露。使用是指采取不正当手段获取商业秘密的行为人将商业秘密用于生产经营,直接利用商业秘密使用价值的行为,可以是自己使用,也可以是允许他人使用。

#### 3. 违反保密义务披露、使用商业秘密的行为

违反保密义务披露、使用商业秘密的行为包括两类:一类是与权利人有业务关系的单位和个人违反合同约定或者违反权利人保守商业秘密的要求,披露、使用或者允许他人使用其所掌握的商业秘密;另一类是权利人的职工违反合同约定或者违反权利人保守商业秘密的要求,披露、使用或者允许他人使用其所掌握的权利人的商业秘密。

保密义务不仅可以基于约定产生,还可根据法律规定产生。我国《合同法》明文规定了法定的附随义务,即基于诚实信用原则产生的先契约义务和后契约义务。《合同法》第四十三条规定,当事人在订立合同过程中知悉的商业秘密,无论合同是否成立,不得泄露或者不正当使用,否则应当承担损害赔偿责任(缔约过失责任);第六十条第二款规定,当事人应当遵循诚实信用原则,根据合同的性质、目的和交易习惯履行通知、协助、保密等义务。第九十二条规定,合同权利义务终止后,当事人应当遵循诚实信用原则,根据交易习惯履行通知、协助、保密等义务。

#### 4. 第三人恶意获取、披露、使用商业秘密的行为

基于竞争者地位权的排他支配特性,虽非直接从权利人处以不正当手段获取商业秘密,但明知或应知其为商业秘密而获取、使用及披露者,仍构成对权利人的侵害。竞争者地位权是一种类似物权性质的权利,这是排他效力的当然体现。

# 本 章 小 结

法律规范在调整人们行为过程中形成的权利义务关系,是根据法律规范建立的一种社会关系。从一般法学原理来考察,法律关系的构成要素有三个方面,即参与法律关系的主

体、构成法律关系内容的权利与义务以及作为权利义务对象的法律关系的客体。

物流信息管理活动主要包括物流信息的产生、物流信息的流转和物流信息的安全三个方面。围绕这三个方面,本章介绍了我国调整物流信息管理活动的法律法规,其主要包括物流信息网络政策法规、知识产权法律制度和商业秘密保护法律制度三个方面。

## 思 考 题

1. 什么是信息法律的主体和客体?
2. 物流信息网络政策法规有哪些?
3. 知识产权法律制度有哪些?
4. 商业秘密保护法律制度有哪些?

## 案 例 分 析

### 一次侵权案的启示

原告获得《计算机软件著作权登记证书》,登记的软件名称为《××物流信息数据库管理查询系统》,登记号为××0475,并且由海南××出版社加以公开出版发行。

原告向海南省公证处申请证据保全,原告工作人员在公证人员的监督下登录被告湖北××商务咨询有限公司经营的网站,对其中的"物流信息检索"栏目中的数据和部分其他网页做了抽样下载并保存,将保存的内容刻制一式三张光盘由公证处封存。

原告认为被告的行为侵犯了原告对《××物流信息数据库管理查询系统》(以下简称《数据库》)享有的著作权,影响了该产品的正常销售,遂请求判令被告立即停止侵权、删除复制在其网站上的《数据库》;在被告网站上公开向原告赔礼道歉;共同赔偿原告经济损失人民币20万元。

法院经审理后认为,根据我国著作权法的规定:汇编作品、作品的片段或者不构成作品的数据或者其他材料,对其内容的选择或者编排体现独创性的作品,为汇编作品,其著作权由汇编人享有,但行使著作权时,不得侵犯原作品的著作权。因此,受著作权法保护的汇编作品,应是在对有关的作品、数据或者其他材料内容的选择或者编排方面具有独创性,否则不在著作权法保护的范围之内。汇编作品的保护在于该作品内容的选择、编排方面,并不延及其构成部分本身。所谓独创性即原创性,是指作品由作者通过自己的智力活动而依法产生的,不是通过抄袭他人作品而产生的。只要作品具有最低限度的独创性,就应依照著作权法受到保护。原告在数据库的编排方式方面确实具有一定的独创性。原告对该数据库汇编作品依法应享有著作权。

最后法院认定湖北××商务咨询有限公司未经海南××物流信息有限公司许可,擅自复制其享有著作权的《数据库》,并且通过自营的网站加以传播,其行为已经侵害海南××物流信息有限公司的著作权。

**案例讨论:**

1. 案例说明了什么?
2. 企业如何避免同类事件的发生?

# 第十二章

# 物流信息管理新兴技术

章节知识框架

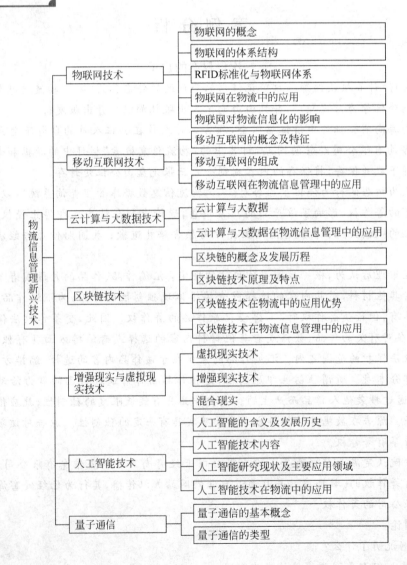

## 学习导航

通过本章学习,理解物联网的概念、体系结构,了解物联网实际应用模式,掌握物联网在物流中的实际应用及其对物流信息化的推进作用;理解移动互联网的概念、组成架构,掌握移动互联网在物流信息管理中的应用;理解云计算与大数据概念,了解云计算的服务架构体系,理解云物流与物流大数据的内涵;理解区块链的概念、特点及技术原理,了解区块链技术在物流领域中的应用优势,掌握区块链技术在物流信息管理中的具体应用;了解人工智能的含义及发展历史,理解人工智能技术内容,掌握人工智能技术在物流中的具体应用。

## 教学建议

通过案例导入,学习本章的要点,特别是对新兴技术在物流信息管理中具体应用的理解和掌握,提升物流信息化水平,一般用6课时。课后学习用3课时。

## 导入案例

### 新加坡 Yojee 公司利用区块链技术实现物流自动化

新加坡 Yojee 公司致力于设计自动化物流网络,为物流公司提供实时跟踪、提货和交货确认、开票、工作管理和司机评级等服务。

目前 Yojee 公司已经构建了使用人工智能和区块链技术的软件,可以将货物的运输流程清晰地记录到链上,装载、运输、取件、流程清晰可见,以此实现用户优化和管理车队,利用机器学习将物流交付工作自动分配给司机,减少对人工调度员的需求,充分利用现有的"最后一英里"交付基础设施来帮助物流企业调整车队,不仅降低了物流供应商的成本,还为客户提供了更便捷的交付。

依靠区块链技术,Yojee 公司可以真实可靠地记录卖方、买方、价格、合约条款等相关信息,通过双方以及多方独有的签名进行全网验证,如果全网加密记录一致,则这条数据有效,并且上传到整个网络,实现信息共享。通过区块链记录货物从发出到接收过程中的所有步骤,确保了信息的可追溯性,从而避免丢包、错误认领事件的发生。对于快件签收情况,只需查询区块链即可,这就杜绝了快递员通过伪造签名冒领包裹等问题,也可促进物流实名制的落实。企业也可以通过区块链掌握产品的物流方向,防止窜货,利于打假,保证线下各级经销商的利益。

针对电子商务公司,Yojee 公司推出了一个名为 Chatbot 的软件,帮助电商公司在没有人的情况下预订送货。Chatbot 软件可以将客户的详细信息(地址、交货时间等)馈送到系统,然后系统自动安排正确的快递。

Yojee 公司的软件对于小型物流公司尤其有价值。小型物流企业由于货量不够大,很难与大型国际公司竞争。与大多数软件专注于提高个体物流公司的运营效率不同,Yojee 公司在它的平台上将小型物流交付公司捆绑在一起,以便它们能够受益于规模经济。此外,为了让更多小型物流公司加入平台,Yojee 公司的系统在确保物流公司相互合作的同时,可以不暴露物流公司的 IP、路线和客户信息资源等信息。

Yojee 公司最吸引人的是其自主交付技术。Yojee 公司的软件支持自主交付车辆，其自动化管理网络和自驾车的结合可以使小型物流公司比大型车队更有优势，这让每家在 Yojee 注册的公司都可以按需使用自主卡车车队。

思考题：
1. 你对人工智能、区块链等新兴技术有哪些了解？
2. 为什么 Yojee 公司的软件对于小型物流公司更有价值？

## 第一节　物联网技术

物联网是全球公认的继计算机、互联网与移动通信网之后的世界信息产业又一次新的信息化浪潮，是将信息化技术的应用更加全面地为人类生活和生产服务的信息化大升级，开发应用前景巨大。物联网已成为信息产业中的下一个战略高点，目前世界各国将发展物联网提升为重要的国家战略，我国也不例外。我国已将"物联网"明确列入《国家中长期科学与技术发展规划（2006—2020 年）》和 2050 年国家产业路线图。

### 一、物联网的概念

#### （一）物联网概念的产生

"物联网"概念最早于 1999 年由美国 Auto-ID 中心提出，当时的物联网主要是建立在物品编码、RFID 技术和互联网的基础上。它是以美国麻省理工学院 Auto-ID 中心研究的产品电子代码 EPC（electronic product code）为核心，利用射频识别、无线数据通信等技术，基于计算机互联网构造的实物互联网。

当时由于 RFID 可能应用于各种不同领域，针对共同项目制定一套标准并予以明确的规范是十分必要的，而且若干业界组织已经发起相关活动，并朝此标准化的目标努力，此时美国麻省理工学院就带头成立自动化识别系统中心（Auto-ID center）。Auto-ID 中心是一个研究单位的联盟，专业从事自动识别、智能对象和 EPC 系统方面的研究、开发和推广，进行与工业相关的基础研究和应用研究，研究和开发 EPC 系统和工具以及进行 EPC 概念的推广。

当 1999 年提出物联网概念后，并没有掀起一股物联网热潮。这是因为当时物联网存在的技术条件和社会条件还不具备。据美国电脑工业年鉴公司统计：1999 年年底，全球互联网用户达到 2.59 亿，世界总人口达到 60 亿，从这两个数据可以看出，在当时网络的使用者在世界总人口中占有的比例还是很小的，还不到 1/20。同时，在 1999 年那个时期，相关技术的不成熟以及应用不广泛，例如物联网所涉及的核心技术之一 RFID，在当时 RFID 的概念还仅仅在实验室里面，其相关技术并没有得到广泛的应用。当然，从宏观层面而言，各国也没有或者很少出台与物联网相关技术的政策，因此，此时提出的"物联网"没有吸引住大众的眼球，而仅仅是在 RFID 的技术应用方面被加以关注。

随着 21 世纪的到来，RFID 技术快速发展，特别是互联网的普及与广泛应用，为物联网夯实了基础。

在2005年的"全球信息社会世界峰会"上,美国主导的国际电信联盟发布《ITU互联网报告2005:物联网》,正式提出了"物联网"这一概念。即从生物到非生物相连,网络无处不在,并且与主流的互联网、通信网络融合。物联网的核心和基础是传感器及网络,是一种基于在传感器和互联网,并在其基础上延伸和扩展的网络,其用户端延伸和扩展到了任何物品与物品之间,进行信息交换和通信。简单地讲,物联网就是把感应器嵌入和装备到电网、铁路、桥梁、公路、建筑、货物等各种物体中,并且被普遍连接,形成物联网。更具体来说,物联网的核心是无线网络和采集、识别设备,包括RFID(射频识别)、超宽频、移动手持设备、传感器等。而对于物流来说,物联网所需要用到的感应器主要应用在货物、交通工具等方面。

### (二) 物联网的含义

什么是物联网?简单来说,物联网(internet of things,IoT)是在国际互联网的基础上,利用RFID技术和物品电子编码技术,给每一个实体对象一个唯一的代码,构造的一个覆盖世界上万事万物的实物互联网。其目的是实现物与物、物与人,所有的物品与网络的连接,方便识别、管理和控制。

正如人类社会的交流需要有彼此的身份一样,物联网中的每一个物体(物品)都要有一个身份代码,将一个具有唯一代码的RFID标签贴在物品上,就好像给每个物体发了身份证。然后,将这个代码和反映该物品的其他信息存储在网络服务器中,就好像身份在公安局有了备案和登记。这个服务器叫物品名称解析服务器(object naming service, ONS),它是物联网的"花名册",用来统一解析所有物品的"身份"与"归属关系"(universal resource identifier, URI)。最后,通过在互联网许多端点上安装的电子标签读写器和其他感应器,使物体通过时可自动交换信息,并通过网络传输与搜寻"远在他乡"的物品制造或管理部门服务器中的"档案"信息,从而实现对物品的自动识别、追踪和管理。简单来说,就是所有物品被赋予"身份"之后,借助传感器(读/写器),在互联网(internet)与服务器的沟通下进行"交谈",这就是"物联网"。

物联网的目标是为每一个物品建立全球可交流识别的、开放的统一标准、智能跟踪与管理的体系。其最终目的是构造"泛在网络社会"(ubiquitous network society)。"泛在"(ubiquitous)概念来自拉丁文的词根ubique,意为无处不在。无处不在的各种传感器与物品产生各种实时信息,这些信息通过互联网进行交换,实现物品"运筹帷幄,决胜千里"的物流控制与过程管理。所以,"泛在"不但指地域的无处不在,也指涉及我们社会的方方面面,如日常消费、生产运输、安全追踪、物流交通、贸易采购、医疗卫生等。因此,物联网的"泛在"概念一经提出,立即受到各国政府、行业和学术界的广泛重视。

### (三) 物联网的内涵特征

和传统的互联网相比,物联网有其鲜明的特征。

首先,它是各种感知技术的广泛应用。物联网上部署了海量的多种类型传感器,每个传感器都是一个信息源,不同类别的传感器所捕获的信息内容和信息格式不同。传感器获得的数据具有实时性,按一定的频率周期性地采集环境信息,不断更新数据。

其次,它是一种建立在互联网上的泛在网络。物联网技术的重要基础和核心仍旧是互联网，通过各种有线和无线网络与互联网融合，将物体的信息实时准确地传递出去。

最后，物联网不仅提供了传感器的连接，其本身也具有智能处理的能力，能够对物体实施智能控制。物联网将传感器和智能处理相结合，利用云计算、模式识别等各种智能技术，扩充其应用领域。从传感器获得的海量信息中分析、加工和处理出有意义的数据，以适应不同用户的不同需求，发现新的应用领域和应用模式。

物联网这里的"物"要满足以下条件才能够被纳入"物联网"的范围：①要有相应信息的接收器；②要有数据传输通路；③要有一定的存储功能；④要有CPU；⑤要有操作系统；⑥要有专门的应用程序；⑦要有数据发送器；⑧遵循物联网的通信协议；⑨在世界网络中有可被识别的唯一编号。

## 二、物联网的体系结构

现阶段，物联网是指在物理世界的实体中部署具有一定感知能力、计算能力和执行能力的各种信息传感设备，通过网络设施实现信息传输、协同和处理，从而实现广域或大范围的人与物、物与物之间信息交换需求的互联。物联网依托多种信息获取技术，包括传感器、RFID、二维码、多媒体采集技术等。物联网的几个关键环节可以归纳为"感知、传输、处理"。

物联网网络的体系结构从下至上依次是感知层、网络层和应用层，如图12-1所示。

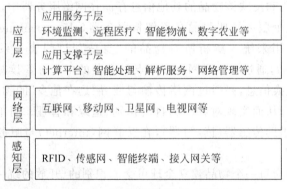

图 12-1 物联网的三层体系结构

### （一）感知层

感知层是整个物联网系统的基础，主要使用传感器、智能终端、RFID电子标签等设备进行信息的采集，相当于人体的眼、耳、口、鼻、手等器官。感知层设备一方面运用智能传感、身份识别以及其他信息采集技术对物品进行基础的信息收集；另一方面又接收来自上层的控制指令对设备运行进行调整。

物联网的感知层主要实现智能感知功能，包括信息采集、捕获、物体识别等，其关键技术包括RFID、传感器、自组织网络、短距离无线通信等，如图12-2所示。

### （二）网络层

网络层主要是通过各种有线/无线通信网络实现信息数据的快速、可靠、安全传输，相当

```
                    ┌─────────────────────────────────┐
                    │        物联网感知层              │
                    ├──────────┬──────────┬───────────┤
                    │感知层作用│感知层实现方式│感知层突破方向│
                    │·感知和识别物体│·RFID标签和读/写器│·更敏感和更全面的感知能力│
                    │·采集和捕获信息│·摄像头和监控│·解决低功耗的问题│
                    │          │·M2M终端和传感器│·解决小型化和低成本问题│
                    │          │·GPS/BDS  │           │
                    │          │·传感器网络和网关│     │
                    │          │·智能家居网关│        │
                    └──────────┴──────────┴───────────┘
```

图 12-2　物联网感知层简介

于人体的神经系统,既自下而上地传输感知信息,又自上而下地传输控制指令。

物联网的网络层主要实现信息的传送和通信,又包括接入层和核心层。网络层可依托公众电信网和互联网,也可以依托行业专业通信网络,还可同时依托公众网和专用网,如图 12-3 所示。

```
                    ┌─────────────────────────────────┐
                    │        物联网网络层              │
                    ├──────────┬──────────┬───────────┤
                    │网络层作用│网络层主要层次│网络层突破方向│
                    │·连接感知层和应用层│·接入网:无线/光纤各种类型的接入形式│·扩展规模,以实现无处不在│
                    │·随时随地的连接实现│·核心网:统一IP协议上的大宽带的可靠网络│·业务可扩展的管理运营能力│
                    │·当前最成熟的部分│·业务支撑平台:业务统一管理部署和运营支撑│·简化结构,上下层面融合│
                    └──────────┴──────────┴───────────┘
```

图 12-3　物联网网络层简介

### (三) 应用层

应用层是物联网系统的核心,主要负责对海量的感知信息进行汇总、共享、分析,并依据处理结果进行智能决策,相当于人体的大脑。应用层分为应用支撑子层和应用服务子层两个部分,应用支撑平台子层用于支撑跨行业、跨应用、跨系统之间的信息协同、共享和互通。应用服务子层负责为用户提供智能交通、智能家居、智能物流、智能电力、远程医疗、数字农业、数字林业等各种服务。

物联网的应用层主要包含各类应用,例如监控服务、智能电网、工业监控、绿色农业、智能家居、环境监控、公共安全等,如图 12-4 所示。

```
                    ┌─────────────────────────────────┐
                    │        物联网应用层              │
                    ├──────────┬──────────┬───────────┤
                    │应用层作用│应用层主要应用方向│应用层突破方向│
                    │·信息技术与行业专业技术结合│·智能家居│·信息技术与行业的深度融合│
                    │·实现广泛智能化应用的解决方案集合│·智能电力│·信息的社会化共享和安全保障│
                    │          │·智能交通 │·基于云计算的应用整体架构│
                    │          │·智能医疗 │           │
                    │          │·智能物流 │           │
                    │          │·智能通信服务│        │
                    └──────────┴──────────┴───────────┘
```

图 12-4　物联网应用层简介

## 三、RFID 标准化与物联网体系

物联网的三个基本要素是 RFID 技术、物品电子编码和互联网。三大要素如何有机结合起来形成有序的网络系统,关键在于其所采用的标准体系。物联网的标准体系主要由两大部分构成:一是 RFID 前端技术标准体系;二是后台数据库、网络和应用标准体系。

RFID 前端技术标准体系主要包括物品编码体系、空中接口标准、数据交换协议、读卡器与标签(卡)的电路电气性能、测试规范、前端应用标准等。其中,物品编码体系和空中接口标准是前端标准体系的核心部分,直接影响到如 RFID 芯片与天线的设计制造、标签集成及读/写器设计等产业化关键技术,也影响到其他前后端标准。因此成为各个国家和标准组织争夺的焦点。目前国际上主要有五大标准组织,它们是 EPCglobal、ISO/IEC、UID、AIM 和 TP-X,分别代表了国际上不同团体或国家利益。

物品编码体系主要是对物品的相关信息进行标识的方法和规范,目前主要的编码体系为欧美的 EPC 体系(作为 EPCglobal 标准的一部分)和日本的 Ucode 体系(作为 UID 标准的核心部分)。ISO 也制定了相应的技术和规程标准,但没有涉及具体的编码协议。

空中接口标准则涉及 RFID 通信及其控制,其中特别重要的内容是应用频段的分配和各应用频段的空中接口参数。目前,ISO 组织已经在该领域建立了比较详细的标准体系,覆盖从低频到微波的具体空中接口参数。EPCglobal 在 UHF 空中接口标准方面有优势,EPCglobal Gen 2 接口协议已通过 ISO 批准,成为 ISO 18000-6 标准。

物联网后台数据库、网络和应用标准体系是实现 RFID 单一应用系统到全球联网的保障,包括网络体系架构、应用平台、系统集成与数据管理、中间件技术、对象名称解释、信息服务、网络信息安全等标准规范。尽管国际上的五大标准组织在 RFID 技术发展方面,都有各自的影响力(尤其是在其所属地区),但是目前可以从 RFID 前端技术标准到后台数据库、网络和应用形成物联网标准体系架构的只有 EPCglobal 和 UID。由于 EPCglobal 综合了美国和欧洲厂商的技术研究成果,实力强大,从目前情况来看,要比 UID 更占上风。但是,UID 更新的泛在计算理念和安全架构,并得到日本众多大公司的支持,其发展势头也不可小觑。

标准之争是物联网发展的一个突出问题,标准的不统一成为物联网发展的一个重要障碍。每一个国家都会考虑自身的利益,还有安全的理由,即使采纳某个国际标准体系,也往往倾向制定自己的数据格式标准,由此必然带来不兼容的问题。因此,要形成全球统一的物联网,需要全球各个国家的合作,其中的困难肯定要比技术实现上的困难大得多。

物联网的实现首先要做好两个方面的事情:一是物品的身份辨识,即每个物品要有一个身份码,并可以方便地被辨认(识读)和记录下来;二是物品的联网追踪,每个物品都可以在互联网上找得到,可跟踪追溯。两个方面的问题最后归结起来都是如何实现标准化的问题。目前,ISO、EPCglobal、UID 做了大量富有成效的努力。

## 四、物联网在物流中的应用

### (一)物联网实际应用模式

根据其实质用途,物联网的实际应用模式可以归结为三种。

1. 对象的智能标签

通过二维码、RFID 等技术标识特定的对象,用于区分对象个体,例如,在生活中,我们使用的各种智能卡,条码标签的基本用途就是用来获得对象的识别信息。此外,通过智能标签,还可以获得对象物品所包含的扩展信息,例如智能卡上的金额余额等。

2. 环境监控和对象跟踪

利用多种类型的传感器和分布广泛的传感器网络,可以实现对某个对象的实时状态的获取和特定对象行为的监控,如通过 GPS 标签跟踪车辆位置,通过交通路口的摄像头捕捉实时交通流程等。

3. 对象的智能控制

物联网基于云计算平台和智能网络,可以依据传感器网络用获取的数据进行决策,改变对象的行为进行控制和反馈。例如,根据光线的强弱调整路灯的亮度,根据车辆的流量自动调整红绿灯间隔等。

## (二) 物联网在物流中的实际应用

物联网是继计算机、互联网与移动通信网之后的又一次信息产业浪潮。随着传感器、软件、网络等关键技术快速发展,物联网产业规模快速增长,应用领域广泛拓展,为现代物流发展奠定了基础。

物联网在现代物流中具有爆发力强、关联度大、渗透性高、应用范围广的特点。现代物流业属于物联网带动产业,现代物流行业在发展过程中必须兼顾传感器、传感网芯片、传感节点、操作系统、数据库软件、中间件、应用软件、系统集成、网络等环节。

1. 物联网在车辆跟踪中的应用

通行 GPS:对公司所属的车辆实时监控,在任意时刻通过发出指令查询车辆所在的地理位置(经度、纬度、速度等信息)并在电子地图上直观地显示出来;通过 GPRS 的话音功能与司机进行通话或使用安装在运输工具上的移动设备的液晶显示终端进行消息收发对话;调度人员能在任意时刻通过调度中心发出文字调度指令,并得到确认信息;可以及时了解车辆的各类信息,规划车辆的运行路线、运行区域等,公司的客户可以使用公司给他的权限登录网站,直接在网上查询、监控货物运送情况,以充分满足客户日益增长的服务需求。

RFID(无线射频技术):在物流运输行业,交通安全和准确的 ETA(预计到达时间)通常是取得成功的关键性因素。针对车辆的跟踪,采用 RFID 和最新通信技术,可以让货主时刻跟踪他的车队。利用 RFID 和生物识别技术,向每位司机发放一个 RFID 驾照,这个驾照里包含司机的指纹数据和个人信息。

2. 物联网在货物识别中的应用

条码:对整箱进货的商品,其包装箱上有条形码,放在输送带上经过固定式条形码扫描器的自动识别,可接受指令传送到存放位置附近。

无线射频识别技术(RFID):在数据采集、数据传递方面,具有独到的优势。采用 RFID 作为信息传递的载体,可以有效避免人工输入可能出现的失误,大大提高入库、出库、验货、盘点、补货等工作的效率。对整个托盘进货的商品,叉车驾驶员用手持式条形码扫描器扫描外包装箱上的条形码标签,利用计算机与射频数据通信系统,可将存放指令下载到叉车的终端机上。

**3. 物联网在货主对货物进行跟踪中的应用**

GPS跟踪:当货主交付货物后,物流公司将提货单和密码交给货主,同时将货单输入因特网GPS物流平台中;当货物装到运输车辆后,将代表该车辆的SIM卡号与货单联系起来。这样,货主和物流公司都可以随时随地通过因特网按货单号和密码查询货物当前的运输地理位置。

RFID:物品贴上RFID射频标签,RFID读卡器采集信息,安装在运输交换站或运输装置中的移动物流服务器结合卫星定位系统和RFID技术为货物定位,把货物位置信息传给货主。

**4. 物联网在园区车辆认证中的应用**

RFID园区车辆管理:装有配备了RFID标签许可牌照的运输车辆,它们能发射无线电波来标示各自的身份,在车辆进入物流园区或即将进入物流园区时,由园区持有的射频卡产生信息感应,并采集车辆信息上送至园区信息处理中心;对车辆在园区内的活动进行管理。大大缩减传统的车辆进出园区人工统计、园区车辆调度等时间。

### (三) 物联网在物流业应用的未来趋势

当前,物联网发展正推动着全球智慧物流的变革。随着物联网理念的引入,技术的提升,政策的支持,相信未来物联网将给物流业带来革命性的变化,智慧物流将迎来大发展的时代。未来物联网在物流业的应用将出现如下四大趋势。

**1. 智慧供应链与智慧生产融合**

随着RFID技术与传感器网络的普及,物与物的互联互通,将给企业的物流系统、生产系统、采购系统与销售系统的智能融合打下基础,而网络的融合必将产生智慧生产与智慧供应链的融合,企业物流完全智慧地融入企业经营中,打破工序、流程界限,打造智慧企业。

**2. 智慧物流网络开放共享,融入社会物联网**

物联网是聚合型的系统创新,必将带来跨行业的网络建设与应用。如一些社会化产品的可追溯智能网络能够融入社会物联网,开放追溯信息,让人们可以方便地借助互联网或物联网手机终端,实时便捷地查询、追溯产品信息。这样,产品的可追溯系统就不仅仅是一个物流智能系统了,它将与质量智能跟踪、产品智能检测等紧密联系在一起,从而融入人们的生活。

**3. 多种物联网技术集成应用于智慧物流**

目前在物流业应用较多的感知手段主要是RFID和GPS技术,今后随着物联网技术发展,传感技术、蓝牙技术、视频识别技术、M2M技术等多种技术也将逐步集成应用于现代物流领域,用于现代物流作业中的各种感知与操作。例如,温度的感知用于冷链物流,侵入系统的感知用于物流安全防盗,视频的感知用于各种控制环节与物流作业引导等。

**4. 物流领域物联网创新应用模式将不断涌现**

物联网带来的智慧物流革命远不是我们能够想到的以上几种模式。实践出真知,随着物联网的发展,更多的创新模式会不断涌现,这才是未来智慧物流大发展的基础。

物联网虽然已经在物流业实现了一些应用,但依然是一个新生事物,物联网要想在物流行业真正大展宏图,还需要解决诸如技术、商业文化、政策等一系列的问题。尤其是标准化问题,这是一个新生事物能否大规模发展的一个关键因素。但是我们可以预见,在不久的将来,物联网技术必将会给物流行业带来革命性的变化。

### 五、物联网对物流信息化的影响

#### (一) 物联网时代的智能物流

在物流领域,物联网只是一种技术手段,实现智能化的物流才是目标。在如今的物联网时代,智能除了获取信息,还要将采集的信息通过网络传输到数据中心,由数据中心做出判断和控制,进行实时调整。所以智能实际上是一个动态的控制反应过程,是在不断调整的。这个调整是根据实时采集的信息做出的判断和控制,要动起来,要有联网,要在线运行。由此可见,自动化、信息化、网络化,是能够体现这个时代智能的三个主要特征。

智能物流的出现,标志着信息化在整合网络和管控流程中达到了动态的、实时进行选择和控制的管理水平。所以,一定要根据自身的实际水平和客户需求来确定信息化的定位。智能物流将是物流业未来发展的方向。

#### (二) 物联网对物流信息化的影响

上述变化对物流信息化会产生怎样的影响呢?当前建设物流信息系统,需要考虑什么新的趋势和因素呢?

1. 开放性

过去建立信息系统的目的是把自己的流程和资源管好,现在则要建立一个开放的系统,必须有社会信息、外部信息的交换共享,同时还要有自身信息向社会发布的机会。

我们在很多案例中看到开放的系统能够整合外部信息,将自身信息向外发布并获得收益。这是为什么?因为物流企业的管理在前期基本上是按照"二八法则"定位的,也就是说,企业的KPI(关键绩效指标)和服务水平只要求把自己的事情(车、人、仓库等)管好就能达到80%的服务水平。其他因素可能还有很多,但对物流的影响很小,在这种情况下,要再上一个台阶就比较困难了。服务水平从80%到90%,从90%到95%,如果没有外部系统的沟通是不可能实现的。因此,一定要搭建开放性的平台,这是提高物流运营水平的一个必然趋势。

2. 动态性

适应快速变化的外部环境,提升精细化管理水平,这是目前企业发展的关键。要使管理系统适应外部快速发展的复杂环境,一定要"动起来"。

当需要系统动态化时,定位信息就成为基础。所谓定位信息,就是时空信息和识别信息的组合,定位信息将成为物流动态管理的信息元。

3. 集中性

现在各大企业都在加强信息化建设,集中管理成为一个重要趋势,信息化应用于网络资源整合和流程管理的变化越来越明显。这种集中管理有利于提高信息的处理能力和服务能力,信息如果不集中,是无法进行加工和提升的。

信息加工服务的人才是稀缺的,只有集中起来,才能够投资建设数据中心。同时,信息管理的集中化是近期信息化建设非常重要的特征。所以,我们会看到促进信息服务外包的技术、云计算服务等也在迅速变化。这些都是我们近期看到的信息集中性带来的变化。

### 4. 关键技术

一些关键技术将得到快速发展:一是采集信息技术、传感器或者叫识别技术,像 RFID、磁卡等。二是移动通信技术,像 3G 网、4G 网都属于移动的无线通信技术。三是智能终端,与其他行业的信息化相比,作为物流信息化中特有的两个装备——机载终端和手持终端起着移动信息平台的作用,具备搜集信息、通信、传感等多种功能。四是位置服务,位置服务目前非常流行,其中发展最快的是通过智能手机提供的位置服务。五是商业智能技术,一旦管理转移到依赖于信息加工、信息处理,即利用商业智能技术进行加工和处理信息来实现决策、实现增值时,商业智能技术将会成为热门。

### 5. 数据中心

数据中心是常常被忽视的领域,但是在物联网推进过程中,遇到的各种问题可能没有统一的答案,但随着一个个案例出现,我们发现这些案例体现的是数据中心经济实体的成功。我们看到现在发展最快的实体,往往都是数据中心类型的。国内的阿里巴巴,国外的谷歌、苹果等都是发展非常快的数据公司。通过数据中心的模式,这些数据公司自己解决了实践中碰到的标准、流程、人才、体制等问题。如果要等这些问题都解决后再推行物联网是不现实的,因此要鼓励多产生这样的数据中心。

如何解决数据中心的发展,是我们下一步信息化或者物联网时代急需研究的课题。在此之前我们是很少研究的,所以我们现在需要在体制上鼓励这种新型经济实体的发展。

另外,公共信息平台的建设也是一个数据中心的问题。实际上,许多公共信息平台的建设已经脱离了数据中心的发展轨道。经常出现的情况是,设计人员设计出一个公共平台,这个平台经过论证后,却让另外一部分人来运营。现在,已经出现了向数据中心转化的经济实体,主要有两类:一类是公共平台,做得比较成功;另一类原来就是实体,例如北京的物美集团正在向一个数据中心的模式转化,销售方案是基于数据积累制定的,有了销售方案后制订采购方案,有了采购方案后制订物流配送方案,然后物流配送方案变成作业单,形成一系列数据的单证。因此,多数员工不需要懂太专业的物流和销售知识,降低了对人的依赖程度。

对人的依赖程度越来越低,实际上就是智能化。所以,对智能的总结就是:让物变聪明,让人变傻,人变傻不是指智商低,而是指决策管控不依赖现场人员,这就是物流发展的方向。

## 第二节 移动互联网技术

互联网和无线通信技术的发展给人们的生活带来了巨大变化,人们可以通过计算机与互联网的无线连接获取信息,随时随地交流与沟通。如今,由于移动互联网的高速扩张和普及,越来越多的人因为职业和生活的需要,通过最新技术随时随地连接无线网络收发电子邮件、查阅新闻、股市行情、订购各种商品、利用手机地图导航，真正实现"把互联网装入口袋里"的梦想。

## 一、移动互联网的概念及特征

### (一) 移动互联网的概念

移动通信和互联网的深度融合，催生出了移动互联网（mobile internet），移动互联网是互联网产业与电信产业链融合背景下的产物。移动互联网是以移动通信网作为接入网的互联网，它融合了互联网的连接功能、无线通信的移动性以及智能移动终端的计算功能，并呈现出数字化和 IP 化的发展特点。

具体而言，移动互联网是指移动通信终端与互联网相结合成为一体，是用户使用手机、平板电脑或其他无线终端设备，通过 3G（WCDMA、CDMA2000、TD-SCDMA）、4G（TD-LTE、FDD-LTE）、5G 或者 WLAN 等速率较高的移动网络，在移动状态下（如在地铁、公交车等）随时、随地访问互联网以获取信息，使用商务、娱乐等各种网络服务。

通过移动互联网，人们可以使用手机、平板电脑等移动终端设备浏览新闻，还可以使用各种移动互联网应用，例如在线搜索、在线聊天、移动网游、手机电视、在线阅读、网络社区、收听及下载音乐等，其中移动环境下的网页浏览、文件下载、位置服务、在线游戏、视频浏览和下载等是其主流应用。移动互联网是目前最有创新活力和最具市场潜力的新领域之一，已获得全球资金包括各类天使投资的强烈关注。

### (二) 移动互联网的主要特征

移动互联网是在传统互联网基础上发展起来的，因此二者具有很多共性，但由于移动通信技术和移动终端发展不同，它又具备许多传统互联网没有的新特性。

#### 1. 交互性

用户可以随身携带和随时使用移动终端，在移动状态下接入和使用移动互联网应用服务。一般而言，人们使用移动互联网应用的时间往往是在上、下班途中，在空闲间隙任何一个有 4G 或 WiFi 覆盖的场所，移动用户接入无线网络实现移动业务应用的过程。现在，从智能手机到平板电脑，随处可见这些终端发挥强大功能的身影。当人们需要沟通交流时，随时随地可以用语音、图文或者视频解决，大大提高了用户与移动互联网的交互性。

#### 2. 便携性

相对于 PC，由于移动终端小巧轻便、可随身携带，人们可以装入书包和手袋中，并使用户可以在任意场合接入网络。这个特点决定了使用移动终端设备上网，可以带来 PC 上网无可比拟的优越性，即沟通与信息的获取远比 PC 设备方便。用户能够随时随地获取娱乐、生活、商务相关的信息，进行支付、查找周边位置等操作，使移动应用可以进入人们的日常生活，满足衣食住行、吃喝玩乐等需求。

#### 3. 隐私性

移动终端设备的隐私性远高于 PC 的要求。由于移动性和便携性的特点，移动互联网的信息保护程度较高。通常不需要考虑通信运营商与设备商在技术上如何实现它，高隐私性决定了移动互联网终端应用的特点,数据共享时既要保障认证客户的有效性,也要保证信息的安全性,这不同于传统互联网公开透明开放的特点。传统互联网下,PC端系统的用户信息是容易被搜集的,而移动互联网用户因为无须共享自己设备上的信息,从而确保了移动互联网的隐私性。

### 4. 定位性

移动互联网有别于传统互联网的典型应用是位置服务应用。它具有以下几种服务：位置签到、位置分享及基于位置的社交应用；基于位置围栏的用户监控及消息通知服务；生活导航及优惠券集成服务；基于位置的娱乐和电子商务应用；基于位置的用户环境上下文感知及信息服务。SoLoMo能很好地概括移动互联网位置服务的特点：社交化(social)、本地化(local)以及移动性(mobile)。目前,越来越多的移动互联网用户选择位置服务应用,这也是当前移动互联网的发展热点所在。

### 5. 娱乐性

移动互联网上的丰富应用,如图片分享、视频播放、音乐欣赏、电子邮件等,为用户的工作、生活带来更多的便利和乐趣。数据表明,目前在国内外4G用户使用频率最多的是娱乐类,其中最高使用量为浏览网页、新闻,社区网站如Facebook、LinkedIn、Twitter、新浪微博等；其次是即时通信类,如WhatsApp、Skype、QQ、微信等；娱乐游戏如Minecraft、王者荣耀、阴阳师等；移动阅读如在线阅读或下载小说书籍等；移动影音视频如YouTube、优酷等。

### 6. 局限性

移动互联网应用服务在便捷的同时,也受到了来自网络能力和终端硬件能力的限制。在网络能力方面,受到无线网络传输环境、技术能力等因素限制；在终端硬件能力方面,受到终端大小、处理能力、电池容量等的限制。移动互联网各个部分相互联系、相互作用并制约发展,任何一部分的滞后都会延缓移动互联网发展的步伐。例如,手机视频和移动网游应用,只有高带宽才能使其运行流畅以提高用户体验满意度。

### 7. 强关联性

由于移动互联网业务受到了网络及终端能力的限制,因此,其业务内容和形式也需要匹配特定的网络技术规格和终端类型,具有强关联性。移动互联网通信技术与移动应用平台的发展有着紧密联系,没有足够的带宽就会影响在线视频、视频电话、移动网游等应用的扩展。同时,根据移动终端设备的特点、也有与之对应的移动互联网应用服务。这是区别于传统互联网而存在的。

### 8. 身份统一性

这种身份统一是指移动互联用户自然身份、社会身份、交易身份、支付身份通过移动互联网平台得以统一。信息本来是分散到各处的,互联网逐渐发展、基础平台逐渐完善之后,各处的身份信息将得到统一。例如,在网银里绑定手机号和银行卡,支付的时候验证了手机号就直接从银行卡扣钱；又如,手机直接代表我们的支付身份,当人们走进商店,店家就知道要从哪张卡扣钱,而不用再询问我们。

移动互联网与传统互联网的比较

身份统一对于移动电子商务影响会比较大,特别是社会身份和支付身份的绑定,不仅可以解决一部分欺诈问题,还可以创造出更方便快捷的交易和支付方式。

## 二、移动互联网的组成

相对于传统互联网而言,移动互联网强调可以随时随地,并且可以在高速移动的状态中接入互联网并使用应用服务,主要区别在于:终端、接入网络以及由于终端和移动通信网络的特性所带来的独特应用。此外还有类似的无线互联网,一般来说,移动互联网与无线互联网并不完全等同。移动互联网强调使用蜂窝移动通信网接入互联网,因此常常特指手机终端采用移动通信网(如3G、4G)接入互联网并使用互联网业务;而无线互联网强调接入互联网的方式是无线接入,除蜂窝网外,还包括各种无线接入技术。为了更好地了解移动互联网及其组成部分,我们通过如图12-5所示的移动互联网架构图对移动互联网有个整体认识。

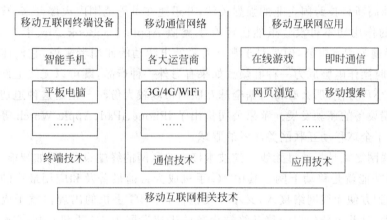

图 12-5 移动互联网的架构

从图12-5可以看出,移动互联网的组成可以归纳为移动通信网络、移动互联网终端设备、移动互联网应用和移动互联网相关技术四大部分。

(一)移动通信网络

移动互联网时代无须连接各终端、节点所需要的网线,它是指移动通信技术通过无形网络将网络信号覆盖延伸到每个角落,让用户能随时随地接入所需的移动应用服务。熟知的移动互联网接入网络有 GPRS、WiFi、3G、4G 以及即将商用的 5G 等,下面简要介绍移动通信 3G、4G 和 5G 网络。

3G 网络是指使用支持高速数据传输的蜂窝移动通信技术(第三代移动通信技术)的线路和设备铺设而成的通信网络。3G 网络将无线通信与国际互联网等多媒体通信手段相结合,能够同时传送声音及数据信息,速率一般在几百千位以上,主要存在 WCDMA、CDMA2000、TD-SCDMA 三种标准。

4G 网络是指第四代移动通信网络,该技术包括 TD-LTE 和 FDD-LTE 两种制式。4G 是集 3G 与 WLAN 于一体,并能够快速传输数据、高质量、音频、视频和图像等。4G 能够以 100Mbps 以上的速度下载,比家用宽带 ADSL(4Mbps)快 25 倍,并能够满足几乎所有用户对于无线服务的要求。此外,4G 可以在 DSL 和有线电视调制解调器没有覆盖的地方部署,然后再扩展到整个地区。

　　5G 网络作为第五代移动通信网络,其峰值理论传输速度可达每秒数十兆,这比 4G 网络的传输速度快数百倍。随着 5G 技术的诞生,用智能终端分享 3D 电影、游戏以及超高画质(UHD)节目的时代已向我们走来。5G 网络的主要目标是让终端用户始终处于联网状态。5G 网络将来支持的设备远远不止智能手机,它还支持智能手表、健身腕带、智能家庭设备(如鸟巢式室内恒温器)等。5G 网络是 4G 网络的真正升级版,它的基本要求并不同于无线网络。按照计划,我国将在 2019 年进行 5G 试商用,2020 年正式商用。

## (二) 移动互联网终端设备

　　无线网络技术只是移动互联网蓬勃发展动力之一,移动互联网终端设备的兴起才是移动互联网发展的重要助推器。移动互联网发展到今天,成为全球互联网革命的新浪潮航标,受到来自全球高新科技跨国企业的强烈关注,并迅速在世界范围内火爆开来,移动互联终端设备在其中的作用功不可没。虽然已经有了类似 Apple MacBook Air、华为 MateBook X Pro 一类超轻薄笔记本电脑,但是对于常常需要外出活动的使用者来说,它们体积依然显得太大,使外出时操作电脑成为一种麻烦。如果有另外一种产品,既可以无线上网实现常用功能,又能做到小巧方便,那么必将占据全球互联网市场较大份额。正是这种迫切需求推动着移动互联终端设备的蓬勃发展。苹果公司推出了 iPhone、iPad、Apple Watch 等相关移动终端,迅速吸引了全球移动互联网关注者的眼球。

　　移动互联网终端是指通过无线通信技术接入互联网的终端设备,例如智能手机、平板电脑等,其主要功能就是移动上网。其中 4G 手机成为目前最普及和应用最广的移动互联设备,既可以做到方便无线网络接入,又小巧便携性强。4G 手机的出现得益于成熟的第四代移动通信技术,日益更新的智能移动终端设备的迅速发展为 4G 手机外形带来多样性。4G 手机是基于移动互联网技术的终端设备,是通信业和计算机工业相融合的产物,和此前的手机相比差别巨大,因此越来越多的人开始称呼这类新的移动通信产品为个人通信终端。4G 手机都有一个超大的触摸式高清彩色显示屏,除能完成高质量的日常通信外,还能进行多媒体通信。用户可以在手机的触摸显示屏上直接写字、绘图,并将其传送给另一部手机,而所需时间可能不到 1 秒。当然,也可以将这些信息传送给一台电脑,或从电脑中下载某些信息;用户可以用 4G 手机直接上网,查看电子邮件或浏览网页;4G 手机自带摄像头,这将使用户可以利用手机进行会议。

　　如今的移动终端设备样式多样,视觉体验越来越佳,速度越来越快,配有高清显示屏和多核处理器,拥有 4G 乃至 5G 网络连接功能,上网速度可达到每秒几百兆字节。智能手机虽然携带方便,但限于屏幕尺寸,很多移动互联应用无法完美实现。为了进一步优化,便有了移动互联终端设备的另一个发展方向——平板电脑。在平板电脑之前,上网本也试图在这方面进行尝试。由于它无法做到便携操作,配置较低且易被操作系统占用过多内存而影响性能,最终限制了其在移动互联终端市场上的发展。而平板电脑通常配置了更为强大的处理器和最大 13 英寸的触摸显示屏,这使它们更容易操作,在浏览正常的网页和视频时,较前者都有更佳的视觉体验。有了这些移动互联终端设备,用户的期望也发生了极大的变化。今天移动终端用户希望各个网站在他们的移动设备上的载入速度能够赶超台式电脑。这意味着,今后运营商们需要花费更多的精力和技术投入,来赢取未来更多的发展机会。移动互联网络技术和移动互联终端设备的共同发展推动着移动互联网向前迈进。

### (三) 移动互联网应用

当用户随时随地接入移动网络时,使用最多的就是移动互联网应用程序。苹果公司 iPhone、iPad 的 App Store 和谷歌公司 Android Play Store 里面大量新奇的应用,逐渐渗透到人们生活、工作的各个领域,进一步推动着移动互联网的蓬勃发展。移动音乐、手机游戏、视频应用、手机支付、位置服务等丰富多彩的移动互联网应用发展迅猛,正在深刻改变信息时代的社会生活,移动互联网正在迎来新的发展浪潮。以下是几种主要的移动互联网应用。

#### 1. 电子阅读

电子阅读是指利用移动智能终端阅读小说、电子书、报纸、期刊等的应用。电子阅读区别于传统的纸质阅读,真正实现无纸化浏览。特别是热门的电子报纸、电子期刊、电子图书馆等功能如今已深入现实生活中,同过去阅读方式相比有了显著不同。由于电子阅读无纸化,可以方便用户随时随地浏览,移动阅读已成为继移动音乐之后最具潜力的增值业务。阅读市场甚至可能具有比移动音乐更大的发展空间。

#### 2. 手机游戏

手机游戏可分为在线移动游戏和非网络在线移动游戏,是目前移动互联网最热门的应用之一。随着人们对移动互联网接受程度的提高,手机游戏是一个朝阳产业。网络游戏曾经创造了互联网的神话,也吸引了一大批年轻的用户。随着移动终端性能的改善,更多的游戏形式将被支持,客户体验也会越来越好。

#### 3. 移动视听

移动视听是指利用移动终端在线观看视频、收听音乐及广播等影音应用。传统移动视听一般运用在 MP3、MP4、MP5 等设备上。移动视听则是移动互联网的新亮点,将多媒体设备和移动通信设备融合起来,不再单纯依赖一种功能应用而存在。移动视听作为一种新兴娱乐形式,更受年轻时尚人士喜爱。相比传统电视,移动视听服务互动性将成为一大优势。由于人们文化水平和个人爱好的差别,个性化的视听内容更受青睐。移动视听通过内容点播、观众点评等形式能够提供个性化服务。另外,移动视听最大的好处就是可以随时随地收看,应用频率较高。

#### 4. 移动搜索

移动搜索是指以移动设备为终端,对传统互联网进行的搜索,从而实现高速、准确地获取信息资源。移动搜索是移动互联网的未来发展趋势。随着移动互联网内容的充实,人们查找信息的难度会不断加大,内容搜索需求也会随之增加,相比传统互联网的搜索,移动搜索对技术的要求更高。移动搜索引擎需要整合现有的搜索理念实现多样化的搜索服务。智能搜索、语义关联、语音识别等多种技术都要融合到移动搜索技术中。

#### 5. 移动社区

移动社区是指以移动终端为载体的社交网络服务,也就是终端、网络加社交的意思。通过网络这一载体把人们连接起来,从而形成具有某一特点的团体。随着互联网的普及,以

Facebook、Twitter、新浪微博为代表的 SNS（social networking sevices，社会性网络服务）网络社区非常受用户欢迎。SNS 以其个性化的服务吸引了一大批年轻用户，逐渐成为人们业余最受欢迎的娱乐应用。

6. 移动商务

移动商务是指通过移动通信网络进行数据传输，并且利用移动信息终端参与各种商业经营活动的一种新型电子商务模式，它是新技术条件与新市场环境下的电子商务形态，也是电子商务的一条分支。移动商务是移动互联网的转折点，因为它突破了仅仅用于娱乐的限制开始向企业用户渗透。随着移动互联网的发展成熟，企业用户也会越来越多地利用移动互联网开展商务活动，包括移动办公和移动电子商务等，围绕这些业务的应用也会日益丰富。

7. 移动支付

移动支付也称手机支付，是指允许用户使用其移动终端（通常是智能手机）对所消费的商品或服务进行账务支付的一种服务方式。移动支付主要分为近场支付和远程支付两种。整个移动支付价值链包括移动运营商、支付服务商（如银行、银联、支付宝等）、应用提供商（公交、校园、公共事业等）、设备提供商（终端厂商、卡供应商、芯片提供商等）、系统集成商、商家和终端用户。移动支付是移动互联网的新起点，因为它蕴藏着巨大商机，甚至动摇传统的支付方式。信息时代支付手段的电子化和移动化是必然趋势，移动支付不仅是商业模式的创新，它还是商业价值的创新。

8. 移动识别

移动识别业务利用手机终端集成的摄像头对目标对象进行拍照或者拍摄视频，通过移动网络上传到基于云计算架构的服务器上，由服务器对目标进行识别并提供更多和目标相关的信息。这不仅包括未来的图形文字识别，还包括语音识别。如果目标是风景名胜，可以得到相关的旅游资讯与推荐。如果目标是书籍，可以得到相关的竞价和评论。如果目标具有二维码，可以直接透过条码解析找到产品相关资讯。如果目标是人物，则可以进行人物识别，显示目标人物的社会网络关系、博客网站、联系信息等。如果目标是一段声音，可以利用声音识别和处理技术实现语音浏览、查询航班时刻表和票务等功能。

9. 位置服务

基于位置的服务（location based services，LBS）是移动互联网中一个非常大的突破性应用。移动互联网与传统互联网的最大差别就是移动化，这种区别在移动互联网位置服务和位置应用服务上有非常大的优势，厂商可以把用户在其位置的信息进行更多的服务和整合。当用户在某个陌生的地方，可能打开他的移动终端，就能方便地找到附近的酒店、餐馆以及娱乐场所了。智能手机已经能够知道用户所在位置，因此一些服务和应用就可以充分利用这些信息，如客户可能会去哪里，可能购买什么，想要做什么等。无论是搜索，做出购买决定，或在寻找旅游信息，这些大量的实时数据都可以把应用变得更加实用，消费者、商家和广告主都将从中受益。

(四) 移动互联网相关技术

移动互联网相关技术总体上分成三大部分，分别是移动互联网终端技术、移动互联网通信技术和移动互联网应用技术。

#### 1. 移动互联网终端技术

移动互联网终端技术包括硬件设备的设计和智能操作系统的开发技术。无论对于智能手机还是平板电脑来说，都需要移动操作系统的支持。现在市场上的智能手机主要有两种不同的操作系统：苹果公司的 iOS 系统和谷歌公司的 Android 系统。在移动互联网时代，用户体验已经逐渐成为终端操作系统发展的至高追求。苹果推出的运行 iOS 操作系统的 iPhone 使用户体验达到了极佳的水平，赢得了全球手机用户的青睐，而基于 Android 可开发应用程序的体验也达到了不错的水准，iPhone 与 Google 手机各自的操作系统代表了当前移动互联网终端发展的趋势和方向。

#### 2. 移动互联网通信技术

移动互联网通信技术包括通信标准与各种协议、移动通信网络技术和中短距离无线通信技术。在过去的二十余年中，全球移动通信发生了巨大的变化，移动通信特别是蜂窝网络技术的迅速发展，使用户彻底摆脱终端设备的束缚、实现完整的个人移动性、可靠的传输手段和接续方式。目前，共有五代通信技术：第一代移动通信系统(1G)是 20 世纪 80 年代初提出的，完成于 20 世纪 90 年代初。第一代移动通信系统是基于模拟传输的，其特点是业务量小、质量差、安全性差、没有加密和速度低。第二代移动通信系统(2G)起源于 20 世纪 90 年代初期。它主要包括 CMAEL(客户化应用移动网络增强逻辑)、SO(支持最佳路由)、立即计费、GSM 900/1800 双频段工作等内容，也包含了与全速率完全兼容的增强型话音编解码技术，使话音质量得到了质的改进，半速率编解码器可使 GSM 系统的容量提高近一倍。第三代移动通信系统(3G)最基本的特征是智能信号处理技术，智能信号处理单元成为基本功能模块，支持话音和多媒体数据通信，它可以提供前两代产品不能提供的各种宽带信息业务，例如高速数据、慢速图像与电视图像等。第四代移动通信及其技术(4G)是集 3G 与 WLAN 于一体并能够传输高质量视频图像的技术产品，其图像传输质量与高清晰度电视不相上下。4G 系统能够以 100Mbps 的速度下载，比拨号上网快 2 000 倍，上传的速度也能达到 20Mbps，并能够满足几乎所有用户对于无线服务的要求。第五代移动通信技术(5G)是 4G 之后的延伸，其峰值理论传输速度可达 10Gbps，比 4G 网络的传输速度快数百倍。目前，我国华为、美国高通、韩国三星电子等公司都在投入大量的资源研发 5G 网络技术。移动通信技术从第一代的模拟通信系统发展到第二代的数字通信系统，以及之后的 3G、4G、5G，正以突飞猛进的速度发展。

#### 3. 移动互联网应用技术

移动互联网应用技术包括服务器端技术、浏览器技术和移动互联网安全技术。目前，支持不同平台、操作系统的移动互联网应用很多。

### 三、移动互联网在物流信息管理中的应用

(一) 移动物流配送信息平台

#### 1. 移动物流配送信息平台构成

移动物流配送信息平台是以计算机技术、网络技术、物联网技术、GPS/GIS、移动通信等

技术为手段，以物流配送供求信息为主体的信启、展示平台。目的是打造一个基于位置定位的信息服务类平台，通过整合地区性与生活娱乐相关的商业信息（娱乐、美食、折扣等），以信息推送的方式传递给用户。融入移动 SNS 社区模式，形成用户与用户间、用户与商家间信息分享的良性互动，通过信息传递和信息分享，促进平台不断壮大。用户可通过移动终端（手机、iPad 等）和移动物流配送信息平台连接，实现货源信息和车源信息的发布、查询，物流车辆定位、跟踪监控，在途运输的实时跟踪和可视化管理。平台各个子系统实现运输、监控、仓储、装卸、配送等各个环节，并对配送过程中的运输路线选择、最优化装箱、配送路线优化等进行有效的管理和决策分析。平台管理中心通过微博、手机视音频通话、短信等方式对货源和车源进行集中运营调度，实时监控车辆、货物和路况，为用户提供信息发布、信息查询和交通导航等功能。具体如图 12-6 所示。

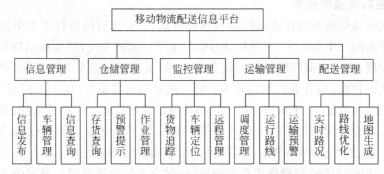

图 12-6　移动物流配送信息平台功能结构

**2. 移动物流配送信息平台业务流程分析**

用户通过手机、平板电脑、笔记本电脑等移动终端和移动物流配送信息平台连接，输入用户名和密码通过验证后登录平台，可查看和发布货源、车源、专线信息；对车辆进行管理，查看车辆档案记录、司机记录、行车安全管理等；可实时查看车辆、货物、路况信息，并可通过微博、微信等方式实时直播物流配送过程，做到物流配送实时化、透明化；对仓储所存货物进行查询，系统会及时提示所缺货物，并可进行仓储作业管理；系统阅读器扫描运输车辆的电子标签，读取信息并传送到平台中心，实现对车辆、货物的实时信息采集和跟踪；系统通过 GPS 服务确定车辆的位置，将此位置数据与实时路况和配送列表结合起来，将其传送给配备有计算地理信息与最佳路线的最优算法的服务器；服务器生成该物流配送的最佳路线列表，再将其传送给调度中心，中心将最佳路线列表转换为最佳路线消息，发送给车辆移动通信终端，实现配送路线最优。未登录的用户则只能够浏览诸如车辆、货物等已发布信息，以游客身份浏览论坛信息和资料中心等；系统管理员可以在网站后台对货源、车源、专线、资料等信息进行添加、删除和修改操作，并可对会员注册信息进行确认等。

**（二）移动互联网在物流配送中的应用**

**1. 移动 OA**

随着移动智能终端的普及和网络带宽的大幅提升，移动 OA 迎来了爆发式的发展，很好地突破了时间和地域的限制，可随时随地处理企业重要通知、公文等，成功实现了协同办公和远程协作，提升了管理效率，降低了运作成本，增强了企业竞争力。移动 OA 是为物流配送用户搭建的办公自动化应用服务平台，用户可通过 Web 或移动终端（手机、iPad、无线上网设备等）登录平台，可实现随时、随地掌上办公，可方便查看新闻、通知、公告等信息，并可接收、发送、回复、转发、删除系统短信息，完美支持 Office、PDF 等各种消息所附带的附件的在线查阅，有效实现物流配送企业内部办公的公文处理、档案管理、资产管理、日程管理等应用，提升了物流企业的管理和信息化水平。同时，平台不受终端限制，可按需定制，用户体验较好，维护方便。

**2. 移动支付**

由于手机等移动设备存在携带方便、号码真实、操作便捷简单、支付效率高等优点，使用手机等移动设备进行移动支付越来越受到用户的青睐。在物流配送过程中，用户通过登录移动物流配送信息平台，按条件查询物流配送信息，通过手机等移动设备拍下条形码并进行比价查询，网上谈好价格之后，选择合适的快递公司，选择现金、票据、银行卡转账、电子支票等方式进行支付。物流配送移动支付系统将为每个用户建立一个与其手机号码关联的支付账户，用户通过短信、WAP 等手段接入互联网，连接物流配送移动支付系统，系统确认此次交易的金额之后通知用户，在用户确认后，支付完成。只需要一部智能手机或平板电脑即可完成付款，整个交易过程"无现金、无卡片、无收据"。支付灵活便捷，操作方法简单，交易时间成本低，降低了企业成本，提高了物流配送效率。

**3. 移动搜索**

移动搜索是基于移动网络的搜索技术总称，是指用户通过移动终端，采用 SMS、WAP、IVR 等多种接入方式进行搜索，高速、准确地获取 WAP 站点、移动增值服务内容、本地信息等信息资源及服务。在物流配送过程中，用户通过手机、平板电脑、笔记本电脑等移动终端接入互联网，进行文字搜索（如百度、谷歌等）、语音搜索（如苹果 Siri 语音控制）等，可以随时随地搜索用户需要的信息。用户可以通过登录百度网站，在百度地图里面，选择车辆所在的地区，搜索"加油站"，百度地图将会显示该地区所有的加油站，用户选择最近的加油站，确定起点和终点，地图将会显示具体的行车路线。用户也可通过互联网联入移动物流配送服务平台进行加密搜索，将电子地图与定位服务结合，有针对性和精准性地搜索，获取更加精确和个性化的搜索结果，满足用户个性化、隐私化需求。用户通过用户名和密码登录平台，选择相应的车次，系统将在电子地图上显示车辆的位置，以及车辆的行驶轨迹。

**4. 移动监控**

移动物流监控系统针对目前物流配送中车货监控存在盲区、车货信息反馈不及时、突发事件警示不力等问题，融入先进的现代物流管理理念，综合运用 GPS、GPRS、GIS、物联网和数据处理等技术，在物流配送车辆上安装 GPS 或移动通信网络定位的车载终端和手持终端，通过移动通信网络向移动物流监控系统传输定位信息，实现对物流车辆、货物和人员的实时定位、监控和报警，为用户提供运力管理、运输管理、实时监控管理、路线导航、线路优化、无线通信等综合管理与信息服务，使用户可以精确实时掌握人、车、物的动态信息，科学合理分配运力资源，合理安排作业调度。还可根据位置信息向客户提供加油站、餐饮住宿、汽配等信息和在途救援等服务，遇见道路突发情况，及时向货物配送人员发送最新的配送路线等。对于物流企业而言，实现了物流配送全程可视化、实时化，加强了配送安全，提高了配送效率，降低了配送成本，提升了经济效益，增强了企业的综合竞争力。

## 第三节 云计算与大数据技术

### 一、云计算与大数据

现有信息技术和信息系统的战略、体系与功能已严重阻碍了跨界业务的全球化、网络化运营,信息资源的服务化共享和虚拟化价值创造。如果仍然保守地维持现状,将会造成运维成本的快速增长和大量资源的闲置。在这种外部需求和内部技术双重推动下,带着按需无限获取、即付即用等诸多期许特征的云计算及大数据成为当前这一领域的热点新兴技术。

最早,以谷歌、亚马逊和微软为代表的行业领军企业推出的云计算服务(cloud computing service,CCS)引起社会各界的纷纷关注。著名信息技术咨询公司高德纳(Gartner Group)曾于先后两次预测,美国云计算市场需求价值达到1 500亿美元,其中中小企业的云计算服务需求要达到2/3,1 000亿美元左右;按照复合年增长率为18.5%计算,目前市场价值已超过1 310亿美元,2020年将达到1 435.3亿美元,年复合增长率达22.4%。从全球云计算市场规模来看,根据统计数据,2019年全球云计算市场规模会超过800亿美元,预计2020年全球云计算市场空间增至1 435亿美元,年复合增长率超过20%。

在云计算这场信息技术变革中,中国企业发力于云计算的核心技术和大数据决策管理,在理论和实践中涌现了一大批卓越的创业企业和优秀的产品与服务。其中,飞天(Apsara)就是典型的代表,飞天是由阿里云自主研发、服务全球的超大规模通用集群计算操作系统。飞天可以将遍布全球的百万级服务器连成一台超级计算机,以在线提供公共计算服务的方式为社会提供计算资源与能力。伴随云计算技术的发展,信息管理从PC互联网到移动互联网到万物互联网,完全颠覆了IT的基础设施。于是,云计算为储存和处理数据带来极大方便,数据也就越来越多,从GB到TB、PB,再到YB,数据的价值被无限放大,大数据概念出现。大数据研究成为继云计算之后的又一重大研究领域。

大数据是当前的重要资源,是知识创新与智慧经济的基础要素。相关著名咨询机构研究表明,全球数据分布的大致比例是美国31%、西欧19%、中国13%、印度4%、其他国家32%。预计到2020年,中国将产生全球21%的数据。随着计算机技术和网络技术的快速发展,半结构化、非结构化、无结构的数据大量涌现,数据冲破时间和空间的控制,成为一种重要的人造资源,是亟待开发的宝藏。面对竞争,越来越多的企业开始开发大数据这座"金矿",力图挖掘出极具价值的"钻石"。例如,沃尔玛利用大数据工具重塑并优化供应链运营效率和可持续发展策略,减少断货现象,提高服务质量;腾讯通过社交网络的大数据平台,挖掘社交网络和消费行为模式,打造出精准的营销平台,推动了模糊营销和精准营销的协同发展。

当前主流的信息技术公司都以云计算和大数据为重点战略,例如,微软从软件公司转型为互联网、云计算和大数据公司,Windows Azure和Office 365等成为其重要产品与服务。在此背景下,其业务增长中云计算服务业务成为重要的新业务和新动力。同时,类似Dropbox的新创公司,在快速增长势头下,把信息技术提升到一个全新的境界;与戴尔合作,直接挑战像亚马逊这样的大公司。

在这种迅猛的技术创新趋势下,各国政府纷纷出台支持政策,例如,美国出资投资"大数据的研究和发展计划"。我国政府也先后出台《关于促进云计算创新发展培育信息产业新业态的意见》和《促进大数据发展行动纲要》政策,大力发展我国信息技术产业,并推动传统产业的调整和新业态的创新。其后,工信部先后颁布相关支持和执行政策,全面推进我国现代经济建设的新局面,以"两化"为中心,推进"互联网+"和"双创"的国家战略。

## (一) 云计算技术

云计算与大数据这轮浪潮将打破以前信息技术对作业操作效率、业务管理策略和组织资源战略转型的分散影响模式,从多层次、全方位、大尺度地改变商业模式、价值网络、价值链运营的再造、优化、创新、超越和升级的一体化发展机制,系统地深化信息技术与管理融合的广度、深度和力度。

与以前的几次信息技术变革不同,云计算服务是科学计算和商业创新共同驱动的产物,集中体现了问题导向下的科学计算资源和能力的商业化、网络化交付和服务价值的虚拟化运营。在萌芽、发展和扩张的过程中,将改变信息技术投资方式和计价模式,变固定成本为营运费用并按使用付费;加快终端PC产业的萎缩,带动泛在的网络化接入终端近似无限计算资源的无限获取与发展;推动跨组织信息系统的兴起,为组织并购和全球化发展提供全方面的支持;创新组织商业内部结构和外部网络,诱发信息技术作用于价值的新基本单元的出现;倡导新的信息技术产业价值主张和商业要素,扩展信息技术与自然能源和环境的关系,让原有局部和条状价值得到纵横融合,使在商业模式体系下,信息技术的供应链和价值链被进一步地融合与创新;奠定物联网—云计算—大数据的国家信息战略,加快创新驱动服务产业发展、基于科学发展的创新型国家和服务型政府的建设步伐。

### 1. 云计算定义

云计算服务的萌芽和兴起,在一般意义上讲,一方面是传统信息技术战略价值的衰减、升级与运维成本增长加快、硬件产品周期短和投资回报率低等压力所致;另一方面得力于谷歌的领先地位保护、IBM的客户关系维持、微软的领地保护、亚马逊闲置资源的再利用等策略的创新和互联网经济的发展。两类动力决定了云计算服务是市场和技术的完美结合。但是,由于云计算的广泛性、前瞻性和发展性等因素影响,云计算研究走过了一个炒作—爆炸—破灭—恢复—理性发展中伞形概念环中的爆炸—破灭—恢复的历程。互联网的快速发展及应用已经对经济增长和社会发展带来了巨大影响,社会对计算资源的需求量也越来越高。云计算的发展推动了信息技术的服务化转型,云计算服务成为信息技术的重要服务模式。云计算服务作为一种新型的网络计算模式,用户可以通过它的连接设备端口或一个简单的用户界面得到所需要的应用或计算资源,在形式上也是一种利用互联网络平台的商业服务模式,并实现"付钱即所得"(pay as you go,pay-per-use)的计算资源获取方式,而且具有应用的抽象性、服务的虚拟化和计算资源的动态分配等特征。从本质上看,云计算是一种混合计算,综合应用了网格、集群、效用、分布式等计算模式的优点,立足科学和商业计算需要,力图改变网络、计算、存储、测试、实验、服务的设计、实施、交付和模式创新;不同领域的计算特点是云计算服务发展的突破口,例如位置服务、多媒体计算。从技术角度看,云计算服务就是大规模数据中心的建设、管理及其服务软件,基于数据中心可以实现软件和硬件的分离,就如设计和销售与生产制造通过外包来分离的效果一样。在对技术的利用和商业化过程中,云计算服务的概念被泛化,是指在足够带宽的互联网的基础上建立的新型网络服务环境,包括云理念、云服务技术和云商务,例如云物流、云制造、云金融、健康云等。在理想的云计算环境中,基于云中的 IT 基础架构库及其使能的资源,IT 产品和业务服务被虚拟化和服务化,硬件、平台、软件和应用都能够以按需预订、快速智能伸缩配置、按使用付费的方式从共享的资源池中获得。

在云计算的发展过程中,曾有 100 多种定义。其中代表性的定义有百度提出的大众化定义、美国国家标准与技术研究院(National Institute of Standards and Technology,NIST)提出的技术定义。百度百科认为,云计算是基于互联网的相关服务的增加、使用和交付模式,通常涉及通过互联网来提供动态易扩展且经常是虚拟化的资源。NIST 指出云计算是一种能够通过网络以便利的、按需付费的方式获取计算资源(包括网络、服务器、存储、应用和服务等)并提高其可用性的模式,这些资源来自一个共享的、可配置的资源池,并能够以最省力和无人干预的方式获取和释放。这些定义从技术和商务等层面给出了云计算的重要特征,虚拟化是其本质。云计算从虚拟化视角推进信息资源的可扩展式管理,通过分布式存储与计算、超宽网络、全自动化和按需定价为核心技术。

云计算的虚拟化的重要平台是 CloudSim。当系统和用户配置、需求处于动态变化的条件下,评估云供应策略、应用工作负载和资源性能是很难实现的。CloudSim 具有时间效率和灵活性的特点,基本实现了对云计算基础设施和应用服务无缝的模拟、仿真、试验。该平台的虚拟化采用了 KVM 结构,该结构相对于同类型的产品具有独特优势。具体差异与优势见表 12-1。

表 12-1 虚拟化技术与产品的比较

| 比 较 项 目 | VMware | Xen | KVM |
| --- | --- | --- | --- |
| 开源 | 否 | 是 | 是 |
| 硬件虚拟化 | — | — | 需要 |
| 内核级 | — | 否 | 是 |
| 性能 | — | 高 | 高 |
| 成熟度 | 成熟 | 成熟 | 较成熟 |
| 市场 | 商业软件,市场占有率大 | 多数云主机服务商运用 | RedHat,Linkcloud |

虚拟化是实现云计算最重要的技术基础,虚拟化技术实现了物理资源的逻辑抽象和统一表示。通过虚拟化技术可以提高资源的利用率,并能够根据用户业务需求的变化,快速、灵活地进行资源部署。总的来说,虚拟化平台是三层结构:最下层是虚拟化层,提供基本的虚拟化能力支持;中间层是控制执行层,提供各控制功能的执行能力;最上层是管理层,对执行层进行策略管理、控制,提供对虚拟化平台统一管理的能力。虚拟化平台应该包含虚拟机监视器 Hypervisor,虚拟资源的管理,虚拟机迁移,故障恢复,策略管理(如提供虚拟机自动部署和资源调配)等功能实体。

虚拟机管理主要保护虚拟机的创建、启动、停止、迁移、恢复和删除,虚拟机映像管理,虚拟机运行环境的自动配置和快速部署启动等能力。虚拟机管理可根据主机节点/虚拟机的 CPU、内存、I/O、网络等资源使用情况,自动地在不同主机节点之间迁移 VM,使 VM 的性能得到保障。此外还包含主机节点的失效保护,即当一个主机节点失效后,该功能实体能将其上的服务自动转移到其他节点上继续运行。

## 2. 云计算服务架构

随着对云计算服务的产生背景、定义和特征统一认知的形成，根据服务体系和部署结构，云计算的技术系统、商务目标、支持资源和交付模式得到了进一步的抽象和定义，对这些维度要素进行归类和关联，可得到云计算技术与应用架构示意图，见图12-7。

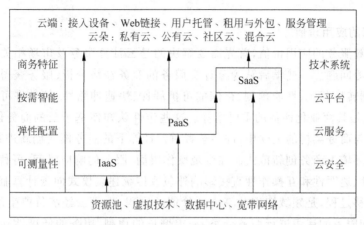

图 12-7 云计算技术系统与应用体系架构

图 12-7 是对当前研究架构文献的一种概括，重点归纳了现有与云计算架构相关的研究核心和发展趋势。这一框架的广泛接受，得力于 NIST 的标准化文件的出台，其中商用特征、三大模式和四大部署是云计算服务商业的核心要素。这种主流的云计算服务技术架构包括底层基于数据中心的资源池、虚拟化存储、计算、通信和服务资源，中间的 S-P-I 三层服务模式，顶层的四类云计算服务部署和泛在网络云端，整体技术架构显现商用特征和计算性能。在底层研究中，主要集中在虚拟机和虚拟化管理，及对应在服务模层和服务部署层等方面的一致性要求，例如多租户问题等。这些研究的思路是技术创新管理的逻辑，一些是基于大规模数据中心、新能源、电压调频等技术的经济性和成本结构的研究；一些是基于数学建模和实验仿真的虚拟机资源调度模型研究。在中间层，云计算服务模式一直是管理学研究的重点，一方面是因为应用模式设计是管理信息资源的顶层设计；另一方面是服务模式连接着底层和交易界面，相对于其他两层而言，服务模式更吻合管理科学的内容，其他内容与技术和营销的相关性更强。基于信息服务的三大内容、技术支撑体系和应用模式，软件即服务（software-as-a-service，SaaS），平台即服务（platform-as-a-service，PaaS）和基本架构和硬件设施即服务（hardware/infrastructure-as-a-service，H/IaaS）构成核心服务模式。其中 IaaS 是基础，采用虚拟化技术，将存储、服务器、网络、计算资源（CPU、内存、I/O 等）按照可配置的最小粒度进行划分，形成独立的虚拟机映像，对外提供统一的 API，实现资源的统一调度和共享。PaaS 层以提供运营系统、程序运行、数据处理的环境和平台为目标，对环境资源进行封装，支持信息技术开发和信息平台资源集聚，为软件开发、应用测试和计算仿真提供相关服务。SaaS 通过基于 HTML5 的 Web 提供应用软件服务，与传统的应用软件服务商（application service provider，ASP）相比，在技术、模式和开放性等方面都发生了本质的改变，采用多租户等技术分配面向服务的应用层需求，统一调配接口资源、集成复用和伸缩的机制。在服务模式的基础上，云计算服务资源以私有云、公有云、社区云和混合云四类方式

进行部署。私有云是针对某单个机构量身定制的云,如一些大型金融公司或政府机构;公有云提供的云服务通常遍布整个因特网,能够服务于几乎不限数量的、拥有相同基本架构的客户;社区云是专为一些互不相连、严格界定的机构设定的云,如供应链上的关联企业或不同政府机构的联合体;混合云则表现为以上多种云配置的组合,为一些复杂的商业计划提供支持。

### 3. 云计算的应用价值

了解云计算服务的应用价值,首先需要解决的是云计算服务及市场相关商业化评估和领域知识需求等问题。一些学者认为云计算服务的商务经济分析、服务获得性、数据锁定、数据审计、数据转换瓶颈、性能预测、存储的可扩展性、快速伸缩性、信誉许可和软件许可等10个方面属性是其商业化评估的重要指标。这些定性认知使基于云的商务创新成为可能,在云计算环境与商务架构的关联中,许多学者对云计算下的商务模式创新进行大量的研究,提出了云计算环境下商务创新范式。在微观操作层面,服务的响应时间,可替代性、有效性、可获得性、弹性、透明性和互操作性直接影响外包或传统建设模式向云计算服务的转移。云计算服务的转移过程,是领域知识共享创造价值的过程,也是云经济价值生态的形成过程,从流程、交易和服务的视角进行商务分类、需求增长的预测、服务的便携性和云服务与商务的匹配,基于服务科学理论和商业模式方法构建云计算服务价值系统。

在云计算驱动的信息技术与服务产业和现代服务业背景下,云计算价值系统是基于云的新兴 IT 与服务资源的价值发现、创造、转移和创新的系统。虽然早期的互联网门户、电子采购与电子商务的价值创造过程得到了应有的关注,也取得了一定的研究成果,但是云计算对信息技术的破坏和颠覆已改变了传统电子商务支撑技术和互联网服务模式,特别是其对大数据、物联网、Web 2.0 和社交媒体的推动,使计算能力、数据挖掘、服务组合和网络创新在增强传统要素的附加值、促进结构网络化和融合规则差异化的基础上,开创了基于知识、网络、关系和行为的服务创新,实现了使用过程中的智能化的交互,并创造了便捷性节能和体验等服务价值。同时,国外的 Apple、Amazon、Google、Facebook、Twitter、LinkedIn 和 Workday,国内的阿里巴巴、腾讯、百度、苏宁云商、小米、海尔等一批优秀企业的云计算价值管理模式和服务价值生态系统演化经历也从实践层面丰富了上述理论问题的内涵和价值。

云计算价值是一个广义价值创造生态,以成本和收益为基础,通过整合、跨界、共享和创新形成广义的责任、绿色和正义价值。在服务逻辑指导价值创造体系中,云计算价值系统是一个信息服务系统,也是一个服务逻辑主导的价值系统。从信息的生命周期来看,信息的产生、处理、传播和应用构成信息价值的特征设计、创造、转移和创新过程,价值系统的分析和设计也是一个技术发明、创造、商业模式和市场轨迹的管理过程。具体结构见图 12-8。

图 12-8 中的四类活动具有三重关系:第一重是时序先后关系,发现、创造、转移和创新构成基于服务创新的生命周期,遵循服务价值在技术采纳、使用过程中产生的假设,反映服务过程积累产生价值。第二重是协同共生关系,体现活动的伴生性、嵌入性和网络效应,遵循服务的交互性,需要用户、网民、供应商和社会相关人士共同参与,创造和创新是适应不同情景的同演进主体要素。第三重是多层面融合关系,互联网作为平台,服务的支撑技术、模式和部署在平台环境下相互融合,推动架构创新。

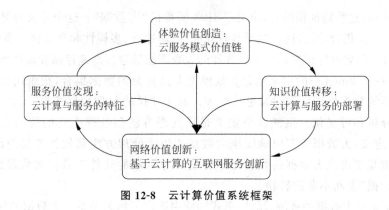

图 12-8　云计算价值系统框架

## （二）大数据发展

当数据完全渗透到人们生活中,大数据带来的挑战就涉及人们生活的各个方面,在很多方面,我们都可以观察到大数据时代的不同。面向大数据的机遇和挑战的应对策略是进行长期部署和短期规划,一步一步走。从长期来看,大数据的影响是深刻的。但眼下对企业而言,应对大数据的第一步是构建数据能力,计算思维和数据科学体系。

随着云计算的深入发展,"大数据"这一概念迅速流行,在业界和学界得到高度关注。事实上,"大数据"并不是从天而降的,而是时代演化的产物。当信息技术发展到云计算、大数据时代,人们的生活渐渐发生了全面的变化,物流学科和信息管理技术变革也迎来新的机遇与挑战。

### 1. 大数据定义与特征

大数据(big data,BD)是一类能够反映物质世界和精神世界运动状态与状态变化的信息资源,可重复开采,一般具有多种潜在价值。大数据作为一种人造资源,与自然资源、人力资源一样,是推动国民经济、社会和科学技术发展、重塑国家竞争优势,提升政府治理能力的新动力、新机遇、新途径。大数据的研发应用已成为各国构建创新发展模式和提升国家长期竞争力的战略领域,并成为信息管理的热点。《大数据时代》一书中提出了基于大数据的重要观点,"样本=总体"将引起的思维变革;在大数据时代,接受大数据,就能不再以高昂的代价消除所有不确定性;大数据社会需要放弃对因果关系的渴求,而仅需关注相关关系。

美国国家科学基金会(NSF)研究表明,大数据是指由科学仪器、传感器、网上交易、电子邮件、视频、点击流和(或)所有现在或将来可用的数字源产生的大规模、多样的、复杂的、纵向的和分布式的数据集。这个定义指出了大数据是一类数据集,并指出了大数据现在和将来的数据来源,以及大数据具有大规模、多样性、复杂性、分布性、关联性等数据特征。

麦肯锡公司(McKinsey & Company)对大数据的定义是一个大的数据池,其中的数据可以被采集、传递、聚集、存储和分析。目前,大数据是全球经济每个部门和功能的一部分。与固定资产和人力资本等其他重要的生产要素类似,没有数据,很多现代经济活动、创新和增长都不会发生,这正成为越来越普遍的现象。这个定义指出大数据是一个大的数据集合,它与固定资产、人力资本一样,也是一种生产要素,并能支持现代经济增长和创新活动。因此,大数据研究的关键科学问题应该是大数据与经济增长和创新活动的关系。

IBM用四个特征来描述大数据,即规模性(volume)、高速性(velocity)、多样性(variety)和真实性（veracity），这些特征相结合，定义了 IBM 所称的"大数据"。这个定义显然也是把大数据定义为一种数据集合，而且这些数据具有规模性、高速性、多样性和真实性。所以，大数据研究所关心的科学问题就应该是对结构多样性的大数据能够进行高速存储和高速处理的技术。

维基百科（Wikipedia）的定义则是指规模庞大且复杂的数据集合，很难用常规的数据库管理工具或传统数据处理应用对其进行处理。其主要挑战包括数据抓取、策展、存储、搜索、共享、转换、分析和可视化。显然这个定义是从处理方法和处理工具的视角来看待大数据的，根据这个定义，大数据研究应该围绕大数据的快速处理方法和软件工具的研发来展开，研究的目的就是要得到大数据的快速处理方法和非常规的软件工具。大数据始终在"大数据"和"非大数据"之间不断的转换。

不同的定义从大数据的范围、属性、形式和使用厘定了相关关系。大数据的使用和开发将开创一个新的信息管理局面，基于共享、开放和创新的商务成为主流的模式。大数据科学理论、大数据建模与挖掘算法、大数据技术的深入发展，改变了实证方法的方法，在产业发展与管理决策、科技创新、网络与社会计算等领域的应用将发现新的理论与智能知识管理系统。大数据背后的知识为充分尊重人的行为方式、事物的本质联系、运动的哲学规律提供理论支撑。

### 2．大数据的技术框架

Hadoop 是目前最为流行的大数据处理平台，以 HDFS、GFS、MapReduce、Hadoop、Storm、HBase、MongoDB 为代表的一批大数据通用技术和开源项目得到迅猛发展。从模仿 GFS 开始，MapReduce 实现了数据系统、文件系统、指令系统的有机整合。Spark、hive 等模块化工具提供了大数据分析的基础环境，面向数据仓库、批量处理，为实现大数据的聚类、相关、不确定性等分析提供了全面的技术保障。以聚类为例，聚类是基于大数据进行机器训练和学习的重要基础。其基本原则是，以概率为标准，将"性质相似"对象尽可能地放在一个 Cluster 中，并保证不同 Cluster 中对象尽可能不相似。从聚类的数量、聚类的维度和聚类的协同点出发，大数据的 Canopy Method 系统、全面、准确。

大数据的发展过程将是从信息科学到数据科学的转变过程，从创新的基因入手，积累基于数据和数据驱动的管理方法与体系。面对海量数据的大型数据中心，大数据分析与展现将关联尽可能多的事件、知识与决策。具体的技术架构见图 12-9。

图 12-9 基于大数据的特征，突破或改进了原有的大数据组织和存储技术、大数据分析技术，为大数据获取、管理和分析提供技术保障。利用爬取获得分布式高速高可靠数据，数据流解析和成像技术，保障高质量的开发数据。在分布式文件系统中实施计算融入存储，分布式非关系型建模技术，提高了大数据的可视化技术水平。

### 3．大数据的应用价值

大数据作为一种人造资源，与自然资源、人力资源一样，是推动国民经济、社会和科学技术发展、重塑国家竞争优势，提升政府治理能力的新动力、新机遇、新途径。大数据技术的发展与纵深应用已成为各国构建创新发展模式和提升国家长期竞争力的战略领域。随着数据产生模式的不断演变，大数据及相应的产业日渐成熟。大数据具有规模巨大、形式多样、高速产生和潜在价值等主要内涵特征，其价值体现在多个方面。

大数据与具体行业结合，推动行业创新和产业联动。目前，大数据在金融证券、互联网、数字生活、公共设施、制造、电力、教育与健康等行业得到广泛的应用，形成了数据、平台、应

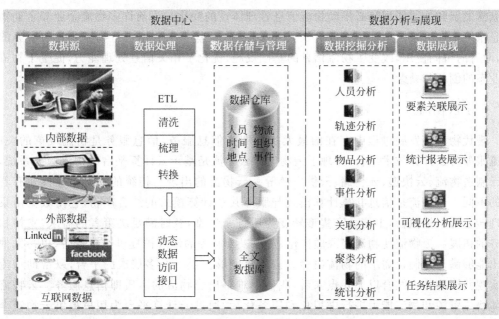

图 12-9　大数据应用的技术架构

用、终端四位一体的新型模式,促进产业的全面发展。例如,阿里巴巴公司基于大数据的精准营销;默克公司基于病人大数据的健康医疗;奥迪、奇瑞等汽车生产厂商的数字化工厂,利用自行开发的大数据技术,通过分析庞大的车身数据、业务数据和外部数据,形成了数据驱动的汽车产品开发决策技术和支持系统。

大数据是思想,更是一种技术,影响着决策的范式演化和管理的发展趋势。著名管理学者陈国青认为,大数据时代的管理喻义包括"三个融合"和"三新"。大数据驱动的融合是指 IT 融合、内外融合和价值融合;伴随融合过程,大数据时代催生新的商业模式和新兴消费群体。融合是跨界的关键,开拓了广义的视野,创新改变了信息管理的主体和方式。大数据的发展,推动了信息与数据管理的继承,基于数据的决策范式成为主流。同时,企业的内外数据也得到进一步的整合,像 CRM、UGC 和 PGC 数据正影响着消费和生产。数据的集成和融合,直接推动企业因生产产品和提供服务而产生价值得到进一步的融合。譬如,手机制造商或者电信运营商在生产价值和流量价值之间整合就是典型的案例。所以,企业不但要关注有形产品,还要关心附加价值,强调内容管理,提倡服务创新等。数据管理和数据分析是企业要重点增强的一个核心能力。基于大数据的企业改变,带来新兴业态,赛博空间(Cyberspace)和众包(Crowdsourcing)、数据产业都方兴未艾。一些数字游戏的虚拟装备、卖虚拟币成为重要的商业要素。美国第二大超市 Target,为了留住孕妇客户,启动了大数据分析。Target 先自动获取一个社会组织提供登记的迎婴聚会数据,构建了"怀孕预测指数",预测顾客的怀孕情况,使 Target 能早早地把孕妇孕程的需求和优惠广告投放相结合。随后,又将这种精准投放用于其他商品的推广中,最终使 Target 的销售额在经济低迷的情况下仍然保持 15% 的增长。

## 二、云计算与大数据在物流信息管理中的应用

云计算与大数据是新兴信息技术的代表,是信息技术架构创新的重要趋势。这些技术

的纵深发展和连续使用势必推动物流信息管理体系的变化。当前许多物流企业和企业物流信息系统都在大规模地使用云计算及其相关服务,且基于大数据进行物流业务与服务的创新,两者的协同使用,改变了物流信息的基础设施,优化了相关信息处理能力,促生了物流新兴业态的创新与繁荣。

### (一) 云物流

现代物流在发展过程中存在的最大挑战即为信息服务,信息服务是物流改革的关键。物流服务与云计算技术结合,出现了云物流。云物流是基于云计算平台的物流服务系统,包括云制造物流、云快递、云仓储、云供应链等。云物流的出现与传统的物流服务模式有着明显的不同。云物流是信息共享计算模式与服务共享计算模式的结合产物,它使数据由桌面处理转变为云端执行,由信息密集型转变为服务密集型,及时满足决策者的需求,支持物流业务的拓展。云物流使物流资源虚拟化,资源以云服务的形式被提供给决策者,以帮助他们做出能够满足定制化需求的物流决策。云物流能够提供一个多层次的平台,以帮助物流企业实现共同协作。结合以上几点来看,我们不难得出云物流的本质即信息服务。云物流将实体物流资源和物流能力进行虚拟化和服务化后,通过云计算平台为用户提供云物流全过程的物流服务。在云物流中,各类物流信息都能够以服务形式在云计算平台中聚集,渗透实现物流资源的调用,从而完成整个云物流服务过程。

云仓是云物流的重要基础设施,为建立仓储资源的共享平台,一些企业积极开创了云仓业务。在云计算平台的支持基础之上,仓储的空间资源、人力资源、设备资源等被进一步的贡献,通过构建调度、监控和协同系统,实现仓库资源的统一调度,同时加强了仓储作业流程的优化,提高了仓储的运营水平。当前,相关云仓业务见表 12-2。

表 12-2 典型云仓业务基本信息

| 云仓名称 | 类 型 | 商务模式 | 业务战略 | 技术架构 |
| --- | --- | --- | --- | --- |
| 百世云仓 | 成品云仓 | 电商企业 | 实现仓配一体化 | EDI 和云计算 |
| 传化云仓 | 生产到流通 | 上下游客户 | 实现共享无人仓 | 专业 SaaS 平台 |
| 顺丰云仓 | 综合品类仓 | 消费终端 | 实现仓配一体化 | 顺丰金融、直营仓配网 |
| 天天云仓 | 供应链互联 | 电商企业 | 实现仓配一体化 | "互联网+"物流金融 |
| 京东云仓 | 消费品云仓 | 第三方 | 与第三方共享 | 仓库管理系统云化 |
| 阿里云仓 | 物流云仓 | 龙头企业 | 与第三方共享 | WMS 云化 |
| 中联网仓 | 不限 | 不限 | 实现自可视化 | 第三方 WMS 云化 |

下面以传化云仓为例介绍云仓的实际操作。俊奥公司通过传化云仓专业化的仓库规划将仓库划分为 5 大功能区,并通过导入自主研发的 WMS 系统,实现了货主—货物—库位的一对一精准匹配。结合新建立的出入库标准化 SOP 流程,捡货时可围绕波次、效期、包装等维度,实现拣选路径自动优化,拣货员只需要按照系统提示进行标准化操作,即可完成拣货。云仓使杭州俊奥公司的 705 个经营商品品类需要满足商超、便利店、电商平台和微商、分销商的供货需求。此前,在俊奥公司 2 000 m² 的仓库里,由于缺乏规范的仓库管理体系,货物堆放杂乱无章、出货效率低下、漏发错发频现。

云物流另一个活跃的领域就是云快递。星晨急便提出搭建物流和资金流的信息化云平台,基于云计算开发潘多拉系统,将发货方与派送方视同电子商务交易中的卖方与买方,让他们在星晨急便的平台上进行无时空限制的货物交换和资金结算。为搭建全国快递基础资源共享平台,"云"成为阿里旗下菜鸟网络推进快递行业转型升级的有利"武器"。菜鸟网络推出中国首个物流云平台,这个基于云计算的物流基础信息服务平台,能帮助快递企业和物流订单涉及的所有链路成员建立连接、沉淀数据、分析快递瓶颈,在此基础上提供多样化的智能产品。利用云查询技术,物流云中的快递企业派送效率提高18%,基于共同配送和协同配送,派送成本降低,创造了巨大价值。京东基于云计算和大数据构建了智慧采购与物流系统,即基于六大通用技术标准的八大智能化支撑平台,对物流与供应链的七大核心环节,实现云化改造。具体来看,即云计算、API接口、AI人工智能、IOT物联网、BI大数据以及Block Chain区块链。在技术基础上,云物流八大应用平台包括大数据管理平台、机器学习分析平台、智能决策平台、数字加密安全平台、风能源控制平台、通用协议平台、智能设备调度平台及无界开发平台。从而,京东物流实现物流与供应链的精准化、人性化、生态化。

### (二) 物流大数据

大数据分析为物流与供应链的技术和管理创新带来前所未有的机遇。特别是在物流需求量的预测和供应链的风险防控方面,大数据所建立的相关性分析系统、不确定性处理系统和预测与解释范式为精准运营和个性化创新带来技术支持。Google Trends(谷歌趋势)为衡量品牌知名度、为商务旅行做准备、判定新市场、跟踪科技方向提供基础决策数据;长风大数据所建立的标准与平台为物流教学大数据开发提供基础框架,推动了智慧物流的发展。再如,基于气候大数据的冷链管理,也是物流大数据的重要领域。

物流大数据完全打通物流、信息流、人群流和资金流,推动基于供应链+大数据的商务模式创新。从通俗的理解和典型的事件来看,下面的例子从一个侧面反映物流大数据的丰富内涵和开发机制。

假设某知名餐饮企业,利用大数据建立了全方位的业务服务体系,当订餐店的订餐电话铃响了,前台客服人员拿起电话。

客服:您好,这里是××餐饮店,请问有什么需要我为您服务?

顾客:你好,我想要预订一份……

客服:先生,烦请您先把您的会员卡号告诉我。

顾客:12345689×××

客服:×先生,您好!您是住在××路一号×楼××室,您家电话是2646××××,您公司电话是4666××××,您的手机是1391234××××。请问您想用哪一方式付费?

顾客:你为什么知道我所有的联系号码?

客服:×先生,因为我们联机到CRM系统。

顾客:我想要一个海鲜比萨……

客服:×先生,海鲜比萨不适合您。

顾客:为什么?

客服:根据您目前的医疗记录,你的血压和胆固醇都偏高。

顾客:那你们有什么可以推荐的?

客服:您可以试试我们的低脂健康比萨新品。

顾客:你怎么知道我会喜欢吃这种的?

客服：您上星期二在国家图书馆借了一本《低脂健康食谱》。
顾客：好。那我要一个家庭特大号比萨，要付多少钱？
客服：99元，这个足够您这一家7口人吃了。但您母亲应该少吃，她上个月刚刚做了心脏搭桥手术，还处在恢复期。
顾客：那可以刷卡吗？
客服：×先生，对不起。请您付现款，因为您的信用卡已经刷爆了，您现在还欠银行4807元，而且还不包括房贷利息。
顾客：那我先去附近的提款机提款。
客服：×先生，根据您的记录，您已经超过今日提款限额。
顾客：算了，你们直接把比萨送我家吧，家里有现金。你们多久会送到？
客服：大约30分钟。如果您不想等，可以自己驾车来。
顾客：为什么？
客服：根据我们CRM全球定位系统的车辆行驶自动跟踪系统记录。您登记有一辆车号为S××748的车，而目前您正在×××路×××商场右侧驾驶这辆车。

　　这个例子表明，整个采购、消费、物流过程的空间、时间、行为数据都透明化了。物流、信息流、资金流和活动流过程都被数据化，完全集成，整个过程可视。整体来看，物流过程产生的大数据驱动大数据物流业态的出现。

　　与此对应的大数据生活还有一典型事件，就是"双十一"的物流大数据。从2009年开始，这一节日消费模式创造了物流系列大数据。从销售总额来看，从最初的1亿元开始，每年快速增长，依次为9.36亿元、53亿元、191亿元、350亿元、571亿元、800亿元、1 207亿元和16 821亿元，这是和大数据的动态变化特征基本相符的增长。以发送1亿包裹所需要时间为例，历年"双十一"的快递速度一直在提升，2013年用了两天，2014年只用了24个小时，到2015年提速到16个小时，2016年只有14个小时。2016年"双十一"全天完成支付10.5亿笔，峰值达到12万笔/秒；银行交易支付峰值5.4万笔/秒。2017年在"双十一"前后的72小时之内，关于"双十一"的讨论热度高达80.21，话题感满满，完全霸屏。重点监控的20家B2C电商平台的监测结果表明，天猫平台的销售额稳居全网第一，占比66.23%，京东占比21.41%，苏宁易购占比4.34%，亚马逊占比1.95%，唯品会旗下占比3.43%，其他电商平台占比2.64%。当前开始的前20秒交易额过1亿元、52秒交易额上10亿元、6分58秒破100亿元。"双十一"刚过半，12小时29分26秒，交易额已经达到824亿元，超过了前几年全国社会消费品日均零售额。在这样的商机下，物流大数据公司纷纷成为物流业态的重要推动者和主力军。

## 第四节　区块链技术

### 一、区块链的概念及发展历程

#### （一）区块链的概念

　　随着比特币在全球的盛行，区块链（blockchain）作为其底层最核心的技术也越来越受到重视。从数据的角度来看，区块链是一种几乎不能被更改的分布式的共享总账（distributed shared ledger），这种分布式的总账不仅表示数据的一种分布式存储，而且表现为数据的分布式记录(由所有参与者进行记录与维护)。分布式存储是指数据信息可以存储到所有参与记录数据的节点中,而不仅仅是只能由中心机构的节点存储,分布式记录是指数据信息可以由所有参与者集体记录,而不是由中心机构集中记录。从成效的角度上看,区块链可以生成一套能够反映时间先后、可被信任、不可篡改的数据库,这套数据库是去中心化存储并且能够为数据安全提供保障。

简单理解,区块链中的"区块"指的是信息块,这个信息块内含有一个特殊的信息就是时间戳。含有时间戳的信息块彼此互连,形成的信息块链条被称为"区块链"。

狭义上讲,区块链是一种按时间顺序将各个数据区块结合成一种链式的数据结构,并用数字密码的方式保障数据不被伪造和篡改。

广义上讲,区块链是利用块链式数据结构来验证与存储数据,利用分布式节点识别算法来生成与更新数据,利用数字密码保障数据的安全传输与访问,利用可编程的智能合约保证区块链技术的灵活与实用性。

### (二) 区块链的发展历程

2008年,中本聪首次提出了区块链的概念。随着人们研究的不断深入,区块链发展成比特币的核心组成部分,成为交易的公共账簿。区块链技术运用了点对点网络和分布式时间戳服务器进行自主管理。比特币的出现为很多行业的发展带来了新的契机。

1991年,Stuart Haber 和 W. Scott Stornetta 首次提出有关于区块的加密保护链产品。随后,Nick Szabo 在 1998 年研究了电子货币分散化的机制,并称为比特金。2000年,Stefan Konst 发表加密保护链的统一理论,在此基础上提出一整套的实施方案。

区块链格式不需要行政机构的授权就能保证数据库的安全,它首先被应用于比特币。在中本聪提出的有关区块链的概念中,"区块"和"链"是被分开使用的,后来在大范围的使用中被合称为区块-链,直到 2016 年被统称为"区块链"。

2014年,"区块链 2.0"被看作关于去中心化区块链数据库的专业术语。该项技术跳过了各项交易中的中介机构,使人们的隐私得到更好的保护,保证了知识产权所有者的权益。第二代区块链技术为储存用户的"永久数字 ID 和形象"的设想提供了技术支持,同时为解决潜在的社会财富分配问题提供了方案。

2016年,俄罗斯联邦中央证券所(NSD)开始了一个基于区块链技术的试点项目。很多在行业中拥有监管权的机构通过区块链技术来建立测试模型,以此来征收版税,并且对世界范围内版权进行管理。IBM 在 2016 年 7 月于新加坡开设了一个区块链创新研究中心,对区块链进行深层次的开发。2016 年 11 月,世界经济论坛的一个工作组就区块链政府治理模式的发展举行了一次会议。从 Accenture 的一份关于创新理论发展的调查报告可以看出,区块链在经济领域的使用率已经达到 13.5%。2016 年,行业贸易组织共同创立了全球区块链论坛,这也就是电子商业商会的前身。

## 二、区块链技术原理及特点

### (一) 区块链技术原理

#### 1. 区块链的结构

区块是构成区块链的基本单元,它本身是数据的一种集合,里面包含着相关的信息和记录。区块主要由区块头和区块主体两个部分组成。区块头保证了区块的完整性,它主要指的是连接前面区块的那部分区块。而区块主体则记录了网络中不断更新的数据信息。区块链就是将各个区块加以系统性的连接,使不同的区块相互联系并形成一种数据结构。链中的每个区块都会带有时间戳,以便将它们区分开,这确保了区块链的可追溯性。各个区块经由区块头联结到前面的区块,从而形成一种拥有大数据的链式结构,区块链的组织结构如图 12-10 所示。

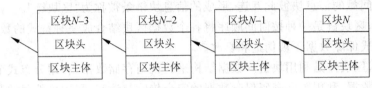

图 12-10　区块链组织结构

#### 2. 区块链网络

区块链网络实际上是一种 P2P 网络,也就是点带点网络。在区块链网络中,没有中心化的硬件以及管理机构,没有中心服务器和中心路由器。整个网络中每个节点都是客户端和服务器端,处于平等的地位。每个节点都保存着整个区块链中所有的数据信息,这样,每个节点都相当于一次数据的备份,区块链网络中的节点越多,数据的备份也就越多。大量的备份可以有效地减少数据信息的丢失和损毁。参与数据存储的各个节点互相管理和监督,也减少了数据被篡改的可能性。同时,由于每个节点储存的信息相同,节点的数量众多,每个节点可以自由地加入和退出网络,并且不会对整个网络产生影响,保证了网络的稳定性。

#### 3. 区块链的加密系统原理

为了有效解决网络中用户的信任问题,区块链加密采用的是非对称加密算法。非对称加密算法需要公开密钥和私有密钥。如果用公开密钥对数据进行加密,就只能用对应的私有密钥进行解密。同理,如果用私有密钥对数据进行加密,就必须用对应的公开密钥来解密。在使用区块链的时候,用户会同时获取专属的两种密钥。区块链网络所有用户都是运用相同的算法对数据信息进行加密和解密,因此,通常用户专属公开密钥都会被公布在网络上,私有密钥就只能由用户自己掌握。用户如果用公开密钥加密数据,那么数据信息就只能被该用户自己浏览。用户如果用私有密钥加密数据信息,则其他用户就可以用公开密钥对该数据信息进行解密和浏览。用户可以用私有密钥在数据的结尾部分进行数字签名,这样,其他用户就可以用公开密钥进行解密来检验数据来源的可靠性。

### (二) 区块链的特点

#### 1. 去中心化

去中心化是指区块链网络中没有一个强有力的控制中心,每个数据节点都有记录与存储数据的权利,各个节点数据之间互为备份,任何一个节点的数据的损坏与异常不会影响整个网络的运行,整个网络中不会出现单方面对数据的控制,保证了基于区块链存储的数据的可靠性与稳定性。

#### 2. 透明化

透明化体现的是区块链系统运行规则是公开透明的,在区块链系统的运行中,对数据的记录需要由多个节点来完成,各个节点分享共同的信息,并且对数据信息的更新也需要多个节点共同参与。究其原因,是因为区块链网络中的各个节点都是平等的、去信任的,且不具有欺骗性。而且由于各个节点存储的数据都是一样的,正常的数据交换也能顺利进行。

### 3. 合约执行智能化

区块链可以设定一系列的可以写进软件代码的智能合约,在智能合约里规定交易双方需要承担的义务以及合约执行的判断条件,当所有的判断条件都符合时,区块链系统将自动强制执行合约条款。这样一来不仅在降低成本的基础上大大提高了合约的执行效率,而且在没有第三方平台的监管之下保证了合约的正常进行。

### 4. 安全的信任机制

区块链技术可以说是重新定义了网络中的信用生成方式。区块链的信任机制是建立在非对称密码学原理基础上,这使区块链系统中的人们在不清楚交易对象的基本情况以及在没有第三方平台担保的基础上也可以进行安全的价值交换,并对价值交换活动进行有效的记录与存储,保证了最后结果的可靠性。

### 5. 可追溯性

"区块+链"的形式为我们提供了完整的数据库发展历史,因为区块链将从最开始的创世块以来所有的交易都明文记录在各个区块中,提供了数据库内每一笔数据的查找功能,并且区块链数据库系统让每一个记录者在每一个区块上都盖上一个时间戳,时间戳表明了一种信息被记录的时间,具有不可篡改性与不可伪造性,这也是区块链的创新点之一。因而区块链上的每一条交易信息都能通过区块链结构追本溯源,逐条验证。

### 6. 匿名性

区块链的匿名性保护了参与主体的隐私,区块链技术可以说是数学解决信用问题的产物。区块链系统的交易活动都是建立在数学原理的基础上,将交易规则用特定的算法程序表示出来,其实质是算法在为人们提供信用。区块链中的各个交易主体在网络世界互换与共享信息的同时,在现实世界的个人信息得到有效的保护,区块链系统中各个节点的信息都是相互透明的,但是数据并没有与主体进行绑定,因而具有一定的匿名性。

## 三、区块链技术在物流中的应用优势

### (一) 保证货物安全,避免快递爆仓丢包

随着经济的发展,近几年来,我国传统物流行业在迅速发展的同时,依旧存在一些问题没有得到很好的解决,例如输送效率低下、出现货物丢失以及爆仓现象、相关信息泄露等问题。在此基础上引进区块链技术,能够真实可靠地记录和传递物流、信息流、资金流,在整个物流网络中,在信息绝对安全的基础上实现信息的交互,增强物流网络的应变能力,尽可能减少中间环节,提高各项资源的利用率,进而提高整个物流行业的运作效率。

### (二) 可以优化货物行程路线和日程安排

在国外区块链技术的运用已经取得了一定的成效。区块链技术可以运用于大型物流运输领域中,实现集装箱的智能化运输。

利用数据库存储集装箱的数据信息，充分发挥区块链的存储解决方案的自动化，在一定数据的基础上自动选择合理的货物行程路线和日程安排。并且对过去的运输数据进行分析，不断改进提出的路线与日程方案，进而不断提高自己的路线和日程设计技能，优化整个系统的效率。对于货主来说，不仅能够跟踪货物从始发地到目的地的全程，还能积极参与优化货物运输路线，提高整个物流网络的互动性。

### （三）解决物流中小微企业融资难问题

区块链技术也可以用来解决物流供应链上的中小微企业的融资困难问题。随着我国物流供应链行业的不断发展，出现了一些具有较强供应链管理能力的物流企业。但就目前而言，大部分物流供应链上的企业规模都较小，中小型企业较多，这些企业很多还没有得到信用评级，得到信用评级的企业的信用等级也普遍较低，因此很难得到银行或金融机构的融资贷款服务。

将区块链技术运用到物流业中，可以有效地将信息化的商品价值化和资产化。由于区块链中数据信息的不可篡改以及公开透明的特点，商品的唯一所有权就得到了固定，这样整个物流系统中所有的商品信息都具有可追溯性，即使中小型企业的信用等级比较低，也可以通过区块链技术，得到企业发展所需的融资贷款服务。

区块链技术在物流领域的具体应用

## 四、区块链技术在物流信息管理中的应用

### （一）物流信息管理存在的问题

近年来，物流企业普遍引入物流信息技术，对物流过程产生的信息进行采集、存储、汇集、分析。物流信息技术的不断提高，对提升物流效率、降低物流成本发挥了重要作用。随着物流业务专业化和产业集约化发展，专业化的仓储、运输公司不断涌现，物流信息管理从物流企业内部走向企业与企业之间，成为企业共享咨询和沟通的桥梁，对物流参与各方的高效协同起到关键作用。

目前，国内物流资源分布较散，物流上下游企业的规模、体制各异，难以在物流企业间建立信任机制，物流企业相互不愿共享信息。同时，由于缺乏有效技术手段保证物流参与各方数据的安全性和可信性，企业无法通过有效渠道进行信息交换。这就导致：①企业掌握的物流信息不对称。一些小散物流企业，以及寻求物流服务的企业，无法获取有效、充分的物流信息，势必对经营造成影响。②物流信息不透明。物流参与各方无法准确了解物资状态，无法及时发现问题，影响企业进行相关决策。③责任主体认定难。一旦物流出现问题，由于缺乏足够信息支持，无法确认事故责任主体，后期举证和追责也受到影响。上述问题已经成为物流信息管理水平提升的瓶颈，制约了物流行业发展。

### （二）区块链应用场景

针对物流信息管理存在问题，区块链可对提升物流数据共享、保证物流数据的真实性，实施有效确权和追责，提升物流数据安全性等方面提供一种技术途径。

（1）物流信息共享。以企业业务信息系统为基础，通过区块链将需要各方认可的信息

或公共信息,例如,仓储信息、配送信息、车辆运力等,统一保存在区块链的数据账本中。这些信息可对网络中的所有物流节点公开,任何节点都可以通过预定义的接口查询账本中的数据,实现物流信息的共享,保证物流过程高度透明。

（2）"责权"不可抵赖。依赖区块链记录数据的方式,任何节点提交的记账请求都需要网络中的共识节点进行背书,获取其认可后才可被写入账本中,一旦物流信息被记录,就不可被篡改,保证了数据真实性。同时,区块链采用非对称数字加密技术进行身份验证,保证交易双方身份的真实性。如果物流过程出现问题,可以利用区块链在保障数据真实性和身份真实性上的优势实施有效追责。

（3）提升物流信息安全保护。区块链对物流信息安全性的提升体现在四个方面：①对接入区块链网络的节点实行认证制度,只有认证后的节点才能接入区块链中,防止非法节点接入网络中。②通过匿名交易的方式切断身份信息与物流信息之间关联,使攻击者无法通过分析物流数据获得用户身份信息。③基于P2P网络,通过中继转发的方式进行通信,攻击者很难通过窃听发现网络中传播信息的真实来源和去向。④采用分布式的存储方式,不需要再对数据集中存储,避免传统服务器被攻击造成的数据泄露风险。

（4）自动履行物流合约。利用区块链的智能合约机制,可以将传统的纸质合同转化为数字合同存放在网络中,区块链自动判断合约条件,根据条件满足情况自动执行合约。以运输合同为例,一旦合约拟定的条件满足,区块链自动执行付款。依赖于区块链对数据真实性的保证,相比传统合约履行过程,该方式可兼顾合同双方对降低合约风险和提高合约履行效率的诉求。

### （三）基于区块链的物流信息管理框架

基于区块链的物流信息管理框架如图12-11所示,该框架包括物流信息存储服务、物流信息共识服务、物流信息节点服务、物流信息全局服务和区块链平台监督五个部分。

#### 1. 物流信息存储服务

物流信息存储是物流信息保障的基础。基于Fabric的存储机制,可将物流信息存储分为账本模型、账本存储和数据接口三个部分。账本模型是对物流状态数据的建模,定义数据项和数据类型。区块链按照账本模型将物流数据打包为区块记录到物流账本中,存储在节点文件系统中。同时,提供全局数据检索和更新接口,供上层调用。

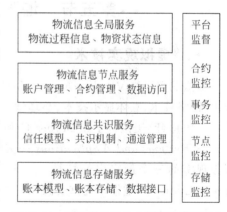

图12-11 基于区块链的物流信息管理框架

#### 2. 物流信息共识服务

物流信息共识服务为数据管理的核心。其主要以节点间的信任模型为基础,通过共识机制实现物流参与各方对物流信息背书,同时保证分布在不同节点上的物流数据保持同步和容错。目前,常用的共识算法包括工作量证明机制（PoW）、股份证明机制（DPoS）、实用拜占庭容错（PBFT）、Kafka等。在应用过程中,需要结合具体场景选择某一算法进行相应适配和优化。同时,基于Fabric的多通道机制,还可以为不同类型的交易建立单独的通道,保证交互间数据隔离保密。

#### 3. 物流信息节点服务

物流信息节点服务为区块链节点提供服务,主要包括账户管理、合约管理和数据访问服务。账户管理利用认证机制提供节点注册、签发登记证书、签发交易证书、证书需求和撤销等服务。智能合约管理对部署在节点上的智能合约进行管理,实现合约的安装、部署、触发、调用等。数据访问为节点上的智能合约和其他应用提供账本数据访问服务。

#### 4. 物流信息全局服务

物流信息全局服务主要是基于区块链存储的物流信息,围绕物流过程和物资状态对物流信息进行抽取、统计、分析以及可视化。其中,物流过程信息管理主要从物流过程的角度,例如收件、中转、运输等不同的物流环节,监控物流状态。物资状态主要以物资为核心对物流流转进行追溯和状态管理。同时,该部分服务还可被其他应用进行调用,查询物流过程信息和物资状态数据。

#### 5. 区块链平台监管

通过区块链平台监管可以查看区块链整体运行的状态,及时发现问题并预警,具体包括数据存储监控、网络节点监控、物流事务监控、物流合约监控。数据存储监控主要监控各个节点存储账本情况,对存储信息摘要显示。网络节点监控主要显示当前区块链的基本网络拓扑形态,各节点状态信息等。物流事务监控主要结合物流合约查看事务运行信息。物流合约主要对不同节点上部署的智能合约运行状态进行监控。

## 第五节 增强现实与虚拟现实技术

### 一、虚拟现实技术

虚拟现实简称VR,是一项融合了计算机图形技术、多媒体技术、传感器技术、人机交互技术、网络技术、立体显示技术、心理学及仿真技术等多种科学技术发展起来的计算机综合技术。1993年,美国科学家Burdea G和Pliilippe Coiffet在世界电子年会上发表的 *Virtual Reality Systems and Applications* 一文中提出了"虚拟现实技术的三角形",简明地展示了虚拟现实的三个最突出的特性——交互性(interactivity)、沉浸感(immersion)和想象性(imagination),即虚拟现实重要的"3I"特性。

#### 1. 交互性

交互性是指用户与虚拟环境中各种对象之间相互作用的能力,在虚拟环境中,各种对象之间可以通过输入、输出设备,影响用户或者被用户所影响。它是人机和谐的关键性要素,包含了用户对模拟环境内对象的可操作程度和从虚拟环境中得到反馈的自然程度。例如,当用户用手去抓取虚拟环境中的物体时,手就有握东西的感觉,而且可感觉到物体的重量。

#### 2. 沉浸感

用户在计算机生成的虚拟环境中,通过视觉、听觉、触觉等感官的模拟体验,让人置身于无限接近真实的客观世界中,给人以身临其境的感觉。

#### 3. 想象性

想象性是指用户在虚拟环境中，根据环境中传递的信息以及自身沉浸在系统中的行为，通过自己的逻辑推断、联想等思维过程，去想象虚拟现实系统中并未直接呈现的画面和信息。用户通过沉浸其中去获取新的知识，提高自身的感性和理性认识，从而萌发新的联想，因而可以说，虚拟现实可以启发人的创造性思维。

虚拟现实技术也可以像"互联网＋"一样成为各行业加以采用并帮助自身发展的一项重要技术。现如今，虚拟现实的基本概念和基本方法已初具雏形，并已经延伸到多种应用阶段。"VR＋X"（应用领域）已经成为一种新的发展趋势，VR技术正式进入"＋"时代。随着VR技术与互联网技术的不断融合创新发展，"VR＋"模式将彻底颠覆传统行业的商业模式，在新的经济常态下，为各行各业带来新技术、新模式和新机遇。

其实早在20世纪，美国波音公司就率先将虚拟现实技术与飞机设计制造技术相融合。在制造一架飞机时，若按照传统的飞机图纸设计方式，一架零件总数高达300万件以上的波音777客机就需要7 000余名各类设计人员组成200多个产品综合研制小组同时工作，工作量巨大，耗费时间长，仅仅是各小组的协作问题及错误率就让波音公司伤透了脑筋。然而在引入虚拟现实三维模型仿真技术的帮助下，波音777整体设计错误率较过去减少了90％，研发周期缩短了50％，成本降低了60％。

VR未来还将通过互联网模式颠覆现有的商业模式，从目前基于智能手机的终端入口，到基于网络的电子商务，再到汽车、房地产、制造业及服装等传统行业的商业模式，VR都将与其进行融合创新，改变现有的商业模式。在互联网时代，门户网站是商业模式的入口，在移动互联网时代，智能手机是商业模式的入口，而在未来的VR时代，VR将是入口。因为VR是继智能手机后，集硬件、平台、计算中心、流量中心、娱乐和行业应用等所有功能于一体的新型终端产品，甚至有人预言，VR将取代智能手机。在无数的商业模式中，VR将创造出全新形式的入口接入方式，例如VR电商将改变传统电子商务的商业模式，VR地产将改变房地产的建设、销售以及家装的商业模式，VR汽车将改变汽车行业生产、试驾、销售和售后的商业模式。

VR以其场景化、体验化的特点，还将改变传统商业的服务模式。VR能够让千里之外的人面对面地实现协作，例如家庭装修请了一位远在外地的家装设计师，这时就可以通过VR让设计师身在千里之外却如亲临现场一样指挥装修工人按照他的设计要求施工。

随着VR技术的发展，未来现实世界将和虚拟世界充分融合，VR对传统行业商业模式的改变，将会像之前互联网商业模式对传统商业模式的冲击一样，摧枯拉朽。

2016被称为"VR元年"，HTC、三星、索尼及Facebook等巨头都已经推出自己的VR设备，而VR应用已经不再仅仅局限于游戏领域，随着资本和人才的涌入，小到平常的衣、食、住、行，大到教育、医疗等，生活中的方方面面都将被VR改变，甚至被彻底颠覆。图12-12所示为京东基于VR技术的物流培训情境。

### 二、增强现实技术

#### （一）增强现实技术概述

增强现实（augmented reality，AR）是在虚拟现实的基础上发展起来的，能将真实世界信

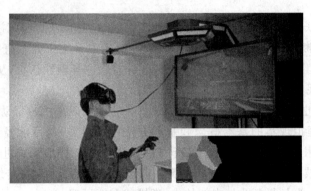

图 12-12　京东基于 VR 技术的物流培训

息和虚拟世界信息进行"无缝"集成的一种新技术,借助计算机图形图像学和可视化技术,将虚拟的信息应用到真实世界,通过将计算机生成的虚拟对象、场景或者系统提示信息,借助显示设备准确叠加在真实环境中,从而实现虚拟世界与真实环境的融合,给用户一个感官效果真实的新环境。

增强现实的基本原理是在相机拍摄的真实环境中,根据被拍摄物体的位置、属性及拍摄角度等特征,通过特定的算法实时地叠加到与被拍摄真实环境对应的虚拟物体及相关信息。增强现实把虚拟的信息应用到真实世界并被人体感官所感知,带给用户超越现实的感官体验,如图 12-13 所示。

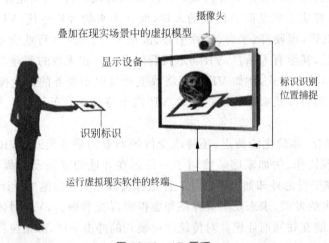

图 12-13　AR 原理

例如,将移动终端摄像头对准商场的货架,终端显示屏就会在当前画面上叠加该货架上面产品的对应价格及优惠信息。增强现实通过将虚拟信息叠加到真实世界中,不仅展现了真实世界的信息,而且将虚拟的信息同时显示出来,两种信息相互补充、相互叠加,被人类感官所感知,从而达到超越现实的感官体验。

增强现实作为真实世界和虚拟世界的桥梁,包含两方面的主要特征。

(1) 增强现实的优越性体现在实现虚拟对象和真实环境的融合,让真实世界和虚拟物体共存。

（2）增强现实可以实现虚拟世界和真实世界的实时同步与自然交互，满足用户在现实世界中真实地体验虚拟世界中的模拟对象，增加了体验的趣味性和互动性。

自 20 世纪 70 年代以来，科技界和工业界对增强现实展开了大量的研究实践，并在尖端武器和飞行器的研发、教育与培训、娱乐与艺术等领域取得了一定的成果。

经历 30 余年的市场探索，随着手机、平板电脑等移动智能终端和移动互联网的快速发展，增强现实进入了发展的快车道，增强现实领域的应用软件和终端产品逐渐被大众知晓并陆续进入消费者市场。

2009 年，荷兰的软件开发商 SPRXmobile 推出了全球首款名为 Layar 的增强现实浏览器，它能帮助用户通过智能手机获取当前环境的详细信息。当用户打开软件就会自动启动手机摄像头，只要将其对准某个方向，软件就会根据 GPS、电子罗盘的定位和定向信息，给出用户面前各建筑物的详细信息，以及该方向上远处的各种常用功能建筑距离等。用户可在屏幕上找到哪些房子正在出售，附近有什么热门的酒吧或商店，哪里有公司招聘，哪里有诊所或银行 ATM 机等实用性的信息。

2012 年 4 月，谷歌发布了一款谷歌眼镜（Google Project Glass），该产品集智能手机、GPS 和相机于一身，通过微型显示屏提供辅助信息，用户通过语音指令，可实现拍照、导航、短信、电话和收发邮件等功能。虽然这款眼镜以销售失败告终，但是一度引领了全球科技的风向标，受到广泛的关注和热捧，如图 12-14 所示。

2015 年 1 月，微软发布了头戴式增强现实眼镜 Hololens，眼镜将会追踪你的移动和视线，生成三维虚拟物体呈现在用户所处的真实环境中，并允许用户通过体感动作或者声音与虚拟物体进行交互。Hololens 可以完全独立使用，无须用线缆连接，无须同步电脑或智能手机，通过多个传感器、全息显示技术和多麦克风阵列的立体声场技术来创造半沉浸式、互动的增强现实体验。

Hololens 的出现让备受关注的 Google Glass 和 Oculus Rift 在一定程度上黯然失色，Google Glass 本质上只具备增强现实交互功能，而 Oculus Rift 营造的则完全是与现实阻断的虚拟场景，Hololens 则成功地将虚拟和现实结合起来，并实现了更强的互动性，用户可以很轻松地在现实场景中辨别出虚拟图像，并对其发号施令。微软为 Hololens 提供了开发 SDK 及相关工具，大力推动相关应用的开发，相信在不远的将来，Hololens 将给业界带来更多的惊喜，如图 12-15 所示。

图 12-14　谷歌 AR 眼镜

图 12-15　微软 AR 眼镜

可以想象，随着业界巨头不断推出增强现实的标杆性产品，增强现实将逐步深入人们的工作、生活与娱乐等活动。通过对现实世界和虚拟世界的无缝结合，增强现实将给社会生活的各个环节带来重大变革，具有广阔的市场应用前景。

### (二) 虚拟现实与增强现实的关系

增强现实技术的出现源于虚拟现实技术的发展，因此两者间存在着不可分割的密切联系，但也有着显著的区别。

虚拟现实通过计算机生成可交互的三维环境，给予用户一种在虚拟世界中完全沉浸的效果，即另外创造一个世界。增强现实则是在真实环境的基础上，将虚拟的场景和对象等叠加在现实环境中，利用同一个画面进行呈现，增强了用户对现实世界的感知。

虚拟现实和增强现实的区别主要体现在以下三个方面。

#### 1. 用户体验不同

虚拟现实强调用户在虚拟环境中视觉、听觉和触觉等感官的完全浸入，强调将用户的感官与现实世界阻断，而完全沉浸在由计算机所控制的信息空间之中。

增强世界不仅没有阻断周围的真实环境，而且强调用户在真实环境的存在性并努力维持其感官效果的一致性。增强现实系统致力于将虚拟环境与真实环境融为一体，从而增强用户对真实环境的理解和体验。因为用户体验的不同，虚拟现实和增强现实的应用领域和场景也有所区别。

#### 2. 核心技术的侧重不同

虚拟现实侧重于生成虚拟环境供用户体验，包括基于计算机开发虚拟现实三维场景和基于全景相机拍摄真实全景视频。虚拟现实主要关注虚拟环境是否给用户提供优良体验，核心技术基于计算机图形图像学、计算机视觉和运动跟踪等。

增强现实则强调在真实环境的基础上叠加虚拟对象，因此除虚拟现实所用到的技术外，增强现实还需要实现虚拟对象与真实物体的校准，保证虚拟对象可以无缝地被叠加在真实环境中，其最关键的技术是跟踪技术。

#### 3. 终端设备不同

虚拟现实需要使用能够将用户视觉与真实环境阻隔的终端设备，一般采用浸入式头盔显示器。

而增强现实是真实环境与虚拟场景的结合，没有完全浸入的要求，只要配备摄像头或者视觉采集模块的设备都可以成为增强现实的终端，包括手机和增强现实眼镜等。

## 三、混合现实

20世纪七八十年代，为了增强简单自身视觉效果，让眼睛在任何情境下都能够"看到"周围环境，Steve Mann设计出可穿戴智能硬件，这被看作对MR技术的最初探讨。

混合现实是虚拟现实技术的进一步发展，该技术通过在虚拟环境中引入现实场景信息，在虚拟世界、现实世界和用户之间搭起一个交互反馈的信息回路，以增强用户体验的真实感。

混合现实涌过合并现实和虚拟世界而产生的新的可视化环境。在新的可视化环境里物理和数字对象共存，并实时互动。

从概念上来看，混合现实在呈现内容上比虚拟现实更丰富、更真实，混合现实和增强现实更为接近，都是一半现实一半虚拟影像，但在呈现视角上比增强现实更广。

从技术实现上来看，混合现实采用光学透视技术，在人的眼球叠加虚拟图像；而采用视频透视技术，通过双目摄像头实时采集你看到的现实世界并数字化，然后通过计算机算法实时渲染画面，既可以叠加部分虚拟影像，也可以完全叠加虚拟影像。此外还能摆脱现实画面的束缚对影像进行删减更改，人眼看到的将是经过计算机渲染后新的画面。

混合现实的实现需要在一个能与现实世界各事物相互交互的环境中。如果一切事物都是虚拟的，那就是虚拟现实的领域了。如果展现出来的虚拟信息只简单叠加在现实事物上，那就是增强现实。混合现实的关键点就是与现实世界进行交互和信息的及时获取。

## 第六节  人工智能技术

### 一、人工智能的含义及发展历史

#### (一) 人工智能含义

人工智能(artificial intelligence，AI)是一门涉及信息学、逻辑学、认知学、思维学、系统学和生物学的交叉学科，已在知识处理、模式识别、机器学习、自然语言处理、博弈论、自动定理证明、自动程序设计、专家系统、知识库、智能机器人等多个领域取得实用成果。目前，对人工智能还没有广泛认可的统一定义，很多专家学者给出了一些有代表性的解读。美国麻省理工学院Winston教授在《人工智能》一书中指出："人工智能就是研究如何使计算机去做过去只有人才能做的智能的工作。"美国斯坦福大学Nilson教授认为："人工智能是关于知识的学科——怎样表示知识以及怎样获得知识并使用知识的科学。"

由于"智能"这一概念难以确切定义，艾伦·图灵用"机器能够思考吗"这一问题代替。图灵提出通过对机器进行"图灵测试"，以判断它是否具有智能。"图灵测试"就是让机器装作人，与人进行间接对话，如果超过30%的测试人相信此机器是人类，那么这台机器被认为具有"智能"。学术界普遍将人工智能分为强人工智能和弱人工智能两类。强人工智能指具有自我意识的智能，这种人工智能要求机器有知觉、有意识，遇到问题时能像人类一样进行决策。由于实现难度巨大，强人工智能至今无法取得重大进展。弱人工智能是指没有思维意识的智能机器，这些机器按照预编写好的程序进行工作，并不真正拥有智能。当今的人工智能发展主要围绕弱人工智能展开。

#### (二) 人工智能发展历史

人工智能经历了漫长的发展过程，已有70多年的发展历史。人工智能的发展过程可分为几个阶段：1943年，人工神经元模型被提出，开启了人工神经网络研究的时代；1956年，达特茅斯会议召开，提出了人工智能这一概念，标志着人工智能的诞生，这一时期国际学术界人工智能研究潮流兴起，学术交流频繁；20世纪60年代，作为主要流派的连接主义与符合主义进入消沉，由于硬件能力不足、算法缺陷等原因，人工智能技术陷入发展低迷期；20世纪70年代，反向传播算法开始研究，计算机成本和计算能力逐步提高，专家系统的研究和应用艰难前行，人工智能逐渐开始取得突破；20世纪80年代，反向传播神经网络得到广泛认知，基于人工神经网络的算法研究突飞猛进，计算机硬件能力快速提升，加之互联网的发展，降低了人工智能的计算成本，人工智能平稳发展；2006年，深度学习被提出，人工智能再次取得突破性发展；21世纪前十年，移动互联网的发展为人工智能带来更多应用场景；2012年，深度学习算法在语音和视觉识别上实现突破；2016年，阿尔法围棋（AlphaGo）的出现引发了人工智能将如何改变人类社会的思考。

## 二、人工智能技术内容

从人工智能的发展历程来看，20世纪80年代的算法创新研究为人工智能带来了突破性发展，之后，大数据、计算力、深度学习等方面的进展促进了人工智能的高速发展。算法、计算力、大数据是人工智能的基础支撑层，而建立在这之上的基础技术便是计算机视觉、自然语言理解、语音识别。人工智能通过这三种技术，使机器能够看懂、听懂人类世界，用人类的语言和人类交流。

### （一）基础支撑层

**1. 算法**

算法是指用系统的方法描述解决问题的策略机制，能够基于一定规范的输入，在有限时间内输出所要求的结果。近几年，新算法的发展提升了机器学习的能力，尤其是随着深度学习理论的成熟，很多企业采用云服务或开源方式向行业提供先进技术，将先进算法封装为易用的产品中，大大推动了人工智能技术的发展。目前，市场上有很多厂家都在搭建通用的人工智能机器学习和深度学习计算底层平台，如谷歌的 TensorFlow 软件、微软的 Computational Network Toolkit 深度学习工具包、亚马逊的 AWS 分布式机器学习平台、百度的 AI 开放平台等。

**2. 计算力**

人工智能对计算力的要求很高。以往在研究人工智能时，经常受到单机计算力的限制。近几年，云计算的发展对计算力的提升起到了至关重要的作用。机器学习，特别是深度学习是极耗计算资源的，而云计算可以达到每秒10万亿次的运算能力。此外，图形处理器的进步对人工智能的发展也有很大推动作用，这种多核并行计算流的方式能够大大提高运算速度。通过云计算，图形处理器可以以较低的成本获取大规模的计算力。

**3. 大数据**

移动互联网的爆发式发展，以及各种社交媒体、移动设备、廉价传感器使当今社会积累了大量数据。随着对数据价值的挖掘，各种管理和分析数据的技术得到了较快发展。人工智能中很多机器学习算法需要大量数据作为训练样本，如图像、文本、语音的识别，都需要大量样本数据进行训练并不断优化。现在这些条件随处可得，大数据是人工智能发展的助推剂，为人工智能的学习和发展提供了非常好的基础。

### （二）技术层面

**1. 计算机视觉**

计算机视觉是计算机从图像中识别出物体、场景和活动的能力。计算机视觉技术一般通过机器视觉产品将被摄目标转换为图像信号，经过图像处理系统的专业分析得到被摄目标的形态信息，按照需求进行各种运算，提取目标的特征值以便进行后续任务。计算机视觉的应用案例十分丰富,如在安防及监控领域用于指认嫌疑人;进行医疗成像分析用于提高对疾病的预测、诊断和治疗;在车间现场用于自动化控制,识别生产零件等。

2．自然语言处理

自然语言处理是使用自然语言与计算机进行通信的技术,研究的是实现人与计算机之间用自然语言进行有效通信的各种理论和方法。自然语言处理使计算机能够理解和运用人类语言,进而通过人机之间的语言通信来代替人的部分脑力劳动,如整理资料、摘录文献、解答问题等。自然语言处理包括自然语言理解和自然语言生成两个部分,这两个部分的研究难度都很大。目前,通用高质量的自然语言处理系统还有待进一步实现,但专家系统自然语言接口、机器翻译系统、信息检索系统这些针对一定应用领域,具有一定自然语言处理能力的系统已经出现。

3．语音识别

语音识别是指通过识别及理解过程,使计算机可以将语音信号变换为等价文字信息或命令的技术。通过语音识别技术,计算机与人可以以语音的方式直接交流,计算机接收到语音信号后能够理解人的意图,并根据意图做出相应的反应。在应用方面,目前国内的语音识别研究已经涉及小波技术、高级人工智能、机器学习等多个领域,语音识别的主要应用包括医疗听写、语音书写、计算机系统声控、电话客服等。

## 三、人工智能研究现状及主要应用领域

### (一)人工智能研究现状

美国、欧盟、中国、日本、韩国等国家和组织对人工智能技术高度重视,基于国家战略布局,通过政策和资金等方式推动语音识别、深度学习、图像识别等产业的布局和发展,其中IBM、微软、脸书、谷歌、百度等企业发展迅速,目前正基于人工智能技术与整体解决方案逐步形成开源平台,最终将形成完整的产业应用生态系统。

IBM公司开发了认知计算系统Watson,目的是应用人工智能及自然语言处理技术,通过对大量非结构化数据进行处理,实现对现实世界各类信息内在规律性的理解和应用,已推出的相关产品包括Watson发现顾问、Watson参与顾问、Watson分析、Watson探索、Watson知识工作室、Watson肿瘤治疗、Watson临床试验匹配等。谷歌在医药研发、无人驾驶汽车、血糖实时监测隐形眼镜、即时翻译摄像头、聊天机器人等方面取得显著成果,同时计划将人工智能研发成果与其搜索引擎、广告、视频网站和电子商务等核心业务结合起来。脸书掌握着全球领先的图像识别技术和自然语言处理技术,围绕用户的社交关系和社交信息发展社交虚拟现实业务。微软着力于Cortana智能助理系统的开发,在2015年还展示了Skype语言转换系统。此外,苹果的Siri智能助理、亚马逊的机器人飞行器、波士顿动力公司Atlas机器人等项目对人工智能的发展也产生了巨大影响。

2017年7月国务院发布的《新一代人工智能发展规划》和12月工业和信息化部印发的《促进新一代人工智能产业发展三年行动计划(2018—2020年)》,更是将人工智能产业发展上升为国家战略。相关规划、计划的陆续出台,为我国人工智能产业持续健康发展指明了方向。

## (二) 人工智能主要应用领域

人工智能技术近几年来发展迅速,在很多行业取得了成功应用。结合人工智能的特点来看,流程性、规则相对明确的工作内容更容易为人工智能所取代。个人助理领域人工智能的应用主要有智能手机语音助理、家用机器人等,微软小冰、百度度秘、苹果 Siri、亚马逊 Echo 都属于个人助理领域的人工智能产品。安防领域人工智能的应用包括智能监控产品、巡逻机器人,代表企业有商汤科技、格灵深瞳、神州云海等。自动驾驶领域人工智能的应用包括谷歌无人驾驶汽车、亚马逊无人送货机等。医疗健康领域人工智能的应用主要有医疗健康监测诊断、智能医疗设备,如 Enlitic 的诊断平台、Intuitive Sirgical 的达·芬奇外科手术系统、碳云智能的智能健康管理平台等。电商零售领域人工智能的应用主要有仓储物流、智能导购和客服等,阿里巴巴、京东、亚马逊等电商巨头在这方面都快速发展。金融领域人工智能的应用包括智能投资顾问、智能客服、安防监控、金融监管等,产品有蚂蚁金服、交通银行智能机器人等。教育领域人工智能的应用包括智能评测、个性化辅导、儿童陪伴等,代表企业有学吧教育、科大讯飞、云知声等。

## 四、人工智能技术在物流中的应用

近年来,我国社会物流总额增长稳中有升,需求结构持续优化,物流运行环境不断改善,供给侧结构性改革成效显现,整个物流产业迈向高质量发展阶段。2017 年社会物流总费用与 GDP 的比重为 14.6%,比 2016 年下降 0.3 个百分点,还明显高于发达国家 8%~9% 的水平,虽然我国物流产业发展迅速,但与发达国家相比仍有差距。

人工智能技术的出现,有助于改变我国物流业的粗放操作模式,使传统低效的方式向高科技、集约化的高质量方式转变。随着人工智能技术的广泛应用,智能机器人、语音识别、大数据、区块链、自动驾驶汽车等智能化软硬件逐渐替代了大量传统物流设施设备和劳动力。人工智能形成了新的物流要素结构,是科技驱动物流升级、抢占市场制高点的核心手段。一些物流公司的创始者们纷纷尝试利用人工智能技术优化物流环节,提高物流效率。

政府关于推进人工智能相关政策也在逐步出台,并在科研机构、行业公司等多个层面得到落实。自 2015 年以来,我国各级政府机构已经纷纷出台鼓励物流行业向智能化、智慧化发展的政策,并积极鼓励企业进行物流模式的创新。2017 年,国务院办公厅在印发的《关于积极推进供应链创新与应用的指导意见》中更是明确提到:加快人机智能交互、工业机器人、智能工厂、智慧物流等技术和装备的应用,大力发展智慧商店、智慧商圈、智慧物流,提升流通供应链智能化水平。国务院及各部委发布多个针对智慧物流发展的综合性政策和专项指导意见,一方面彰显了在现代物流发展中人工智能有着重要地位,另一方面也赋予了人工智能推动现代物流向更高层次更高水平发展的重任。

相比于传统的物流模式,人工智能所催生的基于大数据、云计算以及物联网等技术的智慧物流的优势日益凸显。人工智能有可能将在以下四个方面对物流产生巨大改变。

**1. 智能规划**

对于企业仓库选址的优化问题,人工智能技术能够根据现实环境的种种约束条件,如顾客、供应商和生产商的地理位置、运输经济性、劳动力可获得性、建筑成本、税收制度等,进行充分的优化与学习,从而给出接近最优解决方案的选址模式。人工智能能够减少人为因素的干预,实现最优选址,降低企业成本,提高企业的利润。

**2. 智能设备**

智能仓储的主要特点是智能化和自动化,从收货到上架、理货、盘点、分拣、出库、货物打包,以及送货车辆调度,智能仓库中的所有操作全部由智能机器人完成,在智能仓库中,几乎看不到真正的人。智能机器人代替人完成机械、繁杂的工作,把人从其中解放出来,同时,智能机器人为仓储企业节省了大量的劳动力,节约了人工成本。

**3. 数据分析和预测**

库存管理是人工智能技术应用较早的领域之一,通过分析历史消费数据,动态调整库存水平,保持企业存货的有序流通,提升消费者满意度的同时,不增加企业盲目生产的成本浪费,使企业始终能够提供高质量的生产服务。通过分析大量历史数据,从中学习总结相应的知识,建立相关模型,对以往的数据进行解释,并预测未来的数据。人工智能通过提前有效的库存管理,既降低消费者等待时间,又分离了物流的相关功能,使整个物流运作更为有效。

2017年"双十一"期间,通过数据预测、商品下沉等措施,天猫实现了"单未下,货先行",更创造了订单通过智能仓配系统,由机器人和流水线根据算法自动完成拣选和包装,4分钟就被贴上电子面单从仓库发出,12分18秒签收成功的奇迹。

**4. 智能配送**

人工智能下的购物场景将会变成发生巨大变化,消费者在网上商城下完订单,无人快递车有权限开到顾客的车库里,得到顾客的授权后,打开后备厢,把商品放进去,等顾客下班,直接开车把商品带回家。整个流程物流配送环节,顾客与配送员不需要产生任何接触,通过无人配送设备、人工智能路径优化和其他自动设备,就可以完成整个智能配送过程。

近年来,随着农村电商市场的快速发展,越来越多的企业开始重视农村电商市场,但农村大多处在偏远地区,物流配送成本巨大。根据经验,农村物流成本是一线城市的5倍,而无人机送货则可以降低送货物流成本。无人机在送货时,可以沿着合法合规的航线飞行把货物送到指定地点,而不需要沿着盘山公路蜿蜒几十千米甚至上百千米。

## 第七节 量子通信

通信的目的是将信息从一个地方(信源)传送到另外一个地方(信宿),信息可装在信封里由邮递员送达,也可通过电信系统实现。电信系统是指将信息承载到电磁波上进行传输,电磁波可以是波长从几千千米到几纳米的无线电波、微波、红外线、可见光、紫外线等。其传输路径可以是自由空间,也可以是电缆或光缆等有线载体。量子通信利用量子力学的基本原理或特性进行通信,其信息的载体是微观粒子,如单个光子、原子或自旋电子等。因此,它的工作原理、发送装置和接收设备必定与其他通信方式不同。本节主要讲述量子通信的基本概念、量子通信的类型,并简要介绍量子通信的发展现状。

### 一、量子通信的基本概念

量子通信起源于对通信保密的要求。通信安全自古以来一直受到人们的重视,特别是在军事领域。当今社会,随着信息化程度的不断提高,如互联网、即时通信和电子商务等应用，都涉及信息安全，信息安全又关系到每个人的切身利益。对信息进行加密是保证信息安全的重要方法之一。G. Vernam 在 1917 年提出一次一密（one time pad，OTP）的思想，对于明文采用一串与其等长的随机数进行加密（相异或），接收方用同样的随机数进行解密（再次异或）。这里的随机数称为密钥，其真正随机且只用一次。OTP 协议已经被证明是安全的，但关键是要有足够长的密钥，必须实现在不安全的信道（存在窃听）中无条件地安全地分发密钥，这在经典领域很难做到。后来，出现公钥密码体制，如著名的 RSA 协议。在这类协议中，接收方有一个公钥和一个私钥，接收方将公钥发给发送方，发送方用这个公钥对数据进行加密，然后发给接收方，只有用私钥才能解密数据。公钥密码被大量应用，它的安全性由数学假设来保证，即一个大数的质因数分解是一个非常困难的问题。但是量子计算机的提出，改变了这个观点。已经证明：一旦量子计算机实现了，大数很容易被分解，从而现在广为应用的密码系统完全可以被破解。

幸运的是，在人们认识到量子计算机的威力之前，基于量子力学原理的量子密钥分发（quantum key distribution，QKD）技术就被提出来了。量子密钥分发应用了量子力学的原理，可以实现无条件安全的密钥分发，进而结合 OTP 策略，确保通信的绝对保密。量子通信是指应用了量子力学的基本原理或量子特性进行信息传输的一种通信方式，它具有以下特点。

(1) 量子通信具有无条件的安全性。量子通信起源于利用量子密钥分发获得的密钥加密信息，基于量子密钥分发的无条件安全性，从而可实现安全的保密通信。QKD 利用量子力学的海森堡不确定性原理和量子态不可克隆定理，前者保证了窃听者在不知道发送方编码基的情况下无法准确测量获得量子态的信息，后者使窃听者无法复制一份量子态在得知编码基后进行测量，从而使窃听必然导致明显的误码，于是通信双方能够察觉出被窃听。

(2) 量子通信具有传输的高效性。根据量子力学的叠加原理，一个 $n$ 维量子态的本征展开式有 $2^n$ 项，每项前面都有一个系数，传输一个量子态相当于同时传输这 $2^n$ 个数据。可见，量子态携载的信息非常丰富，使其不但在传输方面，而且在存储、处理等方面相比于经典方法更为高效。

(3) 可以利用量子物理的纠缠资源。纠缠是量子力学中独有的资源，相互纠缠的粒子之间存在一种关联，无论它们的位置相距多远，若其中一个粒子改变，另一个必然改变，或者说一个经测量塌缩，另一个也必然塌缩到对应的量子态上。这种关联的保持可以用贝尔不等式来检验，因此用纠缠可以协商密钥，若存在窃听，即可被发现。利用纠缠的这种特性，也可以实现量子态的远程传输。

## 二、量子通信的类型

目前，量子通信的主要形式包括基于 QKD 的量子保密通信、量子间接通信和量子安全直接通信。下面简要说明。

### 1. 基于 QKD 的量子保密通信

如前所述，基于 QKD 的量子保密通信是通过 QKD 使通信双方获得密钥，进而利用经典通信系统进行保密通信的。

发送方和接收方都由经典保密通信系统和量子密钥分发（QKD）系统组成，QKD 系统产生密钥并存放在密钥池中,作为经典保密通信系统的密钥。系统中有两个信道:量子信道传输用以进行 QKD 的光子(若采用光量子通信。本书中如不特别说明,都认为是采用光量子通信),经典信道传输 QKD 过程中的辅助信息,如基矢对比、数据协调和密性放大,也传输加密后的数据。基于 QKD 的量子保密通信是目前发展最快且已获得实际应用的量子信息技术。

### 2. 量子间接通信

量子间接通信可以传输量子信息,但不是直接传输,而是利用纠缠粒子对,将携带信息的光量子与纠缠光子对之一进行贝尔态测量,将测量结果发送给接收方,接收方根据测量结果进行相应的酉变换,从而可恢复发送方的信息。这种方法称为量子隐形传态(quantum teleportation)。应用量子力学的纠缠特性,基于两个粒子具有的量子关联特性建立量子信道,可以在相距较远的两地之间实现未知量子态的远程传输。

另一种方法是发送方对纠缠粒子之一进行酉变换,变换之后将这个粒子发到接收方,接收方对这两个粒子联合测量,根据测量结果判断发送方所做的变换类型(共有四种酉变换,因而可携带 2 比特经典信息),这种方法称为量子密集编码(quantum dense coding)。

### 3. 量子安全直接通信

量子安全直接通信(quantum secure direct communications,QSDC)可以直接传输信息,并通过在系统中添加控制比特来检验信道的安全性。量子态的制备可采用纠缠源或单光子源。若为单光子源,可将信息调制在单光子的偏振态上,通过发送装置发送到量子信道;接收端收到后进行测量,通过对控制比特进行测量的结果来分析判断信道的安全性。如果信道无窃听,则进行通信。其中经典辅助信息辅助进行安全性分析。

除了上述三种量子通信的形式外,还有量子秘密共享(quantum secret sharing,QSS)、量子私钥加密、量子公钥加密、量子认证(quantum authentication)、量子签名(quantum signature)等。

# 本 章 小 结

物联网是在国际互联网的基础上,利用 RFID 技术和物品电子编码技术,给每一个实体对象一个唯一的代码,构造的一个覆盖世界上万事万物的实物互联网。移动互联网是以移动通信网作为接入网的互联网,它融合了互联网的连接功能、无线通信的移动性以及智能移动终端的计算功能。云计算是基于互联网的相关服务的增加、使用和交付模式,通常涉及通过互联网来提供动态易扩展且经常是虚拟化的资源。大数据是一类能够反映物质世界和精神世界运动状态和状态变化的信息资源,可重复开采,一般具有多种潜在价值。区块链是一种按时间顺序将各个数据区块结合成一种链式的数据结构,并用数字密码的方式保障数据不被伪造和篡改。人工智能研究如何使计算机去做过去只有人才能做的智能的工作。本章介绍了物联网、移动互联网、云计算与大数据、区块链、增强现实与虚拟现实、人工智能等新兴技术原理,阐述了这些新兴技术在物流信息管理中的具体应用及其对物流信息化的推进作用。

## 思 考 题

1. 简述物联网的概念及其内涵特征。
2. 简述物联网的体系结构。
3. 试分析物联网在物流中的实际应用及其对物流信息化的推进作用。
4. 简述移动互联网的概念及组成架构。
5. 简述移动互联网在物流信息管理中的实际应用。
6. 简述云计算的服务架构体系。
7. 简述物流大数据的内涵。
8. 简述区块链的技术原理。
9. 简述区块链技术在物流信息管理中的具体应用。
10. 简述人工智能技术内容及主要应用领域。
11. 简述人工智能技术在物流中的应用。

## 案 例 分 析

### "人工智能+物流"快到家

"今天,快递物流公司进入了一个全新的转型阶段,引领物流行业这场爆发式裂变的不仅仅是模式和资本,更是人工智能、云计算等新兴技术。"顺丰集团首席技术官兼顺丰科技首席执行官田民说。

在这个物流行业剧变的时代,京东启用无人分拣中心、菜鸟网络用无人机跨海送货、苏宁力推物流云仓。目前,人工智能对物流行业改造成果如何?

**装卸搬运、分拣包装、加工配送实现自动化、智能化**

走进京东昆山无人分拣中心,庞大的六轴搬运机器人负责用吸盘将货箱重新码放;AGV(自动导引运输车)小车利用地面贴着的二维码导航来搬运货架;小件分拣时,货架穿梭车从两排货架上将装有商品的货箱取下,放上传送带供分拣机器人分拣;拣选机器人利用3D视觉系统,从周转箱中识别出客户需要货物,并通过工作端的吸盘把货物转移到订单周转箱中,拣选完成后,通过输送线将订单周转箱传输至打包区。

整个分拣中心实现了真正的无人化,且效率大幅提升。据介绍,京东昆山无人分拣中心作业效率为9 000件/h,在同等场地规模和分拣货量的前提下,可以节省180人。

在分拣中心,人工智能游刃有余,走出仓库,人工智能借助无人机等设备参与"最后一公里"派送。相对于封闭的仓库环境,户外环境要复杂得多,应用人工智能技术的门槛更高。2017年10月,菜鸟网络公开进行无人机群组试验,满载6箱货品,耗时9min,飞越近5千米的海峡,为农村淘宝提供物流服务。这是国内首次完成无人机群组跨海快递飞行。

京东则在无人机飞控调度中心、飞服中心、研发中心、制造中心等一系列配套技术与设施落地后,于2017年6月28日宣布其无人机送货正式进入常态化运营。

顺丰对无人机寄予了更高的期望,其与合作伙伴研发出业载达到300~2 000kg、续航能力达到500~2 000km、巡航速度200~300km/h的大型物流无人机,以期未来能补充其支线物流运营能力。

2009年,物流业提出智慧物流概念,人工智能对物流业的改造逐步开启。物流公司方面,顺丰2016年研发投入达5.6亿元,到2017年5月顺丰在无人机领域专利数量达64项。通达系也开始注重物流科技和人才的投入,转运中心信息化、自动化程度逐步提高。

**降低成本、提高效率,人工智能助力物流行业突破瓶颈**

"传统物流有较保守的生产线,较正规的运输线,各个环节都需要人工值守的仓库,彼此之间相对独立而封闭,耗费大量不必要的人力、物力、财力、时间,成本巨大、效率低下。"硅谷人工智能专家王亚莉说,相比传统物流,人工智能将带来人力成本的节省、周转效率的提高。

装卸搬运是物流系统中最基本的功能要素之一,存在于货物运输、储存、包装、流通加工和配送等过程中,贯穿于物流作业的始末,物流机器人的应用直接提高了物流系统的效率和效益。

以苏宁南京云仓的AS/RS自动托盘堆垛设备为例,其效率是传统高位叉车的4～5倍,而且不需要人员操作,就能实现整托商品的自动上下架。"机械化设备的投入,大大地减少了人力需求,降低了人力成本和管理难度。"苏宁物流研究院副院长孟雷平说,未来10年内,机器人解决方案有望节约20%～40%的装卸、搬运成本。

再如,顺丰与腾讯云合作,实现人工手写汉字的图像识别。而在这之前,顺丰雇用了8 000名输单员来输入手写运单信息。

在效率方面,一方面,"通过大数据分析和机器学习,可实现依据历史数据对现有作业流程和库内规划的不断优化提升。"孟雷平说。另一方面,人工智能技术能带来运输路径的优化,提高配送效率。得益于人工智能的加持,2017年"双十一",菜鸟联盟仅用时2.8天就将第一亿个包裹送到消费者手中,相比2016年再减少0.7天;"双十二",仅用15小时就送完2016年全天的包裹量。

此外,"人工智能还将带来服务质量的提升"。孟雷平说,信息化手段的使用可做到作业全程可追踪、过程可控和结果可预测,将运作中许多不可控因素排除在外,确保物流运营的质量。

(资料来源:http://www.xinhuanet.com/fortune/2018-02/08/c_1122384562.htm)

**案例讨论:**
1. 简述人工智能、云计算、大数据等新兴技术对现代物流业的促进作用。
2. 查阅资料,谈谈你对智慧物流的认识。

# 参 考 文 献

[1] 杜彦华,吴秀丽.物流管理信息系统[M].北京:北京大学出版社,2010.
[2] 王道平,张大川.现代物流信息技术[M].2版.北京:北京大学出版社,2014.
[3] 王喜富,沈喜生.现代物流信息化技术[M].北京:北京交通大学出版社,2015.
[4] 梁雯.物流信息管理[M].北京:中国财富出版社,2011.
[5] 李波,王谦.物流信息系统[M].北京:清华大学出版社,2008.
[6] 张铎.条码技术与电子数据交换[M].北京:中国铁道出版社,1998.
[7] 王之泰.现代物流管理[M].北京:中国工人出版社,2001.
[8] Bernhard Tilanus. Information Systems in Logistics and Transportation[M]. 2nd ed. UK:Pergamon Press,1988.
[9] T. C. Edwin Cheng. Innovative Quick Response Programs in Logistics and Supply Chain Management [M]. Germany:Springer-Verlag,2012.
[10] 裴昌幸,朱畅华,聂敏.量子通信[M].西安:西安电子科技大学出版社,2013.
[11] 刘向群,郭雪峰,钟威. VR/AR/MR 开发实战 基于 Unity 与 UE4 引擎[M].北京:机械工业出版社,2017.
[12] 胡中锋.教育科学研究方法[M].北京:清华大学出版社,2011.
[13] 祖巧红.物流信息系统[M].武汉:武汉大学出版社,2011.
[14] 李红军,李坤.物流信息系统[M].西安:西北工业大学出版社,2012.
[15] 邵雷.物流信息系统[M].杭州:浙江大学出版社,2010.
[16] 陈平,王成东.管理信息系统[M].北京:北京理工大学出版社,2013.
[17] 付泉.管理信息系统[M].武汉:华中科技大学出版社,2013.
[18] 周继雄,张洪.管理信息系统[M].上海:上海财经大学出版社,2012.
[19] 王峰,郭晓莉.物流法律法规知识[M].北京:北京理工大学出版社,2015.
[20] 黄东军.物联网技术导论[M].北京:电子工业出版社,2017.
[21] 李德毅.人工智能导论[M].北京:中国科学技术出版社,2018.
[22] 360 百科.近场通信技术[DB/OL]. http://baike. haosou. com/doc/6519448-6733177. html.
[23] 考试吧. RFID 技术在冷链物流中的应用案例[DB/OL] http://www. exam8. com/zige/wuliu/anli/ 201502/3171242. html,2015.2.5.
[24] 吴吉义,李文娟,黄剑平,等.移动互联网研究综述[J].中国科学:信息科学,2015,45(1):45-69.
[25] 徐寿芳,章剑林.基于区块链技术的"一带一路"跨境物流平台构建[J].物流技术,2018,37(7):56-61,124.
[26] 冯芷艳,郭迅华,曾大军,陈国青,等.大数据背景下商务管理研究若干前沿课题[J].管理科学学报,2013,16(1):1-9.
[27] Yan Shang,David Dunson. Exploiting Big Data in Logistics Risk Assessment via Bayesian Nonparametrics[J]. Operations Research,2017,35(9):121-141.
[28] Amitava D,Lee H,Masoud Y. Digital systems and competitive responsiveness:The dynamics of IT business value[J]. Information & Management,2014,51 (5):762-773.
[29] Krishnan S. Anand,Manu Goyal. Strategic Information Management Under Leakage in a Supply Chain [J]. Management Science,2009,55(3):438-452.
[30] Angappa Gunasekaran, Nachiappan Subramanian, Thanos Papadopoulos. Information technology for competitive advantage within logistics and supply chains:a review[J]. Transportation Research Part E,2017,99(2):14-33.